저자 근황(2022.06)

3군지역 연대장 시절(1992~1993)

아들 김인겸 소위 임관식, 계급장 수여(2000.02.29)

기념 촬영

김영록 자전에세이

어느 육군대령의 이야기

문경출판사

| 추천사 |

반세기만의 감동적 해후
– 연대장 박경석과 소대장 김영록의 전우애 –

박경석 장군
(시인, 소설가, 국제PEN한국본부 고문)

  나는 세종시에서 태어났지만 대전고등학교 졸업 후, 31년의 군생활을 마치고 귀향을 결심한 뒤 세종시와 대전시를 저울질하다가 대전으로 정했다. 대전은 우리 가문의 전통적 고장인데다 내가 세상을 떠나면 유성구 대전현충원에 아내와 함께 안식하게 될 것을 예상하고 유성자이 아파트로 이사했다. 번잡한 서울보다 유성의 자연환경에 만족하면서 이웃과 행복하게 여생을 보내고 있었다. 2012년 6월 1일에 둥지를 텄으니 벌써 10년을 맞이한다.
  이주 첫해, 어느 날 건장한 호남형의 신사가 "연대장 님" 하고 반갑게 다가서며 거수경례를 붙이는 것이 아닌가. 나는 뜻밖의 거수경례에 따라서 거수경례로 답했다. 만면에 웃음을 띠면서 김영록 대령임을 밝히고 소대장 시절 1사단 12연대에서 근무했다고 했다. "아~" 나는 탄성을 지르면서 옛 전우의 두 손을 잡고 힘차게 흔들었다.
  그 시절, 1사단 12연대는 가장 중요한 임무를 부여 받고 서울 북방의 우리나라 심장부를 지키기 위해 한국군 최초로 미 2사단 DMZ

작전 지역을 인수했기 때문에 그 근무처에 대한 각별한 애착을 가지고 있었다. 직업군인으로서는 영광의 근무처로 자랑스럽게 기릴만 했다.

나와 김 대령은 같은 아파트에 사는 인연으로 자주 만나 운동과 문학과 종교와 군에 얽힌 이야기로 꽃 피웠다. 특히 1사단 근무 후 베트남전 백마사단 소대장으로 전투경험까지 했으니 바로 나와 함께 직업군인의 바른 길을 걸어왔기에 더욱 친근감이 느껴졌다.

특히 김 대령은 만학으로 학위 과정 면학에 열중하는 것을 보며 그의 학구열에 고개를 숙였다. 더구나 독실한 신앙심으로 바른 길을 걷고 있으니 내가 그로부터 배울 점이 많다고 생각하게 되었다. 그 과정에서 나는 김 대령의 글 솜씨를 발견하고 그를 수필 작가로 추천 등단시킨 점은 더욱 전우애의 상징으로 간직하고 싶다. 김 대령은 뒤늦게 문단에 등단했지만 창작 의욕과 글 솜씨로 보아 작가의 길 또한 순탄하게 영광의 길로 향할 것을 굳게 믿는다.

더구나 김 대령은 신앙심 외에 불의를 보고 참지 못하는 정의감 또한 충만했다. 이 모든 조건이 그의 문학 창작에 빛이 될 것을 믿을 수 있었다.

이번 출간하는 '김영록 자전에세이-어느 육군대령의 이야기'에서 많은 독자들이 참 삶의 의미를 깨닫고 귀감으로 삼는데 도움이 될 것을 확신하며 적극 추천하게 되었음을 보람으로 간직한다.

박경석 장군 | 시인이며 소설가로서 현재는 국제PEN한국본부 고문을 맡고 있으며, 육군사관학교, 미국육군보병학교, 육군대학, 국방대학원을 거친 전형적인 무관이다. 12.12군란 직후 육군 상층부의 지각 변동에 따라 시세에 영합하지 않고 육군준장의 계급으로 스스로 명예롭게 전역, 전업 작가로 변신했다. 그는 문학의 길과 군사평론의 두 분야에서 눈부신 활약을 계속 지금까지 100여권에 가까운 저서를 간행했다. 또한 육군에 재직하는 동안 발군의 전공을 세워 「을지무공훈장, 충무무공훈장, 화랑무공훈장, 보국훈장천수장, 보국훈장삼일장」 등 11개의 각급 훈장을 수훈했다. 특히 베트남 파병 제1진 맹호사단 재구대대장으로 참전, 혁혁한 전공을 세워 신화창조의 주역으로 널리 알려진 전쟁 영웅이다. 한편 서울 용산 전쟁기념관에는 그의 작품 「서시」, 「조국」 두 시비를 비롯하여 전국에 11개의 시비가 건립되어 있다.

| 추천사 |

오직 군인임만을 자부하는 김영록 장로

장경동 목사
(대전중문교회 담임)

　김영록 장로는 지금도 만나면 거수경례를 한다. 그는 지금도 군인임에 대단한 자부심을 갖고 있다. 우리가 만난 인연은 지금부터 25년 전 누가 넣은지는 모르지만 대전시 둔산동 그의 **妻家** 우편함에서 발견된 나의 설교테이프 때문 이였다. 테이프를 차에 꼽고 전민동 그의 아파트로 가는 동안 차 안에서 들은 설교에 은혜를 받아 현역 육군대령으로 섬기던 계룡대 교회에서 우리 중문교회로 이적을 하여 지금까지 한 가족같이 함께 하나님을 섬기고 있다.

　그 설교테이프는 그 후 CD로 지금은 USB로 발전해 나가는 동안 김장로 부부는 장로와 권사로, 교회사무국장으로, 전도 왕으로 교회 살림살이는 물론 충성된 하나님의 일꾼으로 교회를 섬기고 있는 모범적인 부부이다.

　2000년도 군에서 전역을 한 후 뉴질랜드로 이민을 간 김영록 장로를 4년 뒤에 교회 사무국장으로 불러온 후 2015년 신학교에 입학할 때까지 11년간을 나의 동반자인 양선숙 목사와 함께 교회 사역을 잘 해 주었다. 덕분에 내가 별 걱정 없이 국내·외로 부흥집회를 다니며 하나님의 말씀을 마음껏 선포할 수가 있었다. 어쩌면 그 기간 동안은 나보다 김장로가 아내 양선숙 목사와 지낸 시간이 더 많았음을 부인할 수 없는 사실이다.

18년 전 2004년 3월 사무국장으로 부름 받고 귀국한 김장로의 말이 지금도 잊히지 않는다. "목사님 저에게 맡긴 사무국장의 사명은 제가 육군소위로 임관하여 전방에 부임하는 그러한 마음으로 열심히 하겠습니다"라고 처음 했던 말이 기억난다. 그때 그 말처럼 김장로는 그때나 지금이나 정말로 예수님을 구세주와 주님으로 영접한 천부장과도 같은, 군대의 참모장과도 같은, 그러한 지도자 이며 주님 앞에 전심을 다해 헌신하는 교인이다. 무엇보다 김장로는 직원가운데 가장 연장자로 교회의 모든 일에 솔선하여 모범을 보였다. 군인 정신으로 원칙을 중시하는 한편 교역자와 직원들 간에 친목도모에 힘썼으며 교회 살림에 정직하고 투명하며 근면하여 재직 기간 중 한 번의 불협화음이 없었다. 한편으로는 교회의 질서를 유지하기 위해 김장로는 마치 원양어선이 고기를 잡아 항구로 귀항을 할 때 싱싱하게 산 생선을 유지하기 위해 잡아넣은 한 마리의 사나운 상어에 버금가는 존재이기도 했다.

나는 이러한 김장로를 늘 자랑스럽게 생각하고 그를 볼 때마다 얼마나 기쁘고 감사한지 모른다.

그의 자전에세이에서 보듯이 포탄이 작렬하고 총알이 빗발치는 베트남 전투에서 그는 하나님을 찾았고 전장에서 귀국하여 위관장교 시절부터 하나님을 영접하여 군생활의 여정을 이어왔으며 결국 군에서나 하나님의 일에서나 선한 지도자가 되었다. 특히 김장로는 나라사랑이 유별나다. 애초에 뉴질랜드로 이민 신청을 하여 부부와 남매 이렇게 네 명이 영주권이 나와서 함께 이민을 가게 되었다. 그런데 김장로는 아들의 영주권을 취소하였다. 이유는 아들은 대한민국의 남자이므로 군대를 가야 한다는 이유에서였다.

그래서 아들은 최전방 소대장으로 입대하고 나머지 세 식구만 이민을 떠났었다. 일부 고관대작들도 자기자식을 군대에 보내지 않으려고 허위진단서를 만드는 등의 편법을 쓰는 사례가 있는데 김장로는 자기아들이 영주권 소지자로 정당하게 군대가 면제되는 데도 불구하고 그 아들의 영주권까지 취소하면서 가지 않아도 되는 군대를 보냈다. 누가 생각하면 제정신이 아닐 것으로 볼 수 있지만 김장로의 생각은 대한민국의 남자니까 대한민국의 한 부분이라도 지켜 줘야 한다는 논리이다. 그래서 그 아들은 최전방에서 군 복무를 필했고, 영주권이 없기 때문에 좋은 나라에서 살고 싶다는 이민을 가지 못하고 지금은 한국에서 주의 종으로, 고등학교 교사로 잘 살고 있다. 다행히 그 아들은 지금까지 아버지에게 불평 한마디가 없다고 한 것을 보면 역시 그 아버지에 그 아들이다.

또한 김장로는 끊임없이 배우고자 노력하는 사람이다. 그의 프로필에서 보듯이 군대생활을 하면서도 군사와 민간대학에 수학을 하였으며 교회에서 사무국장을 마치고 침례신학대학에 칠순이 가까운 나이에 입학하여 4년간을 손자뻘 되는 학생들과 공부를 하였다. 졸업 후에는 수필 작가로 등단하여 지금은 창작에 몰두하고 있다. 그리고 마침내 김영록 자전에세이 '어느 육군대령의 이야기'를 집필하여 발간에 이르고 있다.

이 글은 시골의 한 소년의 인생 여정의 기록이지만 유별난 불교 집안에서 태어나 하나님을 영접하여 그 믿음을 가지고 그의 앞에 있는 모든 역경을 이겨 가는 하나의 장편 소설이다. 군에서 훈련받은 지도력과 통솔력으로 하나님의 용사가 되어 부부가 함께 하나님의 사역에도 그들의 곳간을 채움으로 보응을 얻는 이러한 간증들이 이 책을 읽는 많은 이들에게 도전이 되는 계기가 되었으면 한다.

모쪼록 더욱 충실한 주님의 일꾼으로 또한 작가로서 창작열이 더욱 깊고 높아지길 바라고 문인으로서 새로운 지평을 열어가길 바라며, 더욱 건필 하시기를 바란다.
특별히 김영록 장로의 자전에세이 추천사에 참여함에 기쁘게 생각하며 모든 영광을 하나님께 드린다.

장경동 목사 | 현재 대전중문교회 담임목사로서 전)민족복음화운동본부 대표회장이며, 동아방송대학교 이사를 역임했으며, 현재는 침례신학대학 특임교수와 중문복지재단 이사장을 맡고 있다. 저서로는 『인생이란 가만히 스스로를 안아주는 것, 결혼하면 괴롭고 안하면 외롭고, 이 땅에 회복이 필요합니다. 아주 특별한 행복, 장경동 목사의 느낌이 있는 가정 만들기』 외 다수가 있다. 방송출현으로는 (전) 인간극장(KBS1), 아침마당(KBS1), 1대 100(KBS1), 느낌표(MBC), 가족의 품격(MBC), 동치미(MBN), CTS, CBS, GoodTV, C3TV, C 채널, 당신의 한 끼(TJB) 외 다수 출연하고 있다.

| 책머리에 |

나의 일생 이야기

이런 글을 자전에세이라고 하는 걸까, 아니면 소설이라 불러도 되는 건지 모르겠다. 순전히 기억력에만 의지해서 일기 형식으로 써 보았다.

내가 이 글을 쓰게 된 동기는 1970년도 전방 1사단 12연대에서 육군 소위로 소대장을 하던 시절. 연대장이셨던 박경석 장군(당시 대령)께서 내가 지금 살고 있는 아파트에 이웃하여 계신다. 나는 박 장군님을 아버지 같이 또는 형님 같이 의지하면서 가끔 연대장님 댁을 방문하며 귀한 말씀을 듣고 있다.

이번에 쓰게 된 나의 에세이는 몇 번에 걸친 박 장군님의 권유로 떠밀리다시피 하여 쓰게 되었다. 막상 쓸려고 하니 남에게 나타낼 것이라곤 하나도 없어서 몇 번이나 망설이다가 그냥 한 시골소년의 살아온 이야기라고 생각하고 부끄러움을 무릅쓰고 쓰게 된 것이다.

나는 학교 다닐 때 리포트를 쓴 것 외에는 별도로 글을 써 본 경험이 없었다. 그러나 나는 이 글을 쓰면서 늦게나마 참으로 많은 인생 공부를 하였다. 또한 내가 인생을 살아오면서 착오를 했던 것과 반성을 해야 할 많은 것들을 발견할 수 있었다. 아쉬웠던 점, 그리고 나 이외의 사람에게 잘 대해주지 못했던 모든 일들을 나란히 정리할 수 있었다.

글을 쓰면서 생각하니 왜 그렇게도 글쓰기를 권하셨던가 하는 박장군님의 깊으신 뜻을 알 것 같았다.

막상 써 보기로 작정하고 시작을 해 보니 내 자신을 바로 보기처럼 용기를 요하는 일은 없었고, 내가 생겨나고 영향을 받은 피붙이들에게 내가 잘 해 주지 못했던 애틋함도 많았음을 깨달았다. 또한 나는 내 나름대로 나의 증언에 대하여 다 끄집어내어 썼으나 내가 증오하거나 가시적으로 인체했던 어떤 인물에 대해서는 차마 실명으로 구체적으로 여기에 기록하지 않았다. 이것은 내 자신을 위해서 위로를 삼고자 한 것이기 때문이다.

그래서 글의 어떤 형식에 구애받지 않고, 태어나서부터 자라면서 그때그때 기억나는 것만 추려서 일기 식으로 쓰기도 했고, 어떤 것은 초등학교에 다닐 때 해보던 글짓기 형식으로도 써 보았다. 그러나 어쩔 수 없이 내가 알고 있으면서도 내가 숨기고 싶은 것은 숨기게 되었고, 또 지워진 기억과 기억사이를 자연스럽게 이어주기 위해서는 상상력으로 연결 고리를 만들기도 하였다.

글을 쓰다 보니 기억의 불확실성에 대한 문제도 있었다. 나이를 먹을수록 지난 시간을 공유한 가족이나 친구들 하고 과거를 더듬는 내용을 기록 하는 경우가 많은데, 그럴 때 마다 그때 겪은 일에 대한 기억이 상당히 다른 점에 대해서는 사진첩을 찾아본다거나 그때 관련되었던 사람에게 전화를 해서 기억을 확인해 보기도 했다.

　나는 어렸을 때부터 집안의 장손으로 태어나서 다른 형제자매들보다 더 많은 대우를 받고 자랐다. 친가는 물론 외가에서는 더욱 그러하였다. 말하자면 남을 섬기는 쪽보다 남으로부터 대우를 많이 받는 쪽이라 할 수 있었다. 그래서 성장하여 사회생활을 하는 과정에서도 나는 인정을 받아야 하고 또한 인정을 받기 위해 많은 노력을 하였다.
　그래서 내가 노력하는데 합당한 대우를 받아야만 했다. 이러한 생활신조가 나의 성격에까지도 정착이 되었던 것 같다. 그래서 나는 내가 처한 그 자리에서 최선을 다했고 열심히 살아온 만큼의 보상도 받았다고 생각한다.

　지금 생각해 보면 나의 이러한 성격 때문에 어렸을 때는 어머니의 가사 일을 많이 도와드렸고, 그러므로 나는 어머니로부터 칭찬을 많이 받았다. 어쩌면 어머니의 그 칭찬을 받기 위해 그 때문에 더 어머니를 도와드린 것 같았다. 오죽하면 어머니는 "영록이가 딸이었으면 좋겠다"라고 말씀을 하기까지 하실 정도였다.
　군대생활을 하는 과정에서도 마찬가지였다. 논산훈련소에서 '소장 전속부관'이란 직책은 나의 군 경력 상에 마이너스를 가져와서 상위 계급으로 진출하는 과정에서 한 번의 차질은 잠시 있었지만 그래도 빨리 보강하고 회복하여 그 다음 길로는 거의 정상적으로 나아갔다.

　그래서 한 번의 지체되었던 길은 잘 극복하였다. 그러나 연대장 시절에 또 한 번의 어떤 일로 나의 판단력이 흐려졌는지 상급기관에서 바른길로 인도하는 정책상의 권유를 제대로 받아들이지 않았던 바람에 그 다음 계급으로 올라서지 못하였다. 이 또한 나의 결정적인 실책이었다.

그러나 그 어려운 시기가 있었음에도 불구하고 나는 하나님을 믿는 신도로서 하나님을 의지하여 지금까지 감사하며 살고 있다.

나는 남 앞에 잘 나서지 못한 것이 결점이다. 나는 겸손을 제일로 삼았다. 나의 장점과 내가 이룬 업적에 대하여 적절하고 지혜롭게 자랑을 해도 괜찮을 터인데 나는 유별나게 앞에 나서길 좋아하지 않았고, 내가 잘했다고 무턱대고 우기거나 잘난 체를 하지 않았다. 그래서 앞에 나서기보다는 뒤에서 잘 따라주는 그러한 타입이다. 겸손함을 제일로 삼았다.

그래서 자식의 이름도 인겸(어질고 겸손함), 자겸(사랑을 베풀고 겸손함)으로 지었다. 그 이름 때문인지 아들은 나보다 더 겸손하여 사돈 되시는 '오지수 목사님'은 자기 사위가 "너무 겸손한 게 그게 탈이다"라고까지 말씀하신다.

나는 겸손을 제일로 생각하지만 불의는 참지 못하는 한 성격을 가지고 있는 편이다. 그리고 잘난 척하는 것은 두고 보지 못하는 편이다. 비겁하고, 거짓말하고, 약속을 지키지 않는 자에게는 끝까지 쫓아가서 해결을 하고야 마는 성격의 장, 단점의 양면을 함께 가지고 있다. 강하다고 하는 자에게는 강하게 대하였고 약한 자에게는 더욱 내 자신을 죽여가면서까지 대하였다.

　여기에 기록되지는 않았지만 군 생활 30년 이상을 하는 동안 크게는 서너 번. 사람으로 인한 어려운 고비가 있었지만 어려움을 잘 극복하고 명예롭게 군 생활도 마감할 수 있었다.
　또한 이 책 어느 부분에 기록한 바 있지만, 무지막지 하다는 군대생활 가운데 참으로 인간의 참모습을 보여준 분들이 있다. 나에게 도움을 주신 분들이 여러분이 있지만 특별히 잊을 수 없는 분은 이길서님, 유영록님, 서종근님, 박종업님, 홍은표님 들은 정말로 내 인생의 은인들이시다.

　물론 나를 이 세상에 있게 하신 부모님과 먼 옛날에 나에게 한없는 사랑을 베풀어주신 외할머니는 나를 용기 있고 끈기 있는 사람으로 살아갈 수 있게 하신 동기를 주신 분이다.

　내가 인생을 살아가면서 가장 가슴을 아프게 했던 일은 반대하시는 어머니 몰래 베트남 전투에 참가했던 일이다. 어머니는 내가 파병해서 베트남에서 전투를 하고 있는 근 1년을 나 때문에 얼마나 애간장을 태웠을까. 내가 부모가 되고 아이들을 키워보니 그때서야 어머니의 심정을 이해할 수가 있었다.

　매 시간마다 라디오로 전달되는 베트남 전투의 상황을 귀 기울이시며, 정안수를 떠놓고 아침저녁으로 자식의 무사를 위하여 기도하셨던 어머니를 생각하면, 정말 자식 된 도리를 하지 못하여 죄송스럽기가 말로서 다 할 수 없다.

나는 이 글을 쓰면서 참으로 많은 반성을 하는 기회를 가졌다. 그것은 아들과 딸을 자상하게 돌보아 주지 못하였고, 또한 아이들의 이야기에 애정을 가지고 귀를 기울여 주지도 못한 점, 그리고 어떠한 규범만 강조하는 공무원 아빠로만 대해 준 것이 너무 미안하다. 그럼에도 불구하고 너무나 바르게 자라주어서 정말 감사하다

'모시래'(모산) 앞 개울에서 민물고기를 잡아 매운탕을 끓여먹던 정든 단산 친구들은 내가 끝까지 기댈 수 있고, 내게 명백한 잘못이 발견되었다 하더라도 '아니다'라고 내 편을 들어주리라 믿는 그들은 지금도 내가 외로우면 언제나 찾을 수 있는 영원한 나의 마음의 고향이다.

나는 내가 쓴 원고를 몇 번 정리를 하면서 보니 70년을 넘긴 나의 인생 여정이 단 600여 페이지도 안 되게 축소되어 내 손바닥 위에 올려져 내가 걸어온 길을 한눈에 볼 수가 있었다. 나는 내 손위에 있는 나의 일생을 회고해 보니 정말로 잘한 것보다는 못한 것이 훨씬 많음을 보았다.

조금 더 노력했었더라면, 조금 더 침착하게 결정했더라면, 조금 더 앞을 내다보고 생각을 더 해본 다음에 시행했더라면, 등등의 회한이 가슴 깊이 사무친다.

좀 더 현명하게 앞을 내다보고 기도를 한 다음에 했더라면 하는 후회가 막급하다. 또한 어떤 일은 나의 마음을 후벼 파는 아픔의 후회도 있었지만 어떤 일에서는 너무나 행복했던 시간도 있었다.

이 모든 것을 지금 이 순간 나의 과거를 돌이켜 보니 한 편의 영화를

보는 것 같다. 어릴 때 시골 넓은 논밭에 마치 고삐 풀린 송아지 마냥 이리 뛰고 저리 뛰면서 아이들과 어울려 놀던 때, 흰 눈이 솜같이 뭉태기로 날리는 마을 앞 물댄 논의 스케이트장은 우리들의 놀이터였다.

　추운 줄도 모르고 얼음을 지치다가 해가 져야 어머니가 부르는 소리를 듣고 나서야 각자 집으로 들어갔던 그 시절이 마냥 안개 낀 구름 가운데 어렴풋이 보이는 것 같다. 그때가 몹시 그리워진다.

　이번에 자서전을 쓰면서 외갓집에 대한 내용을 추려 재구성하여 코로나19가 한창 창궐할 때 세상을 떠나신 외삼촌 내외분을 그리며 쓴 수필 "그리운 외갓집"이 '월간 순수문학' 수필부문 신인당선작으로 선정되어 수필문단에 입문을 하는 영광을 얻었다.

　자상하신 박경석 장군님의 권유하심에 감사드리며, 또한 코로나19라는 역병 때문에 집안에 있는 많은 시간을 유익하게 활용하여 온 세계가 어려운 상황 가운데. 다듬어진 글이 아님에도 나의 일생을 되돌아볼 수 있는 시간을 가지고 이렇게 나의 이야기를 쓸 수 있었음에 내가 믿는 하나님에 감사를 드린다.

2022년 7월

김 영 록

차 례

- ■ **추천사** 반세기만의 감동적 해후
  - 연대장 박경석과 소대장 김영록의 전우애 _ **박경석 장군** -- 9
- ■ **추천사** 오직 군인임만을 자부하는 김영록 장로
  _ 장경동 목사 ------------------------------ 11
- ■ **책머리에** 나의 일생 이야기 ------------------------------ 15

제1부 소백산이 나를 품고

제1장 어린 시절 금대에서 꿈꾸던 생활 ------------ 31
    우리 마을 -- 31
    내 지개목발은 왜 그리 길었는지 ---------------------- 33
    불바우 외갓집 ------------------------------------ 51

제2장 독립심을 기르다 ------------------------------ 67
    자취생활 -- 67
    숨어있던 나의 정체성을 찾다 ---------------------- 77
    재수생활과 군 입대 ------------------------------ 82

제2부 오직 군인임에 자부심을 갖고

제1장 논산훈련소 신병 생활 ---------------------- 91
    내무반장 윤 병장 ---------------------------------- 91
    살슬과 D.D.T 주머니 ------------------------------ 94

　　　　모래 섞인 단팥빵과 고향사람 ---------- ---------- 95

제2장　육군3사관학교 1기생으로 입교 -------------------- 99
　　　　학교 창설 배경 ------------------------------- 99
　　　　내무생활 및 교육훈련 ---------------------- 101
　　　　체력 단련 ------------------------------- 107
　　　　단체 외출 -------------------------------- 114
　　　　육군 소위 임관 --------------------------- 115

제3장　청운의 꿈을 안고 전방으로 ---------------- 116
　　　　81미리 박격포 소대장 트리오 ---------------- 116
　　　　리비교와 장파리 --------------------------- 124
　　　　딱 두 번의 외출 --------------------------- 129

제4장　베트남 전투 ------------------------------- 131
　　　　'바렛'호와 양식(洋食) ------------------------ 131
　　　　백마부대 30연대 4.2인치 박격포 소대장 ---------- 134
　　　　크리스마스 날 적의 기습포격 ------------------ 137
　　　　잊을 수 없는 냐짱 --------------------------- 139

제5장　베트남에서 귀국 및 장군 전속 부관으로 ---------- 145
　　　　2훈련소 중대장 ------------------------------ 145
　　　　소장 전속 부관으로서의 생활 ------------------ 149

50사단 사령부로 ---------------------------------- 154
　　　O. A. C 교육 ------------------------------------ 158

제6장　전남 구례에서 중대장 및 결혼 -------------- 162
　　　울릉군(郡) 다음 제일 작은 구례군(郡) --------------- 162
　　　이길서 대대장님 중매로 결혼 ---------------------- 164
　　　유영록 대대장과 의형제 맺다 ---------------------- 172
　　　사랑하는 아들 인겸 출생과 전방부대로 ------------ 176

제7장　양구에서 만난 은인 세 분 ------------------- 178
　　　홍은표 연대장님과 펀치 볼(대암산) 중대장 -------- 178
　　　끊임없이 용기를 주신 서종근 중령님 -------------- 187
　　　박종업 연대장님 ---------------------------------- 200
　　　육군대학이 있는 진해로 -------------------------- 209

제8장　육군대학 정규 제29기로 입교(진해에서~) --------- 211
　　　가족이 딸린 학생들과 학교생활 -------------------- 211
　　　사생결단의 시험공부 ----------------------------- 218
　　　진해 군항제와 벚꽃축제 -------------------------- 221
　　　졸업과 동시 창원사단 파도부대로 ----------------- 222

제9장　육군에서 가장 책임지역이 넓은 39사단 ----------- 223
　　　인사처 보좌관으로 보임 -------------------------- 223

중령진급과 합천대대장으로 부임 ------------------ 231
　　육군본부 동원참모부로 ------------------------- 236

제10장 육군본부에서 대령으로 진급하다 ------------- 241
　　삼각지 육군본부에서 ------------------------- 241
　　육본 계룡대로 부대이동 ---------------------- 249
　　대령으로 진급 ------------------------------ 256

제11장 또 다시 전방으로 ------------------------ 258
　　사단 참모장으로 부임하다 -------------------- 258
　　주말은 가족과 만나는 날 --------------------- 262
　　나 때문에 상처받은 참모에게 죄송 -------------- 266
　　사단 연대장으로 부임 ------------------------ 270

제12장 내 인생의 최고의 시간과 최저의 시간 ---------- 271
　　희망과 환희에 찬 연대장 취임 ----------------- 271
　　여주 라파엘 집 자원봉사로 전인교육 ------------ 274
　　지휘관의 책임과 도리 ------------------------ 277
　　연대장 이임 ------------------------------- 284

제13장 국방대학원 입교, 전역 ------------------- 286
　　'94 안보과정 입교와 분, 반 편성 --------------- 286
　　동기생 김성근 대령이 머리를 올려주다 ----------- 290

육군대장 김재창 장군의 차를 얻어 타다 ·············· 293
수도군단 인사참모로 부임 ························· 295
예비군 훈련처장에서 예비군 훈련과장으로 ········· 296
31년간의 영욕의 군 생활을 마감하다 ··············· 305

제3부 뉴질랜드 이민과 신앙생활

제1장 꿈의 나라 뉴질랜드로 ······················· 309
    전역과 동시 뉴질랜드 탐방 ······················· 309
    인겸이는 전방으로, 세 식구만 이민가다 ············ 321
    골프와 낚시 천국에서 신앙생활 ··················· 328
    다시 한국으로 역이민을 오다 ····················· 367

제2장 한국으로 역이민 ··························· 371
    중문교회 사무국장으로 부임 ······················ 371
    인겸이와 자겸이의 결혼 ·························· 403
    사무국장 주요업무 ······························· 407
    재임기간 기억에 남았던 일 ······················· 408
    11년간의 사무국장직을 마무리하다 ················ 448

제3장 침례신학대학에서 학부생활 ················ 454
    교회음악과 색소폰 전공으로 입학 ················· 454
    신학과로 전과를 하다 ···························· 461

　　　　학교생활 4년간 특별히 기억에 남는 일 ············· 465
　　　　대학 4년 중 학교수업 외 있었던 일 ··············· 469
　　　　대학 졸업식 ······································· 484

제4부 건강하고 아름다운 노년생활 유지

제1장　겸손하고 정의로우며
　　　　사회에 도움이 되는 노년이 되자 ················· 493
　　　　정말 부담 없는 인생여행 ························· 493
　　　　신앙을 바탕으로 한 사회활동 ····················· 514
　　　　옛 전우와 친구들과의 유대 공유 ·················· 526
　　　　코로나바이러스 감염증19(COVID-19)와의 전쟁 ··· 531

제2장　부지런히 좋은 책을 읽고 글을 쓰자 ················ 541
　　　　문학 작가로서 글쓰기에 열심을 ··················· 541

■ 에필로그 ··· 544

제1부
소백산이 나를 품고

제1장 어린 시절 금대에서 꿈꾸던 생활

제2장 독립심을 기르다

제 1 장

어린 시절 금대에서 꿈꾸던 생활

우리 마을

내가 자란 고향은 경상북도 최북단에 위치하여 강원도라고 할 정도로 태백산과 소백산의 큰 산들이 합쳐져 있는 곳이다. 마을 먼 곳 뒤로는 소백산이 웅장하게 자리하여 거의 오월 말까지 산머리에 흰 눈이 덮여 있었으며, 우리 동네 북쪽으로는 무량수전이 있는 부석사가 약 이십 리, 남쪽으로는 안향선생께서 세우신 우리나라 최초의 대학교급인 소수서원이 자리하고 있다. 버스가 비포장도로를 따라 하루에 두 번 왕복하는, 윗말 아랫마을 합쳐서 한 오십여 가구가 모여 사는 아주 작은 두메산골이다.

우리는 그 버스라도 탈라면 마을에서 아이들 걸음으로 한 삼십분은 걸어가야 읍내 정류장까지 갈 수 있었다. 우리 마을 이름은 '금대'이며 행정구역상으로는 영주시 단산면 옥대리이다.

내가 태어난 곳은 인접 면(面)인 부석면 보계리 각암동이다. 그 동네는 나의 외가가 있는 '불바우'라고 불리는 마을이다. 불바우는 중학교 때까지 나의 몸과 마음의 고향이라고 할 수 있다.

나는 김해김씨 시조 왕이신 김수로 왕의 74대 손으로 '경파' '사군파' '삼현파' 중 맏이가 되시는 경파의 안경공파에 속하며 돌림자 첫 자를 '영'자로 쓰며 내 부모님은 자녀를 3남1여를 두셨다. 나는 맏이로서 가문의 장손이고, 내 바로 아래 남동생, 그 다음이 여동생, 막내로 남동생이 하나 있다.

내 아랫대의 장손은 지금 목사가 된 아들이 대를 잇고 있는데 아직 손자는 없고 손녀만 하나 두고 있다. 그러니 언제까지 대가 이어갈지는 알 수 없는 일이다.

나의 손녀는 아들이 결혼을 늦게 한 편인데 아이가 생기지 않아서 시험관 애기로 탄생한 귀한 자손이다. 다행하게도 하나님의 도움이 계셔서 결혼한 지 만 5년이 되는 날 아들부부의 결혼기념일에 맞추어 태어났다. 그러니 자기 부모의 결혼기념일이 내 손녀의 생일인 것이다. 나의 소망은 대를 이어갈 손자가 한 명은 꼭 태어났으면 한다.

우리 동네 사람들은 어렸을 때부터 소백산 꼭대기의 흰 눈만 바라보고 자랐기 때문에 무조건 마을 뒤엔 큰 산이 있어야 했고 그 산꼭대기에는 흰 눈이 여름이 다 될 때까지 쌓여 있는 줄로만 알았다.

그래서인지 우리 마을은 겨울에서 봄은 오자마자 바로 여름이 되었으며 가을이 금방 지나고 겨울은 무지하게 길었다. 그리고 멀리 소백산에서 불어오는 눈바람 때문인지 퍽이나 추웠던 마을이다. 나는 이 소백산을 태어나면서 부터 초등학교, 중학교, 고등학교를 졸업할 때까지 거의 이십년간 좋든 싫든 보면서 살았다. 심지어 모든 교가에는 '소백산'이 다 들어가 있을 정도이다.

그래도 이러한 소백산의 기상을 많이 받아서인지 후일에 흔히 말하는 "논두렁 정기"라도 타고 나야 될 수 있다는 '육군 대령' 계급까지 올랐는지도 모른다.

내 지개목발은 왜 그리 길었는지

내가 초등학교 일학년 때쯤일까 할아버지가 돌아가셨다. 어른들은 장례준비로 한쪽에서는 곡하는 소리, 상여 만들기 위해 짚 꼬는 일, 동네 아주머니들은 바깥에다 솥을 걸고 밥하고, 솥뚜껑을 뒤집어 놓고 부침개를 부치는 등, 윗마을 아랫마을 오십여 가구 중 남녀 할 것 없이 일할 수 있는 어른과 젊은이들은 다 모여서 온 동네가 우리 집의 장례를 위해 분주하게 움직였다.

나는 할아버지가 돌아가셔서 슬퍼하고 울어야 했음에도 불구하고 다만 먹을 것이 많아지고 일 때문에 바쁘셨던 어머니의 간섭도 없어지니 신이 나서 동네 아이들을 몰고 다니면서 이리 저리 맛있는 것만 얻어먹고 좋아했다.

할머니가 제일 많이 우신 것 같았다. 할머니 할아버지는 동갑네기 심으로 할머니 회갑일은 그해 오월이었지만 시월에 있을 할아버지 회갑 일에 함께 하시기로 하고 할머니 회갑도 못하신 것 때문에도 더욱 슬프셨을 것이다.

그땐 다들 그러했겠지만 하루 밥 세끼 외에는 먹을 것이라곤 별로 없었다. 동네 아이들과 어울려 다니면서 봄에는 찔레 순, 떨어진 감꽃, 논 두럭에 싹이 튼 모매뿌리, 여름에는 떨어진 감, 칡뿌리, 남의 밭에 심어놓은 고구마, 복숭아, 자두 등 이런 것으로 한창 자랄 때의 허기짐을 달래기도 했다.

어떤 때는 윗말 아랫말 중간에 있는 '오철'이 형네 물레방아간도 우리에게 아주 좋은 먹을거리를 제공해 주었었다. 폭포수와 같이 물레방아에 내리꽂는 물의 힘으로 돌아가는 2층으로 된 방앗간은 크고 작은 둥근 쇠바퀴들이 컨베어벨트에 연결되어 탈곡하여 말려진 벼는 하얀 입쌀이 되기까지 수많은 과정을 거친다.
컨베어벨트 위에 오른 벼들은 이동에 이동을 거치면서 껍질이 벗겨지고 다듬어지면서 현미 색깔에서 하얀색깔의 쌀로 변해가는 것이다.

참새 떼 만큼 많은 수는 아니지만 대여섯 명이나 되는 우리 꼬마 친구들은 2층으로 올라가서 벨트위로 지나가는 도정이 덜 된 쌀을 닥치는 대로 양쪽 호주머니에 집어넣고 냅다 줄행랑을 친 다음. 이곳저곳을 다니면서 조금씩 입에 털어 넣고 먹는 재미 또한 쏠쏠하였다.

방앗간 주인은 주로 1층에서 일을 하시기 때문에 우리가 2층에 잠깐 왔다가는 것을 눈치 채지 못하셨다.

그 당시는 우리 마을에서 정미소를 하는 오철 네와 사과과수원을 하는 우리 동창 춘희네 집이 제일 부자였다. 그 물레방아간은 언제부턴가 발동기소리가 나는 것으로 바뀌었다. 도정을 할 때 나는 탕, 탕, 탕 하는 소리는 윗말 아랫말 할 것 없이 온 동네에 다 들렸다.

더운 여름에는 우리 윗동네인 '모산'(모시레) 앞에 있는 개울에 가서 다이빙도 하면서 뜨거운 몇 시간을 친구들과 물장구를 치며 놀았다. 어떤 날은 논에 물을 대기 위해 물길을 막아놓는 바람에 도랑에 물이 마를 때면 팔딱거리는 송사리와 피라미 몇 마리를 잡아서 어머니에게 매운탕을 만들어 달라고 했다. 그때 먹었던 매운탕이 얼마나 맛이 있었던지 지금도 잊혀지지 않는다.

그때 우리 마을은 대부분이 돼지고기 국물이라도 맛보는 날은 명절과 제삿날, 그리고 부모님이상 웃어른들의 생일날을 빼고는 1년에 딱 한번 공식적으로 있었다. 그날은 풋굿날(우리 마을 만의 축제일)이다.

풋굿날은 아마 팔월 한가위를 좀 못 미쳐서인 것 같다. 그날은 동네사람들이 농사짓느라 고생한 대가로 모처럼 몸보신도 할 겸, 동네 추렴형식으로 삼복중의 어느 날을 잡아서 고기도 먹고 술도 한잔하며 마을잔치를 했었다.

이날은 온 동네 전체가 합쳐서 큰 돼지를 두어 마리 잡아서 50여 가구가 자기들 식구수를 생각하여 자기 능력껏 돼지고기를 몇 근씩

사 갔다. 사 갖고 간 돼지고기를 큰 가마솥에 무, 시래기, 연 줄기, 고사리 등 여러 가지 채소를 많이 넣고 끓여서 온 가족이 오랜만에 고기 맛을 보곤 했었다.

그때는 모든 집들 대부분이 식구가 많아서 고기를 어지간히 끓이더라도 우리같이 아이들은 고기는 몇 토막 돌아오지 않았다. 집집마다 할아버지. 할머니, 아버지, 어머니, 삼촌, 고모 등에 아이들은 보통 4~8남매는 되었으니 대식구가 한 가족이었다.

그러므로 고기는 대부분 어른들의 몫이기 때문이다. 그래도 우리는 몇 토막 넣지 않는 국물이지만 그거라도 먹는 재미에 신이 났다. 지금은 아이를 키우는 부모들이 아이가 살이 찔까봐 돼지고기 같은 육류는 잘 먹이지 않고 있는데 정말 그 시절을 생각하면 '상전벽해'가 아닐 수 없다.

그리고 내 또래 아이들은 고깃국 맛을 보는 것 외에도 돼지 오줌보에 더 관심을 가졌다. 아이들은 동네 어른들이 돼지를 잡을 때는 그곳을 떠나지 않고 계속 어른들 곁에서 쪼그려 앉아서 돼지 내장을 꺼낼 때까지 기다렸다. 그래서 거기에서 나오는 돼지 오줌보를 얻어서 거기에 입으로 바람을 불어 넣어 주둥이를 고무줄로 묶은 다음 이것을 축구공으로 차고 놀았다.

돼지 오줌보에 바람을 넣은 축구공은 말랑말랑하기도 해서 한번 차면 멀리도 튀어 올랐고, 또 잘 튀기도해서 이전에 새끼줄을 둥글게 감아 만들어 차던 새끼줄 축구공보다 훨씬 차고 놀기가 좋았다.

동네 한 가운데 있는 큰 느티나무는 우리에겐 아주 좋은 놀이터다. 우리는 그 나무아래서 축구도 하고, 제기차기, 땅따먹기, 기마전, 칼치기 등 온갖 놀이를 다하며 참으로 많은 추억거리를 만들며 자랐다.

그때는 딱히 부모님에게 용돈을 받아서 간식꺼리나 주점 부리꺼리를 사서 먹는 일은 거의 없었다. 우리 동네는 물레방앗간 정미소 밑에 조그마한 점방(가게)이 하나 있었지만 눈깔사탕이나 비누 같은 것, 양잿물 같은 것만 좀 팔고 있었으나 대부분 용돈이라고는 세뱃돈 외에는 별로 받아본 적이 없으니 눈깔사탕 하나라도 사서 먹긴 어려웠다.

그래서 가끔 단 맛을 볼 수 있는 기회는 엿장수 아저씨가 올 때이다. 엿장수 아저씨는 엿판을 매고 소리가 나는 큰 가위로 "철그렁 철그렁" 하며 동네를 돌아다니면 우리 친구들은 자기 집으로 달려가서 엿을 바꿔 먹을 무엇이 있는가 하고 온 집안을 뒤져서 뭐라도 있으면 갖고 와서 엿과 바꿔 먹곤 했었다.

엿장수 아저씨는 넓적한 칼을 적당히 대고서 가위로 툭툭 쳐서 말 그대로 "엿장수 맘대로" 잘라 주었다. 우리들은 엿 부스러기가 떨어질까봐 한손으로는 엿을 들고 또 한손으로는 엿을 들고 있는 손 밑을 바쳐서 엿 부스러기 하나라도 떨어지지 않도록 조심해서 받아먹곤 했었다.

그때 엿과 바꿔먹던 물건들은 주로 빈병이나 낫이나 곡괭이 부러진 것, 고무신 찢어진 것 등이 대부분이었다. 어떤 아이는 집에 있는 감자나 겉보리(도정하지 않는 보리)도 부모 몰래 갖고 와서 엿과 바꿔먹기도 하였다.

자기 집에 가서 아무리 뒤져봐도 엿을 바꿔 먹을 게 없는 아이는 그냥 엿장수아저씨가 있는 곳으로 와서 엿을 사먹는 아이에게 온갖 아양을 떨어서 얻어먹으려고 했다. 엿을 먹고 있던 아이는 먹고 있던 엿을 어떻게 자를 수가 없어서 먹고 있던 엿을 어금니로 꽉 깨물어 잘라서 자기 침이 묻어있는 엿을 입에서 꺼내주면 그거라도 받아먹은 아이들은 그날은 너무 행복한 날이었다.

언젠가는 그날도 양철가위를 철그렁 거리면서 엿장수가 엿판을 짊어지고 마을에 나타났다 이때 역시 온 동네아이들에게는 비상이 걸렸다. 어떤 아이는 자기 집에 뛰어가서 엿 바꿔먹을 것이 있는 가하고 뒤지기에 바빴고 집에 가봐야 별개 없음을 알고 있는 아이는 엿장수 옆에서 구경만이라도 해보자는 맘으로 그냥 엿판만 쳐다보고 있었다.

나도 무조건 집으로 달려갔다. 부모님은 밭에 가시고 안 계시므로 나는 집 안팎을 몇 바퀴 돌았다. 하지만 엿 바꿔먹을 것은 이미 예전에 다 바꿔 먹고 없었으므로 부엌으로 가서 뒤져보니 찬장 안에 참기름이든 소주병을 발견했다.

그 순간 내 머릿속에는 온통 엿만 먹을 생각 밖에 없었으므로 병 안에 든 참기름을 놋대접에 쏟아 붙고 그 빈병을 엿장수에 가져가 엿과 바꿔 먹었다.

해질 무렵 밭에서 집에 오신 어머니가 부엌에서 진동하는 참기름

냄새를 맡으시고 참기름이 놋 사발에 부어져 있음을 보셨다. 분명히 내가 이 기름병으로 엿 바꿔 먹었음을 짐작하시고 홧김에 부지깽이로 냅다 나를 때리시기에 나는 어머니를 피해서 밖으로 도망친 일도 있었다.

지금 생각하면 눈깔사탕이나 엿 하나 사주시지 못했던 어머니의 마음은 어떤 심정이셨을까? 그 시절에는 다들 그렇게 살던 시절이었지만 어머니는 얼마나 짠하셨을까? 어머니에 대한 그리움이 다시 떠오른다.

엿은 못 먹었어도 봄에는 진달래꽃을 한 줌 따먹다보면 입술이 푸르팅팅하게 물이 들었고, 아카시아 꽃, 찔레 순, 특히 떨어진 감나무 꽃은 아주 고급 간식 거리였다. 떨어진 감꽃을 억새풀 줄기에 하나씩 꿰어 목에 걸고 다니면 목걸이도 되고 출출할 때 하나씩 빼어 먹는 재미도 가히 일품이었다.

그리고 여름에는 살구, 앵두, 자두, 복숭아 등의 과일도 좋은 먹을거리였으며 아랫마을 과수원에 땅에 떨어진 사과를 주어다가 먹기도 하였다.

또한 가을에는 떨어진 밤알과 대추, 밭에 널려진 옥수수는 삶지 않아도 껍질을 벗기고 훑어 먹으면 달콤한 맛이 특이하다. 고구마는 그대로 먹으면 달고 맛있는데 감자는 아린 맛이 나서 그냥 먹지 못하였다.

우리는 아주 어릴 때는 남자와 여자 구분 없이 함께 어울려 놀았다. 아랫마을 한 가운데 넓게 자리 잡고 있는 항공모함처럼 엄청나게 큰 몇 백 년 아니 몇 천 년이나 된듯해 보이는 느티나무는 우리들의 놀이터였다. 지금 같으면 어른들을 위한 경로당이었고 어린 우리들에겐 큰 규모의 어린이집과 같았다.

아침에 나가면 점심 먹는 것도 잊어버리고 그 나무그늘 아래서 사금파리로 땅따먹기, 자치기, 재기차기, 모래성 쌓기라든지 어떤 때는 여자 남자 짝을 지어 소꿉놀이, 여자아이들은 오자미놀이라든가 고무줄넘기 등 온갖 놀이를 하며 어머니가 밥 먹으라고 부를 때까지 시간 가는 줄 모르게 놀았다.

놀다가 어떤 아이가 똥이 마려우면 똥이 마렵지 않는 아이들도 변소로 떼로 몰려가서 여자 남자 할 것 없이 엉덩이를 까고 앉아서 힘을 주곤 했었다. 주로 가는 변소는 느티나무에서 제일 가까운 '정일'네 집에 있는 변소에 갔다.

엉덩이를 내 놓고 앉아서 똥을 누면서 하는 얘기들은 얼마나 재미 있었는지 지금도 그 시절이 그립다. 우리가 누었던 똥과 오줌은 아주 훌륭한 농사 재료가 되었다. 그 똥 위에 아궁이에서 타고남은 재를 덮어놓으면 무공해 천연비료가 되었으니 그 아이 부모님도 떼거지로 몰려와 자기 집 변소에서 그 짓을 해도 나쁘게 생각을 하시지 않았든 것 같았다. '정일'이는 나보다 한 살 더 먹은 여자아이다

나는 그 정일 이를 우연하게도 10여년에 대전에서 그를 만났다. 환갑을 훨씬 넘긴 나이로 반 세기 전에 아주 어릴 때 함께 놀다가 헤어진 후로 처음 만났다.

몇 십여 년 전에 내가 군에 있을 때 자기 친척 아들의 군 입대를 알아봐줬다나 해서 고맙다고 꼭 식사대접이라도 해야 한다고 해서 고향에 있는 내 여동생에게 나의 연락처를 알아서 전화해 만나게 됐던 것이다. 60대중반인 그는 예전 윤곽은 그대로 있어 동그란 예쁜 모습이었지만 피부는 세월의 흐름을 막지 못해 그 역시 할머니로 향해 가고 있음을 보았다.

똥 얘기가 나왔으니 내가 똥을 먹었던 기억이 난다. 그 당시 우리들은 열 살도 안 된 어린아이들이였지만 느티나무 밑에서도 놀았고 또 하루에도 몇 번씩 느티나무 위에 올라가서 원숭이처럼 나무를 타고 놀기도 하였다. 느티나무는 재질이 질기고 유연하여 잘 부러지지 않기 때문에 올라가서 흔들며 놀기가 아주 좋았다.

윗마을에 사는 형들 중에 아주 심술이 많은 '이유록'이라고 하는 형이 있었다. 하루는 느티나무 위에 올라가서 놀고 있었는데 무슨 이유인지는 몰라도 그 형이 나를 밀어서 10미터 이상 되는 높이에서 떨어져서 온 동네가 난리가 난 적이 있었다.

어머니는 나무에서 떨어진 나를 등에 업고 무조건 우리 집으로 달려가서 나를 마루에 뉘여 놓은 뒤에 바가지에 거무스레하고 걸쭉한 구정물 같은 것을 한바가지 떠 와서 나보고 먹으라고 하셨다. 나는 냄새를 맡으니 구역질이 나서 도저히 못 먹겠다고 떼를 썼다.

그런 나를 어머니는 회초리를 들고 와서 엄포를 놓으시는 바람에 나는 할 수 없이 두 눈을 꼭 감고 몇 모금을 마시고는 도저히 못 먹겠다고 하였더니 어머니는 나무에서 떨어졌기 때문에 다 먹어야 된다고 하셔서 남은 똥물을 다 먹고 말았다.

그때 먹은 똥물은 똥냄새가 아닌 아주 쓴 냄새로 기억된다. 아마 어머니가 떠 오신 그 똥물은 우리 집 변소에서 몇 십년이상 묵은 아주 오래된 똥물이었을 것으로 생각된다. 왜냐하면 똥이 똥냄새가 나지 않고 "익모초"즙 같이 쓰기만 했었다.

그래서 나는 내가 아는 우리 어머니는 자기 생각으로 금방 눈 똥물보다는 오래 묵은 똥물이 효과가 더 있을 것이라고 생각돼서, 아마 변소 저 밑바닥에 있는 것을 떠 오셨을 것이라고 생각이 든다.

나를 나무에서 밀어 떨어트린 그 형은 아주 일찍이 우리 마을을 떠나 어디로 이사를 갔는데 그 뒤로는 한 번도 본 일이 없다. 그때는 미웠지만 그래도 한번은 보고 싶다.

좀 더 자란 후에 우린 대부분 여름에는 들에 나가 소에게 풀을 먹이고 또 집에서 먹일 풀을 베어서 꼴망태 바 지개에 한 짐 지고 집으로 오거나 겨울에는 산에 가서 땔감나무를 해서 지개에 지고 집으로 오곤 했다.

열 살 정도 밖에 안 되는 나는 어른용 지개를 사용했기 때문에 지개 목발이 길어서 산비탈이나 언덕 아래로 내려올 때는 몇 번이나 지개 목발이 돌멩이나 나무그루 턱에 걸려서 넘어졌는지 모른다. 어떤 때는 쇠똥구리처럼 아래로 굴러 떨어지곤 했었다.

그때 나의 희망사항은 "내 키에 맞는 지개를 가지는 것"이었다. 내 친구 '영춘'이의 몸에 잘 맞는 그의 지개가 얼마나 부러웠는지 모른다. 어릴 때 친구 영춘 이는 쇠풀 뜯고 땔감나무 하러 갈 때 가장 가까운 친구였다. 그런데 초등학교 3학년 때쯤 부석면의 어느 마을로 이사를 가는 바람에 한동안 나 혼자 외롭게 지냈다.

이렇게 나는 등에 맞지 않는 지개를 지고 소먹이 풀과 땔 나무를 하던 그 중요한 일도 내가 중학교에 입학할 쯤에 끝이 났다.

왜냐하면 부모님이 농사짓던 논밭을 팔고 읍내에 이사를 오셔서 옷가게를 내셨기 때문이다. 새로 이사 온 가게 딸린 집은 부엌을 나무 때던 것을 구공탄 때는 것으로 부엌개량을 했기 때문이다. 더 이상 나는 소먹이 풀을 베어 등에 지거나 부엌에 땔 나무를 하기 위하여 지개를 져야할 이유가 없었다.

나는 자연스럽게 이때부터는 거의 지개를 지지 않았다. 그 시절에 구공탄을 떼어 밥과 난방을 한다는 것은 퍽이나 호사스러운 일이였다. 또한 그 집에 연탄이 얼마나 쌓여 있는가를 보면 좀 산다고 하는 집인지 아닌지를 가름 할 수 있었다.

해가 지나가면서 박정희 정권이 들어서면서 산림녹화를 위해 정부시책으로 산에서 일체 나무를 베지 못하게 하였다. 그리고 해마다 4월 5일 식목일에는 온 국가행사로 나라 전역에 걸쳐 많은 나무를 심었다.

이 때부터 대부분의 가정들이 연탄을 때기 시작했고 그로 인해 전국에서 연탄중독으로 사망하는 사고가 많이 발생하였다. 나무를 때던 부엌을 구공탄으로 개량하면서, 갈라진 방바닥 땜질과 안방으로 들어가는 문종이로 바른 부엌문의 틈새 막는 것 등을 소홀히 하여 연탄가스가 새어나와 많은 아까운 생명들이 연탄가스 중독으로 죽었다.

내가 소령시절 진해 육군대학에 다닐 때 우리기수의 다음기로 입교하기 위해 학교 아파트로 이사 중인 사관학교 후배인 어떤 소령 네 식구와 이사를 도우러왔던 처제까지 전원이 연탄가스에 중독되어 목숨을 잃은 일이 있었다.

나는 초등학교를 특별하게 입학했다. 입학식이 있던 날 앞집 동갑내기 '성환'이는 입학통지서가 나오고 나는 안 나왔지만 같이 학교에 갔다. 선생님께서 나는 입학 나이가 안 되서 입학 할 수 없다고 하셨지만 나는 성환이와 동갑내기인데 왜 안 되냐고 떼를 썼다.

안 되는 이유는 우리 부모님이 나의 출생신고를 성환이 보다 한해 늦게 하시는 바람에 내겐 입학통지서가 나오질 않았던 것이다. 그 시절에는 그런 일이 허다했었다. 어떤 아이들은 자기나이보다 많게, 어떤 아이들은 적게 하여 장성한 후에 군 입대 및 직장에 취직 등 여러 가지 이유로 법원에 가서 나이를 정정하곤 하였다.

어찌됐든 선생님은 나에게 입학을 허락해 주셨으며 호적상으로는 한 살 적게 내 인생의 여정을 동갑내기들과 같은 세대를 살게 되었다. 같이 입학한 아이들 중에는 나이가 아주 많은 아이도 있어서 초등학교 졸업을 하자마자 장가를 간 '원터'에 살았던 '송도헌'이란 친구도 있었다.

　남자들의 세계에서는 나이가 한 살 많고 적음이 매우 중요한 요소로 차지하고 있다. 같은 날 군에 입대했어도 군번이 누가 빠르냐를 가지고 서열을 메기는, 어떤 수컷들의 헤게모니 쟁탈전이 그 집단에서 좌우되곤 하기 때문이다.

　심지어 1969년도에 있었던 대선인가 총선 때 사관학교에서 훈련 받던 중 야전에서 투표를 할 때 다른 생도들은 거의 다 투표를 했는데 나만 투표권이 안 나와서 투표를 하지 못했었다. 친구 생도 중에는 실제로 동갑인데도 은근히 자기가 형이라고 할 때는 괜히 속상할 때도 있었다. 실제 우리 사관학교 동기들의 대부분은 나보다 한두 살 더 많은 편이었고 심지어 허정웅 생도의 경우는 1939년생으로 나보다 10년이나 형님이었다.

　우리 면(面)은 영주시(당시 영주군)가운데 가장 면적이 적어서 인지 초등학교만 있고 중학교는 없었다. 그래서 대부분 초등학교 졸업 후 인접 부석면에 있는 부석중학교나 순흥면에 있는 소수중학교에 거의 왕복 이십 리 길을 비포장도로를 오가는 차의 먼지를 뒤집어쓰고 다녔다.

　우리 초등학교 동창생은 전체가 약 50여명으로 위, 아래 학년 보다 너무 적었다. 우리보다 1년 선배는 거의 80명이 넘었고, 우리 후배들도 백 명이 넘었다.

내 또래는 6.25전에 때어나서, 피난 가는 도중에 많이 죽어서 그런지. 아니면 우연히 적게 태어나서 그런지는 지금도 알 수 없는 일이다. 그중에 중학교에 진학한 아이들은 십여 명 남짓했다.

나는 입학할 때도 그랬지만 좀 특별한 아이인 것 같았다. 뭔가 남과는 다르다는 티를 내고 싶어 했다. 졸업사진을 보면 남학생들은 전부 모자를 벗고 찍었는데 나만 모자를 썼으며, 한껏 폼을 잡고 있는 모습을 보니 그 또한 특별히 다르게 보이고 싶어서 그런 것 같았다.

초등학교 6학년 때는 5.16 군사혁명이 일어났다. 그리고 제3공화국이 출발할 무렵에는 새마을 운동과 농촌 계몽운동이 시골 마을에 널리 퍼져서 마을마다 잘 살아보자는 꿈을 가지고 너나없이 뭐라도 열심히 하였다.

선생님과 공무원들은 '고리땡'으로 만든 '재건복'을 전부 유니폼으로 입었고 학교 선생님은 낮에는 학교에서 학생들을 가르치고 밤에는 마을 공회당에 글을 모르는 시골 사람들을 모아놓고 야학을 하여 문맹자가 없도록 하였다.

그리고 퇴비증산과 통일벼 등을 개량하여 농촌 소득을 올리게 하였으며 양돈, 양계 비육우생산 등, 돈이 되는 일이라면 무엇이라도 하여 농가 소득을 올리도록 정부에서 독려하였다. 심지어 4H 클럽 등을 만들어 젊은이들이 농촌에서도 잘 살 수 있다는 것을 보여주었다. 마을마다 퇴비증산 경연대회를 할 때는 온 마을의 전 인원이 전부 참가하여 부락 마다 쌓아놓은 퇴비가 산더미처럼 쌓이기도 하였다.

벌거숭이산에는 해마다 대대적으로 나무를 심어 산사태를 방지토록 하였다. 그 당시 사림녹화 사업으로 60여 년이 지난 지금의 우리나라는 전 국토가 나무로 뒤덮여서 등산 도로 이외로는 산에 들어갈 수 없을 정도이다.

내가 전방에서 연대장근무를 할 당시에도 훈련 때문에 산에 올라갔을 때 느꼈던 것이 지금도 생각난다. 이렇게 산림이 빽빽하여 만약 전쟁이 발발하면 적군이 나무숲에 숨어있을 경우 어떻게 적을 토벌할 수 있을까? 하는 염려도 했었다.

같은 반 중에는 초등학교에서부터 고등학교까지 12년간을 같은 학교를 다닌 친구가 있다. '모산'이 고향인 '병옥'이다. 병옥이는 착하고 모범생이었다. 그는 나중에 교장선생님으로 정년퇴직을 하였으며, 우리 둘은 1년에 3번 이상 정기적으로 만난다. 초등학교, 중학교, 고등학교 동창회 때마다 만나고 있다.

소풍갈 때도 우리 면 내에는 별로 갈 곳이 없다. 그래서 봄 소풍은 대부분 '옥대마을' '선대이 끝'이란 개울가에 갔었고, 가을 소풍은 좀 멀리 1~3학년 어린학생들은 조금이라도 가까운 순흥 소수서원으로 갔고, 4~6학년은 부석 면에 자리하고 있는 왕복 16키로 거리가 되는 부석사로 갔었다.

그때는 어느 학교 소풍도 다 마찬가지이었겠지만 대부분 어머니가 싸주신 그냥 길게 말은 김밥 한두 줄과 거기에 삶은 계란 한두 개 거기에다 칠성사이다 한 병만 있으면 마냥 행복했었다.

여자아이들은 대부분 단발머리(뒷머리를 밀어 올려서 부채모양으로 동그랗게 다듬은 머리)를 하였고 남자아이들은 너나 할 것 없이 바리캉 (이발도구)으로 빡빡 밀어 깎은, 말 그대로 까까머리였다. 그때 그런 모양의 까까머리는 수년 뒤 고등학교를 졸업 할 때까지 그렇게 하고 다녔다. 중 고등학생의 머리스타일이 자유롭게 된 것은 아마 1980년대에 전두환 정권이 들어서면서 두발 자유화가 시행될 때부터인 것 같다.

소풍은 재미있었다, 까까머리에 모자도 안 쓰고 뙤약볕아래 도로를 걸어가서 목적지에 도착해보면 정말 가관이다. 땀이 흘러내려 머리에서부터 윗도리에 흠뻑 젖어있고, 어떤 아이는 콧물까지 흐르는 것을 소매 자락에 얼마나 훔쳤는지 반질반질하게 윤이 날 정도였다. 싸온 김밥이나 도시락을 먹는 재미도 있었지만 소풍 때마다 빠지지 않는 행사 중 하나인 보물찾기는 정말 가슴을 설레게 했다. 그러나 내 기억으로는 나는 고등학교 때까지 근 12년을 다니는 동안 한 번도 그 숨겨진 보물 표를 찾아서 상품을 타본 기억이 없다.

그 후로도 군 생활이나 사회생활을 하는 동안 빙고 깨임이나 교회 행사시 번호 뽑기에도 거의 당첨된 적이 없었다. 지금 생각해 보면 내 인생에 요행이란 없었던 것 같다. 그래서 열심히 노력하고, 내 딴에는 성실하게 살아온 결과 이만큼이라도 지금에 내가 되지 않았는가 생각한다.

소풍도 날짜를 잡아놓으면 퍽이나 기다려지고 가슴을 설레게 하는 것이었지만 어쩌다 면 소재지에 들어오는 '가설극장' 또한 아이들은 물론 어른 아이 무론하고 온 마을 전체를 흥분의 도가니에 빠지게 하는 큰 행사였다.

쓰리쿼터(작은 트럭)의 양 옆에 영화 광고판을 달고 이 동네 저 동네를 휘젓고 다니면서 당시 유행하던 유행가를 크게 튼다. 오늘밤 영화에 대한 선전을 즉석 아나운서가 하게 될 때면 나같이 마을 앞뜰에서 소먹이 풀을 베고 있던 아이들, 논밭에서 일을 하시던 동네 어른들까지도 일손을 멈추고 그 차량이 지나갈 때까지 그 차량의 행차를 바라보곤 했다. 온 동네사람들의 마음은 벌써 그 가설극장에 가 있다.

차량 뒤에는 나보다 어리거나 소먹이는 일이나 농사일을 하지 않는 그런 아이들이 떼를 지어 차량의 꽁무니를 따라다니는 모습 또한 가관이었다. 밤이 되면 모든 사람들이 서둘러 저녁밥을 먹고, 내 또래 아이들은 돈도 한 푼 없으면서 무작정 친구들과 떼를 지어서 백열등으로 휘황찬란한 그 거대해 보이는 포장으로 둘러 처진 가설극장으로 달려갔다.

당시 우리가 사는 면(面) 일대는 전기불이 들어오지 않았으므로 전기 불 그 자체가 신기하기만 했다. 영화는 한번 오면 한곳에서 약 일주일 정도 제목을 바꿔 가면서 상영했다. 그것도 비가 오지 않아야 하지, 비가 며칠 왔다간 그 가설극장은 완전히 낭패를 볼 수밖에 없었다.

그래서 영화상영 시기를 가을추수가 거의 끝나는, 건기 철인 가을에 주로 잡은 것 같았다. 내 기억으로는 무성 영화도 있었고 유성 영화도 있었던 것 같았으며, 내가본 영화 중 기억나는 것은 "칠떡이 논산훈련소에 가다"였던 것 같다.

우리들 대부분은 입장료가 없었기 때문에 가설극장 '기도'(극장 울타리 포장을 지키며 입장료를 받는 사람) 아저씨를 상대로 전술을 짜고 전쟁을 해야만 했다. 우리는 둘러쳐진 천막을 들고 극장 안으로 들어가기 위한 것이고, 기도 아저씨는 공짜로 입장 하려는 우리를 막기 위한 치열한 전쟁이었다. 우리는 대여섯 명이 두 팀으로 으로 나누어 한 팀은 천막 동쪽에서, 한 팀은 서쪽에서, 말 그대로 "성동격서" 방법을 사용하여 거의 천막 안으로 들어가 공짜로 영화를 볼 수 있었다.

"성동격서" 작전은 나중에 내가 육군대학에 다닐 때, 대부대 전술학을 공부할 때보니 정말 책에도 있는 공격 방법이었으며, 우리는 어릴 때부터 이미 이 방법을 터득하여 써먹은 셈이었다. 이작전은 한쪽에서 공격하는척하여 적을 유인하고 반대쪽으로 공격을 하는 아주 기초적인 전술이다. 한두 명의 지킴이 아저씨는 이러한 우리들의 작전에 이길 수가 없었다.

간혹 영화를 보는 중에 얼굴이 발각되어 다시 밖으로 쫓겨 날 때도 있었지만 어찌됐든 흥분과 환희를 맛보는 시간이 되기도 했다. 당시 이러지도 못해서 들어가지 못하여 천막 밖에서 집에 가지 않고 한참 기다리다 보면, 영화가 중간 쯤 상영될 때에 꼬마들이 불쌍해서인지 마음 좋은 기도아저씨가 천막을 올려주어 반만이라도 보고 올 때도 있었다.

당시 우리 면에는 전기불이 들어오지 않았다. 그래서 이동 가설극장은 탕탕거리는 소리 나는 발전기를 사용, 그 발전기에서 생산되어 나오는 전기를 사용해서 둘러 처진 천막휘장 몇 군데에 기둥을 세워 거기에 전구를 달아 환하게 비추었고, 그 전기로 영화를 상영했다. 어떤 때는 영화 상영도중에 발전기가 고장 나서 그것을 고칠 때까지 몇 십 분씩, 심지어 반시간까지도 기다린 후에 다시 상영을 계속하는 경우도 있었다.

나는 부모님이 자기 아이들의 손을 잡고 극장 문으로 들어가는 모습이 제일 부러웠다. 지금 생각해 보면 그 무렵 내 또래 아이들이 가장 기다리고 마음을 설레게 하는 것이 소풍가는 것과 학교운동회 그리고 1년에 한번 정도 오는 가설극장 영화 보는 것 등이었던 것 같다.

불바우 외갓집

나의 몸과 마음의 고향은 외가가 있는 '뿔바우'이다. '뿔바우'란 마을 이름은 원래 한자로 된 이름인 '角岩'인데 "角岩"을 한글로 풀어 쓰면 뿔 '각' 자와 바위 '암'자로 하여 '뿔바위'가 되는데 그냥 우리는 '불바우'라고 불렀다. 어머니는 외할머니의 삼남이녀(육남매) 중, 위로 세 명의 오빠 다음에 맏딸로 태어 나셨다. 외할머니는 육남매 중 엄마를 제일 편애하시는 것 같았다. 어머니가 예쁘니까 그가 낳은 첫 아이, 첫 외손자인 나에게까지 다른 친손자 손녀와 외손들보다 유별나게 더 귀여워하신 것 같았다.

어머니의 일생은 특별하신 것 같다. 어머니가 초등학교에 입학하여 1학년 정도 다녔을 무렵에 외할머니가 편찮으셨단다. 내가 어느 정도 자란다음에 들은 얘기로는 외할머니가 신이 내려서 크게 아프셨다는 것이다. 그래서 여덟 살의어린 어머니가 2~3년 동안 밥해먹고 설거지하며, 외할머니 병수발까지 하다 보니 학교에는 계속 다닐 수 없어서 둘째 오빠가 그날 학교에서 배운 것을 어머니에게 가르쳐 주고 해서 겨우 한글로 편지 정도 쓰시고, 산수는 더하기와 빼기 정도만 할 수 있으셨다. 그래서 어머니는 육남매 중 유일하게 초등학교 졸업장이 없으셨다.

외할머니의 병환이 다 나으신 후에도 외할머니는 용하시다고 소문이 나서 영주군 일대나 강원도 영월, 삼척 등에 까지 '보살'로서 외출이 잦으셨기 때문에 어머니는 아버지에게 시집 올 때 까지 집안일을 도맡아 하셨다. 그래서 어머니에 대한 외할머니의 미안함이 얼마나 크셨을까 생각해 보면 너무 짠해서 더욱 애정을 가지시지 않았을까 하고 미루어 생각해 본다.

지금 같으면 남자가 부엌일도 하고 세탁기도 돌려서 건조대에 넌다거나 집안 청소도 하는 것이 보통이지만, 그때는 남자가 부엌출입을 한다거나 방안 청소를 한다는 것은 거의 금기시 되고 있었기 때문에, 어머니 위로 걸출한 세 명의 오빠들이 있었음에도 불구하고, 열 살도 채 되지 않은 어린아이가 밥해먹고 빨래하고 집안 청소하고, 게다가 외할머니 병수발까지 다 했으니, 얼마나 힘드셨을까 지금 내가 생각해도 어머니가 너무 불쌍하다.

어머니는 당시 열여덟 살의 어린나이로 열한 살이나 더 많은 아버지에게로 시집을 오셨다. 재취로 가야된다는 이유로 나이 많고 두 번 장가를 드시는 아버지에게 오신 것이다. 어머니가 재취로 가야 만 그의 생명을 연장시킨다는 풍설 때문이다, 그 이유는 어머니가 태어나실 때 어머니의 탯줄이 첨부터 끊어져서 나왔다고 했다. 대부분의 아기는 태어난 후에 탯줄을 가위나 칼로 자르고 그 끝을 실로서 묶는데 어머니는 첨부터 탯줄이 잘려서 나왔으므로 이런 경우는 '명(命)'이 짧다는 것이 풍문으로 전해오고 있었기 때문이다.

외할머니는 어머니를 자기의 병수발과 잦은 외출 때문에 고생시킨 점, 탯줄이 끊어져 태어남으로 인한 단명(短命)할지 모른다는 염려, 이 두 가지의 큰 걱정과 미안함이 어머니를 자식 중에 특별히 사랑하신 것 같았다.

나를 잉태하신 어머니는 1949년 12월 엄동설한 겨울에 소여물을 끓이고 군불을 뜨뜻하게 덥힌 **외갓집 사랑방에서 나를 낳으셨다.** 온 식구가 저녁을 먹고 마구간에 매어놓은 황소까지 여물을 먹은 뒤 초저녁에 출산 하셨단다. 나는 기축생 소띠이며 쇠죽을 쓰는 가마솥이 걸린, 밤이면 부엉이소리와 온갖 짐승 소리가 들리는, 자동차도 들어갈 수 없는 시골집 사랑방에서 태어났다.

어머니는 나를 낳으신 후에는 젖(유방)앓이를 하셔서 한쪽 젖이 곪아 애기에게 젖을 먹일 수 없으셨다. 그래서 어린 나는 심 봉사의 딸 심청이처럼 같은 동네에 애기가진 엄마들의 젖을 얻어 먹이고 키웠다고 한다.
그땐 지금처럼 남양 분유나 목장우유가 흔하게 있는 것도 아니고,

그래서 외할머니는 나에게 젖을 먹이기 위해 부엌 큰 가마솥에 맛있는 소고기와 미역을 한 솥 푸짐하게 끓여놓고, 애기가진 동네엄마들을 불러서 배불리 먹이시고 그들의 젖을 돌아가며 어린 나에게 먹이셨다고 한다.

언젠가는 내가 철이든 후 열대여섯 살 때쯤 됐을 때 외가에 갔었는데, 잘 모르는 동네 아주머니가 내게, 아~~ "이 총각이 내 젖을 많이 먹었지" 하시곤 했는데 나는 그 말이 무슨 뜻인지 잘 이해가 가질 않았다. 그땐 아이라도 초등학교만 들어갈 나이면 남의 집 아이에겐 함부로 야~ 자~ 하지 않고 "영록이 총각" 이렇게 약간 높여 불러주었다. 만약 지금 같으면 고맙다고 인사도 했을 것이고 용돈이라도 드렸을 텐데 참으로 지나간 세월이 아쉽다.

지금까지 나에게 젖을 먹여주셨던 그분들이 살아계시는지, 당시 내게 젖을 먹여 주셨던 분이 대여섯 분 된다고 얘길 들었는데 그중에는 아마 지금까지 살아계시는 분도 있으련만 알기 위해 수소문 해 보려고 해도 외할머니나 외숙모나 어머니나 다 돌아가셨기 때문에 알아보기도 쉽지 않을 것 같다.

나의 외가는 좀 특별한 집안이다. 그렇다고 윗대가 뭐 대단한 벼슬을 한 것도 아니고 돈이 많은 집안도 아닌데 맨 위로는 외할아버지 형제분을 비롯하여 아랫대의 젖먹이에 이르기까지 얼마나 화목하게 사는지? 어떤 집에서 부부싸움을 했다거나 웃어른에게 말대꾸를 했다거나 하는 소리는 그 시절 그 어릴 때나 칠순이 넘은 지금까지도 들어 보질 못했다. 한 마을에서 약 삼분의 일의 집안 식구들이 정말로 화목하고 아름답게 살고 있었다.

나는 예나 지금이나 나의 외가를 존경하고 자랑스러워한다. 아마 가문의 이러한 위계질서 유지와 화목한 생활의 원천은 나를 제일 귀여워 하셨던 우리 외할머니께서 하신 어른으로서의 처신과 위엄을 겸비하신 결과라고 생각한다.

당시 외가에서는 외할아버지보다 외할머니의 영향력이 더 커 보였다. 아무도 외할머니의 명에 이유를 달지 못했다. 왜냐면 외할머니의 말씀이 대부분 사리에 합당하셨기 때문이다. 독재가 아니라 그분은 매사에 합리적이셨으며, 모든 식구들을 사랑하셨으며, 집안의 경제력도 다 갖고 계셨기 때문에 자식들과 며느리 어느 한분이라도 감히 말씀에 토를 달지 못하였던 것으로 생각되었다.

외가엔 같이 어울려 놀았던 사촌들이 참 많았다. 나보다 많이 어려서 함께 놀 수 없는 아이들을 제외하고도 대충 세어보면 그중 나와 제일 많이 붙어 다니며, 지금까지 친구처럼 지내고 있는 나보다 두 살 위인 '병창'이 형을 비롯하여 큰 외가댁에는 둘째누나 '영자'를 포함 세 명이 있었고, 둘째 외가댁엔 '병로', '현숙'이와 그 밑으로 세 명, 셋째 외가댁은 '병해'와 여동생 두 명, 석촌 할배 댁의 아저씨뻘 되는 '한창'이, 그리고 보계실에 사는 이종사촌 '정호', 좀 멀리 순흥에 사는 이종사촌 '위숙'이와, 병해네 집 아래에 사는 '곰'이 이모네 식구, 병창이형 뒷집에 사는 큰형 뻘 되는 '선우' 형까지 합치면 서른 명은 족히 됐던 것 같았다.

나는 초등학교 1학년 때부터 중학교를 졸업하기까지 거의 십여 년을 여름방학과 겨울 방학에는 대부분 불바우 외가에서 살았다.

불바우는 나의 안식처였고 내가 자라서 마음껏 내 꿈을 펼칠 수 있게 한 원동력을 제공해준 곳이다. 왜냐하면 여기서는 외할머니의 든든한 믿는 구석이 있기 때문에 내가 원하는 모든 것을 할 수 있었고, 내가 무엇을 하더라도, 설령 내가 말썽을 피우더라도 나를 혼내는 사람이 없었다.

가끔 내가 아주 잘못했을 때는 지난번(2020년 3월) 코로나19가 국내외적으로 한참 기승을 부릴 때에 구순 중반까지 사시고 돌아가신, 둘째 외삼촌께서만, 요놈~~이라고 하시는 경우는 있었지만, 그래도 거의 내가 하고 싶은대로 다 하면서 외가생활을 하였다. 외삼촌의 혼냄도 외할머니가 계시면 어림도 없이 지나갈 수밖에 없었다.

외가 집 식구 중에서 내가 제일 거북스러운 분이 둘째 외삼촌이셨다. 이런 외삼촌에 비해서 외숙모님은 내게 너무나 잘 해주셨다. 어쩌면 자기자식인 외사촌 형보다도 더 잘해주신 것 같았다. 너무나 살갑게, 내가 말썽을 피울 때라도 나를 안아주시고 토닥거려 주셨다.

그분은 우리 어머니보다도 나에게 더 애정을 부어주셨다. 아마 나를 예뻐해 주시면 외할머니로부터 점수를 따시려고 그러신 것은 아닐 것으로 믿었고 지금까지도 그렇게 믿고 있다. 우리어머니는 모든 게 억척스럽고 어디에 꽂히시면 끝까지 충직하게 밀고나가시는 스타일이시다면, 외숙모님은 말 그대로 현모양처 타입이시다.

외할머니가 나를 너무 귀여워하시고 다른 손자들에 비해 편애하시는 것을 보고 외숙모님은 외할머니에게 "어맴(시어머니를 부르는 우리지방의 방언)요! 외손자를 좋아하느니 방앗개를 좋아하라"고 하니이디(한답니다)라고 하시는 말을 들었는데 지금까지 그 말이 무슨 뜻인지 모른다. 좋다는 말인지? 나쁘다는 말인지? 아마 외손자는 좋아 해봤자 별 볼일이 없다는 뜻이 아닌가 하고 생각한다.

내가 군에 있을 때 보면 친조부모가 돌아가시면 청원휴가를 주었는데 외조부모님이 돌아가시면 휴가를 주지 않았던 것 같았다. 그래서 외손자는 암만 귀여워해도 아무것도 아니란 뜻인 것 같다.

실제 나도 전방 펀치볼에서 중대장 근무를 하고 있을 때 외할머니가 돌아가셨는데 아무런 연락도 받지 못하였으며, 나에게는 '부고'조차도 없어서 많은 세월이 흐른 다음에서야 그토록 나를 사랑하시던 외할머니가 돌아가셨다는 것을 알았다. 그래서 나중에 정기휴가를 갔을 때 산소를 찾아가서 참배를 하였다.

그 인자하신 외숙모님도 외삼촌 장례 치룬 다음날 돌아가셔서 두 분 내외분이 70년 이상을 해로하시다가 같은 주간에 3일 차이로 하늘나라에 가셨다.

코로나19 때문에 장례식에 아무도 오지 말라는 외사촌형의 부탁으로 장례식에 가지는 않고 조의금만 보내드리고 나니 지금까지 후회가 막급하다. 아무리 코로나가 있더라도 가서 꽃이라도 한 송이 올렸어야 했는데, 그러지 못해 너무 죄송한 마음이 그지없다.

막내 외삼촌이신 '한준'씨는 나보다 열 살 더 잡수신 분으로 나에게는 형님 같으신 분이시다. 막내 외삼촌은 너무나 자상하시고 인정이 많으신 분이다. 생후 처음으로 내 사진을 찍어주셨고, 나에게 하모니카 연주법을 가르쳐 주셨으며, 고등학교에 다닐 때나 심지어 군에 가서서 휴가 오실 때는 건빵이나 미제 초콜릿을 선물로 주셨으며 나에겐 너무 잘 해 주셨다.

내가 고교시절에 대학을 가기위해 여름과 겨울 방학 때는 대구에 있는 대구 영수학원을 가서 공부를 하곤 했다. 대구에서 학원 다닐 때 외삼촌은 대구농촌진흥원에 근무하셨으므로 나는 오막살이에 세 들어 사는 외삼촌댁에서 숙식하였다. 자기들도 박봉으로 넉넉지 못한 살림이 이였지만 막내 외숙모님은 싫은 내색 한번 없이 생질인 나에게 너무 잘 해 주셨다. 지난해 겨울에는 영주 동생 집에 갔을 때에 벌써 여든이 넘으신 두 분을 모시고 식사대접도 해 드리고 외숙모님께 용돈도 좀 드리고 왔다.

어머니는 이 세상에서 외할머니를 제일 잘 섬기시는 것 같았다. 방학이 시작되는 날이면 나는 언제나 외가에 갔다. 이건 불문율이다, 내가 방학하는 날은 외가에 간다는 것은 우리집 모든 식구도 알고, 외가에서도 당연히 알고 있는 일이다. 이러한 외가 가는 일은 초등학교 1학년 때부터 중학교 졸업 때까지 거의 정해진 일상으로 이어 졌다.

여름방학 때는 방학날짜가 정해지면 벌써 어머니는 며칠 전부터 외할머니에게 보낼 것부터 챙기셨다. 당시 시골에 농사를 짓고 있는 그때 우리 집 사정은 돈으로 무얼 사서 드릴 수 있는 형편이 못되다 보니, 주로 우리 복숭아밭에 있는 복숭아 중에서 몇 그루 안 되는 종자 중 좀 일찍 먹을 수 있는 '임금복숭아'라고 있는데, 아직 덜 익었지만 어머니는 그중 큰 것을 밀가루 포대에 한 자루 따서 묶어 놓으셨으며, 방학 당일에는 알을 낳는 토종닭 두 마리를 붙잡아 복숭아 자루에 넣고 어린 나에게 그걸 메여서 외가로 혼자 보냈다.

나는 그 무거운 복숭아 자루를 어깨에 메고 온몸에 땀을 뒤범벅으로 흘리면서 십리가 족히 넘는 아이들 걸음으로 두 시간 정도 걸리는 산길을 혼자서 갔다. 우리 집에서 외가 까지 가는 길은 '미륵데이'라는 높은 고갯길도 넘어야 하고, 큰 소나무들로만 빽빽하게 우거진 산길을 갈 때는 정말 무서웠다. 머리끝이 쭈뼛거리며, 금방 산짐승이나 도깨비라도 곧 튀어 나올 것만 같아, 큰 감자만한 돌 한 개를 한쪽 손에 들고 갔다.

그 산길은 오 가는 사람이 한사람도 거의 없는, 아주 한적한 시골 고개 길이었다. 내 딴엔 산짐승이나 귀신같은 것이 나타나면 돌멩이로 대항하겠다는 의지다. 그렇게 언제 나타날지 모르는 그 어떤 무서움과 싸우면서 한 시간 이상을 가게 되면 외가 밭이 보이기 시작하고, 또 내가 올 줄 알고 마중 나온 외사촌들의 모습이 보일 때면, 아~ 이젠 살았구나하는 안도감과 보고 싶은 외사촌, 그리고 외가 어른들을 만나는 기대와 반가움에 지금까지의 고생과 무서움이 연기처럼 다 없어지고 기쁘고 즐거움만 남았다.

나는 어릴 때부터 이런 무서움을 이겨내는 억척스러운 체질 때문인지 사관학교 유격시간에 도피 및 탈출 과목을 제일 잘하는 결과를 가져왔고, 베트남전에 참전하여 "백마, '동보ㅇㅇ호' 작전"시에는 우리소대가 대대 택(지휘부)에서 철수하지 못하고 24시간을 대대본부 방호임무를 띄고 어디에서 기습할지 모르는 베트콩지역에서 고립되어 임무를 수행 할 때가 있었다.

나는 그 때도 소대원 가운데 한명의 손실도 없이 대대본부를 방호하고 안전하게 철수하는 결과를 가져 오게 한 담력을 발휘했다. 나는 이러한 용기가 어릴 때 무서움을 이겨내면서 외가를 오가며 견뎌 내었던 훈련이 밑거름이 된 결과인 것 같이 생각되었다.

이러한 나의 외갓집방문은 방학 한 달 내내 재미있고 행복한 시간들로 보내게 되었다. 외할머니의 기쁨과 외숙모님의 사랑, 외사촌들과의 뒹굴면서 지내는 그 한 달은 항상 쏜살같이 흘러갔다.

그래서 나는 늘 아쉬움을 뒤로하고 방학이 끝나기 하루 전날에야 고개를 넘어 우리 집이 있는 마을로 오곤 했다. 이러한 방학기간 외가에서의 생활은 초등학교부터 중학교 졸업을 할 때까지 거의 매년을 그렇게 보냈다.

나는 심지어 외가에 있을 동안에 방학 중에 한번 있는 "학교 소집 시간"에도 우리 마을에 있는 옥대초등학교에 가지 않고 사촌형을 따라 사촌형이 다니는 상석초등학교에 갔으니 얼마나 외가 생활이 좋았으면 그랬을까? 나는 교과서도 9년간 한 번도 새 책을 사 본적이 없었다. 외사촌 형이 한 학년 위였기에 형이 쓰던 교과서를 물려받아 썼기 때문이다.

그땐 초등학교 교과서는 전국적으로 동일하였으며, 중학교는 같은 학교를 다녔기 때문에 나보다 매년 한 학년 선배인 외사촌 형의 책을 그대로 쓸 수밖에 없었던 것이다. 형이 쓰던 책을 쓰다보면 장단점도 있었다. 장점은 형이 공부를 하면서 중요한 내용을 메모해 놓은 것을 나는 그대로 쉽게 공부를 할 수 있었던 것이고, 단점으로는 새 학년이 시작 할 때마다 헌책으로 공부를 하다 보니 기분이 별로 좋지 않을 때가 있었다. 그러나 나는 형이 공부하던 책을 물려받아 공부함으로 항상 형의 채취를 느낄 수 있었고, 형의 애정을 확인 할 수가 있어서 좋은 점이 훨씬 더 많았던 것 같았다.

우리외가는 모든 게 다 좋은데 '통시'(지금의 변소)가 소슬 대문 밖에 있어서 밤중에 용변 볼 일이 생기면 아주 난감하였다. 요즘은 아파트나 개인집이라도 화장실이 안방에 딸려 있거나 심지어 부엌맞은편에도 있지만, 옛말에 "뒷간과 사돈집은 멀리 있을수록 좋다"라는 속담에 있듯이 우리가 잠자는 방과 너무 떨어져 있기 때문에 짐승 소리가 나는 어두운 밤에 변소에 가자면 너무 무서웠다.

그래서 초롱불을 갖고 가거나 곤히 자고 있는 외사촌 형을 깨울 수밖에 없었다. 특히 추운겨울에는 형은 변소 밖에서 내가 볼일을 다 볼 때까지 추워 떨며 기다리게 해서 너무 미안했다. 외숙모님이 밤낮으로 맛있는 음식을 많이 해주셔서 시도 때도 없이 변소를 들락 거렸다.

나는 외숙모님이 해 주시는 반찬 중에 '속새'(고들빼기 종류)를 참 좋아했다. 외숙모님은 내가 '속새'를 잘 먹는 것을 보시고 "영록아 속새를 잘 먹으면 외가의 지체가 자기 집보다 높아서 그런단다."라고 반은 놀리시곤 하셨다. 또한 외숙모님은 참으로 배려가 많으신 분이셨다. 나와 외사촌형제들이 겨울밤에 동네 아이들과 놀다가 늦게 집에 오면 배가 고풀까바 저녁때 먹고 남은 밥상을 치우지 않고 방 한쪽 귀퉁이에 보자기를 씌워 놓으셨다. 우린 그때 한 창 먹을 나이였기 때문에 잠자기 전에 남아 있는 음식을 맛있게 먹고 자곤 했다.

여름에는 오이나 참외 같은 과일, 옥수수나 찐 감자는 우리들에게 좋은 간식거리였으며, 겨울에는 동네 사랑방에 모여 집에서 조금씩 얻어온 쌀을 모아 비빔밥도 해 먹고 남은 쌀을 엿과 바꿔먹는 재미는 지금 어디에서라도 찾아볼 수 없는 아름다운 추억이다.

또한 가끔씩 대여섯 명이 한 조가 되어 초가지붕 밑에 사다리를 걸치고 올라가 전등불을 비추어 지붕 틈새에 자려고 들어가 있는 참새를 잡아 화로 불에 털을 벗겨구워 먹는 것 또한 큰 재미중에 하나였다. 이렇게 밤낮으로 재미있게 놀다가 방학 끝나기 전날에 외가에서 우리 집으로 올 때는 외사촌들이 '미륵데이' 고개 만당이 까지 바래다줘서 외가에 갈 때보다는 덜 무서웠다

외할머니는 그 많은 친손자녀, 외손자녀 중에서 나를 제일 사랑하시는 것 같았다. 시장에서 옷을 사 오셔도 항상 내거부터, 맛있는 과자를 사 오셔도 항상 나부터 주시고 그 다음 다른 손자들을 주셨다 어떤 때는 다른 손자들 것은 없고 내거만 사 오실 때도 있었다.

나는 어린 나이였지만 이러한 외할머니 때문에 당황하고 다른 외

갓집 식구들에게 미안해서 몸둘 바 몰라 했었다. 이러한 외할머니의 나에 대한 편애하심에 대해 외가식구들은 당연하게 받아들이는 것 같았다.

이렇게 마냥 좋게만 해 주시던 외할머니가 처음이자 마지막으로 일생에 딱 한번 나에게 화내신 적이 있다. 어느 해 여름에 외할머니가 십리가 넘는 '부석' 시장에 가셔서 사랑하는 손자, 손녀들을 먹이려고 들고 오시기에도 무거운 큰 수박 한 덩이를 사갖고 먼 길을 오셨다. 나는 외사촌들과 기다리다 동구 밖에 오시는 외할머니를 보고 반가와 쏜살 같이 달려가 수박을 받아들고 뛰어오다가 넘어져서 그만 그 아까운 수박을 땅바닥에 박살내고 말았다.

외할머니는 멀리서 힘드시게 사온 수박을 손자들에게 먹일 수 없어 너무 속상해 하시며 나에게 처음으로 화를 많이 내셨다.

지금 같으면 가까운 마트에 가서 다시 사오면 되지만 그때는 그걸 새로 사자면 십여 리를 걸어서 먼 시골 시장으로 되돌아가야 했기에 또 사 온다는 것은 불가능하여 우리는 수박을 먹을 수 없었다.

나는 외할머니에 비해 친할머니에 대한 기억은 별로 없다. 지금 생각해보면 친할머니는 작은집 숙모님과 사촌들을 어머니와 우리형제들보다 더 좋아 하셨던 것 같았다. 우리 아버지 형제분들은 남자만 삼형제이셨다. 우리 아버지는 둘째이었는데 큰아버지가 양자를 가시는 바람에 아버지가 장손이 되고 나 또한 장손으로 대를 이어 오고 있다. 할머니는 어머니가 평소에 외할머니에게 너무 잘해드려서 그게 좀 못 마땅해서 그러신지 어머니의 자식인 우리 형제보다 작은집 손자들을 더 예뻐 하셨는지 모른다.

할머니는 내가 3사관학교에 입학해서 훈련을 받고 있을 때 돌아가셨다. 그땐 피교육생 시절이라 우리 집에서 전보를 안 보냈는지, 아니면 보냈지만 학교 본부에서 나에게 연락을 안했는지는 지금까지도 알 수 없다. 할머니의 별세소식은 내가 임관 후 전방에 갔을 때 돌아가셨음을 알았다.

외할머니께서 나를 특별히 사랑하시는 이유는 아마 어머니에 대한 보상심리 때문이 아닐까 하고 생각해본다.

어머니는 외할머니 병환 때문에 초등학교도 중간에 그만두셨고, 태어날 때 끊어져 나온 탯줄 때문에 나이 많은 상처한 아버지에게 시집을 보냈고, 그 딸이 첫 애기를 낳고나서 젖앓이를 하여 항생제도 변변히 없을 당시에 얼마나 아팠을까 하는 그러한 애증이 딸의 첫아이인 나에게 사랑으로 쏟아 붓게 된 것이 아닌가 하고 생각해본다.

내가 초등학교에 다닐 때 외할머니께서 가끔씩 학교에 나를 찾아오셔서 용돈과 먹을 것을 주시고 가시곤 하였다. 외할머니는 지금연세로 한 오십 세가 좀 넘으시면서 머리가 흰 눈처럼 백발이 되셨다. 그래서 우리 반 친구들도 멀리서 보고서도 우리 외할머니를 금방 알아보고 나에게 쫓아와서 "영록아 너 외할머니 오셨다"라고 알려 주곤 했으니 말이다.

우리 어머니는 내가 초등학교에 입학하여 고등학교를 졸업할 때까지 한 번도 학교에 오신 적이 없었다. 아버지는 중학교 때 딱 한번 오셨다. 왜냐하면 내가 난생처음으로 가출하여 며칠간 학교에 가지 않고 부모님 속을 썩인 일이 있었다.

　성경에 있는 "돌아온 탕자"와 같은 나를 아버지는 학교 담임선생님께 데려가서 사정하여 며칠 결석한데 대한 아무런 벌도 주지 않고 학교를 다니게 하셨다. 이런 아버지가 없었으면 나의인생은 어떻게 되었을까? 하늘나라에 계신 아버지의 사랑에 감사드린다.

　나의 부모님은 나를 그냥 놔먹이셨다. 다르게 말하자면 방목을 하셨다고 할 수 있다. 학교 공부보다는 소를 먹일 풀을 잘 뜯고, 들로 산으로 다니면서 소를 잘 먹이고, 군불 뗄 나무를 잘 해오면 "아이고 우리 영록이가 어떻게 이렇게 많은 소먹이와 땔나무를 해 왔노" 하시면서 그것에는 칭찬을 많이 해주신 것 같다.

　나는 부모님에게 그 칭찬을 들으면 내일에는 더 많이 해 와서 어머니에게 또 칭찬을 받아야지 하는 마음을 먹고 어떤 때는 내 힘에 과하게 많은 짐을 지고 오다가 늘 문제였던 '나의 긴 지개목발'이 나무 그루 턱에 걸려서 몇 번이나 넘어지곤 했다. 넘어지면서 몸에 상처도 났지만 어머니의 칭찬 한마디에 아픈 것도 다 사라져버렸다.

　만약 어머니가 나에게 공부하는 것으로 관심을 가지고 칭찬을 해 주셨다면, 아마 서울대학교는 못 갔더라도 서울대학교 비슷한데는 갔지 않았을까? 생각한다. 초등학교 입학 때도 나 혼자 앞집에 사는 친구 따라 갔으니 말이다.

　내 친구들은 외할머니가 오시면 자기들도 덩달아 좋아했다, 잘하면 눈깔사탕 한 개라도 얻어먹을 수 있었기 때문이다. 불바우 외가야 말로 내 생기의 젖줄이었다.

중학교는 우리 면에는 없기 때문에 대부분 인접 부석 면에 있는 4키로 정도 떨어진 부석중학교를 3년 동안 남, 여학생 모두가 걸어 다녔다. 당시 우리 학교는 남녀 공학이었으며, 우리 면에서 부석 면에 있는 중학교를 다니던 학생들을 대충 50여 명 이상이 되어서 등하교 시간은 교복을 입은 학생들이 삼삼오오로 떼를 지어 걸어가는 모습이 장관이었다. 그 당시 우리 집에서 중학교를 가는 길은 비포장 도로였는데 버스는 하루에 서너 번 정도 운행했던 것으로 알고 있으며, 나는 재학 중 한 번도 버스를 타본 기억이 없다.

중학교로 오고가는 그때의 등하교 길 주변은 우리들의 놀이터였으며 허기진 배를 달래주는 먹을거리 바구니였다. 점심도시락은 싸 갔지만 대부분 2교시가 끝나면 다 먹어버렸기 때문에 학교가 끝나고 집으로 오다가 보면 대부분 오후 4시가 넘은 시간이므로 배고픈 시간이다.

그래서 남학생들은 남의 무밭에서 무를 뽑아서 이빨로 껍질을 벗겨내고 물이 흐르는 무를 먹는다거나 고구마를 캐어 먹거나 밤이나 감 등을 따 먹으면서 집으로 오곤 했었다.
그때는 무나 감, 밤, 고구마 같은 것은 캐 먹어도 밭주인이 별로 문제를 삼지 않고 너그럽게 봐주었는데 사과 과수원 주인은 몰래 사과를 따 먹으면 혼을 내었던 것으로 기억된다.

제 2 장

독립심을 기르다

자취생활

시골에서 중학교를 졸업하고 우리집에서 멀리 떨어진 영주읍에 있는 영주종합고등학교(현재 영주제일고등학교)에 입학한 나는 지난 9년 이상이나 따라다니던 외사촌 형과 한방에서 함께 자취하며 살게 되어 참 행복했다.

학교까지는 걸어서 약 40여분 걸리는 '귀내'란 마을에서 자취를 하며 고등학교 생활을 시작했다. 여기는 형이 일 년 전부터 자취를 하고 있는 집이다.

내가 그 집에 얹혀서 산다는 표현이 맞는 것 같다. 철들기 시작하면서 그렇게 붙어 다녔는데 또 새로운 환경에서 몸을 부비면서 살게 된 것이다. '귀내'는 변두리라 월세도 학교 부근이나 시내 중심가에 비해서 반값 밖에 되지 않았다.

나는 어릴 때부터 장난이 좀 심한 편이었다. 영주에서 외사촌 형과 자취를 할 때 나는 가끔씩 형을 괴롭혔다. 외사촌 형은 원래 모범생이며 공부도 잘 했다. 우리는 학교에 다녀 온 후 저녁밥을 해서 먹은 후 앉은뱅이책상 하나와 밥상을 하나씩 끼고 앉아서 공부를 하다가 나는 장난기가 발동하여 형에게 장난을 걸 때가 있었다.

형은 지금 공부에 열중하고 있는데 내가 자꾸만 장난을 걸어오니 첨에는 몇 번 그러지 말라고 하면서 달래었지만 내가 계속하여 장난을 걸어오면 나중에는 형이 그만 울어버렸다.

공부를 안 하고 장난을 걸어오는 나를 혼내거나 욕을 해야 함에도 불구하고 자기가 울고 말았다. 나는 그제서야 머쓱해 하며 걸던 장난을 그치곤 했다. 외사촌 형은 나보다 두 살 위이지만 칠십년이 지난 지금까지 친구처럼 지내고 있다. 지금은 두 사람 다 머리에 서리가 내려서 희끗 희끗하게 변해가는 노인의 길로 들어섰지만 자주 궁금해 하고 안부전화라도 하면서 가장 만나고 싶은 형제지간이다.

우리는 지금도 어쩌다가 일 년에 한두 번 만나면 시간 가는 줄 모르게 옛날 얘기를 하면서 함께 추억의 시간을 가지곤 한다. 어렸을 때 초등학교 다닐 때부터 방학하면 대부분 외가에 가서 함께 뒹굴면서 자랐기 때문에 우리는 친형제보다 어쩌면 더 가까이 지냈다.

심지어 방학 때 소집 일에도 형이 다니는 초등학교에 형을 따라갔다. 나는 형이 소집 교육을 다 마칠 때까지 학교 교문 밖이나 놀이터에 놀며 시간을 보내다가 형이 교육을 다 마치고 나면 그때 형과 함께 외가로 오곤 하였다. 나는 그렇게도 병창이 형을 좋아하고 따랐다.

그래서 나는 학교 일 년 선배인 형의 친구들을 많이 알게 되었다. 방학 때면 어딜 가더라도 나는 그의 혹처럼 따라다녔으니 말이다. 나중에 중학교, 고등학교는 같은 학교에 다녔다. 그러니 어릴 때 알고 지내던 형의 친구들을 거의 다 아는 형들이었으므로 나는 학교생활 하는데도 제법 수월 했다. 어릴 때 불바우 외가에서 지내면서 어떤 때는 형이 자기 친구를 만나러 갈 때도 나는 언제나 형을 따라 다녔다. 그래서 내가 형의 고종사촌 동생이란 것을 형의 친구들은 다 아는 사이가 되었던 것이다.

그 당시 우리 학교가 있는 영주읍 이외에 사는 나같이 면단위 시골에서 유학 온 학생들이 많이 있었다. 그들은 자기 집에서 학교까지 걸어서 갈수 없었기 때문에 영주읍에서 한두 명씩 방을 얻어 자취나 하숙을 했다. 하숙을 한다는 것은 부잣집이거나 영주에 가까운 친척이 있는 아이들이었으며, 대부분은 거의 자기들이 밥을 해 먹고 다니는 자취를 하였다.

어떤 부모들은 자기 아들이 밥해먹는 시간을 아끼고 공부를 시키기 위해 가정이 좀 여유가 없더라도 하숙을 시키는 경우도 있었다. 그때 우리들은 3년간 자취를 하면서 학교에 다녔다. 지금 생각하면 그때 밥을 해서 먹는데 많은 시간을 보낸 것 같다.

어떤 때는 연탄불이 꺼지거나 시원치 않으면 밥솥을 들고 앞집에 사는 동창생 순경이네 집이나 아랫집에 사는 병옥이네 집에까지 가서 밥을 해 갖고 와서 허둥지둥 밥을 먹고 학교로 간 적도 여러 번 있다. 그때는 연탄불을 꺼트리지 않는 것도 모범생 축에 들었다. 나는 그때 하숙을 하는 친구들이 부러울 때도 있었다.

우리 어머니는 반찬을 참으로 특이하게 만들어 주셨다. 대표적인 반찬은 된장에 깻잎 절인 것과 멸치 볶음이다. 멸치볶음은 왕 소금이 하얗게 보일 정도로 만들어 주셨다. 지금 생각해 보면 반찬을 아끼시려고 그러신 건지, 아니면 원래 어머니가 반찬을 짜게 잡수셨기 때문인지 잘 모르겠다.

요즘에는 고혈압이 성인병의 관리대상으로 분류되어 관심을 가지고 치료를 하고 있는데, 그 시절에는 혈압이 높은 것을 별로 심각하게 생각을 하지 않고 있는 경우가 많이 있었다.
어머니는 이러한 짜게 잡수는 식사습관 때문인지? 아니면 앞에서 기록 한바있는 태어나실 때 탯줄이 끊어져 나와서인지 고혈압으로 젊은 연세에 하늘나라에 가셨다.

나도 어머니의 그 식성을 이어받아서 그런지는 모르지만 일찍부터 고혈압으로 군대생활에 많은 신경을 썼다. 장교는 일 년에 한번 실시하는 신체검사 결과에서 혈압이 높으면 진급에 지장을 받게 된다. 따라서 혈압을 정상적으로 유지하기 위해 엄청난 노력을 해야만 했다. 식단조절은 물론이고 등산을 한다거나 유산소 운동 등을 끊임없이 해야만 했다.

심지어 육군대학 입학을 위한 입시공부를 할 때나, 육군대학에 입교하여 중간고사나 기말고사 등 정기시험 기간에는 혈압을 조절하기에 공부보다 신경을 더 많이 썼다. 학교 시험 기간 중에는 학교 측에서 학생아파트 주변에 엠블란스를 대기시켜놓고 있었다. 이때는 모든 학생이 정말 목숨을 걸고 일주간을 시험을 쳤기 때문이다.

당시 육대 정규과정은 입학하기도 경쟁이 심하였지만 시험평가 제도는 요즘 대학에서 평가하는 방식대로 %별로 강제로 등급을 매기는 '상대평가'를 했다. 그 때문에 시험을 잘못 보면 육대에 들어오지 않는 것만 못한 결과를 초래하였다. 육대정규과정 학생은 대부분 결혼하여 처와 자식이 함께 육대 아파트로 이사를 와서 가족이 함께 살고 있었으며, 그러니 시험은 정말로 전쟁이었다.

그래서 나는 혈압이 높은 관계로 항상 조심을 하지 않을 수 없었다. 새벽 늦게까지 공부를 하다가도 의식적으로 책을 덮었다. 혹시 과하게 공부하다 쓰러지면 어쩌나 하는 염려 때문이다. 내 몸의 컨디션을 조절하는 것이 몇 점 더 받는 것 보다 낫지 않나 에서였다.

육대졸업 후에도 전후방 각지에서 근무하면서 한 계급씩 진급할 때 마다 신체검사는 항상 나에게 큰 과제였다.

토요일이면 우리 자취생들은 아프리카 정글에서 이동하는 동물들처럼 삼삼오오 떼를 지어 어깨엔 빈 반찬통이나 쌀자루, 그리고 숙제해야 할 책 등을 어깨나 허리에 메고 우리들의 집이 있는 고향으로 대 이동을 실시했다.

지금처럼 도로가 포장되고 버스를 타면 십오 분밖에 걸리지 않는 거리를 가다가 쉬고 또 놀기도 하면서 집까지 가면 거의 세 시간이 더 걸렸다. 겨울에는 토요일 학교 수업을 끝내고 집에 도착하면 해가 짧아서 그런지 해가져서 어두울 때도 있었다. 걸어서 집에 가는 것이 힘들기도 하지만 집에 가면 어머니가 해주시는 맛있는 음식을 먹을 수 있어서 피곤하다고 생각하진 않았다.

자취생활은 재미가 있었다. 부모님의 통제를 벗어나서, 지금까지는 부모님의 감시 하에 자고 먹고 했었는데 일주일간은 내 마음대로 해도 되기 때문이다. 항상 자유로움과 뭔가 재미있는 일이 있을 것 같다는 그러한 기대가 있었다.

마치 "옛날 어릴 때 '복상골'에 '갈비'(소나무 낙엽)하러 갔을 때" 간밤에 심하게 불어댄 바람에 소나무 아래에 수북하게 떨어져 쌓인 갈비를 다른 아이들보다 먼저 발견하면, 오늘은 노랗게 물든 갈비를 더 많이 할 수 있다는 그러한 기쁨을 느꼈을 때와 같은 기분 이었다.

나는 하고 싶은 게 너무 많은 아이였다. 우선 작은 나이와 체격 때문에 다른 아이들보다 열악한 나를 보강하기 위해 격투기 종류의 운동부터 하기로 하고 방과 후엔 유도부에 입단하여 훈련을 하였고, 밤에는 영주경찰서 경내에 있는 태권도 도장(창무관)에 등록하여 체력단련과 격투기술을 연마 하였다. 유도부에 함께 입단한 친구는 중학교동창인 영술 이와 의형제를 맺은 창섭이 그 외에 다른 십여 명의 동창생이 있었다.

그때 우리학교는 내가 입학하기 전 까지는 농업고등학교였으나 내가 입학 하던 해부터는 종합고등학교로 개편되면서 인문과1개 반, 상과2개 반, 농과2개 반으로 총 5개 반이 각각 특성에 따라 공부를 하였다.

　인문과는 대학에 진학을 목표로 했다. 하지만 상과는 은행이나 회사에 취직을 목표로, 농과는 농협이나 농촌지도소 등에 취직을 하거나 농촌에서 특용작물 재배 또는 양돈, 양계, 축산기술을 배우는 등 정말로 졸업 후 당장 먹고 살기 위한 생활 전선에서 써먹을 수 있는 인재를 배출하기 위한 공부를 위주로 하였다

　나의 부모님은 내가 초등학교에 입학하는 것부터, 중학교는 꼭 진학을 해야 된다든지 진학을 해야 하면 어느 학교로 가야하며, 고등학교도 꼭 가야하며 가면 어디를? 그리고 대학도 가야 되는 건지에 대하여 한 번도 말씀하신 적이 없으셨다.

　앞에서 말했듯이 어머니는 초등학교부터 고등학교 졸업할 때 까지 한 번도 학교에 오시지 않았고, 아버지는 중학교 다닐 때 딱 한번만 오셨으니 자식에 대한 관심이 적어서인지 아니면 나를 전폭적으로 신뢰하셔서 그런지는 지금도 알 수 없다.

　아마 나를 신뢰해서 보다는 내가 공부하는데 대해서 별로 관심이 없으신 것 같았다. 나는 부모님이 나의 재량과 잠재력을 아시고 어릴 때부터 관심을 가지고 뒷바라지를 해 주셨으면 아마 나는 군인이 되지 않고 가수나 그림 그리는 화가가 되었을 것이다 .

　나는 초등학교 다닐 때부터 그림을 잘 그리고 붓글씨를 잘 써서 매번 교실 뒷벽 게시판에 나의 그림과 글씨가 게시되었다. 중·고등학

교 때는 유행가(요즘의 트로트)를 너무 잘 불러서 소풍갔을 때는 앞에 나가 자주 부르곤 했었다. 언젠가는 면내에서 우리 면 창설기념 콩쿠르를 개최했었는데 내가 1등을 하여 부상으로 늘 갖고 싶었던 기타를 받기도 했다. 그 시절 내가 잘 부르고 좋아하던 노래는 이미자 의 '섬마을선생님'이나 '동백아가씨' 등이었으며 내가 그때 불러서 우승한 노래는 남진의 '가슴 아프게'였다. 그리고 2등은 지금도 '단산친구 모임회'에 회원으로 모임을 함께하고 있는 '희자' 누나가 했다.

나는 공부보다는 운동, 그리고 친구들과 어울려 놀기를 좋아했고, 2년 선배인 3학년 백윤환 형은 학교 유도부 부장으로 1학년생인 나를 예뻐했다. 그것이 나에게 큰 힘이 되어 주었다. 형과 같이 운동장에 걸어가면 나는 괜히 기분이 좋았다. 그때 형은 3학년 선배가운데서 제일 어깨로 군림하고 있었으니 당연히 나도 어깨가 으쓱해지곤 했다. 1학년은 그렇게 철없이 보냈다.

2학년에 올라 와서야 나는 아버지께 대학 진학에 대해 말씀 드렸고, 아버지는 허락을 해 주셔서 진학 준비를 하게 되었다. 내가 아버지께 대학 진학허락을 받아야 하는 이유는 비싼 대학등록금을 과연 아버지가 해주실 수 있을까? 에 대한 의문이 있었기 때문이다.

그 시절에는 자식을 대학에 보내려면 땅을 팔거나 몇 년씩 기른 재산 1호인 황소를 내다 팔아야 했기 때문이다.

외사촌 형과의 자취 생활은 그리 오래가지 못했다. 외사촌 형은 공부도 잘 했으며 아주 모범생이었다. 그때 우리학교의 농업과는 학생들의 실습을 위해 돼지, 닭 등 가축을 길렀으며 또한 벼, 보리, 감자 호박 등 많은 곡식과 채소를 학교 내에서 재배하였다.

학생의 농업실험을 위해서 만들어 놓은 실험기구와 농작물은 공부 잘하는 학생을 장학생으로 선발하여 학교에서 기숙사를 제공하고 학교에서 기숙하면서 실습하기 위한 가축관리와 논밭을 관리토록 했다. 그리고 장학금을 주어 학비에 쓰도록 하였다. 요즘 같으면 대학에서 조교의 임무와 같다고 볼 수 있다. 외사촌 형은 장학생으로 선발되어 학교에서 생활하게 되었다.

결국 나와 그 형은 자취생활에서 작별하였고, 그 뒤 형은 농업과를 졸업한 후 대구에 있는 모 대학 경제과에 입학 하였고 나는 그 다음 해에 입학시험에 낙방을 하여 서울에서 재수학원에 다니다가 3사관학교에 응시하여 입학함으로 평생 군인의 길을 걷게 된 것이다.

형이 학교기숙사로 들어가고 난후, 나는 그 뒤에 학년이 올라가면서 형의 바로 아래 동생인 '병로'와도 잠시 자취를 하였고, 또한 나의 유도 친구인 '영술'이와도 함께 했었으며, 마지막 졸업 때까지는 자상하고 인정 많은 같은 과에 다니고 중학교 때부터 친했던 '세호'와 함께 자취를 하였다.

영광고등학교 바로 뒤에 있는 큰 기와집에서 세호와 나는 대문 안에 있는 안채에 딸린 끝 방에서, 그리고 인문과에 다니는 '석봉'이는 거리채(대문에 달린 방)에 그의 형과 함께 자취를 하였다.

당시 인문과에 다니는 석봉이는 공부밖에 모르는 모범생이었으며, 석봉이는 일찍부터 육사를 가기 위해 공부했다고 했다. 졸업 시 그는 최우수졸업생이 되었으며, 그가 원했던 육사에 합격하였다. 나중에 나는 3사에서 대령까지 올라갔고 석봉이는 육사에서 대령까지 올라가서 지금은 같은 '예비역 대령'의 신분이 되었다.

같은 집에서 같은 시기에 자취를 한 고교 동창생으로서 같은 군인의 길을 걸어온 것은 참으로 큰 인연이다.

친구 '세호'는 참으로 재미있고 상대방을 잘 배려해 주는 친구이다, 세호와 나는 아주 세밀한 서로의 마음까지 공유하는 사이다. 개인의 사생활은 물론 심지어 여자 친구에 대한 문제까지도 의논했다.

그 친구와는 지금도 1년에 두세 번, 중학교동창회나 고등학교 동창회모임에 만나서 재미있는 시간을 갖고 있다. 같은 동창생인 '종도'와는 서로 자기가 형이라고 우기다가 마지막엔 신분증을 꺼내서 결정짓곤 하여 한바탕 웃음판이 벌어지기도 한다.

세호는 지난날 중학교에 다닐 때 나를 교회에 다니도록 전도를 했고, 한 때는 새벽 기도를 다닐 정도로 열심히 함께 신앙생활을 하기도 했다.

나는 그때 짧은 기간(1년 정도)이지만 교회에 다닌 그 인연으로 베트남 전투에서 여러 번의 어려운 작전을 무사히 마치고 귀국한 후에 다시 교회를 찾게 되었다. 그래서 나름대로 지금까지 신앙생활을 잘 해오고 있다. 고등학교 졸업 후 세호는 당시 인기 있는 회사인 한국통신(현 KT)에 입사하여 정년까지 근무하고 지금은 은퇴하여 서울에 살고 있다. 그리고 중·고 동창회와는 별도로 여섯 명이 모이는 단산 친구모임을 일 년에 한두 번 하고 있다.

이렇게 부모님을 떠나서 산, 3년 동안의 자취생활은 친구들과 서천교를 오가며 나에게 **독립할 수 있는 힘**을 기르는 토대가 되었다.

숨어있던 나의 정체성을 찾다

나의 고교생활은 참으로 자유분방했다. 더욱이 3학년 체육관 선배의 비호아래 학교 내에서는 2학년 선배 까지도 함부로 나를 건드리지 못했다. '단산' 산골에서 영주읍내로 유학을 온 나는 읍내 친구들에게도 조금도 기가 죽지 않았다.

그래서인지 공부보다는 힘깨나 쓴다는 친구들과 어울려 다니기를 좋아했고, 교내에서는 불의에 맞서 싸우는 정의의 사도처럼 어깨를 흔들면서 다녔다. 학교가 끝나면 학교 유도장에서 유도를, 저녁 먹고는 경찰서 체육관에서 태권도로 체력연마 하면서 학교에서의 나의 영역을 넓혀 나갔다. 모든 것이 재미있었다. 오직 이러한 것이 친구들 에게 인정을 받고, 그들이 나를 좀 알아주는 것 같았기 때문이다.

유도는 나에게 잘 맞지 않았다. 왜냐면 유도를 하려면 기본적으로 덩치가 좀 있어야 하는데 나는 그때 몸이 호리호리하고 좀 마른 편이었다. 고등학교에 입학 하면서부터 살은 찌지 않았으나 키는 하루가 다르게 쑥쑥 자라서 2학년 올라가면서 부터는 우리 반에서 제법 큰 축에 들었다. 그래서 2학년 초부터는 유도를 하지 않고 태권도에만 전념하였다.

당시는 1차 영주에 있는 도장에서 승단을 했더라도 서울 청량리 있는 창무관 본관에 가서 공인 승단 시험에 합격해야 확실한 유단자로 인정을 해 주었다. 나는 드디어 서울 본관에서 실시한 승단 심사에 합격 되었고, 유단자임을 증명하는 '유단자' 뺏지를 그것이 무슨 큰 벼슬이라도 되는 듯 교복 윗주머니에 항상 달고 다녔다.

마치 지금의 국회의원이나 시, 도의원의 뺏지처럼 달고 다니면서 괜히 우쭐대기도 했다. 그때는 우리 창무관 말고 '무덕관'이나 '오도관' 또는 합기도, 검도 같은 여러 종류의 도장이 있었으며, 그들 대부분도 자기가 다니는 운동의 특징인 뺏지를 자랑스럽게 달고 다녔다.

이러한 학교생활은 정말로 재미있었고, 나름대로 존재감이 있다고 생각하면서 빨리 지나갔다. 2학년 여름방학을 며칠 앞두고 어느 날 담임선생님께서 각자 자기의 장래 희망을 써내라고 하셨다. 어떤 친구는 은행에, 어떤 친구는 농협에, 누구는 회사에, 누구는 대학에 진학 준비를 한다고 써 내었다. 나는 그때 비로소 내가 하고자 하는 확실한 장래 목표가 없다는 사실은 발견하고 깜짝 놀랐다.

그때 나는 충격을 받았다. 지금까지 나는 어떤 목표를 가지고 학교에 다녔는가? 나는 내가 장차 무엇이 되겠다고 딱히 생각해 보지 않앉음을 그제 서야 알게 된 것이다. 그냥 지금까지 실속 없이 겉 폼만 잡고 아까운 시간만 보낸 것이다. 우선 급한 데로 대학 진학을 할 것이라고 적어내고, 다음날 불이 나게 아버지께 진학을 허락받게 된 것이다.

내가 처음부터 대학진학에 매 달리지 않았던 이유 중 하나는 내가 놀기도 좋아 했지만, 우리 형편으로 대학을 보내주실 지가 확실치 않았다는 것도 핑계라면 핑계일 수 있다.

그러나 확실한 목표가 정해진 그때부터는 상과인 나는 실업과 학생으로의 불리한 점은 있지만, 정말 그해 2학년 여름방학 때부터는 열심히 했다. 이제야 내가 해야 할 장래 희망, 나의 목표, 즉 **나의 정체성을 찾게** 된 것이다.

우선 대학 시험에 필요한 과목을 챙겨보니 상학과나 농학과 학생은 인문과 학생에 비해 '커리큘럼' 자체가 달랐다. 그러니까 실업과 학생은 인문과 학생에 비해 대학 진학에 필수적인 과목 수 자체가 적었으며, 공부하는 시간도 적다는 것을 알게 되었다.

그래서 기초가 부족한 수학은 같은 반 친구 종도와 함께 서명섭 선생님께 난생 처음으로 과외수업을 받기도 하였으며, 그해 여름부터 다음해 졸업 시까지 방학 때만 되면 대구로 가서 입시학원에 다니면서 공부했다.

당시 막내 외삼촌께서 대구농촌 진흥원에 근무 하셨기 때문에 '동촌' 비행장 부근에 계시는 외삼촌댁에서 기숙 하면서 '반월당'(대구 중심가에 있는 지명)에 있는 '대구영수학원'에 등록을 하고 시내버스를 두 번이나 갈아타고, 먼 거리를 다니면서 진학준비를 했다.

대구는 우리나라에서 여름에는 가장 덥고, 겨울에는 가장 추운 도시라고 한다. 학원 다닐 때 나는 버스표를 아끼기 위해 동촌에서 대구역까지는 버스를 타고 와서 거기서부터 학원이 있는 반월당까지 거의 걸어 다녔다.

너무 덥고, 너무 추워서 참 고생을 많이 했다. 어떤 날은 학원에 늦어서 지각하여 강사님의 강의를 반 밖에 듣지 못할 때도 있었다. 마침 포항에서 온 재수생 형을 알아두었기에 그 형에게 못들은 내용을 듣기도 했다. 강의실은 항상 수험생들로 꽉 차 있었다. 넓은 강의실에 마이크조차 성능이 별로여서 그나마 앞자리에 앉지 못하면 무슨 소리인지 잘 알아들을 수 없을 때도 많았다.

하지만 강의 내용을 한마디라도 더 듣기 위해 모두 열심히 하였다. 강의실안은 겨울에는 학생들이 빼빼하게 들어차서 덜 추운데, 여름에는 맨 앞에 세워놓은 공장용 대형 선풍기와 벽에 붙은 선풍기는 돌아가는 소리는 요란하지만 워낙 더운 날씨 때문에 꽉 들어찬 인원에 완전 찜질방이었다.

막내 외숙모님은 내가 대구에서 세 번의 방학동안 학원에서 공부할 때 참 잘해 주셨다. 어머니가 내가 방학하여 대구로 올 때 한 달 동안 먹을 쌀을 좀 들려 보냈지만 넉넉하지 못한 공무원 봉급으로 외삼촌 내 식구들도 먹고 살기가 어려웠을 터인데 아침 일찍 밥해주시고 도시락까지 챙겨 주셨으니 얼마나 힘드셨을까?

　나는 외숙모님이 당연히 해 주시는 줄 알았다. 지금 생각하니 너무 고맙다. 그 무렵 처음으로 우리나라에 라면이 나왔다. 맛도 있었고 국수보다 신기하였다. 그리고 아무나 자주 사서 먹지 못했으며 그땐 라면을 별미로 생각하였다. 외숙모님은 이런 라면 한 봉을 사서 어린 외사촌 동생은 안 먹이고 나만 주셔서 동생들보는 앞에서 혼자 먹으려니 얼마나 동생들에게 미안했는지 몰랐다.

　3학년 때 담임선생님은 이용익 선생님이셨다. 별로 내가 모범생이 아니었는데도 늦게라도 대학에 가야겠다고 몸부림치는 것을 보시고 기특해서인지 학교 출결에 관한 거라든지 어떤 학교 어떤 과를 지원해야 한다는 것에 대해 아주 친절하게 상담해 주시곤 했다.

　지금은 학교마다 진학반이 따로 있고 전문 상담 선생님이 있어서 학생 하나하나 중간평가 점수를 고려해서 한 명이라도 더 붙게 함으로 학교의 명예를 높이기 위해 학교전체가 진학에 올인 하고 있다.

　그것이 학교가 하는 일 가운데 가장 큰 일이지만, 그 당시 우리학교는 실업계가 대다수였으므로 지금 생각해보면 진학보다 취업에 더 비중을 두었던 같다. 이용익 선생님은 상급생이 보고 공부했던 각 대학의 기출 문제라든가, 우리는 구할 수 없었던 예상문제집 등을 구해다 주시며 많이 격려해 주셨다.
　그해 나는 대구에 있는 국립대학교에 원서를 내었으나 그렇게 도와주셨던 선생님의 관심과 피나는 나의 노력에도 불구하고 나는 그 학교에 낙방을 했다.

내가 가진 실력에 비해 너무 높은 곳을 지원했는지, 아니면 일 년 반의 짧은 기간의 벼락치기 공부가 탄탄하지 못해서인지, 어찌됐든 나름대로의 노력의 결실을 보지 못했다.

아버지는 서울 필동에 사시는 이종사촌 형의 친구 되시는 분이 이 사장을 하고 있는 서울 모 사립대학교에 후기 원서를 내보라고 하셨으나 나는 재수를 하여 내년에 내가 원하는 대학교에 가기로 하고 서울 종로에 있는 학원에 등록을 하였다.

재수생활과 군 입대

필동 이모부님 댁에서 종로에 있는 학원을 가자면 교통편이 아주 복잡하였다. 당시 버스이동 동선을 보면 대체로 서울역을 기준으로 동쪽 청량리 방향으로 오가기 때문에 '한국의 집'(Korea house) 옆에 있는 이모부님 댁에서 볼 때는 횡으로 이어져 있었으므로 일일이 갈아탈 수가 없었다.

그래서 아침에 새벽같이 일어나서 아침밥도 먹는 둥 마는 둥 하고 대한극장에서 충무로, 을지로를 횡단하여 청계천을 통과 종로에 있는 학원에 다니면서 다람쥐 쳇바퀴 도는 것 같은 일과로 더운 여름까지 보냈다.

필동의 이모부님 댁은 그 시절에 좀 잘 사시는 것 같았다. 바로맞은편에는 으리으리한 3층 대저택이 있었는데 문패를 보니 '유진오'라고 붙어 있었다. 그 유명하신 고려대 총장을 하시고, 정치에 까지 관여하여 '신민당 총재'를 하신 분이 옆집에 사는 동네로 다른 이웃집들도 대부분 좋은 집들이 나름대로 위상을 뽐내고 자리하고 있었다.

지금은 강남을 알아주지만 그때는 서울에서 부잣집들이 많이 사는 동네는 장충동과 한남동, 북한산을 끼고 있는 몇몇 한옥마을과 필동을 알아주었다. 이모부님 댁의 식구는 이모부님 내외분과 맏아들 '유진'형, 그리고 나와 동갑내기인 '경란'이 모두 네 식구였으며, 자가용 기사 두 명, 가정부, 나까지 모두 여덟 명이 그 집에서 기거를 하고 있는 셈이다.

'유진'형은 결혼을 바로 앞에 두고 있었고, 신혼가정을 꾸릴 집에서 거의 살고 있었으며 집에는 어쩌다 한번 오는 것 같았다.
나는 재수를 하면서 그 댁에서 기거하는 것이 참으로 편하지 않았다. 왜냐하면 그 댁은 어머니 자매의 이모가 아니라 아버지의 이종사촌 되시는 분의 집이다. 그러니까 나는 아버지 이종사촌의 아들이다. 그러니 촌수로 따지면 '이종당질'이 되는가? 하여간 그렇게 이무런(마음 편하게 지내는) 관계는 아니다.

말하자면 요즘 같으면 내가 그 집에서 반바지 차림으로 부엌에 나가, 냉장고 문을 내 마음대로 열고, 내가 먹고 싶은 것을 내 맘대로 꺼내 먹을 수 있는, 내 고향 불바우 외가 같은 그런 편한 집이 못되었다.

제2장 독립심을 기르다 83

이모님께서는 편하게 있으라고 하시지만, 항상 나는 맘이 불편하였다. 가정부를 두고 계시지만 그분에게 그 집 식구와는 별도로 아침 일찍 밥을 챙겨 달라고 하는 것도 죄송스러워 나는 아침을 빵으로 대충 때울 때가 많았다.

아버지는 자기들끼리는 친한 이종사촌 간이니만큼 아들인 나를 그 집에 맡겨 두어도 괜찮겠거니 하셔서 그런지, 아니면 하숙비라도 아끼려고 그러셨는지는 잘은 모르지만 아마 후자가 아닌가 싶다. 필동 이모부님 댁에다 연초에 나를 맡기고 가신 다음에는 여름이 올 때까지 한 번도 필동에 오시지 않았다.

이모부님 댁은 무슨 외국약품을 수입해서 중간 도매상에 넘기는 무역업을 하신 것 같았다. 그 당시 무지하게 폭이 넓은 캐딜락 세단과 유명한 검은색 랜드로버 지프차 등 자가용 2대와 거기에 따른 기사도 두 명을 쓰고 있었다. 이분들이 주로 하는 일은 아침부터 차를 반질반질 하게 닦아 놓고, 이모부님 출근시켜 드리고, 한분은 늦은 아침이 끝나면 이모님과 시장 봐 온 뒤에 회사에서 시키는 일을 하는 단순한 일과를 하면서, 크게 머리를 쓰는 일이 없이 그날그날 편하게 지내고 있었다. 나는 그래도 그 기사 분들이 있어서 어떤 때는 덜 외롭기도 한 면도 있었다. 남자들끼리니까 가끔씩 세상 돌아가는 얘기도 하면서 밥도 같이 먹기도 하였다.

이 댁의 고명딸인 '경란'이는 나와 동갑내기로 내가 재수를 시작했을 때 그는 서울대 음대에 입학해서 의젓한 대학생이 되어 아침에도 나보다 느지막하게 일어나서 자기 몸통만한 악기(첼로, 베이스) 통을 메고 가는 것을 가끔씩 보았다.

　나와는 별로 말할 기회도 없었고 어쩌다 집에서 볼 때도 특별히 서로가 말을 붙이는 일이 없이 반년이상을 한집에서 보냈다. 그건 내가 재수하기 위하여 이집에 오기 전에는 한 번도 만나본 일이 없었기 때문에 더욱 서먹해서 그런 게 아닌가 싶다.
　어떤 면에서는 자기는 서울대에 다니는데 난 시골 촌뜨기로서 재수하고 있는 입장이니, 무슨 관심이 있었겠는가. 하여간 나는 어쩌다 그 애와 마주칠 때면 괜히 자존심 상하고 주눅이 들곤 하였다.

　나는 서울 이모부님 댁에서 숙식하는 것이 늘 편하지 않았다. 서울이라고는 하지만 지금처럼 전기가 풍족했던 것도 아니라서 새벽 늦게 까지 공부한다고 전깃불을 켜고 있는 것도 마음 쓰였다. 또한 저녁에 온수를 켜서 샤워를 하는 것까지 어린 내 마음에 퍽이나 부담스러웠다. 모든 게 전기를 절약할 때였기 때문이다.

　나는 학원에 공부를 하러 다니면서도 마음 한편으로는 아버지에 대한 걱정이 내 마음 한곳에 항상 자리 잡고 있었다. 실은 내가 지난해 대학입학시험을 칠 무렵에 우리가게에 도둑이 들어 돈이 될 만한 것은 거의 훔쳐간 사건이 있었다. 안방에 사람이 자고 있었는데도 "도둑맞을 라면 개도 안 짖는다"는 속담에도 있듯이 벽을 뚫고 들어와서 많은 물건을 훔쳐갔는데 자고 있었던 우리부모님과 동생들은 몰랐다는 것이다. 아침에서야 파출소에 신고 했지만 결국에는 도둑을 잡질 못했다.

오십 몇 년이 지난 지금까지도 그 도둑은 잡히지 않아 미궁에 빠져 있다. 아버지는 그 당시 가까운데 사는 누구의 짓일 것이라고 짐작은 하셨다지만 심증은 있되 물증이 없으니 경찰에 신고하신 것만 기다릴 수밖에 없으셨다.

나는 그로 인해 가세가 기울러 졌음을 항상 알고 있기 때문에 재수를 하여 대학에 가야 한다는 자체가 '포시라운'(너무 호사스럽다는 경상도식 표현) 것이 아닐까 하는 생각을 갖고 있었다. 그래서 숙식문제는 필동 아저씨 댁에서 해결하더라도 학원비며 교통비등을 보내주시는 아버지에 대한 송구함과 만약에 재수 끝에 대학에 합격 하더라도 그 뒤에 발생하는 입학금과 등록금 등을 마련해주셔야 하는 아버지에 대한 걱정을 항상 갖고 있었다.

등록금은 어떻게 해결하고 하숙비는? 등등으로 어떤 때는 강의도 머리에 잘 들어오지 않았다. 대학 입시를 앞둔 3개월 쯤 되는 어느 날 학원에서 집으로 오는 길에 "간부 후보생 모집"이라는 벽보를 발견했다.

장교를 모집한다는 것이다. 내용 중에는 장교로 임관 후에 5년만 의무로 복무하면 원에 의거 제대를 할 수 있다는 것이다. 나는 그 벽보를 보는 순간 바로 이것이구나라고 생각하고 마음의 결정을 했다. 일단 군대부터 다녀와서 좀 늦더라도 대학에 가자. 어차피 군복무는 마쳐야 하니 사병으로 가는 것보다는 장교가 좋을 것 같고, 5년 동안 월급을 모으면 등록금도 해결할 수 있으니 아버지께 부담을 덜어드릴 수 있지 않겠나 하는 생각이 들었다.

　나는 그 벽보를 읽어보고 응시 날짜와 시험 과목을 확인한 후 다음 날 용산에 있는 병무청에 가서 세부적인 입시요강에 대한 설명을 듣고 두 달 뒤에 있을 시험 응시 준비를 하였다. 이것이 내가 아버지의 금전적인 부담도 덜어드리고 또한 내 마음 한곳에 자리 잡고 있던, 그 어떠한 빚지고 사는 하나의 문제를 풀어버릴 수 있다고 생각하니 금방 지금까지의 숙제를 해결한 것 같은 가벼운 마음이 되었다.

　아버지께는 내가 군대부터 다녀와서 대학은 나중에 가겠다는 말씀은 드리지 않고 나 혼자 결정을 하고나서 시험에 응시하였고, 합격 통지서를 받고 나서야 장래의 계획을 말씀드렸다. 다행히 아버지께서는 처음에는 놀라신 끝에 지금까지 공부한 것이 아깝지 않느냐하고 허탈해 하셨지만, 내 결정에 대하여 크게 반대 하시지는 않으셨다. 지금 와서 그때 그 결정은 참 잘 했다고 생각된다.
　아버지께서는 돌아 가시기전 내가 '중령'으로 '대대장'을 할 때 까지 자기 아들이 군에서 장교로 있음에 대해 퍽이나 자랑스럽게 여기시었다. 우선 나는 3사관학교에 입학함으로 인해 아버지께 대학 4년간의 등록금내는 부담을 덜어드렸고, 장교로 취직되어서 대학 졸업 후 아들의 취업문제도 걱정하시지 않게 해 드렸으니 어쩌면 적게는 효자노릇을 하지 않았나 생각한다.
　또한 아버지께서 바라시던 아들의 대학 공부도 내가 3사관학교를 졸업한 뒤로 군에서는 육군대학과 국방대학원을 졸업했고, 일반대학은 침례신학대학교와 동국대행정대학원을 졸업했으니 아버지 소원 또한 풀어드린 셈이다.

서울에서 보낸 10여 개월 동안의 그 공부는 내 인생에 있어서 결코 헛된 것은 아니었다. 3사관학교 입학시험이나 군복무중 육군대학 입학시험, 그리고 일반대학에서 공부할 때에도 그 시절 학원 다닐 때 공부했던 그 마음가짐이 그 후 내가 인생을 살아가는데 많은 도움을 주었다. 매사에 억척스럽게 하는, 그것이 몸에 배었기 때문에 남에게 뒤처지지 않고 군복무를 명예롭게 마칠 수 있지 않았나 생각된다.

필동 이모부님 내외분께 그동안의 배려와 보살펴 주심에 대하여 감사 인사를 드리고 고향 영주에 내려와서, 외가도 방문하고, 친한 친구들과 송별회를 하는 등, 모두 모두에게 작별인사를 하고 찬바람이 부는 초겨울에 논산행 열차에 몸을 싣고 제2훈련소에 입소하였다. 1968년도 논산훈련소는 지금은 육군 훈련소로 이름이 바뀌었다. 우리는 여기에서 약 3개월 동안 사병훈련을 받고 그 후 3사관학교로 입교하도록 되어있기 때문에 논산으로 간 것이다.

제2부
오직 군인임에 자부심을 갖고

제1장 논산훈련소 신병 생활

제2장 육군3사관학교 1기생으로 입교

제3장 청운의 꿈을 안고 전방으로

제4장 베트남 전투

제5장 베트남에서 귀국 및 장군 전속 부관으로

제6장 전남 구례에서 중대장 및 결혼

제7장 양구에서 만난 은인 세 분

제8장 육군대학 정규 제29기로 입교(진해에서~)

제9장 육군에서 가장 책임지역이 넓은 39사단

제10장 육군본부에서 대령으로 진급하다

제11장 또 다시 전방으로

제12장 내 인생의 최고의 시간과 최저의 시간

제13장 국방대학원 입교, 전역

제 1 장

논산훈련소 신병 생활

내무반장 윤 병장

훈련소에 도착 후 제일 먼저 한 것은, 집에서 입고 온 팬티부터 겉옷과 신발에 이르기까지, 자기의 모든 소지품을 지급된 자루에 넣어 자기 집에 소포로 보냈다. 그리고 옛날 미군이 입다가 한쪽에 쌓아둔 커다란 건빵 주머니가 달린 방한복과 흙이 덕지덕지 묻은 누비 내피가 든 야전상의를 체격에 관계없이 주는 대로 받아 입고 조교가 시키는 대로 앉은 번호를 하는 것이었다.

앉은 번호는 참으로 통제하기 좋은 방법이다. 조교의 손가락 하나의 움직임에 따라 그 많은 병력이 횡으로 일렬씩 기계처럼 앉고 일어서는 것이다. 첨에는 조교의 구령에 따라 연습을 시킨다. "하나" 하면 앉고, "둘" 하면 일어서는 훈련을 수십 번 시킨 후에 손가락 신호로만 앉고 일어서게 하였다.

그때 훈련소는 밥을 적게 주어서 배도 고팠지만 왜 그리 목에 껄끄러웠던지. 지금생각 해보면 아마 보리쌀이 많이 들어간 밥이었기 때문인 것 같다. 먹고 돌아서면 배가 고팠다. 며칠 지나면서 부터는 껄끄러운 보리밥(쌀보다 보리가 많이 섞였다는 표현)이라도 많이만 주었으면 하는 게 소원이었다.

내가 오십 여년이 지난 지금까지도 그렇게 중요한 인물도 아닌 당시 우리 내무반장의 이름을 지금까지도 기억하고 있는 것은 완장에 대한 위력 때문이다. 완장을 찬 한사람의 내무반장이 사십 여명의 인권을 함부로 주무를 수 있다는 것, 그리고 그 권위에 아무도 반항할 수 없는 우리 앞에 가로막힌 이스라엘의 "통곡의 벽" 같이 엄청나게 큰 장애물 앞에서는 우리 훈련병들은 그저 무력할 뿐이었다.

내무반장 윤 병장은 "네놈들이 장교가 되어 우리를 지휘하러 오기 전에 나는 고향에 가서 애기 낳고 있을 것이다."라는 그 말을 수시로 되풀이 하면서 우리가 무슨 조상 대대로부터 내려온 원수나 된 것 같이 내무반원(훈련병)을 괴롭혔다. 아마 자기가 군 생활 하면서 장교에게서 받은 피해의식이 있어서 그러지 않나 싶다.

일직사관의 일석점호가 끝나면 그 뒤부터 다음날 기상 시(06:00시)까지는 우리의 모든 것이 그에게 달렸다. 훈련병들은 불을 끄고 침상에 누웠으나 잠들지 못하고 또 무슨 트집을 잡아서 또 어떤 채벌을 가할까 하는 불안감으로 지금 닥쳐올 어떤 일이 있어질 것에 대한 공포를 가지고 있었다.

잠을 재우기전에 다시 깨울 핑계 거리는 많았다. 오늘 낮에 훈련 받는 태도가 나빴다든지. 식사할 때 군기가 빠졌다느니. 이동 간 행군군기가 나빴다느니, 취침 시에 머리 정열이 안 되었다는 등, 아무 이유를 붙여서 다시 기상을 시켜도 우린 그저 그의 지시에 따를 뿐이었다.

잠이 들 만하면 깨워 앉혀 놓고 이딴 이유 등을 가지고 몇 분에서 심지어 몇 시간까지 훈시를 했다. 원래 피 字가 붙으면 어떤 교육기관이라도 춥고 배가 고프다고 하는데 하루 종일 훈련받느라 피곤한 훈련병이야 오죽하겠는가. 그 와중에도 꾸벅꾸벅 졸다가 치도곤을 받는 동료도 있었다.

친한 친구 중 아주 정의로웠던 친구 진흥이는 말대꾸 하다가 표현할 수 없을 정도로 해코지를 당하기도 했다. 어쨌든 우리는 일석점호가 끝나고 2차로 내무반장에 의한 행사가 끝난 다음에야 짧은 몇 시간이라도 잠을 잘 수가 있었다. 거기에다 야간 '불침번'까지 보초를 서다 보면 늘 잠이 부족하여 훈련 중 짧은 휴식시간에는 동지섣달 그 추운 날에도 불구하고 병든 닭 졸듯이 항상 졸곤 했었다.

그때 그 서슬이 퍼랬던 그 윤 병장은 지금 어디서 무얼 하고 있을까. 아마 나와 비슷하게 늙어가고 있으리라 생각해 보며 인간적으로 미웠던 그것도 이제는 다 없어졌다. (개인 신상을 고려해서 윤병장의 실명은 밝히지 않았음)

군대에서 구타 및 가혹 행위를 상부 차원에서 공식적으로 하지 못하도록 명문화 된 것은 아마 오랜 시간이 지난 뒤에 지시된 것으로 알고 있다.

살슬과 D.D.T 주머니

왜 그때는 사람 몸에는 '이'와 '벼룩'이 그렇게 많이 끼었는지. 특히 군대 내무반은 많은 사람이 함께 기거하기 때문에 유달리 '이'와 '벼룩'이 많았다. 많은 인원이 한 침상에서 잠을 자게 되니, 이놈들이 이 사람에서 저 사람에게로 밤새 넘나들기 때문에 한사람이 '이'를 잡는다 해도 다음날 또 생긴다. 그래서 이것들은 한꺼번에 박멸해야 한다.

특히 겨울철에는 군대에서 이것들을 박멸하기 위한 특단 조치로, '이주머니'를 작은 '오자미'만하게 만들어서, 거기에 당시에 많이 썼던 분말 살충제인 D.D.T를 그 속에 넣은 뒤 실로 봉한 다음 내복 양쪽 겨드랑이 부근에 하나씩, 사타구니 밑에 하나, 이렇게 해서 1인당 총 3개를 실로 꿰매어 달고 다녔다. 이렇게 하면 지독한 살충제 냄새 때문에 이것들이 활동하지 못해서 며칠은 견딜만하였다. 그러나 이것도 일주일에 한번씩은 D.D.T를 보충해야 한다.

왜냐하면 훈련 받느라고 이리 뒹굴고, 저리 뒹굴다 보면 '이' 주머니에 넣었던 그것이 반은 날아가 버리기 때문이다.

또 한 가지 박멸 방법은 '살슬'이라는 방법이다. 이 방법은 이가 내복 안쪽 이음새 틈에 깊게 들어 박혀서 '이주머니' 가지고는 해결이 잘 안될 때에 취하는 결정적인 방법이다. 입던 내복을 벗어서 모아 놓으면, 트럭이 와서 벗어놓은 내복을 몽땅 싣고 가서 큰 찜통에 내복 자체를 음식 찌듯이 푹 쪄서 말린 후 입게 하였다. 그러면 '이'와 '벼룩'이 뜨거운 찜통에 쪄져서 죽게 되어 1주 정도는 이놈들 때문에 가려운 일은 없어졌다.

지금 생각해보면 그 시절에는 아주 기가 막힌 방법이 아닐 수 없었다. 자기가 벗어 내준 내복은 지급 받은 즉시 검은 실로 자기 이름을 새겨 놨기 때문에 남의 것과 바뀔 염려는 없었다.

모래 섞인 단팥빵과 고향사람

훈련병 때는 정말 춥고 배고팠다. 한때는 후회도 했다. 그냥 눈 딱 감고 아무대학이나 갈걸, 괜히 이 추운 겨울에 군대에 입대해서 이 고생을 하는가 하기도 했다. 입대하던 날 어머니가 주신 돈은 입소 후 사물을 집으로 보낼 때 대부분 보내게 되어 있으나 그중 얼마를 빼서 내무반장에게 들키지 않도록 비밀스러운 곳에 숨겨놓고 배가 고플 때마다 P. X에 가서 조금씩 사먹곤 했다.

훈련병의 시간은 워낙 빡빡했기 때문에 똥 누고 뒤를 닦을 시간도 없을 정도로 바빴다. 어느 날은 P. X에서 단팥빵을 사서 막 먹으려고 하는데 '집합' 구령이 떨어져서 먹다가만 단팥빵을 방한복 바지에 달린 건빵주머니 넣고 집합해 그대로 훈련장으로 이농 훈련을 했었다.

오후에 있는 각개전투 훈련을 마치고 휴식시간에 아까 먹다 남은 단팥빵을 꺼내어 한입 깨무는 순간, 뿌지직하는 소리와 함께 모래와 빵이 뒤섞여 씹히는 바람에 이빨이 다 부서지는 줄 알았다. 다행히 이빨은 다치지 않았다. 철조망 통과, 낮은 포복, 높은 포복 등 훈련도 중 완전히 흙먼지와 모래를 뒤집어쓰는 바람에 모래가 건빵주머니에 들어가 빵과 뒤섞여 졌던 것이다.

훈련이 시작 된지 달포정도 지났을 때 아주 반가운 '귀인'을 만났다. 우연히 식사당번으로 지정되어 다른 병사 몇 명과 함께 취사반으로 갔었는데, 배식하는 취사병인 고향 사람 ○○○일병을 만나게 되었다. 이전에는 몰랐던 사람인데 말을 하는 과정에서 그는 내가 하는 말씨를 듣고, "야! 너 고향이 어디야?"라고 물어서 '영주'라고 했더니 재차 "그럼 영주 어디냐"고 하여 '단산'이라고 하니 자기는 '풍기'에서 왔다고 하면서 금방 친절하게 대해주었다.

내 고향 영주는 당시 군청 소재지가 있는 영주읍을 제외하고는 풍기 읍이 읍, 면 중에서 제일 크고, 풍기는 우리면 에는 없는 기차역도 있었다. 내가 초등학교 6학년 때인가? 어느 노는 날 책에서만 보고 실제 기차는 구경하지 못한 나는, 그 기차를 직접 내 눈으로 보기위해 내가 사는 '단산'에서 비포장 삼십 리 넘게 되는 길을 혼자 걸어서 풍기에 가 본적이 있었다. 어른들에게 들으니 풍기를 가려면 무조건 신작로만 따라 순흥 쪽으로 가면, 그 다음에 나오는 큰 도시가 '풍기'라는 말만 믿고 갔다.

거의 세 시간 이상을 걸어서 요즘 총장 표창장허위 수상 관계로 유명해진 '동양 대'가 있는 고개 "잠뱅이재"에 올라, 멀리 내려다보이는 풍기읍은 정말로 장관이었다. 내가 사는 단산에 비해 도시 자체도 엄청 컷지만, 기차역에서 뭉태기로 흰 연기를 뿜어 올리며 기적을 울리는 '검은색 기차'의 그 자태는 말 그대로 환상적이었다.

나는 완전히 그 기차를 내 눈으로 직접 보았다는 황홀감에 지금까지 걸어오면서 땀나고 배고픈 것을 다 잊어버렸다. 한 걸음에 기차역까지 뛰어갔다. 멀리서 보았으니 이젠 빨리 만져보고 싶은 마음에 서였다. 그래서 정말로 말로만 듣던 기차를 실컷 만져보고 이리저리 돌아다니면서, 그 웅장한 위용을 지닌 기차를 마음껏 보고 또 그 기차를 내 마음속에 담았다.

지금 같으면 '스마트폰'에 그 웅장한 기차의 모습을 촬영이라도 하였겠지만 그때는 그런 것도 없어서 내 머릿속에만 그 모습을 간직하였다. 그래서 나는 내일 학교에 가서, 내가 보았던 흰 연기를 힘껏 뿜어내면서 우렁차게 기적을 울린 이 기차에 대해 친구들에게 자랑하고 싶었다.

그 마음에 풍기까지 가서, 아무것도 먹지도 못한 채 집으로 돌아왔지만 결코 배고프거나 피곤하지 않았다.

고향을 떠나 서울이나, 군대 같은 데서 고향사람을 만나면 왜 그리 반가운지. 전역한 후에 뉴질랜드에 이민을 갔을 때도, 세계 여러 나라를 여행할 때도 한국 사람만 만나면 엄청 반가웠다. 이 모든 게 어떤 향수를 느끼게 하는 인간의 본성 때문이라 생각된다.

그 취사병은 고향 사람 만났다고 별도로 나에게 누룽지를 한 움큼 싸 주면서 훈련 받을 동안 배고프면 언제라도 자기에게 오면 먹을 것을 주겠다고 했고, 혹시 애로사항이 있으면 자기에게 말 하라고 했다.

남은 훈련 기간 동안 몇 번 누룽지 특식을 얻어먹었고, 그가 있었기 때문에 마음이 든든하여 무사하게 훈련을 잘 마칠 수 있었다. 지금은 그 취사병을 하던 병사의 이름도 모르고 풍기가 고향이란 것 빼고는 알 수 없으니, 반백년이 지난 지금 그때 고마웠다는 말 한마디도 전할 수 없음에 안타까워만 할 따름이다.

나는 훈련소에서 막무가내로 휘둘려대는 내무반장의 일탈에도 별 탈이 없었고, 늦게나마 배고픔도 없이 육체적으로 아주 단단하게 단련이 된 몸으로 훈련을 마치고 논산을 떠나 그 추웠던 겨울에 3사관학교가 있는 영천으로 갔다.

제 2 장

육군3사관학교 1기생으로 입교

학교 창설 배경

나는 원래 간부후보생으로 시험을 쳐서 합격하여 군에 입대하였다. 그러나 사전에 들어보지도 못했던 3사관학교란 곳으로 온 것이다. 왜냐하면 내가 논산훈련소에서 사병 훈련을 받는 기간 중에, 그동안 추진되어 왔던 학교 창설이 결정되어 우리들은 3사관학교 1기생으로 입교하게 된 것이다.

육군3사관학교는 한반도가 극도의 안보적 위기상황으로 치닫고 있을 때인 1968년에 창설되었다. 1968년 북한은 대한민국에 각종 무력도발을 저질렀다. 124군부대의 청와대 기습사건, 미 정보 함 '푸에블로'호 납북 사건, 울진, 삼척 무장 공비 침투사건 등이 바로 그것이다.

정부는 이런 북한의 도발에 대처하기 위하여 특단의 조치를 취하였으며, 그중 대표적인 것이 육군3사관학교의 설치였다. 청와대를 기습한 북한군 특수부대(124군부대)를 능가할 정예간부를 양성하기 위해서다. 박정희 대통령은 "북한군에 강력히 대응할 정예 초급장교를 양성할 것"을 지시했다.

박정희 대통령의 지시에 따라 육군3사관학교 창설이 급물살을 타게 됐으며 1968년 육군본부 일반명령에 의해 '영천사관학교 창설위원회'가 꾸려지고, 10월에는 육군3사관학교가 경북 영천에 설치된 것이다.

초대 교장은 정봉욱 육군소장이었다.

그는 박정희 대통령과 인연이 깊었다. 박 대통령이 대령으로 전방군단의 포병단장이었을 때 그는 중령으로 부단장이었고, 박대통령이 군사령부 참모장이었을 때 화력부장을 지내는 등 같은 포병으로 서로 간 많은 인연을 맺고 있든 터였으므로 박대통령은 자신이 군 시절 신뢰했던 정봉욱 장군을 초대 교장으로 임명하고, 북한군을 능가할 강인한 정예간부를 양성하도록 했다.

당시학교장 정봉욱 장군은 후보생들을 사자와 같이 용맹스러운 지휘관을 만들어야 한다는 일념으로, 사자새끼를 절벽으로 밀어 떨어뜨리고 난 뒤, 살아서 기어 올라온 놈만 새끼로 키우겠다는 어미사자의 비장한 각오로 훈련을 시켰다.

그때 우리 동기생은 최초 924명이 입학해서 153명이 탈락하고 771명만 소위로 임관하였다. 지난날을 회고해 보면 나와 우리 동기생들은 군인이 내 인생의 전부인 줄 알고 살았다.

　오직 군인임에 자부심을 갖고 힘든 군 생활동안 열심히 근무한 덕분에 장군 9명 대령 26명 중령 125명 소령 335명으로 진급을 하였으며, 또한 베트남 전투 참전과 전방근무에서 90여명의 동기생을 잃은 아픔도 겪었다. 1970년 1월 우리 1기생이 소위로 임관을 한 후 지금까지 약 5만 명의 동문을 배출하여 전역 후 각 분야에서 열심히 활동하고 있다.

내무생활 및 교육훈련

　같은 중대 출신 최익환 동기회장의 표현을 빌리자면 "우리는 인간이 아니다" 비장한 각오로 용광로에 뛰어든 불나비였다. 그 뜨거운 용광로 속에서 타 죽지 않는 불나비들은 새로운 인간으로 개조되어 세상 밖으로 나온다.

　가 입교 기간 '열병과 분열 연습'은 나의 기억 속에서 영원히 잊을 수 없는 추억이 되고 있다. 일주일 뒤에 있을 정식 입교식을 대비하여 우리들은 기다란 막대기에 묶어져 있는 것처럼 단 한 치의 오차도 허용되지 않는 기계 같은 인간으로 개조되었다. 안되면 될 때까지. 어떤 날은 수송부 트럭을 동원하여 헤드라이트를 켜고 새벽 2시까지 분열 연습을 하기도 했다.

피나는 훈련의 결과는 짧은 시간 속에서도 작품을 만들어 입교식 당일 당시임석상관인 임충식 국방부장관에게 우리가 만든 그것을 선보였다.

교육훈련은 크게 두 가지로 구분된다. 하나는 학교 교실에서 하는 '**실내교육**'이고, 다른 하나는 야외에서 하는 '**야외훈련**'이다. 학교에 입교하여 졸업을 하는 그날까지 우리를 괴롭게 하는 것은 내무생활이다. 내무생활은 소대장 손에 달려 있다. 학교에서 소대장은 마치 이전에 논산훈련소에서 훈련 받을 때 내무반장이 갖고 있던, 아니 그보다 더 막강한 위력을 갖고 있었다.

소대장은 후보생의 생사여탈을 쥐고 있었다. 교실에서 수업은 우리에겐 가장 편한 시간이었지만, 우리의 수업태도를 창가에서나 교실 뒤에 들어와 본 소대장들은 수업시간에 졸았다거나 아니면 수업받는 태도가 나쁘다는 등, 다른 이유를 붙여서 일과 후 내무 생활 시에 그것에 대한 대가를 치르게 하였다. 거의 매일 밤이 공포의 시간이었다. 마치 소대장들은 후보생들 기합 주는 재미로 사는 것 같았다.

밤 10시가 정상적인 취침시간이지만 10시 정각에 잠을 자본적은 별로 없다. 어느 땐 저녁 일석점호가 끝난 후 얼차려 등으로 인하여 밤새 한잠도 못자고 이튿날 아침 일조점호로 이어진 경우도 있었다. 잠을 자야하는 밤을 꼬박 특수훈련으로 지새운 것이다. 그리고 다음 날 교실에서의 강의는 내려누르는 눈꺼풀과의 전쟁으로 이어진다. 이런 상태가 되면 야간 내무 생활 시에 똑같은 이유로 벌칙이 내려지곤 했다.

이렇게 힘들고 어려운 고난도 세월이 지나면서 견디어 내는 몸의 변화가 몸에 배여 이 또한 지나가는 한 과정으로 이겨낼 수가 있었다.

그때 생도대에 보직되어있는 대부분의 소대장은 하나의 훌륭한 장교를 양성하기 위해 모든 언행에서부터 모범을 보이고, 훌륭한 인격을 소유하고 있었지만 어떤 소대장은 내가 지금 생각해 보아도 정말 장교로서 자질이 부족한 면이 보이곤 했었다. 그런 장교는 후보생들을 지도하는 과정에서도 곧장 알 수 있었다. 후보생을 자기감정대로 취급하는 소대장이다. 지금 와서 누가 어땠다고 해 봐야 무슨 소용이 있겠는가마는 아마 그렇게 했던 소대장은 크게 올라가지 못한 것으로 알고 있다.

그 당시 학교장은 후보생들에게 초급지휘관이 되자면 우선 병사들보다 앞서서 산과들을 선도하는 능력을 길러야 된다고 발을 **곰발바닥**처럼 두껍게 만들고 강하게 하기 위해 아침, 저녁 영내생활을 할 때는 맨발로 자갈밭을 걷도록 하였다. 그땐 우리학교는 막사주위와 도로도 온통 자갈투성이였다.

맨발로 자갈밭을 걷다보면 발이 까져 피가 흐르고 절뚝거리며 걸어 다니는 후보생이 많았는데 나중에는 발바닥이 곰발바닥처럼 되었고 자갈밭을 일반 도로처럼 걸어 다닐 수 있었다.

아침 점호가 끝나면 우리들은 거의 매일 2Km 이상 구보를 하였다. 여름에는 단포다리까지 가서 강물에 세면을 하고 내무반으로 돌아왔고, 겨울에 어떤 때는 풀장으로 가서 얼음을 깨고 물속에 들어가는 그런 훈련도 많이 했다.

구보로 풀장까지 뛰고 나면 우선 몸에는 온도가 올라가지만 겉옷을 벗고 팬티만 입은 상태에서 수건으로 온 몸을 문지르고 난 후 들어간다. 차라리 추운날씨라도 물속에 있을 때가 그래도 나았다. 인솔한 소대장의 구령에 따라 전원이 물 밖으로 나온 후에 차려 동작으로 몇 분 있게 한다거나 팔을 위로 들게 하거나 옆으로 벌리게 하면 겨드랑과 사타구니 사이로 불어오는 바람은 정말 얼어 죽기 일보 전까지 갈 것 같을 때도 있었다.

또 어떤 추운겨울에는 새벽 두시쯤 취침상태가 불량하다는 이유로 전원 팬티바람으로 3층 옥상에 집합시켜 놓고 몇 십분 부터 몇 시간을 부동자세로 세워놓고 일장 훈시를 할 때도 있었다. 나중에 들은 바로는 이렇게 힘들게 훈련하는 것도 전부 교육계획에 있는 것이라는 얘기도 있었다.

하기식은 우리가 하루의 일과를 무사히 잘 마칠 수 있게 해준 국가에 대한 감사의 의식이다. 박정희 정권이 들어선 후 우리나라는 군대와 공공단체는 물론이고 도시 농촌 할 것 없이 오후 지정된 시간이면 스피카에서 애국가가 울러 나왔다.

움직이고 있던 모든 국민은 제자리에 서서 가장 가까운데 있는 국기를 향해 차려 자세를 하고 있다가 애국가가 다 끝나면 각자 제 갈 길로 움직이도록 했던 때가 있었다. 극장에서도 본 영화를 상영하기

전에 필히 자리에 일어서서 스크린에서 나오는 애국가를 다 경청한 후에 착석하여 본 영화를 감상하던 때도 있었다.

이러한 감사와 격려가 함유되어 있는 하기식은 우리에겐 정말 지겨운 행사였다. 3사관학교에 입교하여 졸업까지 치러낸 교육과 훈련 중에 몇 손가락 안에 들 만큼 힘들고 어려운 과정이었다. 하기식은 일주일에 한번 실시하였으며 이때는 학교 전인원이 참가하고 임석상관은 '학교장'이었다.

하기식의 백미는 태극기가 내려진 다음부터 발생한다. 그것은 다름 아닌 분열 행사다. 분열은 각 중대별로 실시하는데 본부석 앞을 대열을 맞추어 지날 때 학교장이 '합격'이라는 판정을 받은 중대는 자기 중대로 복귀하여 저녁밥을 먹고 쉴 수 있는데, 만약에 '불합격'이란 판정을 받으면 그 넓은 연병장을 다시 분열대형으로 돌며 합격할 때까지 수십 번 돌고 또 돌았다.

어떤 때는 새벽까지 가로등과 학교에 있는 모든 차량을 동원, 라이트를 켜놓고 했을 때도 있었다. 불합격하여 계속 돌고 있노라면 과연 이것이 훈련인가? 아니면 어떤 한 사람의 "카타르시스"에 기인된 것인가? 분간하기 어려운 감정에 쌓이기도 하였다. 학교장이 직접 단상에서 판정하고 있으니 그 아래 급에 있는 많은 간부들도 그 행사가 끝날 때까지 자리를 뜨지 못하고 밤을 샐 경우도 있었다.

그것은 말 그대로 기계의 작동을 검사하는 것 같았다. 끝에까지 합격하지 못해 남아있는 중대원들은 정말 자존심이 상했다. 그리고 밝혀지지도 않는 그 누구의 잘못 때문에 연병장을 돌고 또 도는가에 대한 분노도 일어났다.

뒤에서 언급을 하겠지만 '집단권투'란 운동도. 이건 운동이 라기보다는 아주 비정한 인격문제이다. 작게는 평소 친하게 지내던 친구와 걸려있는 아무런 명예도 없이 그냥 격투를 붙이는 경우도 있었다. 본인들은 하고 싶은 의지가 전혀 없음에도 불구하고 소대장의 지시에 따라 할 수밖에 없었던 게 당시 우리의 운명이었다.

처음에는 서로 살살 치다가 맞아서 열이 오르면, 친하게 지내던 우정과 관계없이 악에 바쳐서 혈투를 벌리게 된다. 그다음엔 분대끼리 7~8명이 한조가 되어 격투를 시켰고. 더 나아가서는 소대단위. 중대 대항으로 확대하여 하기도 했다.

원래 권투란 운동은 두 사람이 서로 마주보면서 하는 운동인데 여러 명이 함께 하다보면 느닷없이 뒤통수를 타격받게 되므로 상당히 위험을 초래할 수 있었다.

휴일에는 외출과 면회 외박 등은 거의 꿈도 꾸지 못하고 대부분의 시간을 휴식하는 걸로 보내는 경우가 많았다. 몇몇 후보생은 가족과 연인이 면회를 와서 준비해 온 음식을 먹고 생도 대 내무반으로 복귀하는 경우도 있지만, 대부분의 후보생들은 침구를 햇볕에 널어 말린다거나 밀린 세탁을 하곤 했다.

또한 봄과 여름철에는 잔디구장에 엉켜 자라는 크로버를 뽑는 일도 일과 중 하나였다. 휴일이라서 그런지 점심식사는 라면을 먹을 때가 많았다. 1개중대 분 라면을 한 솥에 넣고 삶았는지? 우리가 먹기 위해 배식을 받을 때는 통통 불어 터져서 마치 수제비를 끓인 것 같이 엉켜 붙은 걸 밥주걱으로 떼어 식판에 받아먹기도 하였다.

물론 군대라서 일일이 따로 끓여 줄 수는 없지만 너무했다. 아마 그때는 라면을 솥에 넣고 끓이지 않고 찜통에 쪄서 나온 것 같았다. 그러면 수프를 넣은 국물이라도 부어 줬어야지.

입대 전 집에서 끓여 먹던 라면은 조그만 냄비에 한 봉지 또는 두 봉지 정도만 계란이나 파, 고춧가루 같은 조미료를 넣어 끓여, 불어 터지기 전에 국물과 함께 맛있게 먹었던 라면 이다. 그런데 국물도 없이 먹었던 **불어 터진 라면** 때문에, 그 시절 라면은 상당히 인기 있는 음식이었음에도 불구하고 그 뒤로 나에게는 별로 먹고 싶지 않는 음식이 되기도 했다.

체력 단련

후보생들에게는 가장 중요시되고 기본이 되는 것이 체력 단련이다. 체력단련은 아침 일조점호 때 하는 국군도수체조로부터 가장 힘들다고 하는 100Km무장 구보에 이르기까지 그 종류가 아주 많다. 그 종류를 열거해 보면 맨손체조, 아침구보, 기계체조, 산악 행군, 유격훈련, 집단권투, 태권도, 봉도전, 무장구보, 냉수마찰, 기마전, 철야 행군 등이 있다.

나는 요새도 그중 몇 가지는 워낙 힘들고 생각하고 싶지도 않는 건데도 가끔 꿈속에서 헤매다가 잠에서 깬 다음 꿈이었음에 다행으로 생각하고 안도의 숨을 내쉴 때도 있다.

꿈 내용은 뭐 별것 아니었다. 훈련을 마치고 학교로 되돌아와야 하는데 내 배낭과 철모가 보이지 않아 이리저리 찾아 헤매다가 진땀을 흘린다거나, 무장 구보 중 대열에서 낙오하여 혼자 있는데 그곳이 내무반이었다. 훈련받고 임관한지가 반백년이 다 지난 요즘도 거의 훈련 받을 때의 꿈을 꾸고 있다.

100Km 무장구보는 정말 생각하기조차도 싫다. 이것은 생도 중대 간 시합이다. 당시 우리 동기생 900여명은 총 6개 중대로 편성되었고, 중대단위로 중대장(대위) 책임 하에 모든 교육 훈련이 진행되었다. 그러니 모든 경쟁은 중대 단위로 평가했으며, 평가 결과 순위는 무조건 1위로부터 꼴등인 6위까지 결정되므로, 중대장 위에 대대장(중령)도 있었지만 결과적으로 중대장을 평가하는 것이 되었다.

그러므로 각 중대장 모두는 학교 본부에서 실시하는 중대대항 평가에 목숨을 걸지 않을 수 없었다. 또한 1개 중대는 4개 소대로 편성되어 내무생활은 주로 소대장(중위)에 의해 진행되었다.

학교 본부에서 완전무장을 한 중대별 인원과 배낭 휴대품 및 보유 화기 등을 확인하고 확인도장을 팔뚝에 찍어주고 각 중대를 소대단위로 출발 시킨 후 50Km 반환점에서 반환 확인도장을 찍어준다. 도착선에서는 출발할 때 인원에서 낙오자가 없는지? 몇 분에 주파했는지 등을 종합하여 중대별 서열을 정해서 학교장에게 보고하고 각 중대에 결과를 통보하는 것이다.

말 그대로 이 경기는 전쟁이다. 영천 학교 정문에서 출발하여 100Km의 반환점은 대구 못가서 경산까지이다. 6개 중대가 4개 소대씩 이니 총 24개 소대가 시차를 두고 출발은 시켰지만, 구보 도중 중간에 낙오하는 사람, 뛰지 않고 걷는 사람, 어떤 소대는 앞에 가는 다른 소대를 추월 하는 등, 영천과 경산 간에 후보생들이 널려 있었고 어떤 시민은 음료수를 주면서 격려하기도 하였다.

마지막 골인지점에는 탈진하여 여기저기 누워있는 후보생도 여러 명이 보였다. 100Km란 거리는 마라톤 풀코스의 2배가 넘는 거리이다. 이렇게 먼 거리를 무장한 상태로 주파한다는 것은 체력과 영혼은 분리시켜 그 영혼으로 뛰는 것이다.
나도 어떻게 그 먼 거리를 갔다 왔는지 내가 생각해도 기적이었다. 3분의1의 거리까진 우리소대의 대오를 맞추어 뛰었는데, 그 뒤부터는 각개 약진으로 뛰다가 걷다가 하면서 무거운 내 육체를 이끌고 골인 지점까지 겨우 들어왔다. 오직 소대와 중대의 명예를 위해서~~.

내가 임관한 후 어떤 후배생도기가 이런 훈련을 하다가 몇 명의 사고가 발생하여 결국 이 지옥 행사 같은 장거리 무장구보가 없어졌다. 훈련계절을 잘못 선정한 것 같다. 구보는 그 자체가 몸에 열이 많이 남으로 이른 봄이나 늦은 가을. 선선하고 찬바람이 불 때에 해야 되는데 아마 더운 하절기에 함으로써 훈련생들이 더운 날씨를 이기지 못해 그런 사건이 발생하지 않았나 싶다.

집단권투는 앞서 내무생활에서도 잠깐 기술했지만 이것은 참으로 무지막지한 격투기다. 별다른 '룰'도 없다. 정해진 링 안에다 소대대항 같으면 30명씩 팬티 색깔만 상대팀을 구별 할 수 있게 입히고, 양방 합쳐서 60명을 한곳에 넣고 피 터지는 경기를 시킨다. 정해진 시간에 어느 팀 에서 많은 KO된 숫자가 나오는 것을 갖고 승패를 결정하는 것이다.

나는 다행히 고등학교 때 태권도와 유도로 몸을 단련해 놓은 덕분에 KO 된 적은 없었다. 그러나 나는 이 훈련이 우리에게 얼마만큼 유익한 것이었는지? 지금까지도 두고두고 의문에 대한 답이 분명하지 않다. 이 경기는 앞에 있는 상대보다 뒤에서 후려치는 상대가 더 무서웠다.

경기가 끝난 후 제일 기분이 상했던 것은 상대편이지만 평소에 친하게 지내던 친구가 나를 쳤을 때를 생각하면 그 서운함이 오랫동안 잊혀 지지 않고 있다. 경기 때는 친한 친구보다는 자기편이 이겨야 하기 때문이지만 집단권투는 정말로 비정한 경기이다.

유격훈련에서 모든 코-스는 대부분 다 어렵고 힘들지만 거의 기합의 연속이다. 코-스에서 내려오면 쪼그려 뛰기로, 쪼구려 뛰기가 끝나면 또 다른 장애물 통과 코-스로, 유격훈련은 한번 시작하면 식사시간이 돼야만 끝이 난다. 식사시간은 교관이나 조교, 후보생 할 것 없이 모두 밥은 먹어야 되기 때문이다.

유격훈련 교관과 조교들은 마치 지옥에서 온 사자처럼 무서웠다. 그들에게는 피도 눈물도 인정도 없었다. 우리는 인간이 아니었다. 유격훈련 기간 동안은 우리는 짐승 이하의 대우를 받으며 훈련에 임하였다. 몇 달 후이면 장교로 임관하는 신분이지만 그때의 조교는 사병이지만 그의 위력은 장군보다 더 높았다.

기합도 원체 많이 받다보면 악이 받친다. 그 다음에는 겁도 없어진다. 죽기 아니면 까무러치기이다. 워낙 드세고 힘든 훈련은 후보생들에게 정신을 통일시켜서 안전사고는 거의 없었다.

유격훈련 중 대표적이라고 할 수 있는 것은 **도피 및 탈출**이다. 후보생들을 아침과 점심을 굶긴 후, 차량 호로를 친 트럭에 실어, 해질 무렵에 전혀 모르는 생소한 곳에 내려놓고, 지도 한 장과 나침판, 그리고 집결지의 좌표와 집결시간이 적힌 종이(집결 명령 지)를 준 다음 집결지에서 만나자는 말을 남기고 교관은 자기 갈 길로 가버렸다. 물론 출발 전에 교관과 조교에 의해 소지하고 있던 돈은 탈출도중에 아무것도 사먹지 못하게 동전 한 닢도 없이 다 빼앗겨 버렸다.

그래서 집결지까지 가는 동안 우리는 돈으로 무얼 사서 먹을 수 도 없었다. 이것은 굶어서 허기진 상태로 적진에서 탈출해서 나오는 훈련이다.

출발지에서 집결지로 가는 길목에 있는 민가나 가게 등에는 사전에 조교를 배치해 놓고 근처에 얼씬대기만 해도 조교에게 붙잡혀서 갖은 채벌을 받게 하고 또한 벌점을 주어 개인 성적에도 불리하게 작용토록 했다. 출발지점에서 출발 명령을 받고나니 금방 어두워졌다. 이건 누구와 함께 가는 훈련이 아니고 순전히 개인훈련이다.

나는 작전을 세웠다. 해가 지기 전에 좌표를 보고 목적지인 집결지를 표시하고, 내가 가야할 루트를 표시한 다음, 가용한 조교 숫자와 예상방어선을 그렸다. 대략적으로 판단한 예상방어선은 횡으로 뻗어내린 지형 형태로 보아 4개의 방어선을 만들 것으로 예상을 하였다.

그리고 조교의 인원을 보니 최초에는 2개의 방어선을 형성 할 걸로 예상하고 나는 '좀 무리가 되겠지만 해가 져서 어둡기 전에 2개의 방어선만 뚫고 가자'는 것을 목표로 하고 처음부터 젖 먹던 힘을 다해 뛰었다.

2선을 통과하면 조교의 가용한 숫자로 봐서 3, 4선에는 미처 배치할 수가 없을 것으로 내 나름대로 판단한 결과에서다.
대부분의 후보생들은 목표까지 직선에 있는 민가와 가게에는 조교가 숨어있다는 것을 알고 있기 때문에 그곳을 피해 멀리 돌아서 피해 가는데 나는 대범하게 직선으로 된 단거리 코-스를 택하여 갔던 것이다.

고개를 넘어 마을이 있는 1방어선을 지날 때, 예상 했던 대로 가게 근방에 있던 2명의 조교를 보게 되었고 그 담에는 추격전이 벌어졌다. 나는 죽을힘을 다해 도망하였고, 그들은 필사적으로 나를 잡기 위해 쫓아왔으나 결국 나를 잡진 못했다. 쫓아오던 그들이 어둠속에 사라지자 마음이 놓였다. 그러나 2방어선에 걸리지 않기 위해서 뛰는걸 그치지 않았다.

다행히 2방어선이라 예상 했던 지역에서는 조교와 만나지 않고 넘어 갔다. 그때부터는 완전한 밤이 되어 그려진 지도를 보고 목표인 집결지 까지 올 수가 있었다.

지정된 집결지에는 밤 12시 이전에 도착했다. 와서 보니 교관과 조교 한두 명이 모닥불을 피우고 추워서 얼어붙은 몸을 녹이고 있었다. 나는 후보생들이 한명도 보이지 않아서 목표를 잘못 알고 온 줄 알았다.

조교에게 물어보니 목표인 집결지에 제대로 왔다는 것이며, 어떻게 이렇게 빨리 도달했느냐고 놀라워했다. 그래서 내가 도망쳐온 경위를 말했더니 그중 한명이 나를 잡기 위해 쫓아오다가 포기했다고 하며, 도망치는 나의 속도에 당할 수가 없었다고 했다. 그리고 김 후보생이 1등으로 주파했다고 하며 인접 식당으로 데려가 국밥을 한 그릇 사주어서 잘 먹었다. 국밥을 먹고 나니 저기 보이는 천막 안에 들어가서 내일 아침까지 취침하라고 하여 잘 잤다.

대부분의 후보생들은 다음날 아침 해 뜰 무렵에야 집결지에 도착을 했다.

단체 외출

그때는 사관학교나 하사관학교 등 신병 훈련소를 제외하곤 외출과 외박을 대부분 실시하였다. 그러나 우리는 개인 외출은 교육기간 중 한 번도 하지 못하고 그것도 한 번인가 두 번인가? 잘 기억나지는 않지만 단체로 학교 버스를 타고 외출한 기억이 난다.

외출이라기보다는 명승지 고찰이나 산업 시찰이란 표현이 더 어울렸다. 그것도 아침에 출발하여 저녁에 부대에 복귀하는 것으로 경주 불국사를 한 바퀴 돌아보고 울산에 있는 공업단지를 방문하는 등, 하루의 반 이상을 차안에서 보내고 귀대하였다. 매일 내무반과 연병장, 산골짜기에서 딱딱하게 교육 및 훈련을 받는 것 보다는 나았지만 그래도 우리들은 자유시간을 가지고 먹고 싶은 것도 사먹으면서 통제에서 벗어난 그러한 시간을 갖고 싶었던 것이다.

나는 그때 자장면이 제일 먹고 싶었으나 결코 먹지 못했다. 그러나 입교 후 처음으로 학교 밖으로 나온 기념으로 다보탑, 석가탑, 첨성대 등을 배경으로 여러 장의 사진을 찍어놔서 지금까지 흑백으로 된 그 사진을 보면서 옛날 추억에 잠겨 보기도 한다. 그땐 스마트 폰이나 개인 카메라도 없었는데 누가 그런 사진을 많이 찍어 주었는지 모르겠다. 아마 학교 사진반에서 함께 동행 하여 막 찍어 주었던 것으로 기억 된다. 개별적으로 사진 값은 후보생 월급에서 뗐을 거고.

나는 그 후 소위로 임관하여 제일 많이 먹은 음식이 사관학교 입학하여 훈련 받는 동안 못 먹었던 자장면이 아니었던가 싶다.

육군 소위 임관

논산훈련소에서 군인중 제일 하급자인 이등병 보다 낮은 훈련병의 신분으로 사병훈련을 받으면서 그들에 대한 고난과 애환을 몸 전체로 경험을 한 후 3사관학교에 입교, 장교로서의 교육을 받은 후 1970년 1월 17일 드디어 대한민국 육군소위로 임관했다.

나는 제일 먼저 입교한 우리 1기 동기생들과 정말로 생사고락을 함께 하면서 교육 기간 중 상상을 초월하는 혹독한 훈련과 시련을 이겨내고, 기상천외한 교육방법을 통해 강인한 리더십을 가진 애증이 어렸던 학교를 뒤로하고 전방 각 부대로 배치되었다.

제 3 장

청운의 꿈을 안고 전방으로

81미리 박격포 소대장 트리오

소위로 임관한 우리 동기생들은 육군본부에서 하달한 인사명령에 의거 전방 각 부대로 배치되었으며, 나도 '다불백'을 짊어지고 몇몇 동기들과 영천역에서 기차를 타고 서울로 올라와 용산역에 도착했다.

역 광장에 내리니 전방 각 부대에서 신임소위들을 데리고 갈 군용트럭이 차량 앞 유리창에 사단 표지를 하고 대기하고 있었다. 나는 그때 말하는 천하무적 1사단으로 발령받아 다른 동기생 15명과 함께 트럭에 올라 몇 시간을 달려서 청평 현리에 있는 사단사령부에 도착했다. 최전방은 아니지만 사단사령부로 가는 길은 민가는 별로 보이지 않고 계속 산골짜기로만 연결되어 있었다.

사단에 도착한 우리 일행은 사단장 문홍구 장군에게 전입신고를 마치고 각각 소속 부대로 배치됐다. 내가 배치된 연대는 동기생 5명이 갔다. 우리사단은 전방 예비 사단임으로 연대 단위로 한곳에 집결하여 있어서 결혼한 장교 및 하사관은 부대 밖에다 월세를 주고 방을 얻어 가족과 영외거주를 하였고, 나 같은 독신 장교들은 부대 내에 있는 B, O, Q(독신 장교숙소)에서 잠자고 밥은 연대장교 식당에서 먹고 다녔다.

지금 같으면 각 지역별로 군인아파트를 지어 군 간부들이 아파트에서 거주하고 개인 자가용으로 부대에 출근하곤 하지만 그땐 대대장(중령)급 이상 지휘관 및 참모에게만 관사가 제공되었다.

다섯 명중 특이하게 박종천 소위, 장남훈 소위와 나는 각 대대 중화기 중대 81미리 박격포소대장으로 보직을 받았기 때문에 우리는 연대에서 '**박격포트리오**'라고 불려졌다. 우리들 세 명의 소대장은 매일 밥만 먹으면 3개 소대가 한곳에 모여 같이 집체훈련을 하기 때문에 형제 같이 지냈다. 나머지 한 친구는 소총중대에서 소대장을 하다가 대대 보급관으로 근무한 박준영 소위다. 박 소위와는 별다른 인연으로 오랫동안 우정을 유지했다.

당시 우리연대는 연대본부 직할중대 그리고 각 대대 중화기 중대를 제외하고 전 소총중대는 전방 방어거점 진지공사에 전부 투입되어 몇 개월간 진지 공사를 하였다.

그때 중대장은 우리중대는 서광석 대위이며, 매우 인자한 분으로 기억된다. 그리고 8중대장은 장재원 대위이며 박격포집체훈련을 주로 책임지고 지도하였고, 12중대장은 안부웅 대위가 하였다.

안부웅 대위는 다음해 1971년도에 내가 백마30연대로 파월하여 보니, 나보다 먼저 파월하여 우리연대 작전과 작전장교로서 연대 작전업무를 담당하고 있었다. 나는 아는 분을 모든 것이 생소한 이국 전쟁터에서 만나게 되니 너무나 반가웠다. 그분도 아주 반가워했다.

그때 나는 연대 4.2인치 박격포 소대장으로 보직을 받았으며, 소대장을 하는 동안 같은 부대에 근무를 하게 되어 늘 마음속으로 의지하며 근무를 하였다.

당시 12연대의 두 가지 큰 과업은 교육훈련과 진지 공사를 하는 것이었다. 그래서 연대 대부분은 진지 공사에 투입하였고, 우리박격포 3개 소대는 대대에 잔류하여 낮에는 박격포 훈련을 하고 밤에는 부대 경계임무를 수행하였다.

그때 연대에 잔류해 있는 장교 및 하사관은 일과가 끝난 야간에는 당직사관 근무에만 해당이 되지 않으면 자고 먹고 외출하는 것 까지 자기 맘대로 하였으며, 전방 사단이 아니라서 나를 포함 박격포 소대장인 우리 세 명은 가끔씩 부대 바깥 민간인식당에 가서 식사를 하곤 했다.

그 당시 연대장이신 **황규만 대령(장군 전역)**은 부대 간부들의 다방출입에 대해 아주 못마땅하게 생각했으며, 심지어 어떤 때는 아주 다방 출입금지령을 내리고 사단헌병으로 하여금 순찰 까지 시켰다.

한번은 짝꿍 소위 세 명이서 식당에서 밥을 먹은 후 잠깐 다방에 들러서 위티(위스키와 차를 섞은 것) 한잔만 하고 가기로 하고 진짜 한잔만 먹고 부대에 복귀했는데 그 다음날 어떻게 알았는지? 연대장의 호출을 당해 연대장실로 불려가서 반성문을 썼다. 그리고 연대장실에서 일직선으로 보이는 해발 100M 정도 높은 곳에 위치한 대공초소까지 선착순 구보를 한 적도 있었다.

그때 연대장께서는 우리를 대공초소로 출발시킨 후 쌍안경으로 우리가 구보 하는 것을 보고 있었다고 나중에 연대장 당번에게서 들었다.

연대장께서 초급장교나 군 간부들에게 다방출입을 통제 하셨던 큰 뜻은 아마 박봉에 돈을 헤프게 쓰지 못하게 하려는 염려에서 그러신게 아닌가 싶다. 그 당시 내 기억으로 육군소위 한 달 봉급이 7천원이었다.

어제(2020년 6월 23일)는 TV를 시청하다가 MBC 뉴스 데스크에서 황규만 장군님의 소천 소식을 방송 보도를 통해서 알게 되었다. 나는 나의 장교 초임부대의 소대장일 때 연대장이셨으며, 그분에게 내 친구 두 명과 함께 기압을 받은 전력을 갖고 있기에 더욱 기억에 오래 동안 남아있는 분이였으므로 그분의 "국립묘지 영결식" 보도는 나에게는 남달랐다.

보도제목은 「"김소위 옆에 묻어주오" 70년 약속 지킨 육군 장군」이었다.
황규만 장군은 1950년 6월 25일 한국전쟁이 발발하자 육군사관학교 1학년에 재학 중이던 20세의 나이로 소위 계급장을 달고 전쟁에 투입되었으며, 그리고 두 달 뒤 경북 안강 지구 전투에 참전했다. 모두 1천5백여 명의 젊은이 들이 산화한 이 전투에서 황규만 소위는 전우였던 김소위를 잃게 되었다.

황규만 소위는 이름도 몰랐지만 자신의 부대를 도우러 왔다가 안타깝게 목숨을 잃은 전우를 나무 밑에 묻고 또다시 전투에 나섰던 것이다.

그리고 나서 14년 뒤인 1964년에는 자신이 묻고 표식을 해 두었던 그 자리에서 김소위의 유해를 발굴하여 곧바로 국립묘지에 안장했고, 지금까지 명절 때마다 먼저 간 전우를 챙겨 왔었다.

그러나 김소위 묘비는 이름을 몰랐기 때문에 성만 새기고 이름은 알게 되면 새길 것 이라고 "육군소위 김ㅇㅇ지묘" 라고, 이름 자리를 비워두고 세웠으며, 본인이 전역을 한 후에도 계속 이름을 찾기 위해 노력 하신 결과 40년 만에 그 김소위의 이름이 "수영"인 것과 가족도 찾게 되었다.

결국 황규만 장군은 40년 만에 소원을 이루었으며, 그는 내가 죽으면 김소위 옆에 묻어달라고 유언까지 하여서 어제는 장군묘역이 아닌 동료 김소위 옆에 묻히셨다.

51년이 지난 지금 그 인자해 보이시던 황규만 연대장님의 모습이 눈에 선하다. 나는 비록 그분의 영결식에는 참가하지 못했지만 훌륭하신 전우애를 후배들에게 가르치시고 하늘나라로 가신 황규만 장군님의 명복을 빌며, 오늘은 6.25전쟁 70주년을 맞아서 그분의 영전에 마음으로나마 꽃 한 송이를 올려 드렸다.

한번은 소대장인 나에게 생애 최초로 건축을 해야 하는 임무가 떨어졌다. 그것은 다름 아닌 연대 탄약고를 짓는 거다. 건축임무가 우리 대대에 떨어졌으니 당연히 잔류 대 소대장인 내가 소대원을 데리고 지어야 했다.

설계도를 보고 철근을 형틀 내에 꼽은 뒤 콘크리트 타설 까지는 잘된 것 같은데 그 뒤가 문제였다. 직사각형으로 시멘트 벽돌을 쌓아 올리는데 벽돌 숫자가 맞질 않았다. 분명히 설계도에는 긴 쪽에 그림이 20장으로 되어 있어서 쌓고 보니 벽돌 반장정도가 부족했다. 그 당시 우리 소대원들 중에서 건축 공사를 해 본 사람도 없고 또 공대 건축과를 나온 사람도 없으니……

이리저리 궁리 끝에 모자란 벽돌 크기만큼 흙 칼로 잘라 쌓으니 옆면이 또 문제가 되었다. 그렇게 하기를 2~3단 쌓은 후에야 이유를 발견 했다. 맞지 않는 그 이유는 벽돌을 쌓을 때 벽돌과 벽돌사이에 넣어야 하는 매직(몰탈)을 넣지 않았기 때문 매직의 넓이만큼이 좁아지게 되어 결국 벽돌 반장의 길이가 남게 되었던 것이다.
할 수없이 굳어버린 벽돌을 다시 깨어 낼 수도 없어서 벽돌 사이로 매직을 넣은 것처럼 수직으로 홈을 내고 시멘트 칠을 하였으며 그 위로부터는 제대로 벽돌 쌓기를 하였다.

그 다음에는 공사를 하다가 잘 모르는 것이 있으면 연대본부에 잔류해 있던 경험 많은 간부들을 찾아가서 물어 보고 공사를 잘 마쳤다. 그래도 그 공사를 잘 했다고 연대장으로부터 칭찬을 받았다.

현리에서 1여년을 철없이 소대장 생활이 끝날 그 무렵에 우리 연대는 베트남 전투에서 혁혁한 공을 세우시고 많은 무공 훈장을 받으신 그 유명한 재구대대장 **박경석 대령(장군전역)께서 연대장으로** 부임하셨다.

그때 연대장님으로 모셨던 박장군님과 지금은 대전에서 같은 아파트에서 이웃하여 살고 있다. 연대장님은 내가 50년 전 육군소위 계급장을 달고 소대장을 하던 그때 보았던 그 모습 그대로인 것 같다. 지금도 본인이 옛날 군대생활 하실 때처럼 일과시간표를 정해놓고 규칙적인 그대로 생활을 하고 계신다.

그래서 인지 50년 전에 비해서 별로 늙지도 않으셨고, 내일 모래 90이 되시는데도 자세가 중후한 그때 연대장님의 그 모습과 같은 건강을 유지하고 계신다. 오히려 이제 갓 70을 넘은 나보다 더 정정하신 것 같다. 나는 연대장님이 하시고 계시는 대로 해보려고 노력은 하고 있지만 그것은 아무래도 희망사항일 뿐일 것 같다.

연대장님은 나를 자식같이 사랑해 주신다. 나 또한 연대장님을 정신적인 지주로 삼고 연대장님을 아버지처럼 믿고 의지하며 살고 있다. 심지어 사모님께서는 밭에서 손수 가꾸신 상추나 감자, 양파 등 온갖 채소를 가끔씩 우리 집 현관문에 아무 말씀 하시지 않으시고 달아놓고 가시곤 한다.

마치 친정어머니나 시어머니처럼 살뜰하게 해주셔서 채소를 먹는 맛보다 더 큰 사랑의 맛을 주시고 계신다. 연대장님은 사모님에게 "김 대령은 우리 1사단 전우야" 하시면서 특별히 아껴주시고 계신다.

연대장님은 현실에 정지해 있지 않으시고 어떠한 새로운 것을 창조하기 위해 항상 노력하고 계신다. 6.25전쟁에서는 소대장으로, 베트남 전쟁 시는 맹호부대의 초대 재구대대장인 전투지휘관을 하는 과정에서도, 주요 사건들을 철저히 기록하신 그 기록들을 기억하시면서 많은 병서와 문학 소설을 창작 하시고 계신다.

나는 원래 글 쓰는데 변변한 사람이 못되는 대도 불구하고 박경석 장군(연대장)은 나에게 몇 해 전부터 자전에세이를 쓰라고 권고하셨으나 쓰지 않고 있었다. 그러다 역전의 노(老) 장군이신 연대장님의 창작활동과 창조적인 열정에 용기를 얻어서 몇 개월 전부터 두서없이 아련한 기억을 더듬어 가면서 나의 글을 써 가고 있는 중이다.

박경석 연대장님이 부임하신 그해 겨울에 우리 사단은 저 멀리 최전방 "판문점을 연하여 G.O.P를 방어" 하는 임무를 미군으로부터 인수하는 명령을 받게 되었다. 그래서 우리연대는 미군으로부터 임무를 인수하기 위해 연대의 총력을 기하였으며, 그 계획 중 일부분인 전방 G.O.P사단을 견학하기 위해 연대에서 장교들이 전방사단으로 견학 및 근무 실습을 갔었는데 나도 전방 어느 사단 소대 진지로 배치되어 갔었다.

내가 방문한 소대는 마침 동기생인 김문범 소위가 담당하는 진지였다. 김소위와는 동기생이지만 후보생 시절에는 중대가 달라서 서로가 잘 몰랐다. 그러나 말을 해보니 나와 비슷한 고향이라서 더욱 친근해 져서 많은 근무 방법들을 날이 새도록 시간 가는 줄도 모르게 배우고 왔었다.

그 후로 김소위와는 베트남 전투시 백마30연대에서 같이 참전하였고, 고등군사반 다닐 때는 같은 방에서 함께 공부 하였으며, 육군본부에서도 같이 근무했다. 그는 워낙 훌륭한 군인 이었으므로 장군으로 진급하여 동기생 중 몇 명 안 되는 사단장까지 하였다.

우리 사단이 전방으로 이동함에 따라 매일같이 메밀 벌처럼 붙어 다니던 형제같이 지내던 소대장 삼총사, 임관하여 최초로 같은 부대에 부임하여 밥도 같이 먹고, 잠도 같이 자고, 훈련도 같이 했던 우리 81미리 박격포 소대장 세 명은 그해 겨울 우리가 판문점 지역으로 부대 이동을 하면서 자연스럽게 흩어 졌다.
그 후 장남훈 소위와는 베트남 '냐짱'에서 다시 만나서 전쟁 와중에서도 옛날의 우정을 돈독히 하여 가끔씩 얼굴도 보고 식사도 한 적이 있었으며, 최근까지 동기회에서 만나기도 하였다. 그러나 박종천 소위는 50년이 지난 지금까지 어디서 무얼 하는지 아직 얼굴을 한 번도 본적이 없다. 그는 전라도 순천 지역 출신으로 얼굴이 거무스레하며 아주 건장한 체격을 하고 있었다. 참으로 보고 싶은 얼굴이다.

리비교와 장파리

우리연대가 본격적으로 **미군부대로부터 G.O.P경계 임무를 인수**

하기 위해 부대이동을 한 정확한 날짜는 명확히 기억하지 못하지만 아마 그 이듬해(1971년) 1~2월쯤인 것 같은데 엄청 추웠던 걸로 기억된다. 나는 우리부대가 전방으로 오기 얼마 전에 소대장을 마치고 대대 정보장교로 발령을 받고 대대본부에서 참모로 근무하게 되었다.

최전방 G.O.P 대대는 정보장교의 일이 주로 많았기 때문에 대대장을 수행하여 경계태세 점검이나 비무장지대에 대한 수색 정찰 계획을 수립하고 시행하는 주무 참모로서 일하는 자리다.

당시 연대본부는 '장파리'에서 전방으로 '리비교'를 건너 그 안쪽 어느 지역에 위치했던 것 같았고 우리대대는 최전방 철책을 연하여 자리를 잡았다. 밤낮으로 북한에서 들려오는 대남방송은 우리 대북방송과 뒤엉켜 무슨 내용인지는 분간 할 수 없고 그저 귀만 혼란스럽게 하였다.

그래도 그 무렵 미군이 철책을 담당하고 있었던 만큼 우리가 인수받은 책임구역은 철책에 조명등이 설치돼 있었다. 그래서 야간에는 경계 등이 환하게 들어와 야간에도 경계 시 철조망 북쪽지역은 사계 청소가 잘되어 있어서 날씨가 좋을 경우는 50미터 전방에 토끼 한 마리가 뛰는 것을 볼 수 있을 만큼 식별이 가능 할 정도로 밝았다.

그 추운 겨울 우리가 이사 갔던 연대본부는 정말로 시설사용이 혼란스러웠다. 아마 그 무렵 미군은 모든 것이 물로 연결된 문화였다. 물을 데워 샤워를 했고, 수세식 화장실을 사용하였으며, 구더기가 들끓는 우리의 재래식 변소에 비해 냄새도 나지 않았을 것이다. 그런데 그 화장실에 한국군이 인수한 뒤에는 수세식 변소의 역할을 제대로 하지 못했다.

내가 왜 미군의 것은 화장실로 표현하고 우리 것은 변소라고 표현했나 하면, 냄새나는 그곳을 서양에서 수입한 이름, 그곳에서 화장을 고친다는 뜻이 있는 화장실이라 표현하기는 너무 격에 맞지 않아서 변소라고 표현하였다. 그래서 그런지 미군들은 화장실의 칸막이도 없었다(사병화장실). 용변을 보면서도 서로 재미있는 얘기들을 주고받았을 것 같았다.

어찌됐든 내가 기억하고 있는 그때 그 화장실은 정말 가관이었다. 미군이 사용하던 수세식 화장실은 난방이 되지 않았고, 더욱이 온수가 공급되지 않아서 좌변기에 쌓인 대변은 누는 데로 얼어붙어 위로 쌓여 올라와 항문을 찌를 정도가 되니 나중에는 사병들이 그 하얀 변기 위로 올라가서 용변을 보는 웃지 못 할 일들이 벌어지기도 했었다.

지금생각하면 부대시설을 인수하는 과정에서 시설을 사용하지 않았던 기간이 길어서 그랬는지, 아니면 한국군의 주머니 사정이 온수를 데워서 화장실을 사용할 수 있는 형편이 못되어서 그랬는지 지금까지도 이해가 가질 않는다.

아마 당시 우리군의 예산이 부족하여 물을 데우고 샤워를 하고 수세식 화장실을 사용할 능력이 없어서 그랬을 것이라고 생각하는 것이 마음이 편할 것 같았다.

연대본부 지역에는 미군들이 수준 높게 생활하던 시설들이 흔적으로만 얼마동안 남아 있었다. 그들이 사용했던 넓은 식당, 카페, 춤

추고 즐기던 홀이나 P. X 자리 같은 것이 선진국 군대의 생활 양식일 부를 상상해 볼 수 있었다.

　연대본부에서 '리비교'를 지나면 '장파리'가 나온다. 파주 시내로 들어오는 길목에 늘어선 문 닫은 빈 가게들이 이곳에 미군이 주둔 할 때 얼마나 번화하고 흥청 되었던가 하는 단면을 보여 주고 있었다.
　양복점, 카바레, 술집, 음식점 등 휘황찬란했던 도시가 미군 1개 사단이 빠져 나감으로서, 여기에서 미군을 상대로 생활을 꾸려가던 그 모든 사람들이 어디론가 다 빠져 나가고 '읍' 전체가 한산한 모습이었다.

　미국은 우리에게 6.25전쟁으로 거의 소멸되어 가던 나라를 구해주었고, 전쟁 후에는 먹을 것을 지원하였으며, 의료지원과 선교사 파견으로 정신적인 봉사와 개척의 기초를 가져다준 고마운 나라다. 전후 70여 년 동안 우리는 미국과 더불어 살고, 미국이 우리의 삶에 로망임을 가지고 살아가고 있다.

　미국에 유학해야 인정받고, 너도나도 미국으로 이민 가고 싶어 하며, 재미 교포라면 무조건 선망의 대상으로 생각하고 있던 시절도 있었다.

　그 추웠고 어수선했던 부대이동과 경계임무는 눈이 녹고 봄이 오면서 점차로 안정이 되어갔다. 우리가 담당하고 있는 이 지역의 연대본부지역과 철책선 사이는 완전히 자연생태 지역이다. 1950년대에 휴전이 되어 1970년대까지 미군이 주둔하는 20년 동안은 아무도 손을 대지 않았던 '처녀지'라고 할 수 있었다. 따라서 이 일대는 야생동물의 번식지이고 그들의 놀이터였다.

옛날 6.25가 발발하기 전에 논으로 물을 대기 위해 만들어졌던 어른 무릎에도 차지 않을 얕은 개울에도 팔뚝만한 '가물치'가 얼마나 많았던지. 좀 과장을 한다면 그냥 맨손으로 건져 올려도 될 정도였다. 병사들은 보기에도 징그럽게 생긴 가물치를 잡아다가 초소에 놔두고 그것이 건강에 좋은걸 알고 있는 일부 나이 많은 간부들이 고아서 먹곤 했었다. 그리고 임진강 상류에는 발목에 닿을 정도의 물가에도 민물 게가 많이 잡혔다.

또한 야간에 순찰돌기 위해 지프차를 타고 나가다 보면 노루와 고라니 같은 산짐승이 차량 불빛을 보고 막 차 앞으로 달려 나와 요즘 용어로 "로드킬"을 자주 당하기도 하였다. 죽은 노루를 먹으면 재수가 없어서 안전사고가 많이 난다고해서 차에 치어 죽은 노루는 도로 옆에 삽으로 묻어주고 가기도 하였다.

그 무렵 우리가 그곳 전방으로 배치된 후로 웬 V.I.P가 그렇게도 부대 방문을 많이 했는지? 대대장님과 나는 매일 방문자에게 보고할 '브리핑' 준비로 정말 세월 가는 것도 모르고 지냈다. 그때는 브리핑 내용이 주로 지도위에 상황판을 만들고 '아스태이지'로 적과 아군활동을 표시하고 백보드 판에다 주요 실시사항을 '구리스팬'으로 써서 보고했다.

다행히 내가 보드 판 글씨를 제법 쓰는 바람에 대대장께서 V.I.P도착하기 전에 연습을 하다가 수정, 보완할 내용이 있으면 대대본부에 있는 차트 병의 힘을 빌리지 않더라도 내가 금방 지우고 다시 쓸 수 있었기 때문에, 언제든지 대대장 입맛에 맞게 보좌해 드릴 수 있었다.

그래서 대대장님과 나는 참으로 호흡이 잘 맞아 그 산적된 부대임무를 차질 없이 잘 수행했다. 그때 대대장은 "조중열 중령"이셨는데 베트남에 파월하여 전투경험도 있으시고, 상황 판단도 참 빠르셨으며, 참으로 인정이 많으신 분이셨다.

딱 두 번의 외출

당시 전방에 배치되어 방어임무를 수행하고 있는 우리 부대는 거의 외출 외박이 없었다. 그러나 대대장은 월 1회 정도 외박이 허용되었는데 그것도 '리비교'를 건너서 서울로 가는 것이 아니라 연대본부 지역에 숙소를 만들어 놓고, 대대장은 사모님과 거기에서 만나 하룻밤을 보내는 게 외박이었다. 그러니 G.O.P 대대장과 간부들은 철책에서 근무할 동안은 철책을 떠나지 말고 24시간을 사수하라는 의미이다.

그런데 나는 철책에서 10여 개월을 근무하는 동안 딱 두 번의 외출을 하였다. 한번은 아버지께서 면회를 오셔서 특별히 연대에서 외출을 허가해 주어서 아버님과 함께 파주로 나간 적이 있다.

그리고 모처럼 부자지간에 정담을 나누었으며 나는 내 일생 처음으로 아버님께 맥주를 대접해드렸다. 그것도 내가 받은 월급으로 사드린 것이다. 아마 나는 그 무렵에 육군 중위 계급장을 달고 있는 모습을 아버님께 보여드림으로서, 내가 이렇게 성장하였음을 인정 시켜드리는 계기가 되지 않았나 생각된다.

　이제부터 나는 아버님께 학비나 용돈을 타서 쓰는 그러한 아이가 아니고, 홀로 설 수 있는 장한 아들임을 보여드리고 싶었고. 아버님께서도 마음 한곳에 뿌듯함을 느끼고 계신 것 같았다.
　또 다른 한 번의 외출은 파월신청 때문에 사단 사령부 인사처를 방문하기 위한 것이었으며, 그 후 파월 명령을 받고 춘천에 있는 '오옴리' 파월 교육대로 가면서 임관 후 초임지인 천하무적 보병 제1사단을 떠났다.

제 4 장

베트남 전투

'바렛트'호와 양식(洋食)

나는 1971년 10월경에 강원도 춘천에서 고개를 하나 넘어 오음리라고 하는 지역에 있는 "파월 장병교육대"에서 몇 주간 베트남에 대한 일반적인 지식과 전투에 필요한 기초 훈련을 받았다. 당시 오음리는 베트남 전쟁터로 떠나는 군인들로 온 부대가 훈련으로 북적대고 있었으며, 특히 부대주변에는 술집과 음식점들이 진을 치고 전쟁터로 떠나는 장병들의 호주머니를 털고 있었다.

그때만 해도 베트남 전쟁이 곧 종식될 거라는 소문이 떠돌아서 지금 아니면 전쟁경험을 해 볼 수 없다는 조바심에 특히 장교와 하사관은 기를 쓰고 파월 신청을 했었다. 지금 와서 생각해보면 어머니의 간곡한 만류에도 왜 전쟁터에 갔을까? 하는 후회도 든다. 첨에 내가 어머니에게 파월하고 싶다는 말씀을 드렸을 때 어머니는 극구 반대를 하셨다.

그래서 나는 결국 어머니를 속이고 베트남으로 떠나는 배를 타기 직전에 말씀을 드렸으니. 나는 불효막심한 죄인이 되어 어머니가 돌아가신지 45년이 된 지금까지도 어머니에 대한 불효를 씻을 수가 없다. 내가 베트남에서 전쟁을 하고 있을 동안 어머니는 매일 정한수를 떠놓고 기도하시고 라디오에서 전해오는 베트남 전투의 소식을 들노라고 라디오를 안고 사셨다고 하였다.

어머니의 심정을 생각하면 그 먼 이국땅 전쟁터에 결코 가지 않았을 거다. 내 나이 또래의 우리 동기생들의 많은 수가 베트남 전투에서 전사하였다. 함께 중·고등학교를 다녔던 권혁수도 파월한지 두 달 만에 작전에 투입하여 안타깝게 전사를 하였다. 혁수는 중·고교는 학교 선배이지만 3사관학교는 동기생이다. 지금 서울에 살고 있는 1기동기생인 중학교 선배인 심건택과 동기 동창이다.

나는 부산항에서 우리를 베트남까지 수송하기 위해 정박하고 있는 수송선 '바랫트'호를 보고 깜짝 놀랐다. 세상에 태어나서 이렇게 큰 배는 처음 보았기 때문이다. 배 위 갑판에는 운동장도 있었고, 배구장, 농구장도 있어서 벌어진 입을 다물 수 없었다.

잠을 자는 선실은 한방에 네 명씩 정해져서 침대는 위아래 2층으로 되어 있어서 특별히 불편한 점은 없었다. 내 앞에 펼쳐지는 모든 것이 신세계 그 이상이다.

또 하나 감동을 주는 것은 장교 식당이다. 식당 규모도 대단하지만 난생 처음 먹어보는 양식이다. 대부분의 한국식당은 거창하게 먹는다면 한우 숯불고기에 냉면 한 그릇이면 최고로 치는데 비하여 미군들과 함께 먹는 이들 식당의 메뉴는 정말 환상적이다. 그래서 우리는 너무 좋아서 '스테이크' 부터 메뉴에 있는 대로 무조건 시켰다.

원래 양식은 먹는 순서가 있어서 하나씩 시켜서 먹은 후 주메뉴는 자기 식성에 맞는 것을 시켜 먹는 것인데 한꺼번에 많이 시켜 먹다보니 나중에는 배가 불러서 그 맛있는 음식이 보기도 싫을 정도였다. 처음부터 어떤 게 맛있는 건지, 알아보고 먹어야 하는데 그때 우리들은 그것을 잘 몰라서 그랬다. 지금 생각하면 식당에서 서빙하는 외국인들이 얼마나 눈살을 찌푸렸을까?

문제는 항해를 시작 한 후 2~3일 후부터 발생하였다. 배가 '남지나해'를 지나면서부터 그 큰 배가 파도에 부딪히면서 '로링과 피칭'을 함에 따라 승선해 있던 장병들이 배멀미를 하기 시작했다. 그래서 갑판이나 모든 곳에는 음식물을 토해내어 배 전체가 고약한 냄새로 범벅이 되었다. 그렇게 큰 배도 파도위에서는 한 조각의 나뭇잎에 불과하였다.

상황이 배멀미로 고역을 치르다 보니 아무것도 먹을 수 없었다. 그 다음부터는 밥만 주문해서 물만 말아서먹는가 하면 고추장이나 푸른 고추만 주문하여 먹기도 하였다. 니글니글한 고기와 다른 양식은 냄새만 맡아도 금방 토해 낼 것 같아서 그때 유행한 영어가 "only rice"와 "please red pepper" 또는 "green pepper"이었다. 고추장에 비벼만 먹어도 그렇게 느끼하지 않았으니 말이다.

나중에 베트남에 도착하여 사단 사령부보충대에 머무는 동안 한국음식을 며칠 먹고 난 후에서야 비로소 타고 온 배안에서 먹지 못했던 그 많은 양식이 다시 그리워졌다.

백마부대 30연대 4.2인치 박격포 소대장

사단사령부에서 며칠 대기 하면서 백마부대의 중요임무와 작전지역의 특성 등을 교육 받은 후 나는 '캄란베이'에 있는 보병 제30연대 전투지원 중대 4.2인치 박격포 소대장으로 보직을 받았다. 당시 백마부대는 30연대가 다른 2개 연대에 비해 한국군이 많이 평정을 한 지역이라고 했다.

나는 특별히 베트남까지 와서도 보병부대에 있는 박격포소대장을 하게 되었다. 한국에서는 임관 후 초임부대가 중화기 중대였고 거기서는 81미리 박격포 소대장을 했다. 베트남에 와서는 한국보다 구경이 좀 더 큰 4.2인치 박격포 소대장으로 보직되었으니 나는 보병이면서 보병부대에 편제된 포는 전부다 섭렵했다고 볼 수 있다.

연대에 와보니 동기생 몇 명이 연대본부 지역에 나보다 먼저 와있어서 반가웠다. 처음부터 동기생들의 안내덕분에 외롭지 않았고, 전쟁 중이었지만 이국생활에 빠르게 적응을 할 수 있었다.

연대본부대에 김정현 중위, 수색중대에 한상원, 박경원, 신수환, 전투지원중대에 김동익, 예하보병중대에 김문범, 최창묵 중위 등, 그리고 또 다른 몇 명의 동기생들이 있었다. 나보다 뒤에 전입해온 동기생은 헬기장교에 윤기택, 전투지원중대 106미리 무반동총소대장에 김정권 중위가 와서 꽤 많은 동기생이 함께 근무 했다.

나는 그때 함께 근무했던 이들 동기생들과는 대부분 별다른 인연을 가지고 있다. 김정권 중위는 지원중대로 부임을 할 무렵 나는 소대장을 마치고 부중대장으로 직책을 변경한 상태로 거의 5~6개월간 내가 귀국 할 때까지 한방에서 자고 먹고 뒹굴며 전쟁터였지만 남의 연애편지까지 대신 써 줄 정도로 가까이 지냈다.

김정권 중위와는 참으로 남다르게 지냈다. 같은 중대에서 거의 반년동안을 같이 지내다보니 형제나 다름없었다. 어디를 가나 꼭 붙어다녔다. 중대내에 지프차가 있다 보니 어디든지 갈 수가 있었다. 둘이서 그 차를 타고 한상원 중위가 있는 수색중대라든지 윤기택 중위가 있는 헬기장은 물론 어떤 때는 수진 마을까지 다녀오곤 했었다. 그 친했던 김정권 중위는 그 뒤에 장군으로까지 진급을 하였으며 오금동에서 여러 자손을 두고 다복하게 살았는데 불행하게도 지병으로 2021년 여름에 먼저 하늘나라로 갔다.

그리고 2대대 최창묵 중위는 내가 2대대 지역에 파견하여 박격포 소대장 할 때 그의 방에 자주 방문하여 베트콩 사살 및 생포하였던 사진을 보면서 그 당시 그의 무용담을 듣곤 하였다.

김문범 중위와는 내가 한국에서 전방소초 견학을 갔을 때 만난 인연과 함께 베트남전에서 또 만났다. 내가 베트남에 도착해서 보니 김 중위는 전상으로 다리를 다쳐서 병원에서 치료중이였다. 귀국 후 O.A.C 교육 받을 때는 한방에서 하숙하며 공부하였고, 나중에 육군본부에서도 함께 지낸 사이가 되었다.

 윤기택 중위와는 O.A.C 동기로 함께 공부했으며, 한상원 중위와는 육군본부에서 같이 새벽기도를 다녔으며 대령 진급도 같이 하였다. 한 대령의 권유로 계룡대로 부대이동 하여 근무한 그때부터 지금까지 새벽재단을 쌓고 있으며 쌓으려고 노력하고 있다. 한 대령은 나의 중·고교 동기인 김세호와 같이 나에게 신앙심을 갖게 한 참으로 고마운 친구다.

 박경원 중위는 전방65연대에서 함께 근무한 인연이 있으며 신수환 중위는 내가 39사에서 참모와 대대장으로 근무 할 때에 일찍 전역을 한 후 고등학교 교사로 재직하였으며 자주 만나곤 했다. 김정현 중위는 당시 본부대 보좌관으로 있어서 덕분에 A-레이션 으로 만든 육회를 자주 얻어먹었다.

 그때 우리 동기생들은 전쟁할 때였지만 젊은 혈기가 있어서 그런지 그렇게 고생이 된다고는 생각지 않고 생도시절의 투철한 군인정신으로 지냈던 것 같았다.

 당시 30연대 있으면서 내 평생 잊을 수 없는 분이 있다. **유영록 소령**이시다. 그는 연대 작전주임을 하셨고, 나는 직할중대 소대장이었으므로 식사시간에는 언제나 연대 장교식당에서 같이 식사를 하였다. 그래서 자연스럽게 자주 만나게 되었고, 또한 이름이 같다 보니 어느 때 부턴가는 다른 장교들이 우리 둘을 "작은 영록이" "큰 영록이"라고 부르게 되었다. 마침 유 소령께서도 나를 친동생처럼 다정하게 대해 주었다.

뒤에 나오는 '중대장시절' 편에서 언급되겠지만 나중에 한국으로 귀국 한 후 내가 광주사단에서 1차 중대장을 하고 있을 때, 그 "큰 영록"이셨던 유영록 중령님이 나의 직속상관이 되어 우리 대대장으로 부임하셨다.

그래서 같은 대대에서 대대장과 중대장사이로 근무하게 되었고, 그때 진짜로 형제의 언약을 맺고 지금까지 형님으로 모시고 있다.

크리스마스 날 적의 기습포격

크리스마스 날인데도 날씨가 얼마나 더웠는지? 나는 소대원들과 박격포 사격훈련을 마치고 중대장 허락 하에 **'수진마을'과 '동바틴'** 사이에 있는 해변으로 해수욕을 갔다. 연일 찌는 날씨에도 불구하고 최근에 보충된 신병이 많아서 그날따라 우리 소대는 아침부터 뙤약볕 아래서 조포훈련 및 사격훈련을 쉬는 틈이 없이 하다 보니 모두들 정글복이 땀으로 뒤범벅이 되었다.

해변에서 해수욕으로 여름의 크리스마스를 즐기고 부대로 귀대한 소대원들은 석식을 마친 후 경계병만 남고 내무반인 지하로 된 소대 방카에서 취침에 들어갔다. 나도 부대 내 외곽의 경계 상태를 점검하고 자정쯤 지하방카 소대장실에서 막 잠이 들려고 할 때 커다란 폭음과 함께 수많은 적의 포탄이 소대 방카 및 그 일대로 낙하되었다. 작열하는 굉음과 섬광으로 방카 바깥은 말 그대로 아수라장이었다.

나는 그 순간 바깥 초소에서 근무 중인 경계병의 안전이 걱정되었으나 적이 쏘아 올린 포탄이 낙하되면서 어디로 튈지 모르는 파편의 위험 때문에 방카 바깥으로 나가지 못하고 적의 포화가 끝날 때까지 기다릴 수밖에 없었다.

얼마간의 시간이 지난 후 적의 포사격 공격이 멈추어서 방카 밖으로 나가 주위를 확인하고 경계병의 안전부터 확인해보니 다행스럽게 인명 피해는 없었다. 야간이라서 정확하진 않지만 포진지에 거치된 박격포와 일부 차량은 피해를 보았다. 적은 그날 밤 혹시 한국군이 크리스마스 명절로 인해경계가 소홀하지나 않을까 해서 2대대 베이스 내부에 산발적으로 포격을 가하지 않았나 생각된다.

날이 밝은 후 피해를 정확히 확인해보니 4/3톤 닷지차량 한 대만 엔진부분에 파편을 받아 교체를 하면 될 정도로 피해를 보았고 나머지는 이동식 물 트레라가 파손되는 정도였다. 그리고 우리소대가 '캄토반도'(캄란베이 수송선방호를 위해 주둔해 있던 지역)에 있을 때부터 함께 지내오던 소대 마스코트이었던 흰색 고양이가 파편을 맞고 죽어 있었다.

당시 우리소대원들은 죽은 고양이를 보고 애석하게 생각하는 한편, 그 고양이가 우리를 대신하여 죽어 주었을 거라고 말하곤 했다.

잊을 수 없는 냐짱

냐짱은 우리가 있는 캄란베이 쪽에서 아주 가까이 있는 휴양도시이며 전투부대를 지원하기 위한 보급시설과 야전병원이 위치하고 있다. 여기에는 야전사령부가 위치하고 있으며 당시 주월사령부 부사령관이 여러 개 부대를 총괄 지휘하고 있었다. 지금같이 표현하자면 전방 부대의 전투를 지휘하기 위한 전방사령부라고 할 수 있다.

이 부대에는 내가 소위 임관 후 가평 현리에서 81미리 박격포 소대장을 할 때 박격포 소대장 트리오였던 세 명 중 한 명인 장남훈 중위가 있었다. 우린 시간이 날 때마다 가끔씩 만났다. 친형제를 만난 것보다 더 반가웠다. 장중위는 부대 보급업무를 담당하고 있었기 때문에 맛있는 것도 얻어먹을 수 있어서 그를 보는 것도 좋았지만 먹는 재미가 있어서 더 즐거웠다.

이러한 즐거운 추억이 있는 냐짱은 다른 한편으로는 나에게 아주 슬픈 추억의 한 순간을 갖게 한곳이기도 하다.

그곳에는 전사자의 영현 안치소가 있는 곳이기도 하다. 나는 그곳 안치소에서 고향친구이자 중학교 선배인 권혁수의 유품을 보았다. 그가 즐겨 쓰던 선글라스와 시계 하나, 그리고 그의 장교신분증과 쓰다 남은 베트남화폐 몇 장이 그의 죽음을 확인되는 증거가 되었다. 나는 몇 개월 전 파월 명령을 받고 부산항으로 출발하기 전 영주에서 근무하던 혁수를 만났었다. 그때 혁수는 자기도 2개월 후에 백마부대로 갈 것이니 베트남에서 만나자고 했는데 그게 우리의 마지막 만남이 되었다.

당시 맹호부대 쪽이 매우전황이 좋지 않아서 백마부대로 특명을 받고 베트남에 도착한 그와 몇몇 장교들은 맹호부대로 전격 투입하게 된 것이다. 그래서 혁수는 파월 된지 2개월도 채 안되어 작전 중 적의 총탄에 전사했던 것이다.

혁수는 중학교를 걸어 다닐 때도 늘 함께 다녔고, 고교시절은 학교 앞에서 자취 할 때도 옆집에서 하였으며, 심지어 신고 다니던 구두도 바꿔 신은 적이 있는 사이였었다. 고교시절 혁수는 덩치도 좋고 리더십도 강하여 3학년 때는 전교 학생회장까지 했었던 장래가 유망한 장교였는데 너무 마음이 아프다.

몇 개월 후 나는 무사히 귀국을 했을 때 우리 집과 혁수네 집은 2키로도 채 안 되는 가까운 거리인데도 금방 그 형네 집을 방문 하지를 못했다. 왜냐하면 혁수의 모친을 뵐 면목이 없었기 때문이다. 내가 만약에 그의 모친을 뵙게 되면 자식을 잃은 그 심정이 어떠하실까 하는 염려에서였다.

그러나 내가 귀국한지 이틀도 못되어 그 모친께서 우리 집으로 찾아 오셨다. 그 모친께서는 내가 귀국했다는 소문을 들으시고 한걸음에 오신 거다. 왜냐하면 남의 자식은 살아서 왔는데 자기자식이 전사 했다는 그 자체를 믿을 수 없었기 때문에 혁수의 전사한 사실을 나에게서 직접 확인하시고 싶으셨던 마음이었을 거다.

혁수의 모친은 나를 보자마자 끌어안으시고 통곡을 하시면서 "니 눈으로 우리 혁수가 베트남에서 죽은걸 보았느냐?"라고 말씀하셨다. 혁수 모친은 부대에서 보내온 혁수의 유품을 자기 품안에 늘 가지고 계시면서도 자기 아들의 죽음을 믿지 못하시는 것이다. 그래서 나에게도 자기 자식이 죽지 않고 어디에 살아있을 거라는 실 날 같은 희망 있는 소리를 듣고 싶었을 것이다. 그래서 나는 혁수의 전사소식을 못 들었다고 대답해 드렸다. 거짓말을 했다.

내가만약 그때 혁수 모친에게,

"예! 저도 베트남에서 전사한 소식을 들었고, 그의 영현이 안치된 곳에 가서 참배까지 하고 왔다"라고 했으면 그 모친께서는 지금까지 가지고 있던 설마 아니겠지 하는 희망이 절망으로 나타나서 그 자리에서 기절을 하실 지도 모르기 때문이었다.

혁수 모친은 내가 하는 말을 들으시고, "그렇지? 우리 혁수가 확실히 죽은 것은 아니지?"라고 말씀하시면서 그래도 자그마한 불씨는 꺼지지 않았음에 조금은 안도하시면서…… 현실로 나타나있는 그 모든 증거에는 버틸 힘을 잃으시고 다시 나를 안고 자기 자식을 만난 듯 통곡하시던 모습이 눈에 선하다.

그 후로 혁수 모친께서는 시간만 나면 영주 시골에서 혁수의 산소가 있는 서울 동작동 국립묘지를 찾는 것으로 그의 남은 생을 보내셨다고 한다.

나는 전쟁터에서 살아서 돌아왔다는 기쁨보다 우리 어머니도 이웃에 사는 혁수의 전사소식을 들으셨을 터인데 "얼마나 마음을 조려

하셨을까?" 하는 생각으로 늘 어머니께 죄송스러운 마음을 가지게 되었다.

나중에 내가 결혼하고 자식을 가진 후에야 더욱 어머니에게 지은 죄가 크다는 것을 알게 되었으나 어머니께서는 나에게 효도 한번 받아보지 못하시고 일찍 하늘나라로 가셔서 죄인이 된 나는 늘 불효함에 속죄함으로 살고 있다.

혁수가 전사할 무렵 맹호지역은 베트콩과의 전투가 치열했던 것 같았다. 왜냐하면 혁수의 위패가 안치 되어있는 영현안치소에서 참배를 갔을 때 아주 처참한 상황을 목격했다.

나는 참배를 마치고 나서 냐짱 후송병원에 만나볼 군의관이 있어서 병원을 방문했었는데 그때 미처 응급실에 들어가지도 못한 채 병원 복도에 여러 명의 부상자가 들것에 실려 대기하고 있는 것을 보았다. 환자가 많이 발생한 것으로 보아 한국군의 피해가 많았음을 느낄 수가 있었다.

당시 베트남군의 피해도 상당하였다고 들었다. 그때 그 나라는 전쟁기간이 오래 지속되다보니 관공서나 학교 같은 기관에는 남자는 거의 없고 여자들만 있었으며, 심지어 어떤 초등학교는 교사가 20여 명 가까이 되는데 남자라고는 교장선생님과 소사(남자 직원), 단두명만 있기도 하였다. 그나마 소사는 상이군인이었다. 어느 나라건 내가 내 국가를 방위할 수 있는 힘이 없으면 나의 주권을 약탈당할 수밖에 없다.

주권이 없는 국민은 어딜 가더라도 인간 대접도 제대로 받지 못한다는 교훈을 나는 베트남 전투에 참전한 후에 더욱 뼈저리게 느끼는 계기가 되었다.

당시 베트남은 전쟁 중이였음에도 불구하고 정부와 관료들은 부패가 만연하였다. 적과 싸울 의지조차 의심스러울 정도였다. 결국 베트남은 1973년도에 공산당 '호치민'에 패망 했으며, 미군이 철수 한 뒤 자유 베트남이라는 나라는 지구상에서 없어지고 역사 속으로 사라져 버렸다.

따라서 전쟁당시 부패해 있던 정부관료, 각종 지식인들, 돈 많은 경제인들, 군인, 경찰 등 사회 지도층의 인사들은 제일먼저 공산당의 처형 1순위가 되었다. 또한 그들이 가진 아무리 많은 재산과 은행에 저금된 예금이 있더라도 그들은 그때서야 그것이 내 것이 아님을 알게 되었다.

저금해둔 은행의 예금은 인출할 수가 없었고, 사이공 요지에 있는 금싸라기 같은 수백억대 호화저택도 내 것이 아니었다. 침략자들의 것이 되었다.

그저 갖고 있든 몇 푼의 현금을 여럿이 모아서 조그마한 배 한척을 구해서 정들고 호사생활을 했던 베트남을 떠나 다른 나라로 탈출하는 "boat people"이 되었다. 그들은 망망대해를 헤매 다니면서, 가고자하는 나라에 상륙을 거부당해 대부분의 인원이 바다 속에 수장되고 마는 결말을 맞았다.

그리고 힘없고 돈 없는 사람들은 공산당치하로 들어가 자유가 없는 치욕스러운 삶을 살게 되었다.

아파트나 단독주택은 든든한 울타리와 방범 장치를 잘 해야 한다. 울타리가 허술하거나 경비가 약한 집의 재산은 내 것이 아니다. 언제 도적과 강도가 침입해서 내생명과 내 재산을 약탈해 갈지 모른다.

내 가정을 지키기보다는 내 집 울타리를 튼튼하게 방호하는 것이 우선이다. 우리가 인간답게 세계 다른 민족으로부터 대우를 받으려면 우리 국민 스스로가 자발적으로 국가방위에 참여하고, 또 국방에 필요한 물자를 대비하기 위해 쓰여 지는 납세 같은 국민이 해야 할 의무에 솔선 이행해야 될 것이다.

특히 군대 가지 않으려고 꼼수를 쓴다거나, 세금을 내지 않으려고 온갖 수단과 방법을 가리지 않는 나쁜 행위들은 내 나라를 잃게 되면 모든 것이 물거품처럼 되어버린다는 것을 잊어서는 안 된다.
그때는 후회 할 것이며, 후회해도 때는 이미 늦을 것이다. 자기 나라가 없는 사람은 인간으로서의 대접을 받을 수 없기 때문이다.

제 5 장

베트남에서 귀국 및 장군 전속 부관으로

2훈련소 중대장

백마30연대 전투지원중대 부 중대장직을 김정권 중위에게 인계한 후 나는 1972년 10월경에 1년 전 베트남으로 파월 할 때와 비슷한 크기의 수송선에 몸을 싣고 귀국길에 올랐다.

그때 함께 귀국한 동기생은 윤기택, 서영철, 유중복 중위 등이었으며, 우리는 파월할 때보다는 훨씬 여유로운 마음으로, 항해 기간 중에도 별로 심심치 않았다. 승선하기 전에 배 멀미약도 준비했고, 장교식당에서 양식을 먹을 때도 미리 맛있는 것을 알아두고 그때그때 맛있게 골라먹는 재미도 솔솔하게 가지면서 며칠 항해 후에 부산항에 도착하였다.

배가 부두에 정박하기 전부터 귀국하는 자식을 만나려고 전국 각지에서 오신 부모님과 친척들이 각자 자식들의 이름을 쓴 커다란 피켓을 들고 귀국선을 기다렸다. 그 많은 인파 중에서 자기자식이 잘 보이게 하기 위하여 서로 앞 다툼을 하는 모습도 역력히 보였다.

저 멀리 내 이름 석 자도 보였다. 그리고 그 이름 옆에 사랑하는 어머님과 아버님의 모습도 보였다. 배에서 보면 먼 거리지만 내부모의 모습은 그냥 구별 할 수 있었다. 그리던 내 부모님이 일 년 만에 살아서 귀국하는 자식을 만나기 위해 오신 것이다. 나는 너무 반가웠다. 지난 1년 동안 부모님의 애간장을 다 녹여놓고 이제 아무 일 없었던 것처럼 부모님 앞에 나타난 것이다. 그땐 부모님의 애틋한 사랑이 그렇게 큰 줄을 몰랐다. 먼 후일 내가 결혼하여 "자식을 키울 때에 겨우 알게 됐지만" 그땐 몰랐다.

귀국 후 발령지는 논산훈련소였다. 1968년도 10월경에 훈련병으로 사병 훈련을 받기위해 첫발을 디뎠던 이곳에 4년 만에 장교의 신분으로 다시 온 것이다. 4년 전 훈련소 25연대에서 훈련을 받던 시절 내무반장을 하던 "윤 병장"이 생각난다. 또 그가 했던 말도…… "너희들이 장교계급장을 달고 올 때쯤이면 나는 고향에서 애 낳고 살고 있을 거다"라고~~.

부임 후 처음 2개월은 소대장으로 보직되어 근무했으나 그 후부터는 중대장으로 보직을 변경하여 임관한 후 최초로 지휘관이 되었다. 소대장은 '지휘자'라고 하며, 중대장부터는 '지휘관'이라고 통칭한다. 중대장부터는 지휘관 메달도 패용하게 되고 행정권이 주어진다. 병사들의 진급권한과 휴가, 상벌권이 중대장에게 있는 것이다. 또한 전투 시에 독단적인 하나의 전투단위가 중대이다.

내가 그때 중위로서 중대장을 할 수 있었던 것은 내년도 진급심사 결과 대위로 진급이 결정되어 (진)예자였기 때문이다. 당시 관례에 따르면 연대장급 이상 지휘관을 제외하고 중대장과 대대장 요원은 진예자로 보직을 주었다. 나는 지휘관 메달을 달고 다른 중대의 대위들과 같이 직속상관인 연대장을 모시고 중대원의 교육훈련에 정열을 쏟았다.

중대장을 하는 동안 불바우 외사촌 동생 병로와 아저씨뻘 되는 한청 아제가 훈련병으로 입대했는데 그들 둘은 훈련을 마치고 두 명다 훈련소 조교로 자충되어 가끔 만났다.

당시 훈련소 내에는 나와 같은 중·소대에서 함께 교육 받았던 3사관학교 동기생인 김동식 중위와 하영택 중위가 나보다 먼저 전입하여 근무를 하고 있었다. 우리 동기생은 임관할 때 워낙 많은 숫자가 임관하여 어딜 가나 동기생 몇 명은 있었다. 그러나 김동식 중위와 하영택 중위는 같은 소대출신이고 고향도 가까이 있는 사이라서 더욱 반가웠고 자연스럽게 자주 만나게 되어 외롭지 않게 생활하였다. 그 당시 두 사람은 결혼을 하여 애기까지 두었으며 김동식 중위는 어머니까지 모시고 살았다.

김동식 중위의 모친은 김중위가 막내라서 같이 있고 싶어서 와서 함께 계셨다. 이제 와서 생각해보면 김중위 모친께서는 며느리를 친딸 같이 예뻐해 주셨고, 그의 처 또한 시어머니를 지극 정성으로 모시고 사는 모습이 눈에 선하다.

나는 그때 우리나라의 모든 시어머니와 며느리, 며느리와 시어머니는 다 이집처럼 이렇게 다정하게 사는 줄만 알았다. 나는 그때 총각이라서 자주 밥을 얻어먹곤 하였다. 동식이 모친께서는 아들 친구인 나에게 아들처럼 살갑게 대해 주셨다.

얼마 후 우리들은 대위로 진급을 하였고 동식이는 진급 후 훈련소 본부 인사처 인사장교로 보직을 받고 먼저 본부로 갔다. 나 역시 곧 이어 연대를 떠나 훈련소 본부로 와서 서로 가까이에서 근무를 하였으나 그 후로는 거의 만나질 못하였다.

왜냐하면 내가 소장 전속부관으로 매인 몸이 되어 자유롭게 시간을 낼 수 없었기 때문이다.

대위로 진급한 며칠 뒤 훈련소 비서실에서 본부로 급히 들어오라는 연락이 왔다. 나는 무슨 일인가 해서 중대 선임소대장에게 교육훈련 업무를 지시하고 훈련소 비서실로 들어갔다. 나를 호출한 비서실장(중령)은 나에게 훈련소장 전속부관을 하라는 얘기를 했다. 당시 2훈련소장은 청렴하기로 소문난 분으로써 내가 공부했던 3사관학교를 창설하시고, 우리 1기생을 교육시켜 장교로 임관시킨 스승님이다.

어쨌든 나는 중대장을 시작한지도 얼마되지 않았고, 이제 대위로 진급을 했으니 결혼도 해야 하며 다른 한편으로는 우리를 가르치신 스승님을 내가 그분의 24시간을 보좌하는가에 대해 자신이 서지 않았다. 그 때문에 사양하고 중대로 돌아왔다. 그때에 나 외에도 서너 명의 후보자를 놓고 면담을 했던 것으로 알고 있다.

며칠이 지난 뒤에 이번에는 소 본부 참모장(대령)에게서 연락이 와서 들어가 보니 "김대위가 전속부관을 해야 되겠다."라고 통보하는 식으로 말했다. 나는 그 자리에서 "전속부관을 할 생각이 없습니다."라고 했더니 참모장은 화를 내면서 "소장님이 자네로 결정하셨으니 정 하기 싫으면 김대위가 직접 소장님에게 못 하겠다고 해라."라고 하면서, 최후통첩을 했다. 하긴 전속부관은 장군이 직접 쓰는 직책 이므로 소장이 직접 결정한다.

그래서 나는 소장님이 대위 한 명 쓰는 것을 가지고 직접 결재를 하셨다는데 별도리가 없이 '받아들어야 되겠구나.'라고 마음을 먹고, 호랑이굴에 들어가는 심정으로 전속부관을 하기로 하였다.

소장 전속 부관으로서의 생활

전임 전속부관 박 대위가 내일 중으로 발령받은 부대로 가서 아주 중요한 임무를 인수 받아야 하기 때문에 당장 오늘밤 안으로 부관 업무를 인수인계해야 한다고 했다. 그래서 나는 연대장께 보고도 못 드리고 훈련소장 공관 부관실에서 업무를 인수 받았다. 전임자 박 대위(개인의 사생활 문제로 실명은 밝히지 않음)는 육사23기로 나보다 3년이나 선배로서 키는 좀 작은 편이나 아주 야물게 생겼다.

전속부관이 주로 하는 일은, 아침 일찍 모시는 훈련소장이 일어나시기 최소한 1시간 전에 기상하여, 간밤에 관사의 당번병 및 시설들의 이상 없는 지를 확인한다. 그리고 소 본부 일직사령실에 전화해서, 훈련소 전부대의 안전 유무를 확인하는 것이다. 그 다음은 훈련소장이 기상하는 시간부터 일과시간 밀접 수행하고, 소장께서 밤에 취침한 후에서야 관사 경계상태까지 확인한 다음 잠자리에 든다.

말하자면 훈련소장 전속부관은 훈련소장의 그림자다. 일거수일투족을 소장과 함께 행동해야 하며 그 분의 업무를 보좌하는 것이다. 한 마디로 나 개인의 시간은 거의 가질 수 없다. 이것이 전속부관을 대변하는 총칭이라 할 수 있다.

나와 박 대위는 그날 밤늦게까지 업무 인계인수를 하였다. 소장님의 취미에서 먹는 식성에서부터, 소장보다 높은 사람에게서 전화가 걸려오면 어떻게 받아야 하며 아랫사람의 전화는 어떻게 받고, 또 전화를 연결할 때는 어떻게 해야 하는 것 등이다. 내가 지금 나이가 될 때 까지는 내 위주로 살았는데 이제부터는 내가 아닌 내가 모시는 상관위주로 살아야하는 거였다.

나는 박 대위가 열심히 인계해주는 말이 잘 이해도 되지 않았고, 그 또한 빨리 나에게 넘겨주고 가야한다는 조급함에 우리 둘은 무엇을 인계해 주고 무엇을 인수 받는지 모를 정도로 두서가 없었다. 그래서 나는 무슨 말인지 도무지 이해가 가지 않아 또 묻고 또 물을 수가 없어서 무조건 노트에 받아 적기만 하였다. 지금 같으면 스마트

폰에 녹음창치라도 있어서 그가 하는 말을 녹음이라도 하면 되겠지만 그때는 핸드폰도 없어서 그냥 적기만 했다.

정해진 시간은 속절없이 흘러서 전임자는 떠나고 나는 나의 지휘를 받는 몇 명의 당번병과 운전병과 함께 매일매일 시계와 같은 생활이 계속됐다. 주로 진행되는 일과는 아침 상황보고 수행부터 훈련장 시찰 수행, 특별한 손님 방문시 접대 등이 평시 이루어지는 업무이며, 휴일에는 우리 훈련소의 젖줄이며 식수원인 사격장 옆에 있는 **우둔댐**에서 낚시할 때 도와 드리는 것이었다.

나는 외출 외박이 거의 없었다. 내가 훈련소 밖에 나가 밥이라도 한 끼 외식을 할 경우는 소장님이 한 달에 한번 2박 3일 외박을 나갈 때 이다. 소장님이 외박을 나가면 당번병도 잠깐이나마 자기 집에 보내고 나 혼자 공관을 지키든지 아니면 외박을 가지 않는 당번병을 데리고 잠깐 연무대 시내로 나가서 외식을 하기도 했다. 그리고 내게 필요한 물건을 몇 개 구입하여 공관으로 들어오는 것이 전속 부관을 하는 기간 중에 바깥 구경을 하는 게 전부였다.

한번은 소장님이 훈련장 시찰을 가는데 운전병이 운전을 잘못하여 소장께서 운전병을 기합을 준 일이 있다. 그 이유는 그 때만 해도 훈련소 내외의 대부분 도로는 거의 비포장이었다. 비 포장된 도로의 상태는 울퉁불퉁하여 도로가 파진 곳을 피하지 않고 바퀴괘도만 따라서 운전을 하게 되면 차가 심하게 뒤뚱거리거나 좌우로 흔들려서 탑승자가 심한 충격을 받을 수 있다. 바로 그런 상태가 운전병의 운전 부주의로 발생한 것이다.

소장님께서는 운전병을 교육적인 차원에서 하차시킨 다음 본인이 직접 운전을 하면서 운전병에게 차에서 30미터 이상 떨어지지 말고 구보로 따라 오라고 하였다. 소장은 운전병이 30미터 근접하면, 더 빨리 속력을 내어 거리를 띠우고, 운전병이 지칠 때쯤이면 속력을 늦추어 운전병이 근접하여 따라오게 하는 방법을 되풀이하면서, 운전병에게 체력단련을 겸한 기합을 주실 때도 있었다.

이러한 특수훈련이 끝날 쯤에는 운전병은 땀과 흙먼지로 뒤범벅이 되어 거의 탈진상태에 이르기 일보직전 상태로 된다. 훈련소장은 말 그대로 '**땡수**'였다.

그때 그 착한 운전병 서순실 병장은 지금 어디서 무얼하고 있는지 보고 싶다. 당시 내가 관리하고 몇 명의 사병 가운데 지프차 운전병이던 서병장과 나는 다른 당번병보다 함께 소장을 모시는 시간이 많았고 근무 중에 힘들었던 순간도 함께 겪었기 때문에 그가 더 보고 싶은지 모른다. 서병장도 지금은 칠순 가까이 되어 나처럼 노인네로 늙어 가고 있으리라 생각된다.

전속부관 생활은 소장께서 전역을 하시면서 자연스럽게 끝이 나고 나는 대학 시험 준비를 위해 2년간을 추위와 더위를 무릅쓰고 정열을 쏟았던 나의 제2의 고향이라 할 수 있는 대구 보병사단으로 부임했다.

3사관학교 초대교장이자 스승이셨고, 직속상관이셨던 그분과의 사이에 얽힌 많은 사연들은 며칠 밤낮을 걸쳐 얘기해도 끝을 낼 수 없이 많아서 여기서 줄이기로 한다. 내가 모시던 그 소장은 우리 1기 동기생들에게는 우상이였고 영웅이셨다. 그분은 전역 후 46년 동안 건강하게 사시다가 2018년 3월 9일에 95세의 일기로 운명하셨다.

전속부관이란 직책은 어떤 면에서는 남들이 보기에 화려해 보이기도 한다. 그 큰 부대 내에 있는 대위급 장교 중에서 선발되어 병과 뺏지 대신 전속부관 뺏지를 달고 다른 대위들은 차지 않는 권총을 차고, 항상 장군 뒤에 수행하며, 모시는 장군과 같은 집에서 먹고 자고 하며, 장교라면 다해야하는 당직근무는 물론 많은 집합이라든지 교육 등도 하지 않아도 되는 어떤 특권이라면 특권도 가지고 있었다.

그러나 그 많은 특권에 비해서 어떤 한 사람에게 메여 있다는 그 한가지로 인해 엄청난 스트레스를 유발하는 직책이기도 한다.

나는 그 뒤로 군생활을 해가는 동안 나름대로 부하, 특히 내 직속 부하에 대해서는 정말로 내 자식이상으로 챙겨주었다. 대대장이나 연대장시절에는 나를 태우고 다니는 운전병 그리고 사무실과 숙소에서 나의 수발을 들어주는 당번병에게 특별히 잘 해주었다.

연대장 회식모임에 갔을 때도 운전병에게 식사비를 주고 추운날씨에 밖에서 떨지 말고 따뜻한 곳에 있다가 내가 연락하면 오도록 했으며, 사단장 공관에서 모임이 있을 때에도 운전병이 어디서 밥을 먹고 어디서 대기하는 것을 꼭 확인하여 나를 도와주는 병사가 주위에 떨거나 밥을 굶는 일이 없도록 하였다.

다들 그러지는 않겠지만 일부 오너들 중에는 자기들만 회식하고 자기들만 시간을 즐기면서 자기를 수행하는 보좌관이나 운전기사들에게는 소홀하는 경향이 있음을 우리사회에서도 가끔씩 볼 수 있다.

나는 어릴 때부터 시골에서 태어나 초등학교 2~3학년 때부터 소도 먹이고, 산에 가서 뗄나무도 하였다. 방학 때는 나 혼자서 그 높은 산마루에 있는 "미륵데이재"를 짐승이 나오면 물리칠 거라고 그 조그만 손에 돌멩이 하나를 쥐고 넘어 외가에 다녔던 저력도 있었다. 이 모든 경험이 부관 직책을 원만하게 수행할 수 있었던 것이 아니었나 싶다.

또 다른 하나는 인간이 죽고 사는 실상을 베트남 전투에서 목격하고 그 틈에서 살아서 올 수 있는 내 나름대로의 투지력에 기인되었다고도 생각한다.

50사단 사령부로

전속부관을 마치고 대구로 이사를 온 나는 내 청춘 젊은 혈기가 한 사람의 손바닥 안에 메였다가 새장에서 풀려나온 새처럼 나에게 주어지는 하루가 너무나 행복했고 즐거움의 연속이었다.

마치 나는 겪어보지 못했지만 일제 36년의 압박 속에서 해방을 맛보았던 부모님 세대의 그 기쁨과 같다고도 가늠해 볼 수 있는 그러한 희열을 느꼈다.

　대구에서 열심히 공부했었고, 또 어려운 공무원 형편에서도 이른 아침밥과 도시락을 싸주시던 막내 외숙모님 생각도 많이 났었다. 그 외삼촌은 얼마 전에 영주 농촌지도소로 발령이 나서 이사를 가셨기 때문에 내가 다시 대구로 갔을 때는 대구에 계시질 않았다.

　대학 시험에 낙방한지 7년 만에 다시 온 대구는 변두리는 많이 발전 된 것 같지만 입시학원을 위해 다니던 "동성로"와 "대구영수학원"이 있던 "반월당" 부근 등 중심가는 별 변화가 없이 그대로여서 그 옛날 추억이 감회가 새로웠다.

　우리 동기생은 임관당시 숫자가 많아서 어딜 가나 동기생을 만날 수 있기 때문에 외롭지 않게 군생활을 하였다. 나는 아무하고나 금방 친해지는 그러한 성격은 아니지만 한번 마음을 주면 그에게 푹 빠져 버리고 만다.

　여기에서는 경리장교인 이동우 대위를 만나서 참으로 오랫동안 친하게 지내는 친구가 되었다. 이 대위는 경남 통영이 고향이었다. 우리는 매일 밤낮으로 같이 먹고 같이 생활하면서 형제 같이 지냈다.

　그때는 대위 한 달 월급이 3만원도 체 안되었으니 월급을 받으면 보름이면 다 없어지므로 거의 매달 부족하였다. 그래서 부모님께 얼마간은 타서 쓰기도 했다.

　훈련소 전속부관 시절에는 월급이 좀 모아졌었다. 왜냐하면 그때는 돈을 쓰고 싶어도 돈쓸 시간이 없었기 때문이다. 그러나 지금은 결혼을 하지 않았기에 아내에게 봉투째 다 갖다 주지 않아도 됨으로 이곳저곳 놀러 다니고 구경하며 쓰다 보니 항상 부족하였다. 결혼하여 가족이 있다면 아무래도 더 절약을 했을지도 모르겠다.

나는 그때 사령부 인사처에 보직을 받고 내게 부여된 임무만 끝나면 일과 후이면 내 맘대로 자유롭게 출퇴근 하며 지금까지 누려 보지 못했던 직업군인의 생활을 하였다. 퇴근 후에는 주로 이동우 대위와 같이 많은 시간을 가졌다.

또한 내가 사령부에서 근무할 때 우리 고등학교 동창생인 김혜진을 만났다. 그는 3사관학교 후배기로 나보다 늦게 임관하여 같은 사단 교육대에 근무하고 있어서 만나게 되어 반가웠다. 그래서 김혜진은 1기생인 나에게는 후배가 되었다.

혜진이는 군에서 일찍 전역을 하여 지금은 남대문 지역에서 사업을 시작하여 성공을 하였으며, 일 년에 한두 번 서울에서 고등학교 동창회 때 가끔 만나고 있다.

50사단은 원체 지역이 넓어서 가장 먼 울진 지역까지 다녀오려면 새벽에 사단에서 출발해도 그쪽 연대나 대대에서 볼일을 마치고 사단이 있는 대구에 도착하면 어떤 때는 자정이 다 돼서야 오곤 했다. 46년이 지난 지금은 고속도로가 잘 건설되어서 그때 비하면 아마 20%밖에 소요되지 않는 걸로 알고 있다. 그때는 횡으로 연결된 고속도로가 없어서 대구에서 영천과 포항을 거쳐서 돌아가다 보니 그럴 수밖에 없었다.

나는 하마터면 대구에서 여경과 결혼할 뻔 했다. 아버지 이종사촌 되시는 부석중학교 교장선생님 딸이 살고 있어서 나는 가까운 친척도 없어서 그 누님 댁에 가끔 방문하여 식사도 하곤 했었다. 아버지께서 나의 결혼문제에 대해 말씀을 하셨는지 누님은 이런 저런 얘기를 많이 하셨다. 그러던 어느 날 참한 여자경찰이 있는데 한번 만나보라고 했으나 어떤 핑계를 대고 만나지 않았다.

지금은 여경도 여군과 같이 인기있는 직업으로 선호하는 직업이지만 그때는 일반적으로 좀 얌전하지 않을 것으로 생각하는 사람이 많았다. 그리고 군인과 경찰은 많이 다른 직종의 직업으로 생각하고 사이가 그리 좋게 생각하지 않을 때였다. 누님의 그 말씀에 나는 "군인과 경찰이 부부가 되면 이상 하지 않아요?"라고 하며 웃어 넘겼으나, 세무서에 다니시던 매형께서도 아시는 분의 딸이며 얌전하다고 적극 권하였지만 유야무야 시간이 지나면서 없었던 것으로 되어 버렸다.

나는 대구 50사단에서 많은 사람들과 사귀고 또 그동안 찾지 못했던 고향 영주에도 자주 가서 부모님도 뵙고 고향 친구들도 만나면서 재미있는 시간을 가지며 모처럼의 유익한 시간을 보내곤 하였다. 그리고 좀 늦은 감은 있지만 장기복무를 하고 군 생활을 오래 하려면 O.A.C를 가야함으로 광주보병학교 고등군사반 입교를 명받고 정들었던 이동우 대위와 헤어지고 광주로 갔다.

O.A.C 교육

1974년 초에 O.A.C (32기)에 입교하니 또 여러 명의 동기생들이 함께 입교를 했다. 진오근 대위 외 5명이 같은 기수로 공부를 하니 재미있었다. 내가 입교를 하고보니 훈련소에서 같이 근무했던 김동식 대위가 앞의 기로 먼저 와서 공부를 하고 있었다. 짧은 교육 과정이지만 또 얼굴을 볼 수 있게 되어 반갑기가 그지 없었다.

진오근 대위와 한집에서 하숙하며 학교를 다녔는데 우리 후배기로 김문범 대위가 입교하여 반갑기도 해서 같은 집에서 하숙하기로 하고 그 후 보병학교를 졸업할 때까지 같이 먹고 자고 공부하며 지냈다.

김문범 대위는 임관 후 벌써 세 번째의 만남이다. 첫 번째는 내가 전방 실습을 갔을 때 같은 초소에서 하룻밤을 같이 지새웠었고, 두 번째는 베트남 백마부대 30연대에서, 그리고 이번에는 광주에서 같은 집에서 하숙을 하며 공부하는 사이가 된 것이다.

군대생활 하면서 이젠 광주까지 와서 광주사람들과도 알게 되었으며 따라서 그들의 생활 풍습이나 성격 등도 자주 접하면서 파악 하게 되었다. 특히 군내에서 전라도 사람과 경상도 사람은 괜히 적대시 하는 경향이 있어서 알아보지도 묻지도 않으면서 서로 경계시하고 있는 편이었다.

그런데 내가 만난 전라도 하숙집 아줌마나 음식점 주인 등은 너무나 친절하고 호남평야의 넓은 곡창지대에서 살아서 그런지 인심도 넉넉한 편이었다. 지금 기억으로는 식당에 갔을 때 주문한 식사가 나오기 전에 삶은 꼬막을 한바가지를 내와서 까먹으라고 하여 어떤 때는 서비스로 나온 꼬막으로 배를 채울 때도 있었다. 따뜻하게 막 삶아서 나온 꼬막은 너무 맛있었다.

학교에 다녀와서 저녁을 먹고 나서 공부할 때 문범이는 괜히 한번씩 "오근아"라고 부르면 오근이는 또 자기를 놀리는 줄 알고 "왜 그래 ~~ 이자슥아~~" 하면서 대꾸하여 셋이서 한바탕 웃어가며 공부를 하였다. 문범이는 이런 식으로 자주 오근이를 놀렸다. 우리는 시험공부를 하다가 가끔 시내로 나가 '충장로'를 휘젓고 다니면서 맥주도 한잔씩 하면서 스트레스를 풀기도 하였다. 어디가나 동기생끼리 모이면 별스런 짓도 다하며 스스럼없이 대하게 된다.

며칠 전에는 대구에서 같이 근무했던 이동우 대위가 내가 교육 받고 있는 보병학교 본부 행정실로 전입을 왔다. 그렇잖아도 대구에서 헤어진 뒤로 보고 싶었는데 이곳으로 발령 받아와서 또 자주 만나게 되어 기쁘기도 하고 반가웠다.

이동우 대위와는 내가 전남 구례에서 중대장을 할 때까지 자주 왕래 하였다. 나의 결혼식 때도 그가 왔었고 그의 결혼식 때는 그때 유행 하던 조립식 옷장에다 내 이름을 새겨서 결혼선물로 가져가기도 한 그런 친한 친구였다.

그런데 동우와 나는 결혼을 한 뒤로 왕래가 뜸해져 갔다. 그 이유는 아무래도 병과가 틀리다보니 성격이 같은 부대에서 근무할 기회가 자주 없기도 하였고, 동우는 아마 일찍이 전역을 하는 바람에 더 만날 수 없게 되었는지도 모른다. 몇 년의 시간이 흐른 후 영주에 있는 직업전문학교에서 근무하고 있다고 나의 외사촌 매형이 되는 박정하 씨로부터 전해 듣고 전화만 한 통화 한 것이 동우와의 교류가 거의 단절되다 시피되었다.

동우도 사회생활에 적응하기에 바빴지만 나 역시 전, 후방으로 보직을 이동하면서 그때마다 자리 잡고 맡은 임무를 잘 해내려고 하다보니 마음의 여유가 없었기 때문인 것 같다. 어제는 오랜만에 동우가 보고 싶어서 핸드폰에 저장된 번호로 전화를 했더니 옛날번호라 통화가 되지 않아 서울에 있는 동기생 곽석종에게 도움을 받아 동우에게 전화하니 목이 쉰 목소리가 나와서 길게 통화하지 못하고 끊었다. 나중에 코로나가 끝나면 한번 만나자고 하고 끊었다.

동우는 목이 아파 수술을 했다는 거와, 별로 크게 걱정할 병이 아니니 나보고 걱정하지 말라는 말을 했다. 나는 금방이라도 병원에 가 보고 싶지만 코로나 때문에 함부로 병원에 들락거리는 것도 좋지 않는 것 같아서 그냥 나중에 보기로 했다. 나는 진심으로 동우가 별 탈 없이 건강하길 바랐다.

시간이 지나감에 따라 나는 O.A.C. 교육을 수료하고 광주사단으로 발령을 받고 전남 '구례'대대로 가게 되었다. 그동안 먹고 자는 것과 온갖 머리를 싸 메고 함께 공부하던 문범이, 오근이 그리고 대구에서 만나 이곳에 온지 얼마 안 되는 이동우, 또한 몇 주 앞서 수료하고 다른 부대로 간 김동식 정말로 사랑하는 친구들과 헤어지고 또 다른 개척의 길에 들어서게 되었다.

제 6장

전남 구례에서 중대장 및 결혼

울릉군(郡) 다음 제일 작은 구례군(郡)

전라남도 구례는 기관장이나 공무원들이 부임할 때와 이임할 때 두 번을 운다고 한다. 왜냐하면 부임 할 때는 워낙 오지이고 산세가 험해 실망감으로 울고, 떠나갈 때는 구례 사람들과 정이 너무 많이 들어서 울고 간다고 한다.

구례는 대한민국 시(市), 군(郡), 가운데 울릉도 다음으로 인구가 적은 군으로서, 군 단위지만 좀 과장한다면 누구 집에 수저가 몇 개 있는 것까지 알고 산다는 아주 집성촌 같은 의리와 인정으로 살아가고 있으며 웃어른으로부터 아래청년에 이르기까지 그 위계질서가 잘 세워져 있는 사회였다.

나는 1974년 10월경에 순천연대 **구례대대 중대장** 요원으로 발령을 받고 광주에서 구례로 가는 직행버스에 몸을 싣고 낯설은 구례로 갔다. 오기 전에 듣기로는 구례가 아주 작은 시골이라고 들었으나 내가 자란 영주, 단산보다는 더 큰 읍내였다. 나는 버스 운전기사에게 버스터미널까지 가기 전 군부대 가까운 곳에서 내려달라고 부탁했더니 기사님은 친절하게 어느 지점에서 내리라고 하여 나는 커다란 여행가방을 끌고 차에서 내렸다.

그때가 내 인생의 큰 전환점 이 된 첫 번째 디딤돌이 되었다. 나는 이 낯선 구례에서 아름다운 여인을 만나게 되었고, 그녀와 결혼하여 '아들' 인겸이 와 '딸' 자겸이를 낳았다. 구례는 내가 사랑하는 아내와 짧지만 내 인생최고의 황홀한 20년의 세월을 함께 지낸 마음의 고향 이기도하다.

차에서 내린 나는 대대로 가는 길을 몰라서 두리번거리고 있을 때 어떤 어르신 한 분이 그곳을 지나가시는 것을 보고 "어르신! 여기 3대대로 갈려면 어디로 갑니까?"라고 여쭈었더니 그분께서는 앞장을 서 가면서 친절하게 안내를 해주셨는데 나중에 알고 보니 그분이 내 장인어른이 되셨다.

그 당시는 중대장 근무를 1차, 2차로 두 번을 해야 했다. 나는 2훈련소에서 대위로 진급을 한 상태로 중대장을 했었야 하는데 중간에 소장 전속부관을 하는 바람에 다른 동기생보다 1년 이상 늦게 1차중대장을 하게 되어 나의 경력 관리에 불이익을 초래하였다.

내가 중대장으로 부임한 대대의 대대장은 이길서 중령이셨다. 퍽이나 인자하시고 덕스러우신 분이며, 이분으로 인하여 옛날에 친구 따라 얼마간 다니다가 중지한 신앙생활도 10년 만에 다시 하게 되었고, 아내와의 결혼 중매도 대대장께서 주선해주셔서 결실을 맺었다.

이길서 대대장님 중매로 결혼

어느 날 교회에서 대대장님과 옆자리에 앉아서 예배를 드리는 중에 대대장님은 나에게 "영록아 저기 보이는 성가대석 맨 앞자리 가운데 앉은 아가씨를 잘 봐둬라"라고 하셔서 보았더니, 참으로 아름다운 아가씨였다. 예배가 끝나고 난후 대대장님은 어떠냐고 물어보셔서 '나는 좋은 사람 같다'고 대답하였더니, 너는 지금부터 행동거지를 조심하고 부대생활을 잘 하고만 있으면 내가 알아서 해볼 테니 그렇게 알고 있으라고 언질을 주셨다.

그 일이 있은 후 그 아가씨와 나 사이에 서로간의 만남이 있었고, 우리 두 사람은 하나님께서 우리를, 창조하시기 이전부터 예비해두신 그러한 배필인 듯, 결혼에 따른 아무런 조건 없이 결혼 준비가 순탄하게 진행되었다. 그래서 우리 두 사람은 선을 본지 2개월 만에 크리스마스이브 하루 전날 이루어졌다.

결혼식은 크리스마스 축제를 위해 장식된 구례중앙교회에서 담임목사이신 이강로 목사님의 주례로 양가친척 분들과 친지, 그리고 많은 하객들의 축하를 받으며 결혼식을 올렸다.

신혼집은 당시 구례읍장으로 계시던 황 장로님 사랑채에 마련하고 우리의 꿈같은 신혼생활을 시작하였다. 방은 하나였지만 부엌이 달린 방이라서 지금의 우리나라의 어떤 호화스런 아파트보다 더 비싸고 포근한 안식처였다. 월세는 아마 3천 원 정도 되었던 것 같았다.

나는 매일 아침 일찍 일어나서 아내가 해주는 아침을 먹고 30분정도 걸어서 부대에 도착하면 대부분 07:30분이 되었다. 30분간 오늘 해야 할 일과를 준비하고 08:00시에 대대장 주관 아침회의에 참석하는 걸로 하루가 시작 되었다. 그러니 시간을 거꾸로 계산 해보면 나는 아침식사를 최소한 06:00시에서 06:30 에는 먹어야 한다. 그러니 새댁인 아내는 나에게 밥을 해 먹이기 위해서 어린나이에 새벽 05:00에는 일어나야 되는 신혼살림이 시작되었다.

그래서 나는 아내가 아침에 30분이라도 잠을 더 잘 수 있게 해주고 나 또한 부대로 출퇴근 하는 시간을 줄이고 생활을 편리하게 하기 위해 자전거를 구입했다. 당시 대위인 나의 월급이 3만원이었는데 삼천리 자전거 한 대 값이 내 월급액과 같은 3만원이었다. 그래서 한 달에 만원씩 3개월 동안 갚기로 하고 할부로 구입하였다. 할부금 갚느라 형편은 쪼들렸지만 자전거가 있으니 얼마나 편리한지 마치 딴 세상이 된 듯하였다.

그 시절(1974년도)에는 전국적으로 대부분의 국민들의 자가용 문화가 지금처럼 대중화가 되지 않았다. 그 당시 구례에서 자가용을 가진 사람은 "와르바시 공장"(나무젓가락 만드는 공장) 사장, 딱 한사람밖에 없었다. 그 외에 자가용은 아니지만 혼자탈 수 있는 차가 있는 사람은 관용차량을 지급받은 구례군수, 경찰서장, 교육장, 그리고 군부대 대대장 이렇게 단, 네 명 밖에 없었다.

그런데 자가용 급에는 못 미치지만 100kg의 거구로 혼다오토바이 (250cc)를 몰고 구례시내를 누비고 다녔던 재향군인회 박종호 회장이 많은 사람들에게 부러움을 샀다. 박 회장은 내가 구례에서 중대장 근무를 마칠 때까지 많은 도움을 주었다. 박 회장은 의리와 정의가 충만한 분으로서 구례군 내에서는 해결사로 통하였으며, 예비군 훈련이 주임무였던 그 무렵에는 예비군과의 원치 않는 마찰이 많이 발생하였다.

후방의 당시 상황은 지역적인 텃새가 만연하여 각 시, 군에 주둔해 있는 전개 대대에서는 훈련으로 인한 민간인인 예비군과의 잦은 충돌이 발생하곤 하였다. 내가 근무하던 인접대대에서는 민간인이 대대초병을 폭행하고 대대상황실까지 들어와서 대대일직사령이 공포까지 발사하여 민간인을 쫓아낸 적도 있었다.

그러니 우리지역에서는 박 회장 같은 분이 있어서 군인과 지역 민간인 의 관계가 상당히 좋은 편이었다. 그 분은 지역의 명예를 중요시 하여 자기 지역을 방호해 주기 위해 주둔해 있는 군부대와는 항상 좋은 유대관계를 가지기를 노력하였고, 대민지원과 각급단체에서 군부대를 위문 하는 연결고리 역할을 잘 해주었다. 그분 덕분에 내가 중대장을 마치고 전방으로 떠날 때까지 우리 대대원과 구례의 젊은이(예비군)들 간에는 인접대대에서 발생한 그러한 불상사가 단 한건도 발생되지 않았다.

 그 당시 우리대대가 책임진 후방지역 방호 지역은 구례군, 곡성군, 광양군이었다. 따라서 우리대대가 책임지고 있는 3개 군(郡)에 대해서 대간첩 작전 시 각 군 방위협의회를 구성하여 군사작전 분야에 대한 책임을 지고 작전 임무를 수행토록 되어 있었다. 전체적인 방위협의회 회장은 각 군(郡)의 군수가 되고 대대장은 작전분야, 경찰서장은 치안을 책임지고 자기 지역을 방호하도록 되어 있었다.

 따라서 대대는 우리가 맡은 후방지역을 잘 방호하기 위하여 평소에 예비군 훈련을 잘 시켜서 유사시에 지역주민을 안전하게 보호해야하는 임무를 가지고 있는 것이다. 우리가 담당하는 각 군은 군(郡)마다 특성이 있다.

 먼저 **구례군**은 명산인 지리산이 군 전체를 감싸고 있는 천혜의 자연 지역으로 명승지로 이름난 "화엄사"가 있으며, 산동면에는 산수유가 유명하여 마을사람들이 산수유를 농사지어 자식을 공부시키고 결혼까지 시킨다고 한다.

 곡성에서 구례를 거쳐 하동으로 흐르는 섬진강은 물이 맑아 은어가 많아서 낚시로 잡은 은어를 뼈째 썰어서 먹으면 맛이 일품이었다. 은어는 고기 특성이 자기들끼리 비비며 사는 것을 좋아해서 낚시꾼들은 "도모쓰리"라고 하는 방법으로 낚시를 하는데 이 방법은 먼저 고기 한 마리를 잡아서 낚시 바늘에 매단 다음 그 고기 부근에 빈 바늘을 여러 개 달고 낚싯줄을 잡아 당겼다 놓았다 한다. 이렇게 하면 다른 고기들이 밑밥으로 달아놓은 그 고기와 자기 몸을 비비며 따라오면서 한꺼번에 많을 때는 5~6마리씩 낚시 바늘에 걸려 올라올 때도 있다.

나중에 들은 바에 의하면 이렇게 고기 잡는 방법은 잘못하면 그 지역 특산물인 은어가 멸종될 가능성이 있으므로 불법으로 규정했다고 들었다.

곡성군은 구례에서 광주로 가는 경유지에 위치하면서 "섬진강 기차마을"을 조성, 해마다 많은 관광객이 몰려와서 옛날의 증기기관차의 모습을 그대로 복원하여 구 곡성역에서 10km 떨어진 인접 동네 기차역까지 탑승하여 왕복하며 옛날 정취를 느끼곤 한다.

곡성은 나에게 특별한 추억을 남긴 곳이기도 하다. 일요일은 모든 사람이 휴식을 취하거나 가족과의 여행을 가는 등 정말 개인적으로 소중한 시간을 가지는 날이다. 지금은 토요일도 출근을 하지 않지만 그때는 하루만 노는 날이라 일요일에 부대 일을 시키면 대부분 속상해 한다. 그런데 그 당시 후방은 대민관계를 매우 중요시 여겼다.

때는 봄철 모내기철이라 곡성군수가 일요일임에도 불구하고 우리 대대장에게 농촌일손이 부족하니 대대 장병들의 대민지원요청을 했다. 그래서 토요일 퇴근 전에 중대장들과 다른 간부를 대상으로 회의를 하는 시간에 대대장께서는 휴일에 대민지원 인솔자로 누굴 지명할 수가 없으므로 "누가 내일 대민지원 병사들을 인솔하겠느냐?"라고 회중을 둘러보며 말씀을 하였다.

그러나 어느 한사람도 자원하질 않았다. 시간이 몇 십초 흐른 뒤에 나는 "제가 인솔 하겠습니다."라고 했다. 나는 그때 대대간부 중에서 제일 고참이었다. 나까지 하겠다고 자원하지 않으면 "대대장님이 얼마나 자기 부하들에게 실망을 하실까." 하는 생각이 들어 일요일 날 노는 날인데, 그리고 신혼 때인데 이러한 여러 가지 아까운 시간이지만 그 시간을 을 포기하고 자원했다.

막상 자원을 하고나니 새색시인 아내에게는 휴일 함께 있어주지 못해 미안하지만 대대장님에게 실망을 드리지 않게 되어 마음 한편 뿌듯하기도 했다. 그 다음날 일요일 아침에 나는 군용트럭에 병사 20여명을 태우고 곡성군내 대민지원을 해야 할 지역으로 선탑하여 앞에서 기록된 구 곡성역 부근 시가지를 막 지나는데 무언가 "쾅" 하는 소리와 함께 길가에 서있던 시멘트 전봇대가 도로위로 넘어지면서 작업을 하던 인부가 다치고 운행하던 우리차량도 멈춰 섰다.

그리고 몇 분이 지나지 않아 경찰이 도착했다. 경찰은 현장조사를 한 결과 한전에서 공사를 하면서 사전에 안전 조치를 하지 않아서 사고가 난 것으로 결론을 내었다. 그 이유는 전신주 공사를 하면서 안전요원을 세우지 않았고, 둘째는 잘 보이지 않는 전깃줄을 전봇대 끝에다 메어단 채 나머지 전깃줄의 한쪽 끈이 도로가에 늘어지게 하여 발생한 사고였다.

우리차량은 시골역 앞 도심지에 노점상들도 있어서 제한속도인 30km보다 더 느린 20km 이하의 속도로 운행하였으나 운전병은 도로 옆에 늘어진 공사 중인 가느다란 전깃줄을 보지 못하고 운행하게 되어 그 늘어진 줄이 우리차량 우측 적재함에 끌려, 세우고 있던 전봇대가 도로위로 넘어지게 된 것이다.

환자는 한전에서 나온 책임자에 의해서 엠블란스로 병원으로 이송되었고, 나는 즉시 사단 헌병대에 보고 하였으며 약 1시간 뒤에 사단 헌병이 도착하여 경찰이 조사한 그대로 사건경위를 조사하여 사단으로 돌아갔다. 우리 헌병도 경찰과 마찬가지로 군부대의 잘못은 없고 한전에서 공사감독을 잘못해서 발생한 사건으로 종결하였다.

그런데 그 다음날 문제가 생겼다. 광주지역 라디오 방송에 "군 차량과 한전공사 인부"의 부상사고가 난 것을 방송하면서 군부대차량이 과속하여 사고가 발생했다고 일방적으로 기사화를 한 것이다. 때문에 사단장은 그때 선임탑승자가 누구며 왜 운전병을 감독하지 못해 사고가 나게 했냐고 하면서 선탑자인 나를 징계까지 하라고 지시했다.

사단장은 헌병대장에게서 어제 사건사고를 보고 받으면서 군부대는 잘못이 없다는 것을 잘 알고 있으면서도 매스컴에 사단이 관련되어서 그런지 그런 지시를 한 것이다. 더 웃기는 것은 그 지시를 받은 헌병대장은 징계를 하기 위해 사건경위를 다시 조작하여 사단 징계위원회에 회부하기로 서류를 만들었다.

당시 현장에 나와 조사한 곡성경찰은 운행속도를 20km 이하였다고 했는데 사단 헌병은 그 이상으로 적어다가 사단장에게 보고했던 모양이다. 지금도 군부대 사단장 정도면 상당한 힘과 권위가 있겠지

만 그 당시는 그의 말이 곧 법으로 인정되던 시기니 아무도 이유를 달지 못할 때였으나,

우리 대대장께서는 이러한 사단조치에 반발하여 헌병대장(중령)과 계속하여 징계의 부당함을 따지고 심지어 사단사령부에 들어가 사단참모들에게까지 헌병대장의 정의롭지 못한 내용을 얘기하였다. 심지어는 사단장에게 직접 면담을 청하여 그때 곡성경찰서의 사건조사서를 복사하여 보여주고, 평소 나에 대한 근무자세 등을 좋게 말씀드려 결국 징계는 없었던 것으로 결론이 났다.

대대장께서는 내가 휴일임에도 자원하여 대대 일을 해준데 대하여 기특하게 생각하시고 끝까지 나를 도와주신 것 같았다.

광양군은 지금은 우리나라에서 몇 번째로 큰 제철소가 들어섰지만 45년 전인 그 당시는 조그만 어촌인 동시에 농촌이었다. 광양은 대대본부가 있는 구례에서는 거리가 매우 멀리 떨어져 있어서 예비군 교육을 위해 매일 출퇴근 할 수가 없기 때문에 훈련 책임 장교 한 명에게 조교 몇 명을 딸려서 매주 월요일부터 금요일까지 광양읍내에 임시 숙소를 정해 주어서 거기서 숙식하며 훈련을 시킨 후 토요일에 대대로 복귀하도록 하였다.

그 당시 광양의 대표적인 별미로는 "광양 숯불고기"가 유명하여 가끔씩 방문하여 맛있게 먹곤 했다.

유영록 대대장과 의형제 맺다

중대장으로 부임하여 거반 1년이 되어 갈 무렵, 베트남 백마 30연대에서 뵈었던 유영록 중령(당시소령)께서 우리 대대 대대장으로 부임했다. 내가 중대장으로 근무하는 동안 대대장이 세 분이 바뀌었다.

첫 번째 대대장은 내게 중매를 하여 결혼을 시켜주신 이길서 중령이시고, 그 다음 분은 김두익 중령으로 취임하신지 2~3개월 계시다가 무슨 이유인지는 몰라도 대대장을 그만두고 사단참모로 가시고, 그 다음 대대장으로 오신 분이 유영록 중령(대령예편)이셨다. 유 중령님과 나는 베트남에서 헤어진 후 거의 4년 만에 중대장과 대대장 사이로 만났다. 정말로 전쟁터에서 살아나온 친형제를 만난 그 이상으로 반가웠으며, 가족 간에도 피를 나눈 형제같이 가까이 지내면서 부대 생활을 하였다.

구례는 내가 유영록 대대장 보다 먼저 왔기 때문에 항상 내가 모시면서 안내를 하곤 했다. 우리 둘은 거의 같은 자리에 있을 때가 많았다. 대대장이 계시는 곳에 내가있고 내가 있는 곳에는 많은 시간을 대대장이 계셨다. 따라서 이전 대대장이 계셨을 때도 그러하였지만 유영록 대대장이 오신후로는 대대의 어려운 일은 대부분 내가 도맡아서 해냈다.

어느 토요일 저녁에 대대장과 나는 식사를 하는 기회가 있었는데 대대장께서 갑자기 "야~ 우리 진짜로 형제 맺자!"라고 말씀하는 거였다. 유영록 중령께서는 체구는 좀 작은 편이시나 아주 박력이 있고 결단력이 강하며 업무 추진력이 특출하신 분이다. 그래서 대대장님과 나는 **의형제**의 연을 맺었다.

대대장님과 나는 남들에게는 전혀 내색을 하지 않았다. 지금까지도 우리 둘 부부만 알고 있는데 이제야 내가 이 책을 통해 이 책을 보는 이들에게만 알리는 것이다. 그 형님은 연락처를 알아서 뵙고 싶어 유 중령님 동기회에까지 수소문 했으나 어디 계시는지 알 수가 없다, 그래서 지금은 나 혼자만이 그때 그 시절 구례에서 죽고 못 살았던 그 행복했던 그 날들을 그리워하며 가끔씩 눈물을 흘리고 있다.

유 중령님은 참으로 나를 끔찍이도 생각해 주셨다. 나는 조금 있으면 1차 중대장을 마치고 전방 2차 중대장을 하기 위하여 전방으로 가도록 인사 계획에 포함되어 있었다. 대대장께서는 나를 좀 더 괜찮은 전방으로 보내주기 위해 사모님을 앞장세워 서울로 보내 주신 적이 있다. 그때 찾아뵈었던 분은 **오자복 장군님(국방부장관역임)** 과 **백운택 장군님**이셨는데 오자복 장군님은 참으로 인자하게 대해주셨다. 그런데 백운택 장군님은 나에게 초급장교인 대위가 벌써부터 인사 부탁을 하러 왔다고 면박을 주어서 나는 나를 데리고 그분 댁을 방문한 대대장님 사모님에게 얼마나 미안했던지. 나는 아주 몸 둘 바를 몰랐다.

유영록 대대장님은 자기가 옛날 모시던 상관에게, 지금의 자기 부하인 나를 본인의 아내까지 딸려 보내신 것이다. 어차피 전방을 가더라도 좀 좋은 부대로 보내주기 위한 애정으로 그렇게 하셨다. 그러나 나는 그 당시 그분들로 하여금 조금도 도움을 받지 못하고 그냥 육본 인사 명령에 의해 1군 최전방 사단으로 가고 말았다. 그 사단에서 "펀치 볼" "대암산" 산꼭대기에 있는 소총 중대장으로 보직을 받게 되었고 그곳에서 2차 중대장을 마쳤다.

나는 유영록이란 사람의 무게에 대해 매우 놀랐다. 옛날 모시던 상관에게 얼마나 신임을 받았으면 지금 데리고 있는 초급장교인 자기 부하를 그분들에게 소개 시키시고 인사부탁까지 하셨을까?

한마디로 말하면 아마 그 장군님들과도 지금 대대장님과 나 사이와 같이 믿음과 신뢰가 구축되어 있는 그러한 가족같이 끈끈한 관계가 맺어져 있기 때문이 아니었나 생각해 본다. 자기 부인을 앞세워 그 분들에게 보내면 아마 자기를 본 듯 나도 잘 봐주시겠지 하는 그러한 믿음이 있었기에 보내었을 것이다. 유영록 중령님은 참으로 대단한 인물임에 틀림이 없는 분이다.

내가 들은 바에 의하면 오자복 장군께서 연대장을 하실 때 유영록 중령과 김석원 장군과 몇 분이서 연대참모를 하시면서 유대관계를 아주 잘 맺으셨다고 들은바가 있다. 그 후에 내가 중령 때 육군본부에 근무하던 시절 김석원 준장(중장예편)을 뵌 적이 있었으며 고향도 나와 같은 영주임을 알았다. 그래서 가끔 그분 방에 들린 적이 있었다.

유영록 중령께서 내게 베풀어주신 그 사랑은 내 평생 잊을 수가 없다. 지금이라도 꼭 찾아뵙고 그 옛날 베트남에 있을 때와 중대장 시절에 참으로 고마웠다고 인사를 드리고 싶다. 그런데 연락처를 알 수 없어서 지금껏 애만 졸이고 있다.

내가 대령으로 진급을 한 후 몇 번은 안부를 드렸었는데 연대장 하던 시절 아내가 병마와 싸우고, 아내를 하늘나라에 보내고, 한동안의 은둔과 재혼 등의 폐쇄된 생활을 십 수 년간 하다 보니 유 대령님과의 연락이 두절되었던 것이다.

지금 회상해보면 유 대령님이 나에게 베풀어 주신 사랑에 비해서 나는 너무 보답을 하지 못했다. 나는 그냥 그분에게서 받기만 했다. 왜 나는 그리도 생각이 부족했을까?

21사단에서 중대장을 마치고 사단사령부 예비군 장교로 근무할 무렵 원주에 있는 군사령부에 공무 차 갔을 때 군사령부 본부사령을 하시고 있는 유 대령님을 잠깐 뵈었을 때도 여비를 주셨고, 1980년도 5.18을 전후해서 육군대학 정규29기로 교육받던 중 주말 휴일을 기해 광주 전교사 행정부장을 하실 때 뵐 때도 여비를 주셨다. 그리고 사태가 심각하니 군복을 입고 있던 나에게 자기가 입던 잠바와 바지를 주시며 빨리 사복으로 갈아입고 진해로 돌아가라고 하셨다.

나는 또 그때도 받기만 하고 진해로 돌아갔다. 나는 지금 생각해도 내 자신이 참 아둔하다고 생각을 아니 할 수 없다. 그래서 나는 유 대령님께 마음의 빚을 많이 지고 있다.

그 무렵 나는 진해에서 공부만 하고 있었기 때문에 광주 5.18에 대해서는 별로 아는바가 없었다. 아마 나를 비롯한 육대에서 공부하던 육대 동기들은 대부분 나와 같았을 것 같다.

사랑하는 아들 인겸 출생과 전방부대로

나는 전남 구례에서 근무하는 동안 참으로 얻은 것이 많았다. 사랑하는 아들 인겸이를 낳았다. 인겸이가 출생하여 이름을 지을 때 유영록 대대장님께서는 지리산의 정기를 받아 구례에서 태어났으니 "지구"라고 하면 어떻겠느냐? 라고 하셨지만 그때만 해도 집안의 항렬을 지켜야 된다는 아버님의 말씀에 따라 "겸"자 항렬인 '인겸'으로 지었다. 어질 인(仁) 자와 겸손할 겸(謙)자로 지었다.

인겸이는 이름 때문인지 너무 겸손하고 어질다. 지금까지 45년을 살아오는 동안, 누구랑 다투었다는 소리와 정의롭지 못한 일을 해서 나를 속상하게 한 적이 한 번도 없다. 심지어 두 살 아래인 "딸" 자겸이는 결혼하기 전에 항상 오빠 같은 사람을 신랑감으로 마음에 두고, 오빠 같은 사람에게 시집을 가겠다고 가슴속에 간직하고 있을 정도였다.

R.O.T.C. 장교로 임관하여 최전방 사단 G.O.P. 지역에서 소대장으로 2년 동안 군복무를 했는데 내가 신기해서 한번 아들 인겸이에게 물어본 것이 있었다. "인겸이 너는 남에게 욕을 하지도 않고, 호통도 치지 못하는 사람인데 어떻게 소대원을 지휘했느냐?"라고 했더니만 아들 대답이 이름대로였다.

대답인 즉 슨 "제가 모든 것을 다 했지요."라고 대답을 했었다. 인겸이의 성격은 나를 닮지 않았다. 자랑할 일은 못되지만 나는 소대장 시절 소대원들에게 나의 권위를 앞세워 나의 의지대로만 지휘했는데 비해, 아들 인겸이는 소대원을 덕으로 다스렸고 그로인해 소대원들이 감동하여 인겸이의 지휘하에 스스로 들어오지 않았나 생각 해 본다. 어떤 면에서 아들의 지휘방법이 아버지인 나보다 더 나았던 것으로 생각된다.

제 7 장

양구에서 만난 은인 세 분

홍은표 연대장님과 펀치 볼(대암산) 중대장

나는 전남 구례에서 1차 중대장 임기를 마치고 최전방 사단으로 발령을 받고 구례에서 쓰던 가구나 집기 등은 처가에 남겨두고, 밥솥과 수저 몇 개, 그리고 덮고 잘 수 있는 이불만 보따리에 싸서 제일 작은 용달차에 싣고 아내와 갓난아기인 아들, 이렇게 우리 세 식구는 양구로 왔다.

구례에서 양구는 참으로 멀기도 했다. 구례에서 광주, 거기서 고속도로로 서울까지 와서 양평, 홍천 등을 거쳐 인제군을 지나 양구에 도착했다. 새벽에 구례를 떠났는데 해질녘이 다 되어서야 도착한 것이다. 오는 데만 하루 종일 걸린 셈이다. 꼬불꼬불한 산길은 가도 가도 끝이 없었다.

오기 전에 사단 인사처에 내가가야 할 연대를 알아보니 66연대라고 해서 양구군 동면 임당리. 양구 최북단 버스종점인 헌병초소가 있는 임당리에 부엌하나 딸린 단칸방을 월세로 얻어서 전방 생활을 시작했다.

우리 세 식구가 방을 얻은 집은 쌀가게를 하는 집으로 주인아저씨는 딸만 10명이 있는 집으로 양구에서 딸 부잣집으로 유명한 집이다. 게다가 시어머니는 손녀만 많아서 그런지 남자아기에 대한 콤플렉스가 심하신 분이셨다. 그래서 지금까지 아들을 가진 가족에게는 방을 내주시지 않았다고 하는데 어떻게 용케 아들을 가진 우리에게 방을 주셨는지 이웃에 사는 분들이 이상하다고 얘기 하는 것을 들었다.

우리가 세 들어 있는 그 집은 2년 전 "K.B.S.TV"에도 한번 방영이 되었다고 했다. 우리는 그렇게 아내와 아들 인겸이 이렇게 세 식구가 낯선 전방골짜기에서 새로운 환경인 전방생활을 시작 하였다.

결혼 후 처음으로 시작한 전방 생활이지만 우리는 대체로 빠르게 적응을 하였다. 왜냐하면 내가 세를 들어 사는 바로 옆집에 동기생인 곽석종 대위와 4기생인 정태형 대위 그리고 인접 연대의 박찬규 대위 등 같은 또래의 부부들이 모여 살았기 때문에 그다지 외롭다거나 불편한 것은 별로 없었던 같았다.

내가 부임한 연대는 **홍은표 대령**(장군전역)이 연대장이셨다. 신고 후 면담을 통하여 연대장님은 내가 중대장을 늦게 시작하여 인사 상 불리했던 내용을 들으시고, 나의 부족한 점을 조금이라도 만회시켜

주시기 위해 연대수색 중대장으로 보직을 생각해 주셨다. 왜냐면 당시 수색중대장이 나의 후배였는데, 그는 임기가 끝나서 곧 고등군사반을 가게 돼 있으므로 그가 발령이 나면 나를 그 후임으로 쓰시겠다고 하셨다.

그래서 나는 그가 보병학교로 발령이 날 때까지 연대장실로 출근, 연대장을 수행하여 연대의 전 지역을 견학하게 함으로, 장차 연대 전 지역에서 작전을 해야 하는 수색중대장 임무를 수행하는데 도움이 되도록 해 주셨다.

그런데 금방 발령이 날것만 같았던 수색 중대장이 무슨 이유인지 발령이 나질 않아서 나는 몇 개월을 수행만 하고 다녔다. 그러던 어느 날 연대장께서 나에게 "김대위! 수색중대장이 명령이 늦어지는데, 마침 펀치 볼에 있는 대암산 중대장이 임기가 끝났는데 그리로 가면 어떠냐?"라고 하셔서 수색중대장보다는 비중이 좀 낮은 소총중대장 이지만, 연대장님의 말씀이니 순종하고 그 다음날 "대암산 중대장"으로 부임을 하였다.

대암산은 지역에서 가장 높은 산이며 그 산 정상에 있는 중대본부 지역에서북쪽으로는 '펀치 볼'이 보이고, 남쪽으로 내려다보면 임당리 헌병초소가 멀리 보인다. 초소 바로 앞집이 나의 보금자리인 세 들어 있는 쌀가게집이 보이지만, 나는 부대를 떠나 내 마음대로 집에 갈 수가 없었다.

다만 한 달에 한번 낮에 잠깐 외출이 허용되어 아내와 아들을 만나

볼 수 있었다. 가까운 거리지만 최전방 중대지휘관이니 어쩔 수 없는 일이다.

　대암산에서 중대장을 반년정도 하고 나니 대대의 임무교대가 실시되어서 우리중대는 대대본부 가있는 임당리로 내려왔다. 그래서 나는 세 들어 사는 우리 집에서 가족과 같이 생활하면서 매일 출퇴근을 하게 되었다.

　내가 전방에서 대대본부가 있는 후방으로 내려 온지 얼마 뒤에 어머니께서 별세하셨다는 비보를 듣고 황급히 고향으로 아내와 함께 내려갔더니 어머니가 돌아가신지가 벌써 하루가 지난 뒤였다. 어머니는 돌아가시기 얼마 전부터 손자인 인겸이를 그렇게 보고 싶어 하셨단다. 매일 손자 사진만 꺼내 보시면서 시간을 보내시다가 돌아가셨다.

　앞에서도 언급한바 있지만 어머니는 태어나실 때 탯줄이 끊어져 나와 명이 짧아서 그러신 건지 너무 이른 연세에 돌아가셨다. 나는 지금까지의 어머니에 대한 불효를 생각하면 어떻게 나의 죄를 이루다 말씀을 드릴 수가 없다.

　군인이란 직업이 무엇인지. 나는 그냥 군대에만 매달려 살아온 것 같았다 그것에만 몰두하다보니 어머니의 그렇게 애틋한 소망하나도 해결해 드리지 못한 불효자임을 다시 하번 느끼게 되었다. 어머님은 그 추웠던 겨울에 별세하시고 장례는 3일장으로 올려드렸다. 산소는 외갓집에서 가까운 "부엉재" 고개 길옆에 모셨다. 외할머니는 생전에 이 고개를 넘으실 때마다 가슴에 묻고 계신 딸을 만나고 가시곤 했단다.

나는 장교로 임관한 뒤 30여년이 넘는 군 생활을 하는 동안 첨이자 마지막으로 상관에게 따귀를 맞은 적이 있다. 사건의 발상은 바로 재설작업 때문이다. 당시 나는 대암산에서 대대본부 지역으로 철수하여 우리 대대는 대대전부대원이 한울타리에서 근무하였다. 위로는 대대장 임용보 중령님과 인접중대장으로 가까이 지냈던 정태형 대위, 이봉산 대위와 이승포 대위 그리고 대대참모 등이 지금까지 흩어졌다가 한곳에 모여 재미있게 근무를 하고 있을 때였다.

사건인 즉 그 전날에 내린 엄청나게 많은 눈 때문이었다. 강원도는 겨울에 유난히 눈이 많이 왔다. 그래서 눈이 많이 올 때는 우선적으로 연대는 전방대대로 보급품을 추진하기 위해서는 도로에 내린 눈을 빨리 치워야 한다. 그 당시 연대의 가장 중요한 임무는 도로에 쌓인 눈을 치우는 것이다. 그래서 후방대대의 우리는 조속히 눈을 치우기 위해 출동했다.

우리 4개 중대 전원은 각 중대장이 자기중대원을 인솔하여 대대가 있는 임당리 "헌병 초소에서부터 펀치 볼 고개 마루"까지 출동하였다. 제설작업 책임구역은 사전에 다 정해져 있기 때문에 각자 자기구역으로 가서 중대장 책임 하에 제설작업을 하였다.

지역적으로 양구지역은 남한의 최북단에 위치하여 겨울에는 많게는 하루에 1미터 이상 많은 눈이 내려서 군인들이 제설작업을 안하면 민간 버스도 다닐 수가 없었다. 그래서 군부대의 겨울 임무는 정해진 훈련을 빼고는 대부분 제설 작업에 온 부대가 매달리고 있었다.

제설작업은 점심식사 시간이 좀 못되었을 무렵 거의 끝나갔다. 그래서 우리 중대장들은 무전으로 서로 연락하여 "각 중대는 선임 소대장에게 남은 뒷정리를 한 다음 중대로 복귀하라고 지시" 하고 중대장4명은 미리 대대로 복귀했다. 대대로 복귀한 우리들은 대대상황실 난로주변에 둘러앉아 뜨거운 물을 한 모금씩 마시며 추위에 얼어붙은 몸을 녹이고 있었다.

바로 그때에 연대장께서 대대상황실로 들이 닥치신 것이다. 화가 많이 나신 것 같았다. 앉아있던 중대장들을 한줄 로 세우시고 "너 이놈들 제설작업 감독은 소대장에게 맡겨 두고 난로 가에 앉아서 이게 무슨 짓이냐!"라고 하시면서 4명의 중대장들의 따귀를 한 대씩 때려서 우리는 어떨 결에 한 대씩 얻어맞았다.

공교롭게도 우리 중대장들이 대대에 도착하자마자 연대장께서 제설작업 상태를 확인 차 도로 현장에 방문하셨던 것이다. 연대장께서는 대대장과 중대장은 없고, 소대장에게만 맡겨 두고 지휘관들은 보이지 않아서 화가 나셨던 것이다. 사실 중대원이 있는 곳에는 중대장이 있어야하고 소대원이 있는 곳에는 소대장이 지휘를 해야 하는 게 당연한 것이다. 그런데 그날은 대대전체가 출동했는데 대대장과 중대장이 안보였으니 **맞아도 쌌다**.

한 대씩 맞은 우리는 조금도 연대장님을 원망하지 않았다. 지금 생각해 보면 그때의 연대장님의 심정은 대대장을 혼내고 싶었을 것 같았다.

그때 연대장님은 한 대씩 때리면서 한 마디씩 하셨는데 나에게는 하신 말씀이 "너는 전방중대장이 군복만 이렇게 날을 세워 입고 다니면 되느냐?"라고 하신 것이 기억난다.

그 당시는 지급된 군복이 질이 좋지 않아 일부 장교들은 "미제 스몰 작업복"을 사서 입거나 또는 사제 고급 군복을 맞추어 입기도 했다. 나는 그때 마침 훈련소 전속부관시절 소장님 옷을 맞출 때 나도 한 벌 맞추어 둔 것이 있어서 그걸 입고 있는 것을 보고 그렇게 말씀하셨을 거라 생각한다.

그 뒤에 내가 연대장을 할 때 가끔 그때의 연대장님 생각이 나곤 했다. 나라도 그런 상황이었으면 그렇게 했을 것 같다.

그 일이 있은 후 우리중대장들은 더욱 열심히 업무를 수행하였고 우리 대대가 항상 모든 분야에서 우수하게 평가를 받는 대대가 되었다. 대대장이신 임용보 중령님은 참 어질고 인자한 분이셨으며 모든 업무는 대부분 중대장들에게 위임해주므로 전 대대가 자발적인 자세로서 맡은 임무를 잘 수행하였다.

그 당시 우리 부대의 전방생활 가운데 겨울에 가장 큰 일은 사단에서 매년 1월 초에 실시하는 연대대항 스케이트 대회였다. 초가을에 접어들면서부터 각 연대는 계획된 부대훈련을 제외하고는 전 장병이 체력단련을 위한 지상훈련서부터 연대 나름대로 작전을 수립하여 온갖 수단과 방법을 최대한 동원, 훈련에 돌입하여 전력을 추구하였다.

지금은 부대별로 영양사와 조리사가 배치되어 병사들의 건강을 관리하지만 그 당시는 오직 취사병에 의해서만 밥을 해 먹던 시절이다. 그래서 각 부대는 취사 단위 별로 겨울 김장을 하는 것이 부대의 중요한 또 하나의 행사였다. 당시 우리는 대대가 예비로 한곳에 집결되어 있었으므로 대대단위로 김장을 하였다.

김장을 하는 날은 대대에 속해있는 간부들의 군인가족들은 아이들을 들쳐 업고 부대로 총 집합을 한다. 김장은 군인들이 소금물에 절여 놓은 것을 건져 놓으면 군인가족들이 양념을 버무려 김장 통에 담는 일이다. 이날은 군인가족들이 고생한다고 대대에서는 아이들이 먹을 과자를 군 P. X에서 사다가 나눠주기도 했다.

어떤 때는 갓 버무린 김치에 돼지고기 수육도 곁들여 맛보기도 하였다. 이렇게 김장 행사가 끝나면 부대 월동준비의 반은 끝난 셈이다.

2차중대장이라서 시작한지 얼마되지 않았던 것 같았는데 금방 보직 기간이 만료되었다. 나는 대위로 진급하여 곧장 중대장을 해야 했었는데 전속부관을 하는 바람에 동기생에 비해 1년 늦게 중대장을 마치므로 1차에는 진급 대상에도 끼지 못했다. 그 당시 인사 방침에는 참모특기와 지휘관 특기가 있는데 지휘관 특기인 "003"은 중대장을 2회를 필히 해야 했었다.

나는 전역한지가 20년이 지난 지금에서 회상을 해보니 군 생활 30여

년 동안에 나의 판단 잘못으로 **두 번의 실책**을 가져왔다. **한번은** 대위 진급 후 중대장을 즉시 해야 하는데 참모직인 전속부관을 한 점, **다른 하나**는 연대장 시절에 동원 특기가 새로 생겼을 때 육본에서 나에게 당연히 동원으로 특기 변경을 요청했으나 나는 인사 특기로 그냥 있겠다고 했던 점이다.

나는 예비군운영 장교를 하면서 소령이 되었고, 중령도 동원업무를 하면서 진급하였으며, 사단 동원참모 역임 후 육본 동원참모부에게 병력동원 장교를 하면서 대령으로 진급을 했다. 그 당시 출신 구분 없이 육군에서 대령 급 전 장교를 통틀어 순전히 동원업무를 각 계급에서 섭렵한 장교는 아마 내가 독보적인 존재였을 것이다. 그런데 나는 동원특기로 변경하지 않았다.

왜 그랬는지 나도 모르겠다.
그 때 동원특기로 변경 않고, 인사 특기로 그냥 있는 바람에 나중에 상위 계급으로 진급심사서 아주 반대되는 결과를 가져와서 그 진급기회를 나 스스로가 막아버리고 말았던 원인이 되고 말았다.

중대장을 끝낸 나를 도와주시기 위해 홍은표 연대장님은 여러 방면으로 신경을 많이 써주셨다. 연대 참모자리가 있으면 좋으련만 연대에도 진급을 위해 자리를 잡고 있는 장교들이 많아서 연대 자체에서는 마땅한 직위가 없었다.
중대장 이·취임식이 끝난 다음날 연대장님은 나를 자기 지프차에 태우고 사단 사령부 참모장에게 데리고 가서 사령부 참모장교로 써 달라고 하셨다. 당시 사령부 사정도 마찬가지였다. 사령부내에서 진급가능성이 있는 자리는 벌써 선임 장교들에 의해서 다 채워진지 오래된 상태였다.

그런데 그 당시 비선호 직인 예비군 운영 장교 자리가 하나 있긴 한데 거기는 추천할만하지 않지만 그 자리라도 가고 싶으면 해당 참모와 면담해 보라고 하여 나는 연대장님과 당시 예민참모인 서종근 소령(진)방으로 갔다. 연대장님은 나를 서소령에게 인사를 시키고 잘 지도해 달라고 부탁 하신 후 연대로 귀대하셨다.

나는 그 다음날 전입신고를 한 다음 근무를 시작하였다. 한마디로 전방사단의 예비군 업무는 별로 비중이 없는 업무이다. 그래서 나는 여기서 1년 동안 열심히 하다가 올해 말 진급심사결과 다른 참모부 장교가 진급되면 그 자리로 보직을 옮겨서 열심히 하여 다음해에 진급을 해야 되겠다 하는 생각으로 일했다.

끊임없이 용기를 주신 서종근 중령님

나는 사령부 예민처에 보직을 받고 열심히 근무를 했다. 대부분의 장교들이 선호하지 않는 직책이지만 후방에서 다루었던 지식을 바탕으로 하여 다른 부서의 장교들에게 뒤지지 않도록 업무에 심혈을 기울였다.

내가 부임한지 초기에 서종근 참모님은, 본인이 직접 나를 원해서 받은 사람이 아니라서인지 별로 살갑게 대해 주지 않는 것 같았다. 아침에 출근해서 인사를 하면 어떤 때는 본 척도 않을 때도 있었고, 지시사항에 대한 보고시에도 적극 평가를 하지 않을 때도 있었다.

그래서 어느 날 나는 옛날 연대장이신 홍은표 대령님을 찾아가서 연대장님께 지금 모시고 있는 참모 서종근 소령님이 나를 별로 탐탁하게 생각지 않는 것 같아서 나를 연대로 다시 오도록 해달라고 말씀드렸다. 그런 나를 연대장님은 나의 철없는 행동을 탓하지 않으시고 나에게 이렇게 말씀을 하셨다.

"네가 윗분에게 인정을 받을 수 있게 해야지 어떻게 윗분이 너의 맘에 들게 해야 하느냐?"라고 하시는 그 말씀 한마디에 나는 쥐구멍이라도 찾고 싶은 심정이었다. 연대장님은 나 같은 대위가 뭐라고~~ "자기 직속 사관학교 후배도 아니고 또 내게 뭐 큰 백그라운드가 있는 것도 아닌데 이렇게 사랑해주시는가"라고 생각하니 너무 감사했다.

나는 나의 부끄러운 행동에 두말 않고 다시 사단 예민처로 돌아왔다. 나는 그 이튿날 퇴근하려고 하시는 참모님에게 말씀드릴게 있어 저녁을 대접하겠다고 하니 허락을 하셔서 양구에 있는 조그마한 식당으로 모시고 갔다.

식사를 하면서 참모님과 얘기를 하다 보니 우리는 서로 많이 통한다는 공통점을 확인했다. 특히 참모님이 내가 인사를 드릴 때 살갑게 대하지 않았던 것은 원래 그분의 성격임을 알았고, 업무 보고시 별다른 말씀을 안한 것은 내가 일을 잘 하고 있기 때문에 그랬다는 것 등을 알게 되었다. 그 후로 부터는 나는 진심으로 열심히 보좌를 하게 되었고 참모님은 **나에게 평생 잊을 수 없는 인생의 반전**을 갖게 해주셨다.

그 일이 있은 후부터는 참모님과 나는 손발이 척척 맞아서 사령부 일반처부에 부여된 임무를 다른 어느 처부보다 모범적으로 잘 해내었다. 그래서 언제부터인가 지휘부에서 어떤 임무가 부여 됐을 때는 "예민처에 가서 보고 예민처에서 하는 방법대로 하라"는 얘기가 나돌 때도 있었다. 참모님도 나를 믿고 업무를 위임하다시피 하였고 나 역시 참모님의 의중을 잘 파악하여 업무를 처리함으로 사령부에서 모범적인 부서로 자리매김을 하였다.

한번은 원주에 있는1군사령부 예민처에 회의가 있어서 본부대에 차량신청을 하려고 하는데 참모님이 좀 기다리라고 해서 기다리고 있었더니 몇 분후에 나를 부르시더니 "보좌관! 비행기 타고 다녀와"라고 말씀하셔서 나는 깜짝 놀랐다.

당시 사단 비행기는 연대장급 이상 지휘관 및 참모들이 주로 사용하고 있었는데 육군대위인 나에게 군사령부 회의 가는데 타고 가라는 것이었다. 나는 깜짝 놀라 내 귀를 의심할 정도였다. 그러나 그 말씀이 참말이었다. "내가 사단 참모장께 말씀드렸더니 허락 하셨다"라고 하시면서 천천히 점심 먹고 출발하라고 하였다.

나는 사단 장교식당에서 점심을 먹고 사단 비행대로 가서 난생 처음으로 조종 장교 외에 나 혼자 비행기(L-19)를 타고 원주 비행장에 착륙을 했다. 원주군사령부 비행대에서는 사전에 V. I. P가 이시간대에 착륙하는 계획이 없었는데 비행기가 착륙을 하니 비행대장(중령)이 깜짝 놀라서 권총을 한손으로 잡고 비행기 쪽으로 헐레벌떡 뛰어왔다.

그런데 비행기에서 내리는 사람을 보니 높은 사람이 아닌 "대위" 한명이 내리니 기가 막힌 듯, "대위구먼!" 하면서 기분 나쁜 표정을 지었다. 나는 얼마나 미안한지 큰 소리로 "충성" 하면서 거수경례를 했다. 그랬더니 그분 마음이 좀 풀리는 것 같았다. 그분은 계급도 높지 않는 장교가 비행기를 혼자 타고 오는 것을 보고 얼마나 눈꼴시었을까.

나는 누구이며 어느 부대에서 왔고 지금어디로 회의 차 왔다고 했다. 그러고 있는 중에 군사 예민처에서 보내온 지프차가 도착했다. 그리고 나를 모시러 왔다고 인솔 해온 부사관이 나에게 인사를 했다.

그날 그 군사령부 항공대장은 참으로 이상한 일도 다 있구나.~~하고 두고두고 의혹이 풀리지 않았을 거라고 생각한다. 왜냐하면 그날 나로 하여금 일어난 일은 그 당시 상식선에서는 있을 수 없는 일이였기 때문이다. 그것은 첫째, 별로 볼일 없는 직책과 계급의 장교가 혼자서 그 비행기를 타고 원주까지 온 점 둘째, 군사령부에서 대위를 모시러 지프차를 보내온 점이다.

서종근 참모님은 어떤 일을 처리하는 과정을 보면, 처음과 끝이 분명하며 상황 대처능력이 탁월하신 분이다. 자기부하인 대위에게 비행기를 내주시도록 할 수 있는 능력 즉, 상급지휘관(허가권자)으로부터 얼마나 큰 신임을 받고 있었기에 그의 건의가 승인을 받게 할 수 있었는가? 하는 것과 또한 군사령부 와 협조해서 비행기에서 내린 나를 회의소집부대인 군사령부까지 지프차로 태워주도록 조치까지 하신 것 등을 보면 그 분의 세심한 배려는 물론 그의 능력은 참으로 대단하시었다.

나는 처음 사단 예민처에 보직을 받을 때는 예민처에서는 진급될 가망성이 거의 없으리라고 생각하고 근무를 했는데 결론부터 말하자면, 그해 가을에 **내가 소령으로 진급**을 한 것이다. 그것도 사단사령부 각처에서 요직이라고 하는 직책에 있던 나보다 고참 장교들은 한명도 안 되고, 별로 기대를 하지 않고 있던 예민처에 근무하는 나 혼자만 된 것이다.

그해 기무사에서 직할반장으로 근무하던 김장수 대위(나중에 육참총장 역임)는 기무사 몫으로 나와 같이 진급이 되었다. 내가 그때 진급이 된 것은 모두가 서종근 참모님의 도움과 관심으로 진급이 된 것이다. 그래서 나는 다음해에 진급을 위해 다른 부서로 가지 않아도 되었다.

나는 사단 사령부에 근무 하면서 아주 어려운 때가 있었다. 사단에서 진급심사를 1개월을 앞두고 배가 많이 아파서 군 병원에 가서 진찰을 한 결과 요로에 땅콩만한 크기의 "요로결석"이 생겨서 아플 때는 참기 어려울 정도였다. 그러나 한 달 후면 진급심사가 있기 때문 만약 병원에 후송가면 후송기록을 남기게 되므로 나에게 불리하지 않을까 하는 염려에서 어쨌든 진급 심사가 끝나는 날까지 참기로 하고 버티었다.

그러나 문제는 진급심사 일정을 십여 일 앞두고 응급상황이 발생하였다. 콩팥과 방광 사이 요로에 박혀있던 그 땅콩(결석)이 방광으로 이동하여 방광에서오줌을 밖으로 내보내는 요로를 막아서 소변을 못 보게 되는 상태까지 이르게 되었다. 그래서 나는 소변볼 때의 고통은 이루 말로 표현 할 수 없었다.

그 땅콩처럼 생긴 결석이 오줌통로를 막아버리니 오줌이 차서 방광은 애기를 밴 것 같이 차오르고, 어떤 경우는 터질 것만 같을 때도 있었다. 나는 가급적이면 밥 먹은 후에도 물은 거의 먹지 않았고, 국물도 가급적 먹지 않았다. 그러나 오줌은 방광에 조금씩이라도 차게 되어 소변을 보지 않을 수 없기 때문에 아침에 일어나면 제일 먼저 소변 볼일 때문에 큰 걱정이었다.

소변을 볼 때는 회음부를 마사지를 하는 식으로 어루만져야만 요도입구에 막혀있는 결석과 요도 간에 조금씩 틈이 생기게 되어 아주 적은 량이나마 밖으로 나오곤 했다. 그러면 표면이 꺼칠게 생긴 결석이 요도를 스치며 상처를 내게 되어 조금씩 밀려나오는 그것은 오줌이 아니라 붉은 피였다.

그렇게 피오줌을 누는 시간도 최소한 20여분은 족히 걸려야만 소변을 다 볼 수가 있었다. 어느 날은 너무 견디기 힘들어서 참모님께 보고 드리고 양구선착장에서 "소양강댐"을 지나는 배를 타고 춘천까지 와서 춘천에서 서울로, 서울에서 수도통합병원 응급실로 도착하니 거의 하루가 걸렸다. 나의 상태를 본 군의관은 입원 서류가 없어도 좋으니 응급으로 당장 입원을 하여 수술을 해야 한다고 했다.

그러나 나는 그 "진급"이 무엇인지 "입원하면 내가 불리 할 것이다"라는 미련 때문에 다시 부대로 가서 나의 상관님과 의논한 다음에 입원 하겠다고 군의관에게 얘기하고 나서 다시 사단이 있는 양구로 왔다. 나는 나의 응급한 상태를 참모님께 보고 드렸더니 참모님은 "사람의 생명이 중요하지 진급이 뭐 그렇게 중요 하냐?"라고 하시면서 입원부터하고 수술을 하라고 하셨다. 그리고 "네가 후송을 가더라도 내가 알아서 할테니 너무 걱정 말고 생명부터 구해야 되지 않겠느냐"라고 하셨다.

그래서 나는 입원에 필요한 후송서류를 준비하고 다음날 수도통합병원에 입원하기로 마음을 먹었다. 그러나 나는 후송을 가기로 마음의 결정을 했지만 너무 허망했다. 지금까지 열심히 노력한 결과에 대한 진급 심사를 일주일 앞두고 입원하게 되었으니 말이다.

동기생보다 중대장을 1년 늦게 하는 바람에 1차로 진급이 안된 상태에서 입원까지 하게 되면 또다시 기회가 늦어지게 되어 나는 오기가 생겼다. 입원하는 것을 포기하고 견디기로 마음을 바꾸었다. 그때 나의 마음은 "죽으면 죽으리라"고 한 성경에서 이스라엘을 구한 '에스더'가 했던 말과 같이 나는 "죽으면 순직" 하는 것이겠지 라는 거였다.

입원의 경력이 없는 건강한 장교도 많은 경쟁에서 떨어지는 마당에, 후송 가서 입원하고 있는 나에게 심사위원들이 얼마나 관심을 가져 줄 것인지는 물어 볼 필요도 없는 것이 당연시됐기 때문이다.

사단의 진급심사 심사일정은 다음주 말쯤에 잡혀 있고, 나는 매일 피오줌을 싸야하는 일과가 지속되고 있었다. 나는 참고 버티다가 사단 진급심사가 끝나는 날 곧바로 입원하여 수술을 받기로 하였다. 참모님께서도 나의 의지에 어쩔 수 없이 그렇게 하라고 하셨다.

그날은 토요일이라 오전 업무를 마치고 양구시내에 세 들어 사는 집으로 퇴근을 하여 점심을 먹은 후 하루 중 제일 힘든 과제인 소변을 보러 화장실에 가서 자리를 잡고 소변 누기를 시작했다.

지금 같으면 수세식으로 된 좌변기라서 몇 시간을 앉아 있더라도 불편하지 않지만, 그때는 대부분의 시골 변소는 재래식 변소로서 드럼통 위에 송판 두 개를 올려놓고, 그 위에 앉아서 용변을 보았다. 그래서 5분 이상 앉아 있으면 다리가 저려 와서 용변 보기가 힘들었다. 특히 변비 환자들은 아주 고통이 심하여 어떤 사람은 요강을 방에다 들여놓고 그 위에 앉아서 나올 때까지 보기도 한다고 했다.

나는 그날도 아주 작심을 하고 소변보기를 시작했는데 소변이 너무 많이 차서 다른 날보다 고통이 너무 심했다. 죽을 각오를 하고 힘을 주었더니 성기가 찢어질 듯 아프면서 뭔가가 총알처럼 오줌과 함께 앞으로 튀어 나갔다.
동시에 댐이 터지듯 오줌이 시원하게 나오는 것을 보고 아~ 결석이 드디어 나왔구나!~ 나는 결석이 나옴을 직감적으로 알게 되었다.

지금까지 막혔던 결석이 며칠간의 압력으로 요도를 따라 조금씩 나오다가 지금에서야 완전히 나온 것이다.

나는 남은 오줌을 다 누고 나서 손전등을 갖고나와 소변이 나간 방향을 수색 한 결과 내 몸속에서 그리도 속을 썩이던 X-ray로만 보았던 "땅콩모양의 결석"을 찾아내었다. 다행스럽게도 드럼통(오물 저장통)에 물기가 없었던 바람에 대변 위에 꼽혀있는 그 물체를 찾게 되었다.

나는 그때의 기쁨은 이루 말로 다할 수 없었다. 내게는 그때 찾은 그 결석이 그만한 크기의 다이아몬드보다 더 비쌌다. 또한 오줌으로 항상 더부룩해 있던 아랫배는 시원해졌으며 이 모든 것이 죽음직전에서 살아난 기분이었다.

어렵사리 찾아낸 변이 묻은 "결석"을 깨끗이 씻은 후 아내에게 보여주고 우리부부는 이모든 것을 하나님의 은혜로 돌리고 맘껏 기쁨을 함께 하였다. 기쁘고 홀가분한 마음으로 주일을 보내고, 월요일 아침 일찍 출근하여 그 문제의 결석을 깨끗한 종이에 싸서 참모님께 보여 드렸더니 너무 기뻐하셨다.

참모님은 아침회의 때 이것을 들고 가셔서 참모장께도 보여 드리며 지금까지의 여정을 상세히 보고 드림으로 인하여 사령부에서 나의 결석이 화제가 되기도 하였다. 나는 그때 내 몸 속에서 나온 결석을 지금까지 보물처럼 간직하고 있다.

소령 진급발표가 나던 날 나는 또 한 번 참모님으로부터 평생 처음으로 **황홀한 선물**을 받았다.

발표가 난다는 날은 사령부 모든 장교들의 관심거리였다. 그리고 사단 급에서는 소령 진급 발표가 제일 흥미거리였다. 그래서 사단사령부와 연대본부는 누가 진급을 했는가가 제일 궁금한 것이었고, 누가 진급을 했느냐에 따라서 진급시킨 직속상관의 능력과 파워가 인정되는 척도였다.

나는 크게 기대를 하지 않았지만 그래도 궁금하여 일과시간이 끝나고 한 시간 정도 기다려 보다가 육본에서 진급 발표가 좀 늦어진다고 해서 그냥 집으로 퇴근했다. 궁금하긴 하지만 내일 출근하면 알겠거니 하고 아내와 저녁을 먹고 일찍 잠자리에 들었다. 대략 사단에서는 어느 부서에 누구, 또 누구 등 대략 5~6명 정도로 예상하고 있었다.

그러나 나는 사령부에서 보면 경쟁자가 대부분 나보다 일찍 보직되었고, 나보다 선배들이며, 또는 나보다 지명도가 있는 직책에 있는 장교들이라 나는 기대하는 바가 그렇게 크질 못했다. 그 당시 나는 그 예상 대상에 포함되어 있을지도 사실상 의문스러웠다.

이런저런 생각하다가 잠이든 것 같았는데 어렴풋이 잠결에 큰소리로 외치는 서종근 참모님의 목소리가 들렸다. "야~~김대위! 지금이 어느 땐데 벌써 잠자고 있느냐?" 나는 황급히 일어나 대충 옷을 걸치고 밖으로 나오니 참모님께서 한잔을 걸치신 듯 진급발표가 났는데 "어느 처의 누구와 어느 처의 누구의 이름을 대시며" "그 사람들은 진급이 다 되었는데 너만 안 되어 내가 미안하다"라고 하시는 말씀을 듣고 보니, 나는 어느 정도 예상은 했지만 다리가 휘청거릴 정도로 힘이 빠지는 것을 느꼈다.

어느 정도 정신을 차리고 보니 참모님은 내 어깨위에 팔을 올려 어깨동무를 하며 "내가 미안하니 오늘밤 코가 삐뚤어지도록 한잔하자"고 하시면서 군수처 보좌관 최정웅 소령 집으로 갔다. 최 소령님은 학군출신 공병장교인데 평소 참모님과 우리 셋은 자주 어울리는 사이었다.

최 소령님 역시 잠자리에 들려고 하던 중이였었는데 내가 진급이 안되었다는 얘기를 듣고 나서 옆에 계시는 사모님에게 가진 돈 다 달라고 하여 우리 셋은 한잔하기 위해 늘 가던 식당으로 갔다. 가는 도중에도 두 분은 내가 진급이 안 된데 대한 위로와 나 같은 우수한 재원을 진급 안 시킨 육본 심사위원들에 대한 불평을 하면서 나를 위로해주었다. 그리고 최 소령님은 "오늘밤에는 내가 다 쏠 테니 밤새도록 먹자"라고 하면서 조금 전에 사모님에게 받은 돈뭉치를 흔들어 보였다.

술과 안주를 시킨 후에 서종근 참모님은 양복 안주머니에서 무슨 서류를 꺼내더니 우리 세 명의 중간바닥에 내리 치면서 "사령부에서 다른 친구들은 다 떨어지고 김영록이만 됐다"라고 하며 진급자 명단을 펼쳐 보이시는 것이다. 나는 그 순간 무슨 말인지 잘 분간도 안 되고, 펼쳐놓은 진급자 명단에 있는 내 이름 석 자도 보이질 않았다.

한참 후에야 참모님이 내 이름이 있는 곳에 동그라미로 표시하여 내게 보여주셨다. 그때서야 내가 진급이 되었음을 알게 되었으며 나의 진급을 위해 그토록 애써주시고, 잠결에도 나를 위로해 주기 위해 한걸음에 함께 나와 주신 최 소령님께 감사의 말씀을 드렸다.

결론적으로 사단사령부에서 기대를 했던 다른 사람은 한명도 안되고 나 혼자만 진급이 된 것이다. 그날 저녁 참모님과 우리 셋은 너무 기분 좋게 한잔하였다. 그 자리에서 나는 최 소령님에게 너무 죄송하여 몸 둘 바를 몰랐다. 왜냐하면 일주일전에 중령 진급 발표가 났을 때, 오늘 최 소령님이 나에게 베풀어준 호의에 비해 나는 그분의 비선에 대해 적극 위로해 드리지 못했음이 너무나 부끄러웠다. 역시 형만한 아우가 없다는 말이 진리임에 틀림이 없는 것 같다.

몇 년 전에는 서종근 참모님이 대대장을 하실 때 운전병을 했던 우리교회 집사님 한 분과 광주에 계시는 집을 방문하여 옛날 40여 년 전 양구에서의 지난 얘기를 시간가는 줄 모르게 하고 돌아왔다. 참모님을 뵈었을 때 그 당시 군수처 최 소령님에 대한 얘기도 나왔는데 참모님도 그분의 연락처를 모르신다고 하여 최 소령님이 광주 출신인데도 만나지 못해 서운했다.

참모님은 잠자는 나를 깨워 밖으로 데리고 나가면서 아내가 놀랄까봐 아내에게는 내가 진급이 됐으니 축하 말씀과 함께 아무걱정 말고 자라고 얘기를 하였단다. 그리고 나에게는 식당으로 최 소령과 함께 갈 때까지 엉뚱한 말씀만 했던 것이다.
이러한 면이 참모님을 톡톡 튀게 하는 장점중의 하나다. 참모님은 나를 최고로 기분을 좋게 해주시고 싶은 마음에서 요샛말로 "**깜짝 이벤트**"를 하신 것이다.

소령 진급발표를 받은 나는 대위계급장을 달고 있지만 소령 진급 예정자로서 예하 연대로 발령을 받아 내려가기 전에 약 3개월 정도 사령부 대표로 군사령부에서 실시하는 연합방위 훈련에 파견되어 훈련에 참가했다.

그때 대대장 요원으로 사단에서 대기 중이던 도일규 소령(진)과 함께 가서 같이 먹고 자면서 훈련을 하였으며, 우리사단에서는 우연하게 소령(진)예자인 나와 중령(진)예자인 도일규 소령이 파견되었었다. 우리는 3개월간의 함께한 그 인연으로 기회 있을 때마다 만나면 반가워했고 서로간의 안부를 묻는 사이까지 되었다.

내가 수도군단에서 연대장으로 재직할 때 군단에서 회의가 있는 날은 수방사에 들려서 사령관을 하는 도일규 장군을 뵙고 사령부 식당에서 함께 식사를 한 후에 그 옆에 있는 수도군단 사령부로 가서 회의에 참석하곤 했었다.

그때 도일규 소령은 나중에 수도방위 사령관을 거쳐 육군 참모총장까지 역임을 하였다. 도일규 장군과는 그때까지는 임의롭게 만나기도 하였는데 나중에 별 4개를 다신 참모총장이 되었을 때는 만나뵙기가 거북스럽게 되었다.

한번은 내가 근무하던 교육사령부에 총장 자격으로 초도순시 차 오셨을 때 업무보고 전에 먼발치에서 "김영록이 잘 있느냐?"라고 물었고 나는 "예"라고 말했던 것이 그분과의 만남이 전부 인 것 같다.

그 다음해에 나는 소령으로 진급을 하여 방산에 있는 연대로 부임하여 대대작전장교를 마치고 연대인사주임으로 보직을 받았다. 그 해에 방산연대로 갈 때 지금 뉴질랜드에서 살고 있는 딸 자겸이가 태어났다.

자겸이가 우리가정에 복을 가져다준 복덩이다. 아내는 그 이듬해 초 아들 인겸이는 장모님에게 맡기고 자겸이만 데리고 연대본부가 있는 방산으로 왔다. 인사주임으로 보직을 받으니 연대참모라고 다 쓰러져가는 관사라도 있어서 모처럼 셋방살이를 면하게 됐었다.

오래된 관사지만 그래도 방이 두 칸 있어서 한 칸을 내가 쓰기에 좋았다. 늦게까지 책도 볼 수 있고 잠을 자야하는 아내와 애기 걱정을 안 해도 되었다. 이전에 양구와 동면 임당리에서 방 한 칸 월세로 살 때에 비하면 꿈의 보금자리였다.

마침 정보주임으로 있던 동기생 김용군 소령이 옆집에 살아서 서로 의지하고 왕래하며 가족 간에도 외롭지 않아서 좋았다.

박종업 연대장님

나는 전생의 고향이 전라도인가 보다. 아니다 아내의 고향이 지금은 전라도인데 장인어른의 4대 조상의 원 고향은 경주였다고 한 얘기를 들은 적이 있다. 그래서 그런지 나의 군 생활 중에 특별히 도움과 큰 힘을 주신 분은 거의 전라도 분이시다. 나와 아내를 중매하신 분도 이길서 중령님, 의형제의 인연을 맺은 유영록 대령님도, 소령으로 진급을 하게 한 서종근 대령님도, 그리고 인사주임을 하며 직속상관으로 모시게 된 연대장 박종업 대령님도 모두 전라도 분이시다.

나는 30여 년간 군복무를 하는 여정에서, 위의 분들 말고도 여러분의 도움과 사랑을 받은 적이 있었지만 특히 양구에서 모셨던 이들 세 분은 정말로 내가 평생 잊을 수 없는 분들이다.

당시 우리연대는 내가 2년 전에 중대장으로 근무했던 연대 왼쪽에 위치하여 전방 G.O.P를 방어하고 있었다. 그 당시 연대장님도 훌륭하셨지만 대대장들도 훌륭한 분들이 하셨다. 1대대장 박정상 중령, 2대대장 김정웅 중령, 3대대장 김충의 중령, 4대대장 이남신 중령이 그때 함께 했던 지휘관이다.

그때 연대는 철책방어와 땅굴탐지에 전력을 기울였으며, 대침투 작전과 사단 신병교육훈련도 담당하는 막중한 임무를 수행하였다. 나는 수시로 연대장님을 수행하여 전방초소와 훈련장을 섭렵하였다.

당시 우리연대는 7중대장인 조규옥 대위가 임무를 맡아서 사단 자동화사격장을 만들었다. 조규옥 대위는 워낙 박식하고 세밀하여 사단 사격장을 아주 훌륭하게 만들어서 사단장이 감동하여 공사를 완료한 후에 그 사격장 이름을 "**규옥 사격장**"이라고 명명하였다.

조규옥 대위는 평소에 나도 좋아하는 후배여서 내 여동생과 선을 보이기도 했던 사이다. 규옥이도 고향이 전라도였다. 그러나 내 여동생이 이미 정해놓은 사람이 있는 것을 모르고 억지로 주선 하는 바람에 성사되질 않아서 늘 조대위에게 미안한 마음을 가지고 있게 되었다.

우리사단은 전통적으로 매년1월 사단 창설기념일에 각 연대대항 빙상 대회를 하고 있다. 빙상대회를 위하여 각 연대는 당해 연도 대회가 끝나자마자 다음연도 대회를 대비하여 작전을 수립하여 여름에도 훈련을 할 정도로 중요한 Mission이다. 대회가 연초에 열리므로 우승한 부대와 그렇지 못한 부대의 사기는 엄청난 차이를 가져왔다. 출전 단위는 3개 보병연대를 비롯하여 포병연대, 사단 직할대 이렇게 5개 팀이 결전을 벌리는데 주 경쟁 대상은 아무래도 보병 3개 연대이다.

빙상대회가 끝나고 여름이가고 가을이 될 때까지도 모이면 빙상대회 이야기다. 다 이겼는데 계급별 릴레이에서 마지막 주자인 연대장이 넘어져서 우승을 못했다느니, 점수가 제일 많은 1만 미터에서는 국가대표로 뛰던 사병이 그 부대로 입대하여 덕을 봤다느니 등등, 빙상경기에 대한 화제는 끝도 없이 많았다.
  이 중요한 빙상경기의 주무참모가 연대는 인사주임이다. 내가 바로 그 중요한 자리에 보직이 된 것이다. 그래서 나는 우선훈련을 위한조직부터 수립했다. 연대 부연대장이신 조 중령을 책임단장으로 선임하고 선수선발, 훈련계획, 영양 보충, 기타 지원계획을 주도면밀하게 수립하여 연대장의 결재를 득한 후 시행에 들어갔다.

훈련방법과 지원사항 등을 일일이 다 기재할 수 는 없지만 수립한 계획대로 열심히 훈련하여 **우리연대가 오랜만에 우승**을 하였다. 사단의 **빙상경기**는 얼마나 관심이 많은지 오래전에 연대장을 마치고 다른 부대에서 근무하거나 또는 장군으로 진급하여 높은 직위에 있더라도 매년 1월이면 백두산 부대의 비상경기 결과를 물어보곤 한다. 우승 소식을 듣고 나서 직전 연대장이셨던 이용률 대령님과 장군으로 진급하신 이병간 장군님이 축전을 보내와 우승을 축하해 주셨다.

나는 그때 중요하게 추진했던 주작전 두 가지는 첫째, 어디 가서든지 우수한 자원을 획득하고 둘째, 그들에게 단백질을 충분하게 급식시켜서 파워를 갖도록 하는 것이었다. 그래서 "서울자매기관"과 "파스탕"(파로호 상류에 있는 별장)에 계시는 집안형님과 협조하여 선수들이 훈련하는 동안 끊임없이 돼지고기와 소고기를 먹었다.

20세를 갓 넘은 우리 병사들은 엄청나게 먹어댔다. 그래서 비싼 소고기는 가끔씩 먹이고 저렴한 돼지고기는 삶아서 훈련하는 막사입구 문턱에 달아놓고 자기가 먹고 싶은 만큼 마음대로 먹게 하였다. 가끔은 계란도 양푼이째 삶아놓고 먹게 하였다. 선수선발에 대한 세부적인 멘트는 생략하기로 한다.

나는 이렇게 보람있는 연대 참모 생활을 하던 중에 어떤 계기가 있어서 1979년 초에 전역을 하기로 했다. 이유는 서울에서 사업을 하시는 처 이모부님이 건강이 나빠 회사운영을 지속하기가 곤란한 지경에 이르렀다.

그래서 20여 년간에 걸쳐 이루어 놓은 회사를 지금 팔기에는 너무 아까워서 고민 한 끝에 이 회사를 운영을 할 수 있는 능력을 가진 사람에게 경영을 맡기기로 했다. 그리고 본인은 그 뒤에서 건강을 관리하겠다는 계획을 하고 그 적임자를 찾고 있는 터에, 전방에서 근무하고 있는 "처조카 남편"인 나를 생각한 것이다.

그 회사는 제과를 만드는 회사로서 롯데제과나 해태제과 급은 못되지만 종업원 백여 명을 수용하는 잘나가는, 장래가 유망한 회사였다.

처 이모부가 나를 영입하려고 마음먹은 이유는 첫째 내가 10여 년간을 군 생활을 했기 때문에 조직을 지휘하고 통솔하는 능력이 있을 것 이고, 둘째는 30대의 젊은 나이로 건강과 추진력이 있을 것이며. 셋째는 지금까지 보아온 나의 정직하고 근면하며 책임감 있는 모습을 보았던 것이다.

그러던 어느 날 처 이모부님이 내가 있는 강원도 방산을 방문하셨다. 처 이모부님은 나를 만나서 그의 사정을 말씀하셨고, 나는 그렇게 하겠다고 허락을 했다.

내가 군에 장교로 입대한 사정은 앞에서 언급한바 있는 "재수시절"에서 기록하였다. 그때 나는 나의 학자금을 부담하실 아버님의 수고를 덜어드리기 위해 어차피 가야할 군대에 장교로 입대하여 학비를 내가 준비해서 대학에 진학을 하겠다는 거였다.

그래서 나는 이 시점에서 군대를 떠나 계급의 차별이 없는 다른 분야에서 나의 능력을 발휘해야 되겠다고 전역을 결심을 했다.

조건은 나에게 거처할 집과 당시에는 아주 귀했던 자가용까지 제공해주고, 월급은 나보고 정하라고 했으며, 다만 자기에게는 기본적인 생활비만 달라고 하였다. 결국 나보고 '오너'를 하라는 것이었다. 나중에 처 이모부께서 건강을 회복하고 회사가 확장되면 그때 가서 나는 사장으로 그대로 있고 본인은 회장을 하신다거나, 아니면 나에게 합당할 만큼의 지분을 떼어 준다거나 하는 것이었다.

나는 이러한 내용을 연대장께 보고 드리고 전역지원의 사유를 말씀 드렸더니 "자네의 뜻이 그렇다면 그렇게 하라"고 하여 **육군본부에 전역 지원서**를 접수시키게 되었다. 그때 연대장님은 "나도 내 앞길을 보장 할 수 없다"라고 하셨다. 전역 지원서는 그해 봄에 접수되었고 전역 희망일은 그해 12월 31일로 정했으며, 실제 근무는 10월까지만 하고 남은 2개월은 이사준비와 사업 인수 준비를 위해 휴가로 쓰기로 하였다. 그 뒤 10여년 후쯤 육군에서는 공식적으로 전역하는 자에 대한 배려로 직업보도반이 생겨서 6개월 정도 일찍 사회에 적응할 시간을 주었다.

막상 전역 지원서를 제출하고 나니 매일 이전과 같이 부대 일을 하는데도 어딘가 열정이 식어진 것 같고 연대장님과 동료장교들 보기에 열심히 하지 않게 보이는 것 같았다. 그래서 나는 이 부대를 떠날 때까지는 열심히 해서 유종의 미를 거두어야겠다고 마음을 굳게 먹고 이전보다 더욱 최선을 다했다.

그해 겨울로 접어든 어느 날 인접 모 사단에서 무장 간첩이 침투하여 군단 전체가 **대간첩작전**을 전개하였다. 군단내의 전, 후방부대 관계없이 모든 부대가 작전에 투입하여 무장공비 소멸 작전에 밤낮없이 참여하였다. 최 일선을 지키고 있는 우리 연대는 물론, 군단 후방 지역에서 지원 나온 병력과 협조하여 2선, 3선으로 물샐 틈 없이 병력을 배치, 공비 소탕작전을 하였으며, 침투한적들은 대부분 포획 섬멸 되었다.

대침투작전이 거의 끝날 무렵에 **10.26 사건이 발생**하였고, 이에 따라 국보위란 기구가 만들어지는 등, 국가와 군대의 많은 지각 변동이 일어났다. 군대는 비상상태로 돌입하여 일체의 신상이동들이 제한되었다. 따라서 나는 10월 말에 전역을 위한 휴가를 가는 것 자체가 무산되고, 12월의 전역도 보장 할 수 없게 되었다.

10.26사태로 인해 나의 전역이 불확실함에 따라 처 이모부님은 나만 믿고 마냥 기다릴 수가 없기 때문에 결국 회사를 다른 사람에게 매도하시게 되었다.

그래서 나는 연대장님께 전역이 안 되니, 처 이모부님이 회사를 매도했다는 사실과 어쩔 수 없이 나는 군 생활을 다시 해야 하겠다는 말씀을 드리고 나서 이제는 전역취소 건의를 육본에 제출하여 접수를 시켰다. 그리고 며칠 후에 육본으로부터 전역 취소 명령을 접수하였다. 그래서 나는 다시 군 생활을 하게 되었다.

전역 취소를 하고 나니 내 앞에 또 다른 문제가 생겼다. 그것은 군 생활을 계속 하자면 육군대학을 가야 한다. 두 달도 채 남지 않는 육대 시험 날짜로 시험 준비시간도 부족하고, 또한 사단에서 육대 추천 심사에서 전역 지원을 한 전력이 있는 나에게 얼마나 좋은 점수를 줄 것인지도 큰 숙제였다.

어찌됐든 나는 이제부터는 육군대학이란 곳으로 가야 하는 숙제를 해결해야 한다. 그래서 전역이 취소되었다는 통보를 받은 그날부터 시험공부로 들어갔다. 사단 내에서 육대입학 희망자는 벌써 몇 개월 전부터 고시준비 하는 그 이상으로 밤샘을 하며 시험 준비를 하고 있었다. 나는 평소에 잘 알고 지내던 몇 사람에게 기출 문제 등 수집 가능한 정보들을 얻기도 하면서 애기(자겸)가 자는 옆방에 자리를 틀고 필요한 교범을 산더미처럼 쌓아놓고 매일 밤을 거의 지새우다시피 하였다.

그 당시 사단에서 내가 참모님으로 모셨고, 나를 소령으로 진급을 시켜주신 서종근 중령께서 우리 연대를 지원해주는 포병 대대장으로 부임하여 우리 연대에서 차로가면 3분 거리에 계셨다. 서 중령님과 나는 지금은 서로 다른 부대에서 근무하고 있지만 서 중령님은 나에게 옛날 같이 자상하게 대해주셨고, 군생활의 도움이 되는 말씀을 많이 해주셨다.

그리고 육군대학 입시를 위한 조언과 입시와 관련된 좋은 자료도 아는 사람을 통해 입수하여 주시기도 하며 온갖 후원을 아끼지 않으셨다. 서종근 중령님은 나보다도 더 나의 육군대학 입시에 관심을 가지셨다. 심지어 어느 때는 새벽 3시에 군용전화로 나에게 전화를 걸어서 내가 졸았거나, 전화를 빨리 안 받으면 '김소령! 지금 졸고 있지?'라고 하면서 나에게 충격을 주기도 하였으며, "지금 어느 땐데 조느냐"라고 호통을 치기도 하였다. 어떤 때는 너무 밀접감독을 하셔서 속상하기 까지 하였다.

서종근 중령님은 한번 밀어주면 끝까지 밀어주는, 그러한 끈질긴 근성의 소유자임을 나는 잘 알고 있기 때문에 나는 그분의 그러한 질책과 격려가 싫지 않았고 나에게는 늘 분수에 넘치는 고마움으로 남아있다. 나는 지금도 그분은 오직 내가 잘 되기를 바라서 그렇게 하신 것으로 나는 믿고 있다.

이제 또 남은 과제는 사단에서 하는 육군대학 추천 심사이다. 당시 전 육군의 소령을 대상으로 정규과정 학생을 선발하는 가장 중요한 결정적인 요소는 각 사단의 추천 서열과 개인의 시험성적을 종합하여 입학여부가 결정되었다.

그러니 시험성적은 좋으나 추천서열이 나쁘면 안 되고, 추천서열을 좋으나 시험성적이 나쁘면 안 되는 것이다. 시험성적도 좋고, 추천서열도 좋아야 합격이 되는 것이다. 사단에서 심사를 할 때 내가 전역 지원서를 제출했다가 취하한 전력을 가지고 일부 위원들의 태클이 있었는데도 박종업 연대장님은 끝까지 밀어 주셨다.

결론적으로 나는 서종근 중령(대령전역)님의 끈질긴 관심과 격려, 그리고 박종업 연대장님의 진정어린 후원으로 **육군대학에 합격**하여 1980년 초에 육군대학이 있는 진해로 이사를 했고, 대한민국 육군 소령의 로망인 진해에서 1년 동안 공부를 하게 되었다.

양구는 매우 험준하고 낯설었던 산골이었지만 내 인생의 진로가 크게 향상되는 계기를 만들어주신 홍은표 장군, 박종업 대령, 서종근 대령, **세 분의 은인을 만나게 해준 고마운 땅**이었다.

나는 모든 여건이 불편하였지만 흙먼지를 뒤집어쓰고 다녔던, 인간적으로 많이 정들었던 양구를 4년 만에 떠났다.

육군대학이 있는 진해로

나는 군 생활 하던 중 처음으로 군인이 이사를 할 때 대한통운 지원(현, 금호고속)을 받는 제도가 도입되어, 내 돈 주고 이삿짐 화물차를 임차하지 않고 이삿짐을 옮기는 혜택을 받았다. 그것도 계급에 따라 소령은 몇 톤짜리 상사는 몇 톤짜리 등으로 차량크기를 정해주었으며 그때부터 군인들이 전, 후방으로 이사를 하면서 길에다 돈을 다 날려버리는 사태가 발생하지 않게 되었다. 또한 그 당시부터 군인의 복지 혜택이 조금씩 나아져서 군인아파트도 단계적으로 건축되기 시작하였다.

대한통운에 이삿짐을 싣고 운전석 옆자리에 아내와 딸 자겸이, 이렇게 나란히 앉아서 우리 세 식구는 그토록 갈망했던 진해 육군대학으로 출발했다. 4년 전 구례에서 조그만 용달차에 밥 해먹을 냄비와 숟가락 몇 개, 그리고 덮고 잘 이불 보따리만 싣고, 장래가 보장되어 있지 않았던 낯선 양구로 왔을 때를 생각하면 성말 이렇게 잘 되어서 양구를 떠나는구나 하는 "격세지감"을 느끼게 되었다.

오는 도중 고속도로 휴게소에서 점심을 먹고 진해 육군대학에 도착하니 같은 기로 입교하기 위해 전국에서 이사 온 학생들로 북적댔다. 이사 기간은 통상 7일~10일 정도로 시간을 주었다. 그리고 아파트는 철저히 진급순으로 배정되었으며 나는 신축아파트 5층에 배정받고 싣고 온 짐을 올렸다. 한 시간 후에는 장인, 장모님이 인겸이와 함께 구례에서 전방으로 이사 갈 때 남겨두었던 장롱과 가구를 처 이모부님의 트럭에 싣고 도착 하셨다. 인겸이를 거의 2년만에 만나게 되므로 이제 부터는 우리 네 식구가 함께 살게 되었다.

군에 입대한지 10년 만에 처음으로 아파트 생활을 하게 되니 모든 것이 신기하기만 했다. 우선 화장실이 거실 가까이에 있어서 냄새나는 재래식 변소에 가지 않아서 좋았고 5층이라 높아서 전망도 좋아 우리 네 식구는 별 천지에 온 것 같아서 처음 몇 달은 시간 가는 줄 모르게 행복하게 지냈다.

제8장

육군대학 정규 제29기로 입교(진해에서~)

가족이 딸린 학생들과 학교생활

우리 동기생들은 어딜 가나 몇 명씩 만난다. 각종 사관학교 출신 기수별로 보면 아마 우리 동기생이 임관 인원이 가장 많은 것 같다. 입학도 많이 했지만 졸업도 많았기 때문에 2020년 1월에 임관50주년 기념행사 때 모였던 인원도 무려 400여명이 넘게 모였었다.

그때 정규29기로 입교한 동기생은 김태우, 김국평, 남종달, 손무호, 조현상 소령으로 나를 포함 총 6명이었다. 우리들은 모두 1~2명의 아이들이 있어서 모임을 나갈 때면 거의 1개 소대 병력 쯤 됨으로, 테이블이 적은 식당에는 갈 수가 없었다. 그래서 넓은 중국집이나 바다가 보이는 해물탕집 같은 곳에 주로 갔었다. 가끔은 남사끼리 부산 자갈치시장에 몰려가서 싱싱한 생선회도 먹고 오기도 하였다.

그 당시 우리 동기생은 대부분 신혼 초였기 때문에 아이들이 2명 정도 있었는데 그중에 **조현상 소령**과 손무호 소령은 아주 어린 아기가 있어서 어딜 나갈 때는 안거나 업고 나갔다. 남종달 소령은 우리들보다 나이가 많아 일찍 결혼하여 아이들도 컸지만, 그때는 정부 정책이 아들, 딸 구별 말고 두 명만 나으라고 했는데도 그 집은 4명의 아이를 가졌다. 지금에 와서 보면 오히려 애국자가 된 셈이다.

같이 공부했던 동기생 중에서도 가장 속마음을 터놓고 지낸 사람이 같은 아파트 5층에 서로 마주보고 1년을 함께 살았던 공병 장교인 **조현상 소령**이다. 맛있는 거 있으면 서로 나눠 먹고, 시장갈 때도 같이 갔다. 잠자는 시간을 제외하고는 거의 붙어서 살았다는 표현이 맞는 것 같다. 아이들도 두 집 모두 남매를 키웠는데 그 집은 딸이 큰아이고, 우리 집은 큰아이가 아들인 것만 틀리고 다른 것은 두 집다 비슷하다. 그 집 막내아이의 이름은 '항진'이로 내가 지금까지 기억을 하고 있다.

조현상 소령은 경기도 강화도가 고향이라서 그런지 성격이 항상 느긋하고 이해심도 많다. 그리고 뭐 바쁜 것이 없는데 비해 나는 경상도 출신이라 그런지 급한 성격에 강직함까지 있어서 서로 상반되는 사이임에도 불구하고 우리 둘은 너무 죽이 잘 맞았다. 학교를 졸업한 후에도 가끔씩 그리워하며 서로를 생각하고 있는 친구로 지내고 있다.

언젠가는 내가 돈이 급해서 조 소령에게 돈 좀 빌려 달라고 한 적이 있었다. 그때 조 소령은 아무 말 않고 통장을 내게 건네주면서 "필요한 만큼 찾아 써"라고 했었다. 나는 조 소령에게 고마운 생각을 하기보다는 만약 조 소령이 나에게 부탁했을 때 과연 나도 조 소령에게 아무것도 묻지 않고 통장채로 내어 줄 수 있었을까? 하고 나를 향해 질문을 해 본다.

우리가 육군대학에서 공부를 하고 있을 무렵에 우리나라에서 칼라TV가 첨으로 출시되어 너도나도 구입을 했었다. 나는 베트남에서 귀국할 때 사온 Sony 흑백 TV가 있기 때문에 구입하지 않았고 조 소령은 그때 구입을 했다. 그때만 해도 세계적으로 일본 제품이 제일 좋았기 때문에 나는 그 일제 흑백TV를 가보 1호로 삼을 정도로 여겼으므로 그대로 사용하기로 했다.

그런데 가끔씩 조 소령 집에서 칼라TV를 시청해보니 흑백TV는 현장감이 떨어지고 칼라TV에 비해 호감도가 낮아지는 걸 느끼게 되어 나도 몇 달 뒤에 칼라TV를 구입하였다. 그러나 전쟁터에서 귀국기념으로 사온 흑백 Sony TV는 그때의 추억이 묻어있는 물건이기에 버릴 수 없어서 몇 년 동안 이사할 때마다 귀찮지만 버리지 않고 끌고 다녔다.

조현상 소령 외에 또 한 명의 친했던 친구는 김태우 소령이다. 김 소령은 병참장교로서 아주 훌륭하며 우리는 내가 전역하는 그때까지 대전지역에서 함께 근무하며 우정을 지속한 친구이다. 육대에서 처음 만난 김 소령과 나는 대체로 생각하는 사고방식이 서로 비슷하여 금방 친해졌으며 가족 간에도 친하게 잘 지낸 친구다.

우리 둘은 육대에서 만나 1년간 함께 공부한 후 학교를 졸업한 뒤에도 근무하는 부대는 서로 달랐지만, 자주 만나곤 했었다. 언젠가는 우리가 만나자고 하여 만날 장소에 나갔더니 김소령은 나의 아이들에게 줄 선물을 가져 왔고, 나는 김 소령 아이들에게 줄 과자를 사 갖고 갔다. 우리는 선물을 주고받으며 "야! 우리는 역시 통하는 데가 있구나"라고 하면서 "이것이 이심전심이라는 걸까?" 하고 한바탕 웃은 적이 있었다.

그러면서 우리는 특별한 우정관계를 유지했으며, 중령 때는 육군본부에서도 같이 근무했다. 그리고 육본이 삼각지에서 계룡대로 부대이전 할 때에도 철모를 쓰고 함께 내려왔다. 계룡대에서 독신으로 와 있을 때도 함께 붙어 다녔고 대령진급도 같은 해에 하면서 더욱 가까운 관계를 가져왔다.

그리고 내가 마지막 전역 할 무렵에도 대전지역에서, 병기장교인 사관학교 같은 중대 출신인 박정국 대령과 셋이서 재미있게 지냈다. 얼마 후 나는 정년이 되기 이전에 그들보다 1~2년 먼저 군을 떠났다. 나는 군에서 전역을 한 다음해에 뉴질랜드로 이민을 갔다가 이민생활 4년 만에 대전 중문교회 장경동 목사님으로부터 교회 사무국장 직을 제의를 받아 다시 한국으로 오게 되어 지금까지 한국에서 살고 있다.

자식들 결혼식에도 동기생중 다른 곳에는 참석하지 못한다 하더라도 태우와 나는 어떤 일이 있어도 가봐야 할 그러한 친구이다.

태우 외에 과연 내가 기댈 수 있는 사람은 누구일까? 내가 부담 없이 내속을 드러낼 수 있는 사람은 몇 명이나 되는지? 손가락으로 세어 본다. 그래도 군에서 한두 명과 중·고교 친구에서 두 명은 있는 것 같다. 그래서 나는 외롭지 않다.

육대에 입교한지 얼마 되지 않았을 때 한번은 수요예배를 가기위해 아파트 5층 현관에서 옆집친구가 나오길 기다리고 있었는데 갑자기 딸 자겸이의 울음소리가 나서 보니 자겸이가 계단 아래로 굴렀다. 얼른 잡아 일으켜보니 계단에 박아놓은 동판에 이마가 찍혔다. 그래서 손가락 한 마디 만큼 찢어져 벌어진 사이로 피가 엄청나고 있었다.

급한 김에 진해시내로 한걸음에 달려 나가 가까운 병원에 가보니 병원 업무시간은 끝났지만 마침 원장님이 퇴근하지 않아서 응급으로 벌어진 상처를 꽤 메었다. 원래대로 하자면 피부과나 성형외과로 가서 치료를 해야 하는데 모든 병원이 업무가 끝난 시간이고, 당시는 서울 같은 대도시를 제외하고는 별도의 성형외과 같은 병원이 없기도 했다.

응급으로 찢어진 이마를 치료하고 아파트로 가다가 생각하니 교회를 가기 위해 모였다가 일어난 사고인데 그래도 교회는 가야되겠다는 생각이 들어 예배가 거의 끝날 시간이지만 아픈 애기를 데리고 교회로 갔다. 그랬더니 미리 와있던 "강창희 소령(국회의장 역임)이 깜짝 놀라, 아픈 애기를 데리고 왜 교회를 왔느냐" 하는 등 교인들이 걱정스러운 말을 많이 했었다. 그때 나는 내가 아픈 애기를 데리고 집으로 바로 가지 않고 교회로 간 것은 "하나님께서 내 딸의 상처를 빨리 고쳐 주시겠지" 하는 마음에서 인 것 같았다.

우리가 입교하여 공부하고 있는 몇 개월 뒤에 정규 30기가 입교하였다. 그들도 우리와 마찬가지로 일주일 정도 이사할 시간을 주어, 각자 학교에서 정해준 아파트에 이삿짐을 싣고 와서 정리를 하였는데 이사 온 학생 중 한 가족이 큰 사고를 당했다. 앞에서도 언급했지만 **연탄가스 중독 사고**였다.

당시육대는 졸업과 입학이 7일에서 10일 간격으로 이루어졌다. 앞기에서 졸업을 하고 이사를 가면 다음 기가 이사를 와서 공부를 하게 되었다. 이사하는 기간에는 누가 언제 이사를 오는지가 정확하게 체크가 안 되고 있었다. 왜냐하면 학교에서는 개인에게 보내는 입교 안내서에 언제까지 아파트 몇 동, 몇 호에 이사를 하라는 것만 명시되어 있었다. 그래서 이사하는 당사자가 짐을 싣고 와 교무처에서 아파트 열쇠를 수령하여 이사를 하기 때문이다.

사고를 당한 학생은 나의 3사관학교 후배였다. 사고를 발견 한 것은 이사한 지 3일째 되는 날이며, 사고발견은 사고를 당한 처가식구였다. 왜냐하면 친정 언니의 이사를 도와주기위해 함께 진해로 간 딸이 회사에 출근 날짜가 되었는데도 귀가를 하지 않아서 후배의 장인과 처가 식구들이 진해로 온 것이다. 지금 같으면 핸드폰이 있어서 금방 연락이 가능 하지만 당시에는 일반 전화가 아니면 연락할 방법이 없었다.

처가 분들이 도착해보니 아파트 문은 안에서 잠겨있는 상태였으며, 바깥에서 아무리 노크를 해도 안에서는 응답이 없으므로 결국에는 아파트 베란다를 뜯고 방에 들어가 보니 후배 부부와 자녀 두 명 그리고 이사를 도와주러 갔던 딸까지 모두 다섯 명이 가스 중독으로 사망을 한 사실을 발견하였다. 너무나 가슴 아픈 사고였다. 이사할 무렵 진해지역은 오랜 비 끝으로 인해 짙은 안개와 아파트 주변기압이 낮은 상태였다고 하였다.

이 책의 서두 부분에서 잠깐 언급이 됐지만 우리 동기생인 문경수 소령(대령전역)도 이 후배와 같은 30기로 입교하였는데 이사를 한 후 밤에 잠을 자다가 가스 냄새를 감지했다. 그런 즉시 문소령은 밤중에 잠자고 있던 온 식구를 깨워서 들쳐 업고 아파트 옥상에 갔다 누인 뒤에 응급처치를 하여 화를 모면하였다.

이 사건이 있은 후부터 학교본부에서는 직원으로 하여금 매일 아침마다 각 교실 앞에 벗어놓은 학생 모자 함에 대한 순찰을 실시하였다. 순찰하는 과정에서 만일 모자 함이 비어 있는 것이 발견되면 지체 없이 그 학생의 아파트를 방문하여 이상 유무를 확인하곤 했었다. 그때의 그러한 제도도 지금은 옛날 연탄 때던 시절의 얘기로 지난 지 오래 되었다.

교육 중에 있었던 또 하나의 불행 중 다행이었던 일도 있었다. 그건 당시 헌병으로 고참 이던 채문기 중령의 아들이 아파트 1층에서 놀다가 난간 사이로 빠져서 추락했는데 아기가 가볍고 화단에 잔디가 많아서 그런지 다행히 다친 데가 없이 잘 뛰어놀다가 무사히 졸업한 일도 있었다.

30기에도 우리 동기생이 5~6명이 입교하여 얼마간 우리와 함께 모임을 가졌다.

사생결단의 시험공부

육대정규 과정은 입학하기도 어렵지만 공부도 잘 해야 한다. 시험 평가가 상대 평가로서, 백분율로 나누어진 비율대로 상, 중상, 중, 하로 평가하기 때문에 여기서 평가결과가 나쁘게 나오면 어렵게 입학한 것이 오히려 입학하지 않는 것만도 못하게 되는 것이다.

그래서 시험기간 1주 동안은 완전히 전쟁상태가 된다. 우리가 육군대학에 입교하기 2년 전쯤인가 학생이 시험공부 도중에 졸도하여 사망 한 사례가 있었다. 그 후부터는 정기 시험 평가 기간 중에는 아파트 주변에 24시간 엠블런스를 대기 시켜 놓고 전 학생의 불의의 사고에 대비를 하였다.

육대에 입학한 대부분의 학생은 30대 초반의 나이로서 가정을 가진 한 가정의 가장이자 직업군인이다. 직업 군인이 된 이상은 군대에서 계속진급을 하여 군의 고위직으로 올라가는 것이 모두의 희망사항이다. 이러한 희망사항을 이루자면 남보다 더 나은 성적을 받아야 한다. 그러니 몇 초의 시간도 소중하게 되고, 또한 똑같은 학생에게 주어진 이 시간을 어떻게 사용하느냐? 가 매우 중요한 결과를 나타

내게 되는 것이다. 말하자면 시간과 체력을 잘 분배하여 적절히 대처함으로서 좋은 성적을 얻을 수 있는 것이다.

예를 들면 밤새도록 열심히 시험 준비를 하고도 시험 직전에 아팠다거나. 또는 시험시간에 건강을 위해 공부를 덜하고 잠만 충분히 잤다거나. 하는 것 의 조화를 잘 해야 하는 것이 본인이 해결해야 할 과제였다.

나는 육군대학에 입교할 무렵부터 혈압이 높게 나와서 늘 혈압관리에 신경을 많이 썼다. 그래서 새벽까지 공부를 하다가도 의식적으로 일찍이 잠자리에 들었다. 왜냐하면 공부 때문에 내 건강이 나빠지면 육대에 오지 않는 것 만 못 할 수 있기 때문에 나 스스로 체력유지와 공부하는 량을 잘 조절하여 졸업 시에는 별로 나쁘지 않게 평가를 받았다.

나의 어머니께서 고혈압으로 일찍이 하늘나라로 가셨기 때문에 나는 부모로부터 내려온 "본태성고혈압"이라고 했다. 육군대학을 졸업한 후 40년 이상 지금까지 혈압조절에 신경을 써 오고 있다. 혈압 조절을 위하여 비가 오나 눈이 오나 하루도 거르지 않고 열심히 걷기 운동을 하고 있다.

이렇게 일주동안 시험 평가가 끝나면 며칠간 방학에 들어간다. 5월 어느 날 나는 한 이틀을 예정으로 광주에 계시는 유영록 대령님을 뵈러 광주에 갔다. 광주시내를 버스로 지나면서 차창 밖으로 보니 그날은 일요일인데도 군인들이 무장을 하고 시내에 배치되어 있어서 나는 후방에서 하는 정기적인 향토방위 훈련인 줄 알았으나 그것은 훈련이 아니었다. 유 대령님을 만나고 보니 훈련이 아니라, 군인과 민간인이 서로 대처하여 상호간에 총격까지 벌어지고 있는 위급한 실제 상황이라는 것을 알게 되었다.

유 대령님은 오랜만에 만났음에도 불구하고 같이 식사도 못한 채 나에게 "빨리 진해로 돌아가라"고 하셨으며, 그것도 버스보다는 기차를 타고 가는 게 좋다고 하셨으며 여비까지 주셨다. 그래서 나는 황급히 택시를 타고 광주역에서 마산역까지 되돌아 왔다.

나는 유 대령님을 형님으로 모시면서 매번 받기만 하고 드리지는 못해서 늘 빚만 지고 있다. 그래서 지금까지 피를 나눈 형님, 유 대령님을 그리워하고 있다.

우리는 그 처절한 상황이 일어난 줄도 모르면서 진해에 묻혀 1년 동안 공부만 했던 것이다.

그 당시 우리들은 모르는 사이에 세상은 급변하게 요동 치고 있었던 모양이다. 항상 짧은 머리를 하고 검게 그을린 얼굴로 육대 교회에서 신앙생활을 같이 하던 강 소령이 보이질 않아서 물어보니 누구 비서실로 가면서 전역을 했다고 했으며, 누구는 전역하여 경찰 고위직으로 갔다는 등, 이런 저런 말 들이 나돌기도 하였다.

진해 군항제와 벚꽃축제

'진해'라고 하면 제일먼저 떠오르는 게 벚꽃이다. 벚꽃이 만개하여 터널을 이룰 때는 진해시와 해군에서 주도하는 진해 군항제 가 벌어진다. 도로 좌우에 늘어진 벚꽃 길을 걷노라면 누구나 꽃구름 위를 타고 가는 기분이든다고 했다. 그 풍경은 그야말로 장관이었다. 더욱이 야간에는 벚나무에 달아놓은 각종 야간 등이 더욱 많은 사람을 흥분하게 하였다. 먹을거리가 자판에 널려진 길은 많은 인파로 붐비었다.

우리 동기생 2개기 10여명은 벚꽃이 질 새라 가장 만개한 날짜를 잡아서 한군데 모여 사진도 찍고 꽃길도 거닐면서, 동기모임을 하여 행복한 시간을 함께 가지기도 하였다. 대체적으로 육대는 거의 동기생 아니면 수직으로 형성된 동문(선후배) 모임으로 이루어진다. 예를 들면 같은 기수로 입교한 1기생과 2기 또는 3기생이 팀을 결성, 각 기별 대항으로 어떤 대회(족구, 탁구, 테니스 등)를 하며 친교를 많이 가졌다. 그때 함께 공부한 후배기는 거의 3기까지였으며 일부 일찍 입교한 4기생도 몇 명이 있었다. 그중 3기생인 공병장교 함영근 소령과 한교출 소령이 자주 어울려 지냈었다.

우리 동기생은 인원도 많고, 따라서 아이들도 많아서 주로 중국집을 많이 갔는데 어른 아이 할 것 없이 탕수육에 사장면 한 그릇이면 그날은 최고의 날이 되었다.

어떤 날은 해군이 있는 군함에 승선하여 아이들에게 즐거운 시간을 가지게 하기도 하였다.

졸업과 동시 창원사단 파도부대로

 1년간에 걸친 육군대학 공부를 무사히 마치고 1981년 7월에 그동안 정들었던 동기생들과 또한 같이 공부했던 여러 학교 출신의 장교들 모두와 헤어져서 각자 부임지로 떠났다. 나는 다행히 같은 도내에 진해 바로 인접해 있는 창원에 위치한 파도부대로 발령을 받아 부임을 했다.

제9장

육군에서 가장 책임지역이 넓은 39사단

인사처 보좌관으로 보임

창원은 내가 1년 동안 진해에서 공부하는 동안 자주 다녔던 곳이라 별로 낯설지 않아 좋았다. 나는 인사특기라서 **인사처 보좌관**으로 보직을 받았으며, 사단은 마침 얼마 전에 아파트를 새로 건축하여 운이 좋게 깨끗한 새 아파트로 이사를 했다.

당시 소령 급에게는 군용 지프차가 없었다. 예외로 소령 급에게 지프차를 제공하는 경우는 사단 특별참모 이거나 일부 직할대장에 한해 제공되었다. 그래서 나는 아파트에서 출퇴근 할 때 대부분 걸어서 다녔다. 출근거리는 약 20분 소요됐지만 지프차로 출퇴근 하는 사람들 보다는 아침저녁으로 운동을 하는 장점도 있었다.

이 부대 역시 미리 부임해온 동기생이 2명이나 자리 잡고 있어서 외롭지 않았다. 한 명은 작전처 보좌관 김인도 소령이며 한 명은 인접해 있는 사단 작전처 보좌관 박종일 소령이었다. 박종일 소령은 사관학교에서 공부할 때 같은 중대 출신으로 이전부터 알고 있던 터라 더 반가웠다.

공교롭게도 우리 세 명은 같은 교회를 섬기게 되어 자주 만나며 친교를 나누고 지냈다.

당시 사단장은 **김준봉 장군**이셨으며 그는 지, 덕을 겸비한 분으로써 그 광범위한 지역임에도 불구하고 사단을 원만하게 지휘 통솔 하였다. 사단의 책임지역은 서쪽으로 부터는 남해를 기점으로 종으로 지리산의 산허리인 산청, 함양, 거창으로 방호선을 시작으로 하여 동으로는 울산 끝자락까지 담당하는 임무를 가졌다. 그 시절 사단 참모 및 보좌관들은 일주일에 한두 번은 거의 야간 해안 순찰에 투입되어 해안 경계태세를 점검하고 위문하고 새벽에 숙소로 돌아오곤 했었다.

한번은 충무 바닷가 초소를 순찰하고 횟집이 늘어서 있는 도로를 이동하고 있는데 몇 발치 앞에 보니 '공병삽 삽날'만한 고기 한 마리가 달빛에 비늘을 번쩍이며 펄떡 거리고 있었다. 가까이서 보니 꽤 비쌀 것 같은 '도미'였다. 그 옆을 보니 횟집의 수족관이 반쯤 열려 있었다. 횟집주인이 장사가 끝난 후 뚜껑을 잘못 닫아서 그런 것 같았다. 이유는 모르지만 같이 갔던 문 대위에게 펄떡거리는 그 고기를 수족관에 넣어주고 덮개를 잘 닫아주라고 했다.

특히 우리사단은 명절에는 사령부 전 장교가 해안초소를 배정받아서 방위협의회에서 준비해준 선물을 들고 해안초소를 위문하였다.

새벽 일찍이 사단 사령부를 떠난 장교들은 해뜨기 직전에 초소에 도착하여 위문하였다.

위문을 마치고 사령부로 귀대를 하는데 대부분의 식당은 명절 아침이므로 문을 닫고 영업을 하지 않았기 때문에 뭐라도 사 먹을 수 없어 아침을 굶은 상태로 각자 자기 숙소로 돌아왔다. 지금 같으면 편의점이라도 있어서 간단히 요기를 했을 텐데 우리는 명절 아침은 당연히 굶는 날이라고들 생각했다.

그 당시 군인들은 안보를 제일로 삼고 적의 침투를 방지하기 위해 그토록 온갖 심혈을 쏟았는데, 지금은 휴전선 이남의 해안에는 철조망조차 찾아보기 힘드니 간첩이 어디로 얼마만큼 침투하는 것을 흔적이라도 찾을 수 있을지 의문이다.

내가 근무할 당시 지역 **예비군 중대장**을 **국가 5급 공무원(사무관)**으로 임용하는 제도가 새로 생겼다. 자격은 전투병과 출신 예비역 대위와 소령을 대상으로 선발했다. 그러니 중위출신과 중령출신은 자격이 안 되었다.

그 제도가 시행되기 이전에는 중위 출신도 여러 명이 지역 중대장을 했었는데 이제도가 시행됨에 따라 유능한 중위출신 중대장들이 퇴직을 하는 아쉬운 일이 발생하였다. 이 업무를 주관하던 부서가 우리 부서였다.

공무원의 대부분은 사법고시나 행정, 외무, 기술고시에 합격해야만 5급 공무원이 되는데 예비군중대장은 서류심사에 합격하면 5급이 되었으니 참으로 좋은 기회여서 많은 예비군 지휘관들이 혜택을 보았다.

나는 39사단에서 근무할 때 앞 이빨이 잘못되어 치과에 가서 보철을 하기로 했는데, 그때 형편으로 예산이 부족하여 망설였더니 아내는 나에게 내가 결혼할 때 예물로 해준 금목걸이가 있으니 그것으로 치과에 갖다 주고 이빨을 해 넣으라고 했다. 그래서 우리는 나중에 이보다 더 좋은 목걸이를 해주기로 약속하고 5돈짜리 금목걸이를 주고 이빨을 해 넣었던 것이 40년이 지난 지금까지 그대로 끼어져 있다.

얼마 전에는 딱딱한 음식을 씹다가 그 소중한 사연을 안고 있는 앞 이빨에 미세하게 크랙이 갔다. 그래서 나는 서울에 유명한 치과를 예약 해놓고 날짜를 기다리다가 문득 아내 생각이 번뜩 떠올랐다.
하마터면 나도 모르는 사이에 그때의 이빨을 빼고 좋은 것으로 바꾸는 과정에서 지금까지 내 몸 한부분에 붙어있던 아내의 일부분이 없어지게 될지도 모른다는 생각을 하고 소스라치게 놀랐다. 그래서 나는 치과에 해놓았던 예약을 취소하고 좀 보기가 싫더라도 그대로 지니고 있기로 했다. 이것은 아내 현순의 분신이니까~~.

부임 후 2개월쯤 지난 어느 날 나는 아주 황당한 임무를 받았다. 참모장이신 정남기 대령께서 "참모장실로 오라"고 인터폰이 와서 갔더니, 내일 오전에 마산 종합운동장에서 전국체전 개막식이 열리는데 그때에 대통령이 오시게 되어 있고 입법, 사법의 수장들이 참석하게 되어있는데, 그 자리에 우리 사단장을 참석할 수 있게 하라는 것이다.

아니~ 내일 있는 그 행사가 하루밖에 안 남았는데 내가 무슨 수로 사단장님을 그 자리에 참석 할 수 있게 한다는 것인가? 그리고 사단장님이 참석해야 했으면 최소한 1개월 전에 관계기관과 협조해서 일을 진행했어야 되는 게 아니었는가? 그리고 이런 업무는 사단참모장이나 비서실에서 하는 것이지 힘도 빽도 없는 인사처 보좌관이 무슨 수로 한다는 말인가? 내가 무슨 그때 "잘 나가는 ㅇㅇ출신도 아니고 ㅇㅇ회도 아닌데 나보고 어쩌란 말이냐"라고 참모장께 항변했다. 그런 나에게 참모장은 거두절미하고 이유는 묻지 말고 '사단장'님 지시니 빨리 가서 임무를 성사시키라고 했다. 어쩔 수 없이 나는 지프차를 한 대 얻어 타고 내일 전국체전 개막식이 열린다는 마산 종합운동장으로 갔다.

운동장 주변은 벌써부터 경호요원들로 진을 치고 있어서 누구도 마음대로 운동장 안으로 들어갈 수가 없었다. 다급한 나는 우선 이 행사의 의전과 초청, 그리고 경호를 담당하는 책임자를 만나서 사정을 해야 되겠다고 마음먹고 가까스로 운동장 안으로 들어갔다.

누가 책임자인지 누구를 만나야 되는지 도무지 알 수가 없었다. 운동장 안에는 많은 사람들이 제각기 자기가 맡은 일들을 하느라 바쁘게 움직이고 있었다. 나는 이리저리 왔다 갔다 하다 보니 점심도 먹지 못했는데 벌써 오후 3시가 지났을 때 본부석 부근에서 아는 사람을 만났다.

그는 다름 아닌 육군대학 정규 29기 동기인 **채문기 중령**이다. 나는 구세주를 만난 기분이었다. 어떻게 해야 하는지 몰라서 헤매고 있던 차에 채 중령을 만나니 너무 반가웠다. 나를 본 채 중령은 어떻게 여길 왔냐고 했고, 나는 급한 사정을 말했더니, 채 중령은 대뜸 "야~~ 초청장이 나간지가 보름이 넘었고, 지금은 내무부 행정담당관이 본부석의 좌석 배치까지 다 끝났는데 이제 오면 어떻게 하냐?"라고 하면서 나보다 더 황당해했다.

채문기 중령은 육대를 졸업한 후 경호실에 발령이 나서 내일 행사를 하기 위해 미리 와서 경호와 의전 등을 준비하고 조율을 하고 있던 터였다. 그때 마침 베트남에서 인접중대장을 하던 **강신욱 중령**이 나타나서 인사를 했더니 놀란 표정으로 채 중령은 강 중령에게 "야 너 김영록 소령을 어떻게 아느냐?"라고 했다. 그러니 강신욱 중령은 "내가 베트남에 있을 때 같은 연대에서 전투한 전우였다"라고 했다.

그는 백마30연대 2대대 7중대장으로 캄란베이를 오가는 보급선의 방호를 위해 "캄토반도"에 1개 소대를 배치하여 방어하고 있었으며 나는 연대 박격포 소대장으로 강신욱 대위가 지휘하는 소대를 지원하기 위해 함께 주둔했었다. 채 중령과 강 중령은 같은 육사 동기로 경호실에서 근무하고 있었다.

관계가 이렇게 엮이면서 무조건 김소령을 도와주어야 한다고 결정이 되었으며 우선 점심부터 먹고 하기로 하고 운동장 바깥으로 나가 늦은 점심을 먹었다. 그리고 나서 온갖 방법을 연구한 끝에 이제

와서 일련번호로 발송된 비표를 줄 수도 없으니 내일 사단장님의 입장은 비표 없이 2성판(차량 앞 범퍼에 붙이는 별판)만 달고 승차한 상태로 2번 게이트로 입장하면 경호원이 알아서 통과시키도록 최종 결정했다. 그 다음에는 내무부 행정관과 협조하여 전방본부석에 좌석도 정부 의전서열에 의해 조정하여 다시 정했다.

이렇게 하여 내일 사단장께서 전국체전 개막식에 참석 하실 수 있게 조치를 하였다. 좌석배치 조정까지 끝나고 보니 거의 자정이 되었다. 나는 운전병을 다그쳐서 급히 사단장 공관에 도착하니 사단장께서는 그때까지 주무시지도 않고 계셨다. 나는 사단장께 지금까지 처리한 사항을 다 설명 드렸더니 너무 기뻐하셨다.

그런데 금방 나에게 질문을 하셨다. 그것은 "다 좋은데 만약 내일 내가 입장 할 때 비표가 없다고 통과를 안 시키면 어떻게 할 건가?"라고 하셔서 나는 "무조건 되니까 염려 마시라"고 하였으나 사단장님은 혹시나 경호실 요원이 제지를 할 경우에 대한 불안함에 찝찝해 하셨다.

그래서 나는 경호실에서 나와 직접 경호업무를 담당하는 채 중령을 사단장님과 직접 연결해 드리는 게 제일 확실하겠다고 마음먹고 아까 적어준 연락처로 이미 잠자리에 들어간 채 중령에게 전화를 걸었다. 그리고 내가 보고한 내용을 사단장님께 직접 말씀드려 달라고 전화를 바꿔 드렸다. 전화로 채 중령이 사단장님께 말씀드린 내용은 김소령과는 육대동기로 잘 아는 사이며, 같이 근무하는 강 중령과는 베트남에서 함께 전투를 한 전우였다는 말과 함께 중요한 '**비표**'는 지금 드릴 수가 없어서 "**2성판**"으로 대신 했다는 것과 내일 앞을 좌석은 좌측 몇 째줄 몇 번이란 것까지 다 말씀을 드렸다.

사단장께서는 채 중령으로부터 내가 보고 드렸던 내용 그대로를 다 듣고 난후에야 웃으시면서 나에게 "고맙다"라고 하셨다. 나는 사단장님께 잘 주무시라고 인사를 드리고 집에 도착하니 새벽 3시였다. 늦었지만 잠자리에 든 나는 그 보이지 않는 불확실한 상황 속에서 두 분의 은인을 만나게 하여 깔끔하게 내게 맡겨준 임무를 완수하게 해주신 하나님께 감사를 드렸다.

나는 이번 일을 처리 하면서 매우 중요한 것을 배웠다. 하나는 평소 대인관계가 얼마나 중요한 것이며, 또 하나는 김준봉 사단장님의 지휘 철학이었다. 그것은 지휘관이나 관리자는 끝까지 확인해야 한다는 것이다. 그것은 **"안 된다고 하면 어떻게 할 것인가?"** 이다.

나는 그 뒤로 군 생활을 하면서 김준봉 장군의 이 "지휘철학"을 항상 마음깊이 새기면서 근무함으로써 어떤 업무라도 실수 없이 완수하였다. 이러한 사단장님의 철학은 전역 후 민간단체에 종사 할 때도 그대로 적용함으로 모든 업무를 큰 대과 없이 마칠 수가 있었다.

나는 그 일이 있은 후에도 지휘부에서 지시하는 특별한 임무도 몇 번 수행하였는데 그중 하나는 사단장께서 미국 시찰계획이 있었는데 시찰에 필요한 일체의 사항을 잘 준비해 드린바가 있었다. 결국 사단장님은 미국시찰을 잘 마치셨고, 귀국을 하실 때는 나에게 특별히 선물도 사다 주셨다.

중령진급과 합천대대장으로 부임

중령으로 진급 심사를 앞두고 나는 대통령이 우리 집을 방문하여 안방 아랫목에 앉았다가 나와 식사를 하시고 가신 꿈을 꾸었다. 속설로 임금이나 높은 사람의 꿈을 꾸면 좋은 일이 생긴다 해서 나는 그 꿈 얘기를 아무에게도 하지 않았다. 심지어 아내에게 까지도 하지 않았다. 오직 그 꿈 얘기는 내 가슴속에만 담아두고 진급 발표하는 날까지 기다렸다. 옛날 어머니께서 하신 말씀이 좋은 꿈은 얘기하지 말라고 하셨다. 부정 탄다고~~.

나는 꿈 덕분에서인지 그해 진급 심사에 합격하여 중령으로 진급을 하였다. 작전처 보좌관 김인도 소령도 진급의 영광을 함께 얻게 되어 기쁨이 배가 되었다.

진급 후 김인도는 다른 부대 대대장요원으로 가고 나는 사단에 남아서 민사참모를 하고 있었는데 어느 날 갑자기 합천 대대장으로 내일 당장 부임하라는 사단장의 명령이 떨어졌다. 그때는 나를 진급 시켜주신 김준봉 사단장님은 육군본부로 영전하시고, 그 후임으로 합천이 고향이신 송선용 장군님이 사단장으로 부임하신지 몇 달이 지난 후였다.

참고로 내가 알기로는 그 당시의 인사방침은 전방부대를 제외한 후방부대 지휘관(대대장, 연대장, 사단장 등)은 가급적이면 자기 고향 지역 출신자로 보임시키는 것이 관례였다. 왜냐하면 후방시역작전은 지역 방위협의회를 잘 운영함으로 작전을 성공적으로 수행할 수 있다는 논리에서 나온 것이다.

당시는 지방 행정책임자인 광역시장, 도지사. 그리고 시장, 군수가 각 행정단위의 의장이 되고, 대대장에서 부터 사단장에 이르기까지 군 지휘관은 작전에 대한 책임을 지고 지역경찰 부서장과 협조하여 책임지역을 방어하는 개념이었다.

자기지역은 자기들이 책임지고 적과 싸워 이기려면 평소부터 유대가 잘 되어야 함으로 같은 고향 출신들로 기관장이 구성되었다. 그렇게 되면 뿌리부터 내려오는 근성이라든가 살아나온 환경과 생활 습성이 대부분 같기 때문에 화합이 잘될 것이라는 논리인 것이다.

때문에 그 당시는 자기출신 고향으로 많이 부임을 하였다. 그런데 언젠가는 후방 지휘관은 가급적이면 자기출신 고향으로 지휘관을 보직 시키지 않을 때도 있었다. 왜냐하면 군 지휘관이 고향 쪽으로 부임하게 되면 고향 선후배로 얽히어 있다거나, 친인척 등의 연결고리로 인하여 인사 청탁과 부정부패의 원인이 되는 요인을 많이 유발하게 됨으로 자기 고향으로의 지휘관을 보직시키는 것을 지양 할 때도 있었다.

어찌됐든 나는 급하게 **합천 대대장**으로 부임을 했다. 대대본부는 합천군 율곡면 임북리로서 그 당시 전두환대통령 생가와 같은 동네에 위치하고 있었다. 내가 대대장을 하고 있을 무렵에 버마 아웅산 사건이 발생하여 유능하고 아까운 많은 정부 인재들이 목숨을 잃었다.

당시 합천 군민들은 자기내 고향에서 대통령이 배출된데 대하여 엄청나게 자부심을 가졌고 또한 대통령에 대한 기대도 컸다. 그때는 행정관서장 대부분은 임명하는 제도였으므로 합천의 행정관서장으로 부임해오면 아주 영광스럽게 여겼다. 나는 무엇보다 지역방위협의회를 활성화하여 지역 향토방위를 완벽하게 하기 위하여 군수와 경찰서장을 자주 만나서 향토방위작전에 관하여 많은 대화를 했다.

지역 예비군중대장(5급 사무관)들도 대부분 임관년도가 나보다 후임이라서 대대본부에 있는 중대장과 같이 한 가족처럼 대해주었다. 합천은 읍, 면이 다른 군(郡)에 비해 적은편이라서 예비군 관리업무가 수월한 편이였다.

내가 합천 대대장으로 근무하는 동안 우리 아버님께서 딱 한번 합천을 방문하셨다. 아버님은 내가 대대장이 되어 지휘봉을 들고 부대를 지휘하고 있음에 무척 자랑스럽게 생각하고 계셨다. 합천은 팔만대장경으로 유명한 해인사가 위치하고 있다. 나는 멀리서 아들집에 오신 아버님에게 지프차로 모시고 해인사를 구경시켜 드렸더니 너무 기분이 좋으셔서 "야 경치가 너무 좋구나."라고 연신 차창 밖을 내다보시곤 하셨다.

나는 생전에 아버님께 자랑스러운 아들이 연대장으로 취임하는 모습을 보여드리지 못해서 늘 죄송스럽게 생각하고 있다.

우리 대대는 내가 대대장으로 부임한 지 1년도 못되어 연대단위로 작전지역이 조정됨에 따라 대대가 합천에서 경남 의창(현재, 창원시)

군 으로 이동을 하였다, 대대본부는 의창군 내서면에 위치하였으며, 예비군 자원관리도 마산대대가 담당하던 인원의 50%를 인수받아 관리하게 되었다.

당시 우리연대는 연대장은 이용열대령님이셨는데 대전고 출신으로 매우 인자하시고 박식하셨으며, 부대지휘는 가급적 대대장에게 재량권을 대폭 위임해 주었다. 대대는 대대장 자율에 의한 부대를 이끌도록 함으로써 우리연대가 사단에서 앞서가는 견인차 역할을 하는데 크게 기여하였으며, 전역하신 후에는 나와 같은 대전에서 살고 있으시다.

나는 작년(2019년)에 일부러 시간을 만들어서 같은 아파트에 살고 계시는 박경석 장군님과 함께 모셔서 식사대접을 한 적이 있다. 나의 상관이신 두 분은 서로 대전고 선, 후배가 되시기에 한 자리에 모셨다. 두 분께서는 동문사이로서 많은 얘기를 나누시며 잠시나마 뜻깊은 시간을 가지셨다.

우리연대는 행정 구역이 넓어서 대대장은 3대대장인 나를 비롯하여 1대대장은 김동익 중령, 2대대장은 이익원 중령으로서 두 명 모두 사관학교 2기생으로 내 후배였다. 1대대장 김동익 중령은 성품이 매우 싹싹한 편이고 판단력이 빠르며 대인관계가 좋아서 상급지휘관은 물론 마산지역 행정관서장들로부터 신망이 두터운 장교였다. 그는 장래가 유망한 장교였는데 전역을 하자마자 금방 서울 강북에 있는 회사에 취직이 되어 첫 출근을 하는 날, 불행하게도 버스에 탑승한 채 "성수대교 추락사건"에 불의의 사고를 당하여 애석하게 일찍 하늘나라로 갔다.

또한 3개 대대장 외에 해안과 예비군자원관리를 담당하는 5~6개의 해안 및 관리대대장이 함께 근무를 했었다. 나는 대대장을 2년간 하는 동안 '합천'에서 삼분의 일, '의창'에서 삼분의 이를 하여 임기를 다 마치게 되었다.

의창에서 대대장을 하는 동안에는 마산, 창원에 있는 동기생들과 정기적인 모임을 가지면서 많은 우정을 나누었다. 그때 자주 만났던 동기생은 옛날 논산훈련소에 같이 입대하여 훈련을 받았던 이진흥 삼성병원 사무국장과 내가 양구 21사단 예민처에서 근무 할 당시 인접 2사단 예민처에서 근무했던 한전 이윤석 과장, 그리고 사단 본부대장 한남섭 장로와 사단 기무부대 정표영 기무부대장 등이다.

나는 2년간의 임기 중 여러 분야에서 성공적으로 임무를 수행하여 사단 내 27개 대대장 중에 세 번이나 **사단선봉대대장**에 선발되었다. 그래서 사령부에 우리대대 대대기가 선봉대대 깃발로 계양되었으며, 선봉대대 동판이 새겨졌었다. 나중에는 우리대대 깃발만 올라가니 다른 대대장 보기에 미안하기도 했다.

당시 우리사단은 분기 또는 반기별로 사단 각 참모부에서 전투력 측정과 부대관리 상태를 평가하여 종합된 점수를 사단장께 보고하여 결재하면, 선정된 최우수 선봉대대에 대해서는 사단전체 지휘관 및 참모 회의 때 표창장을 수여하고, 전 참석자가 보는 가운데 선정된 대대기를 사단장과 해당 대대장이 함께 계양하는 제도가 있었다.

계양된 대대기는 다음 분기에 선발된 대대기로 교체되어 계양되지만, 우리대대 같은 경우는 몇 분기를 계속하여 계양되기도 했었다. 이러한 제도는 대대장으로 하여금 경쟁심을 유발시켜 각 대대별로 열심히 노력하게 함으로써 최종적으로는 사단의 전투력을 향상시키기 위한 좋은 제도였다.

나의 이러한 대대장 임기는 무사히 잘 마치게 되었으며, 대대장을 하는 기간 중에는 인접 대대에 대대장으로 근무하던 동기생 전수천 중령과 보국훈장 삼일장을 같은 날 수상하기도 했다. 후임대대장은 사령부에 근무하던 이경창 중령이었으며 이·취임식을 한 후에 나는 사단 사령부 **동원참모**로 보직을 옮기게 되었다.

그때의 후방 사단은 작전참모가 주무참모였지만, 후방의 특성상 향토방위의 주체가 예비전력이므로 이러한 많은 수의 예비군을 자원관리 하고 훈련을 담당하는 동원참모 또한 작전참모 못지않게 중요한 직책이었다.

육군본부 동원참모부로

사단 동원참모로 부임한 나는 그야말로 예비군업무와 동원업무에 관해서는 전문가가 다 되었다. 후방에서 1차 중대장을 하면서 동원 및 예비군 업무를 배우기 시작하여 전방사단의 예비군 운영 장교를 하면서 소령으로 진급을 하였다. 그리고 인사처 보좌관시절에는 예비군 지휘관 인사관리와 병력 및 예비군 동원업무를 하면서 중령으로 진급을 하였으며, 대대장 역시 후방 향토사단에서 동원업무와 예비군 교육훈련을 지휘통솔 함으로써 명실공이 예비군 및 동원 '맨'이 된 것이다.

내가 사단 동원참모로 부임할 무렵에는 합천이 고향이신 송선용 장군 후임으로 경남 함양이 고향이신 박웅 장군님이 사단장을 하셨고, 원병섭 대령께서 사단 참모장을 하셨다. 또한 사단 작전참모는 내가 베트남에 있을 때 같은 연대에서 함께 근무했던 이승관 중령이이었다. 그 당시 이승관 중위는 연대 헬기장교를 하였고 나는 지원중대 4.2인치 박격포 소대장을 했었는데 14년이 지난 지금은 중령 계급장을 달고 같은 사령부에 근무하게 되어 참으로 반가웠다.

작전참모 이승관 중령은 육사 26기로 나와는 같은 해에 임관 했다. 그래서 그의 동기들은 우리 동기들과 거의 같은 단계를 거치면서 군대 생활을 해오고 있다.

육군대학을 졸업하고 39사단으로 전입한 후로 소령에서 중령으로 진급을 하였으며, 중령계급에서 필히 역임해야 할 대대장도 마쳤으니 지금부터는 성숙한 한사람의 군인이 되었다고 볼 수 있다.

아주 옛날에는 중령부터 고급 장교라고 해서 정모 체양에 무궁화 잎을 새겼었다. 그런데 언제부터인가 영관장교 전체를 별도로 구분

하기 위해서 소령부터 일괄적으로 정모 체양에 무궁화 잎을 새기는 제도가 도입되어 지금까지 이어져 오고 있다.

사단동원 참모로 보직된 나는 모든 업무를 원활하게 잘 처리하였다. 위관 장교 시절부터 대부분의 직책을 동원 분야를 역임하였기 때문에 지휘관을 보좌하거나 예하부대 지휘관들의 업무를 슬기롭게 잘 조언 해줌으로써 내가 담당하는 업무분야에 있어서는 항상 모범적으로 수행하였다.

한번은 참모 임기가 아직 반이나 남아있을 때에 육군본부 동원참모부 인력동원 과장 한명시 대령 팀이 우리사단에 동원 업무실태에 대한 감사를 나왔다. 이틀간 사단사령부와 연대, 대대, 그리고 예비군부대 및 관련부서를 감사한 후에 감사결과에 대한 평가를 지휘관회의를 하는 자리에서 아주 우수하게 평가하였고,

나에게는 개별적으로 지금 하고 있는 동원참모 임기가 끝나면 육군본부 동원참모부 인력동원과로 와 달라고 했다. 그래서 나는 지금의 내 임기를 6개월이나 남겨놓는 상태에서 다음 보직을 결정하게 되었다. 그래서 나는 차기 보직에 대한 별다른 걱정이 없이 남은 임기를 잘 마칠 수 있었다.

중령들은 대부분 차기 계급인 대령으로 진급을 하자면, 사단참모를 마치고 난 다음에 어떤 보직을 받느냐가 매우 중요하였다. 그래서 기를 쓰고 진급이 될 가능성이 있는 자리로 보직되길 희망하지만, 그런 자리는 이미 다 차있는 상태고, 아니면 거의 예약이 되어 있기 때

문에 보직받기가 참 쉽지 않았다.

그러므로 나 같은 경우는 올해가 아주 중요한 시기였다. 당시 사단에서 육군본부로 발탁된다는 것은 아주 행운이라고 볼 수 있다. 내가 가는 육군본부 병력동원 장교의 전임자는 박준근 중령(중장예편)은 육사25기로서 박경석 장군님과 같은 대전고 출신이다. 이러고 보니 나는 경상도 출신임에 비해 전라도 출신 장교 분들로부터 많은 도움을 받았고, 이렇게 대전고 출신들과도 여러 명 인연을 맺었다.

나는 사단 동원참모를 하는 기간 중에 참모장이신 원병섭 대령의 인간관리방법에 대해 많은 감명을 받았다. 원병섭 대령은 모든 참모 및 직할부대장들을 관장 하실 때 주어진 계급과 직책을 가지고 명령적으로 하지 않고, 아랫사람에게도 인격적으로 대해주심으로 사령부의 분위기는 항상 부드러웠다.
나는 전방에서 사단 참모장을 할 때 그 당시 원병섭 대령의 그 모습을 떠올리며 그분이 관리했던 그 방식대로 참모부와 직할대를 잘 관리하여 사단이 '대통령 부대표창'을 수상하는 군단 내 우수 부대가 되는 좋은 결과를 가져왔다.

원병섭 대령은 그 뒤에도 육군본부 감찰감실로 부임하여 내가있는 동원참모부 사무실로 오셔서 많은 격려를 해 주시곤 하였다. 며칠 전에는 당시 사단 기무부대장으로 있었던 정표영 동기생으로부터 서울에서 원병섭 대령을 만나서 옛날 사단 얘기를 하는 중에 나에 대한 말도 했었다고 해서 더욱 뵙고 싶었다.

나는 주어진 사단 동원참모직을 무사히 마치고 1987년 초에 모든 장교들이 근무하고 싶었던 육군본부 동원참모부 인력동원과로 발령을 받았다. 6개월 전 한명시 대령께서 약속하신 바 있는 그곳으로 가게 되었다.

제 10 장

육군본부에서 대령으로 진급하다

삼각지 육군본부에서

그 당시 육군본부는 삼각지에 위치하고 있었는데 군인아파트가 근무인원에 비해 부족하였기 때문에 대다수는 육본근처에 개인이 월세 집을 준비해서 일정한 기간(6개월 전후)을 살다가 전입 순서에 따라 육본아파트로 이사를 했었다.

나는 이태원 군인아파트를 신청해 놓고 군인아파트에서 가까운 보광동에 민가 2층을 세내어 이사를 하였다. 2층 전체라곤 하지만 창원사단 아파트에 비하면 너무 협소하고 난방장치가 제대로 되어있질 않아서 상당히 추웠었다.

그리고 이사할 때 제일 힘들었던 것은 딸 사검이의 피아노였다. 그 집은 2층으로 올라가자면 좁게 꺾어진 계단으로 올라가야 하는데, 통로가 협소하여 피아노를 꺾어진 계단으로 올리지 못하여 집 담장

밖에서 올리느라 엄청 애를 먹었다. 물론 이삿짐 운전차량 기사가 주도했지만 내가 함께 하느라 많이 힘들었다. 어느덧 6개월이 지난 다음에 나는 입주 순서에 의해 이태원 군인아파트로 이사를 했다.

이태원 군인아파트는 방 두 칸짜리지만 나는 서울 어느 고급 호텔보다 더 좋았다. 나는 참 행복했다. 이제는 제대로 서울 사람이 된 것이다. 내가 사랑하는 아내와 아들, 딸과 함께 편히 지낼 수 있는 내 집에서 육본 통근차량으로 출, 퇴근하게 되어 정말 부러울 게 없었다.

육군본부 업무체계는 각 처장 책임 하에 이루어지고 있으며, 처장은 '준장'이고, 그 위가 육군소장인 부장이다. 각처에서 기안된 각종 '안'은 부장이 결재하면 그 참모부의 정책이 발의된다. 그리고 중령은 업무의 실무자로서 부장까지 대면하여 보고 및 결재를 받게 되어 있다.

사무실은 '과' 단위로 되어 있는데 내가 속한 인력동원과는 과장인 한명시 대령을 위시하여 예비군훈련파트에 김재철 중령과 박병승 중령, 그리고 병력동원파트에 전임자인 박준근 중령과 내가 있었고, 인력담당에 안준걸 부이사관, 교육지원 및 행정파트에 김현치 서기관과 김군태 중령, 정명해 소령, 그리고 타자수(여)가 있었다.

지금은 **개인 컴퓨터**가 지급되어 모든 업무는 기안하는 당사자가 워드로 기안문을 작성하여 결재를 올린다거나 예하 부대로 공문을 하달한다. 그러나 그때는 기안자가 기안지에 수기로 공문을 작성하여 타자수에 의뢰하면 타자수가 타자로 작성해준다. 그러면 그 문서를 가지고 결재를 올린다거나 프린트 하여 예하부대에 하달했었다. 따라서 그때는 각과의 타자수(여성)가 매우 중요한 역할을 했다.

심지어 각 실무 장교는 타자를 쳐야 할 양이 많을 때는 퇴근도 못하고 타자수에게 사정을 하여 함께 밤늦게까지 일을 할 때도 많았다. 때로는 옆 사무실에 있는 타자수에게 타자를 부탁할 때도 가끔 있었다.

군대에 개인 컴퓨터가 도입된 것은 대체적으로 1990년대 초 부터로 추정된다. 그 당시 나는 이미 결재하는 위치에 있었기 때문에 컴퓨터를 가까이 접하지도 않았고, 따라서 문서를 작성하는 방법도 배우지 않았다. 때문에 지금까지도 '준' 컴맹에 해당된다고 볼 수 있다. 약간의 '서핑'과 독수리 타법으로 교회기도문 정도만 작성 할 수 있는 실력이다.

나는 군 생활 하는 동안 육군본부에서 두 번 근무를 했었는데 한번은 중령 때 동원참모부 인력동원과에서 또 한 번은 대령 때 작전참모부 예비군 훈련과장으로 근무를 했다. 나의 30년 넘는 군 생활 중에 가장 정열적으로 근무한 곳이 바로 삼각지 육본 근무 시절이었다.

나는 거의 2년 동안을 밤 12시 이전에 퇴근해 본 기억이 별로 없을 만큼 많은 업무를 처리했다. 그 당시는 전임자인 박 중령이 대령으로 진급이 되어 타부대로 전속되고, 서정권 중령과 김선길 소령이 우리 과로 와서 함께 일을 하게 되었다.
나와 서 중령, 그리고 김 소령은 셋이서 한 팀이 되어 주, 야간을 함께 고생 했다. 남들은 퇴근 할 때 우리 세 명은 육본 정문 앞에 있는 민간 식당으로 가서 저녁을 먹고 사무실로 들어와 야근을 했다. 이러한 생활을 육본이 계룡대로 이전 할 때까지 한 것이다. 그때 자주 갔던 식당은 보훈처 뒤에 있던 "**원, 대구탕집**"이었다. 그 골목에는 대구탕집이 여러 집이 있었는데 유달리 그 집 대구탕이 맛있다고 소문이 나서 다른 집은 손님이 별로 없는데 그 집만 발 디딜 틈이 없었다.

나는 육군본부에서 야근도 엄청나게 했지만 업무로 인한 스트레스도 무척 받았다. 육본의 업무체계는 과장(대령) 또는 처장(준장)에게서 임무를 부여 받거나 본인이 아이디어를 내어서 기안을 하여 작성된 그 문서를 일차적으로 처장까지 결재를 득하면 업무의 90%는 끝나게 된다.

그 당시 내가 가장 스트레스를 받았던 것은 과장과 처장의 의견이 맞질 않아서 중간에 있는 나는 정말 피곤하였다. 과장이 원하는 대로 하면 처장에게서 맞지 않고, 처장이 원하는 대로 하면 과장이 불만족 해 하는 것 때문이다.

나는 너무 속상해서 이러지도 저러지도 못하여 몇 번이나 그만 둘까 까지도 생각 했었다. 그러나 그때마다 나를 위로하고 달래준 분이 있었는데 그분은 안 부이사관이셨다. 내가 참을 수 없는 화로인해 열을 올릴 때면 나를 데리고 가서 소주와 맥주를 한 대접에타서 먹게 하면서 화난 나를 달래주시곤 하였다.

그리고 윗분이 잘 이해할 수 있게 보고하는 방법도 알려 주시곤 하였기에 그 힘들었던 삼각지 생활을 견딜 수 있게 해 주셨다. 그때 주로 갔던 집도 원 대구탕집이었다.

오죽하면 그 집 대구탕에 맛들인 장교들이 육본이 계룡대로 이사 갈 때 같이 가자고 할 정도였다.

나는 매일 야근이 계속되는 그 와중에도 남산 넘어 있는 동국대학원에 등록하고 시간을 쪼개어 공부를 하였다. 내가 전공한 과목은 행정관리였다. 그때는 육군본부 근무자에게는 장학금을 주어서 내게 금전적인 큰 부담은 없었다. 당시 육군본부에서 가까이 공부하던 친구는 최 중령이었고 3사동기생은 행정학교에 근무하는 김기홍이었다. 김기홍은 나중에 공부를 더 많이 해서 행정학교 교수를 오랫동안 했다.

그때 함께 공부한 동기생들은 대부분 군인이 많았으며 동기 회장은 나중에 재향군인회 회장을 역임한 조남풍 장군이었다. 조남풍 장군은 참으로 호탕하고 서민적인 분이었으며, 부인도 같이 공부하여 동창생이 되었다. 우리는 졸업 후에도 자주 모임을 가졌었는데 세월이 가고 정권이 바뀌는 상황이 전개됨에 따라 언제 부터인가 그 모임도 흐지부지 되어 버렸다.

이 어려운 일과를 견디어나가고 있을 무렵 고향에 계시는 아버님께서 별세하셨다는 연락을 받았다. 아버님은 평소에 건강하셨는데 도내 친목회에서 민속 놀음인 사물놀이를 하시던 중에 옆 사람 발에 걸려 넘어지시는 바람에 뇌를 다쳐서 돌아가셨던 것이다. 아버님은 어머님이 돌아가신 후 10년을 더 사시고 돌아가셨다. 나는 두 분의 부모님이 다 돌아가신 후 새삼 불효했음에 자식 노릇을 제대로 하지 못했음을 뉘우쳤다.

나는 매일 반복되는 야근 때문에 버스가 끊길 때가 많아서 택시 값도 많이 들었다. 그래서 오래된 중고 자동차를 한 대 샀다. "**마크. 파이브(V)**를 단돈 80만원을 주고 사서 계룡대로 내려가 폐차할 때까지 약 2년 반 동안 잘 사용했다.

나는 이 차량으로 퇴근 걱정 없이 늦게까지 야근을 할 수 있었으며 주말에는 가끔씩 저녁 먹고 나서 아내와 "가락시장"에 가서 떨이하는 식재품을 싼 가격에 한 드렁크 싣고 와서 위, 아랫집과 나눠 먹기도 하였다. 어떤 때는 어른 머리보다 더 큰 수박이 세 덩이에 단돈 만원을 주고 사다가 큰 대야에 담아 뒤 베란다에 두고 오랫동안 먹기도 하였다.

그리고 "**88서울올림픽**" 때 고향에서 동생들이 올라왔을 때도 아주 유용하게 잘 사용했다. 또한 아랫집에 사는 경리장교인 김 중령(경리감역임)과 가까이 지냈는데 몇 번이나 청평 쪽으로 당일치기 여행을 다녀오기도 했다. 더운 여름에 에어컨도 작동되지 않는 그런 차였지만 우리는 마냥 즐겁기만 했었다.

당시 중령들은 자가용이 거의 없었다. 새 차를 살 능력도 안 되지만 기름을 사 넣기는 더욱 빠듯했다. 대령이 되면 국가에서 봉급 외에 차량유지비를 별도로 주기 때문에 대령들은 거의 자가용을 소유하고 있었다. 지금은 장기복무한 육군하사도 개인 자가용을 소유하고 있으니 참으로 좋은 세상이 된 것만은 사실인 것 같다.

 아랫집 김중령은 차가 없었고, 나만 고물 차를 갖고 있었는데 당시는 지금의 "벤츠"보다 더 귀했던 것 같았다. 우리가 사는 아파트 주차장엔 내 차 말고는 거의 없었다. 어쩌다 보면 공병감실에 근무하는 어느 중령의 "포니"가 한 대 주차되어 있을 정도였다.

 김 중령에게는 여섯살 박이 아들이 있었는데 그 집 아들은 아주 내 차를 지키는 경계병이다. 그때만 해도 자가용이 귀할 때니 아이들이 주차해 놓은 차를 만져 보기도 하고, 어떤 아이들은 차량 보닛트에 올라가기도 하곤 했다.

 김중령의 아들은 베란다에서 내차를 감시하고 있다가 아이들이 내차를 만지면 막대기를 들고 내려가서 "이 차는 우리아저씨 꺼야 손대지마~~"라고 막대기를 휘두르면서 아이들을 쫓아내버리곤 하였다.

 아주 화가 나서 나타난 행동이었다. 우리가족과 그 집 가족은 그러는 아이를 보고 얼마나 웃었는지 몰랐다. 아마 그 집 아이는 우리식구들과 이 차를 타고 몇 번 여행을 다녀온 일이 있으므로 이 차가 단순한 남의 것만이 아닌 자기 집과도 관계가 있는 차량이라 생각되었던 것 같다. 그래서 그 집 아들은 이 차를 보호해야 하겠다는 마음이 들어서였을 것이다.

 삼각지에서 근무할 동안에는 고향친구인 창률이와 가끔 만나서 식사도 하면서 옛날 얘기도 많이 하였다. 창률이는 무술 경찰로 들어가서 용산 일대에서 강력계 형사로서 강도를 잡는 직책에 근무를 했다. 손과 팔뚝, 온몸에는 강도와 싸운 흉기 자국이 많았다. 태권도가 고단자였기에 경찰에 특채로 들어갔다.

어떤 때는 나와 식사를 하다가도 강도 발생 연락을 받고 식사 도중에 자리를 뜬 적도 있었다. 고향친구 가운데 특별히 친하게 지냈던 친구다.

또한 옛날 39사단 동원처에서 함께 근무했단 이군식 대위(대령예편)가 보광동 유엔 군사정전위원회로 보직을 받고 온 덕분에 가끔 맛있는 양식을 얻어먹었다. 군사정전 위원회는 중립국 대표들로 구성되어 판문점에서 남, 북간의 정전 규정준수 등을 감시하는 임무를 수행하고 있으며 U.N 소속으로 되어 있다.

이 대위는 나를 생각해서 그날 괜찮은 메뉴가 있으면 나에게 연락하곤 했다. 그리고 덕분에 실제로 군사정전위원회가 근무하는 판문점도 견학했었다. 이 대위 부친께서는 장래를 보시는 안목이 높으셔서 어릴 때부터 영어로 하는 외국인학교에서 아들을 공부시킴으로, 그 당시 육군 장교 중에서 월등하게 영어를 잘하여 영어분야의 직책을 독식하다시피 하였다. 이 대위와는 육군본부가 계룡대로 이사를 가면서 연락이 끊어 졌다.

얼마 전에는 그가 생각나서 동문회에 문의하여 연락을 해 봤더니 대령으로 예편하여 지금은 서울에서 외국인을 상대로 하는 사업을 한다고 했다.

육본 계룡대로 부대이동

1989년 육군본부는 **삼각지에서 계룡대로** 이사를 갔다. 육군의 최고위 부대이지만 우리는 완전 군장을 하고 전술적인 상황 하에서 야간에 이동하여 다음날 새벽에 계룡대에 도착하여 명실상부한 계룡대 시대를 열었다.

계룡대는 육군만 있는 것이 아니라 해군과 공군이 함께 이동하여 육·해·공군이 한 건물에 모여 3군 본부의 위상을 떨치게 되었다. 3군 본부가 한 건물에 위치하다보니 이전에 삼각지에 있을 때에 비해 크게 달라진 점이 있는데 그것은 다름 아닌 일과 후에 개별적으로 사무실에 남아서 야근을 할 수 없게 된 것이다.

왜냐하면 건물전체의 방호 시스템이 경비를 담당하는 어느 한 부서에서 일괄적으로 개폐를 하도록 되어 있으므로 건물 안에 있는 모든 인원은 정해진 시간에는 전원 건물 밖으로 나와야 되기 때문이다.

만약 야근을 해야 할 일거리가 있으면 사무실 밖으로 가져와서 자기 집에서 해야 했다. 그러나 내가 취급하는 업무는 거의 "Ⅱ급 비밀"에 해당하는 업무라서 문서를 집으로 반출할 수가 없다. 그러므로 일과시간에 열심히 하거나 아니면 육본 상황실에 별도로 보고하여 승인을 얻어서 지정된 장소에서 야근을 하는 까다로운 절차가 있기 때문에 자연스럽게 지금까지 삼각지에서 해 오던 야근은 없어지게 되었다.

서울에서 근무할 때는 상계동에 있는 집(아파트)에서 출, 퇴근을 했지만 나와 같이 다른 장교들도, 계룡대로 육본이 이사를 오면서 대부분의 가족과 떨어져 살게 되었다. 대령과 장군들은 별도로 개인이 사용할 수 있는 관사를 배정해 주었고, 중령급이하 나머지 장교들은 방이 세 칸으로 된 5층짜리 아파트를 배정해 주어 살게 하였다. 그러니까 한 가구에 세 명씩 살게 한 것이다.

그것도 계급과 진급 순으로 철저하게 서열에 의해 방의 크기를 배정해 줌으로 웃지 못 할 해프닝이 벌어진 경우도 있었다. 그것은 다름 아닌 한집에 살게 된 세 명의 장교가 임관날짜가 늦은 후배가 큰 방에 살고 임관이 선배인 장교가 작은방에 살게 되는 경우도 생기게 된 것이다.

철저하게 계급과 서열을 중요시하는 군대이고 보니 어쩔 수 없는 거지만 한편으로는 생존경쟁의 비정함을 의식하지 않을 수 없었다. 또한 한 가구에 3명이 생활 하자면 나름대로 공동 생활규정을 만들어 놓고 한다. 예를 들면 식사당번은, 설거지는, 청소는 어떤 순서에 의해한다던가, 주·부식은 어떻게 구입하며, 비용은 각자 얼마나 부담해야 한다는 것 등이다.

이러한 조그마한 규약이라 할지라도 이것을 서로 합의하여 화목하게 잘 사는 가구가 있는가 하면, 반대로 세 명의 마음이 잘 맞지 않아서 불편하게 생활하는 장교들도 있었다. 다행히 우리 아파트에 함께 사는 장교들은 서로 양보하고 헌신하기에 자기 몸을 아끼지 않는 이들로 구성이 되어 같이 생활하는 동안 참으로 재미있게 살았다.

　지금까지 한 집안의 가장으로서 각자 살아왔는데 남자 세 명이 한 집에 살게 되니 어찌 불편하지 않겠는가?
　그 당시 장교들은 토요일 오후면 대부분 서울 자기 집에 갔다가 일요일 오후에 계룡대로 내려왔다. 어떤 이들은 계룡대에 숙소를 배정받지 않고 육본에서 제공된 통근버스를 이용하는 이들도 있었지만 그들은 너무 피곤하여 부여된 임무를 제대로 수행하지 못한다고 볼 수밖에 없었다.

　왜냐하면 계룡대에서 양재입구까지 이동하는데 약 2시간 정도 소요되는데 거기로부터 차량 탑승 장소까지의 거리와 자기 집에서 차량탑승거리를 계산해 본다면 최소한 아침에는 4~5시쯤에는 기상해야 된다는 계산이 나온다.

　다 그러하지는 않지만 이렇게 잠도 제대로 못자고 일찍 서둘러 출근하면 많이 졸리기도 할 것이고 또 퇴근차량 시간에 맞추자면 다른 사람보다 일찍 사무실 문을 나서야 하는 생활이 계속 된다면 과연 업무수행 능력이 얼마나 오를 것인가가 의문시 된다. 어찌됐든 육군본부는 이러한 서울에서 출퇴근 차량 제공은 1~2년 하다가 중단하였다.

　나는 계룡대 사무실이 가까운 군인 아파트에서 거주하게 되니 출·퇴근시간도 단축되고, 또한 야근을 하지 않게 됨으로 오히려 삼각지에서 근무할 때보다 개인 시간이 많게 되어 내 생활이 퍽이나 여유가 있었다. 그래서 나는 아침에 일찍 일어나 체력 단련을 위해 아침 구보도 했고 일과가 끝난 다음에는 등산이나 테니스 같은 운동을 하면서 나름대로 시간을 잘 활용하며 지냈다.

늦은 어느 봄날, 나는 그날도 어김없이 아침 일찍 일어나 아침 구보를 하고 난 뒤, 집으로 오는 도중에 동기생 한상원 중령을 만났다. 한 중령은 성경책을 끼고 새벽 기도를 하고 오는 길이라 하였다. 그 당시 육군본부에는 우리 동기생이 6~7명이 근무하고 있었는데, 기독교인은 나와 한 중령, 두 명 밖에 없었다. 그래서 우리들은 주일날 교회에서 가끔 함께 예배를 드리곤 했었다.

그때 한 중령은 나에게 아침 운동도 좋지만 새벽에 교회 가서 기도하는 생활도 좋으니 함께 새벽 기도회를 참가하자고 권했다. 그래서 다음 날부터 나는 한 중령과 새벽기도 생활을 시작하게 되었으며, 그때부터 시작한 새벽기도는 지금까지 내 일상생활의 한 부분이 되고 있다.

나는 주말에는 거의 서울 상계동 집으로 올라갔다. 일주일 만에 만나는 가족을 보며 가족의 소중함을 깨닫게 되고 아내와 아이들의 애정을 확인하게 된다. 일주일만에 만난 우리 네 식구는 맛있는 식당에서 함께 식사를 하기도 하고, 또 집에서 아내가 정성껏 준비한 음식을 먹으면서 그동안 못했던 여러 얘기를 하면서 오붓한 시간을 갖는 것이 큰 행복이었다.

그 다음날 일요일 아침에는 국방부 뒤 켠 여군대대 옆에 있는 본부교회에서 예배를 드리고 집에서 좀 쉬다가, 이른 저녁을 먹고 저녁

8시 경에 집에서 차로 출발 하면 대체적으로 밤 10시쯤이면 계룡대 숙소에 도착하였다. 같은 집에 거주하는 장교들도 대부분 그 시간을 전, 후 하여 도착을 했다. 어떤 면에서는 이런 생활이 "다람쥐 쳇바퀴 돌리는 것" 같다고 했지만, 나는 이러한 면에서 행복함을 느끼면서 살았다.

한번은 서울 집에 갔는데 내일(주일)은 본부교회에서 우리 구역이 교인들에게 저녁식사를 대접해야 하는 차례가 되어서 저녁에 식사 봉사를 하고 계룡대로 내려 가야했다. 그래서 우리구역은 저녁식사 봉사를 하게 되었는데 당시 우리구역 원들 중에서 자가용이 있는 사람은 나밖에 없어서 내차에 준비한 음식을 싣고 가서 교인들에게 식사대접을 잘 마치고 보니 밤 10시가 지났다.

나중에 보니 차에 실었던 국물이 쏟아져서 차안이 온통 국과 반찬 냄새로 뒤범벅이었다. 그래도 아내와 나는 우리가 대접한 음식을 맛있게 드신 교인들 때문에 참으로 보람 있는 일을 했구나 하는 마음에서 즐거웠고 행복하였다.

교회 봉사를 마치고 상계동 집까지 아내와 구역 식구들을 내려주고 거의 자정이 다되어서 계룡대를 향해 출발하였다. 그날따라 고속도로를 따라 운전해 내려오는데 웬 소나기는 그리도 많이 쏟아지는지?

나는 평소보다 늦게 서울에서 출발했으므로 바쁜 마음으로 비가 억수같이 쏟아지는데 엄청 과속을 했다 . 시속 100km 이상에서 위아래로 왔다 갔다 하면서 내려온 것 같았다. 계룡대에 도착하니 새벽 2시가 가까웠다. 나는 그 오래된 중고차로 겁도 없이 비가 오는데 뭐가 그리도 바빠서 과속을 하여 왔는지 지금 생각해보면 정말로 아찔했다.

아마 지금보다 젊었기 때문인 것 같다. 지금 같았으면 비가 쏟아지는 고속도로를 아주 천천히 시속 60~70km로 기어서 왔을 때지만 나는 금방 후회를 했다. 다음부터는 위험하게 그런 식으로 운전을 하지 않겠다고 나에게 다짐을 하였다.

다음날 아침에는 언제 그렇게 많은 비가 왔느냐 듯이 맑은 날씨로 계룡대 전체가 햇빛으로 가득 했다. 나는 내일부터 우리 과가 예하부대로 지도 방문을 나가도록 계획이 되어 있어서 아침 10시경에 차를 운전하여 기차표를 예매하기 위해 두계역 (현, 계룡역)으로 갔다. 지금은 계룡시인 대도시가 생겨서 모든 도시 기반시설이 발달하고, 많은 인구가 살고 있지만 1980년대 후반 그러니 지금부터 31년 전에는 두계면으로서 아주 작은 마을이었다.

그 무렵 계룡대에서 두계역까지의 거리는 약 7~8키로 정도 되었으며, 도로는 2차선도 채 되지 않는 포장도로였으나 그나마 도로 군데군데가 파져서 잘 가야 30에서 40km/h 정도 밖에 속도를 낼 수 없는 시골 길이었다.

나는 도로에 파진 곳을 피해서 천천히 차를 운전해 갔다. 아스팔트가 약간 파진 곳을 지나는데 갑자기 "덜커덩" 하는 소리와 함께 내차가 내려앉는 느낌을 느끼는 순간 차가 멈춰 섰다. 뭔가가 많이 부서진 느낌이다.

다시 시동을 걸어 보았지만 차는 꼼짝하질 않아서 구난차를 불렀더니 "어떻게 이런 상태의 차를 지금 까지 타고 다녔느냐"고 하면서 대낮에 대로변에서 이렇게 고장 나길 천만다행이라며 나보고 매우 운이 좋았다 하면서 폐차장으로 끌고 갔다. 차가 내려앉은 사유는 너무 오래되어 바퀴와 바퀴를 연결하는 하부가 부식되어 부서졌다는 것이다.

나는 그 상황을 접하고 나니 너무 놀라지 않을 수가 없었다. 이런 위험한 상태의 차를 운전해서 어젯밤 그 세차게 쏟아지는 소나기 속을 시속 100km/h 이상의 속도로 거의 2시간을 서울에서 계룡대로 운전해 왔으니 말이다.

나는 하나님께 감사를 드렸다. 어젯밤 소나기가 쏟아지는 고속도로 상에서 사고 나지 않게 보호해주셨다가 안전한 도로상에서 고장나게 해주셔서 건강하게 지켜주심에 대해 너무너무 감사하여 살아계신 하나님께 감사기도를 드렸다.

오래된 중고차의 상태로 내게 왔지만 그래도 2년 반 동안이나 나를 많이 태워주고 마지막까지 안전한 도로에서 그의 기능을 다하고 폐차장으로 끌려가는 차의 모습을 보니 인간은 아니지만 서운하기 그지없었다.

나는 한편으로는 어젯밤에 고속도로 상에서 아무 탈 없이 계룡대까지 오도록 하나님께서 보호해주신 것은 삼각지 군인교회에서 식사봉사를 한 것 때문이었을 것이라고도 생각했다.

그래서 나는 타고 다니던 차가 없어서 불편하여 이제는 중고가 아닌 새 차를 구입했다. 그 차는 그때 유행하던 「르망」이였으며 일부는 할부를 끼고 거금을 주고 샀다. 이 차는 내가 전방에서 연대장을 마칠 때까지 잘 사용했었다.

이 차역시 나와는 애환이 많이 깃든 차였다.

대령으로 진급

계룡대에서 생활은 그리 길지가 않았다. 채 일 년도 못되어 다시 전방으로 발령을 받아가게 되었다. 그해 10월 진급 발표에서 나는 대령으로 진급을 했다.

옛날에 어떤 사람들이 말하기를 대령으로 진급을 하기 위해서는 뭐도 팔고, 뭐도 팔아서 돈을 써야 한다는 루머도 있었지만 나는 감사하게도, 돈은 커녕 오히려 진급하던 해에 상계동 '아파트'도 샀고, '대우'에서 새로 나온 '르망' 차량도 구입하는 행운을 얻었다.

그때 진급한 동기생은 병참에서 김태우, 공병에서 남종달, 감찰에서 함석주, 보병에서는 한상원과 나였으며 특과 병과에서도 몇 명이 함께 되었다.

대령에서 장군으로 진급하면 수십 가지가 달라진다고 하지만, 중령에서 대령으로 진급되면 직책 자체도 달라지지만 특별히 달라지는 것은 몇 가지 안 되는 것 같다. 그것은 군 골프장 회원권을 육군에서 정식으로 발급해 주는 것과 자가용을 구입했을 때 차량 운영비를 매월 얼마씩 지원해주는 것이 고작이었다.

지금은 계급에 관계없이 군 골프장에서 골프를 치지만, 그때는 대령부터 공식회원으로 인정하여 골프회원권을 발급해 주었다. 그리고 그때 받았던 차량운영비는 내가 진급을 한 후 10여 년 동안 전역을 할 때까지 한 푼도 오르지 않았던 것으로 알고 있다.

나는 진급발표가 난 뒤 1개월도 채 안되어, 중령 계급장을 단 채로 전방군단에 있는 사단 참모장으로 보직을 받고 또 다시 전방으로 향하였다.

제 11 장

또 다시 전방으로

사단 참모장으로 부임하다

계룡대에서 1989년 가을에 진급이 발표되어 전방사단 참모장으로 부임했다. 아직 계급은 중령이지만 진급예정자이기 때문에 대령 직위인 참모장에 보직됨으로 사단의 참모들과 사단 직할 부대장들의 업무를 조정해주고 통제하는 막중한 업무를 수행하게 되었다.

위로는 사단장을 모시고 사단의 대부분의 업무를 관리하므로 가까운 거리에 있는 서울 집에는 퇴근이나 외출은 할 수 없기 때문에 일과 후에는 관사에서 거주하였으며 주로 테니스나 축구 같은 부대 내에서 할 수 있는 운동을 하면서 체력을 단련하였다. 서울의 가족과는 떨어져 생활을 하다 보니 대부분 사단장을 보좌해드리고 난 이후의 시간은 주로 독서와 신앙생활에 많은 시간을 보냈다.

우리 사단 같은 경우에는 사단 사령부와 예하 연대가 한곳에 모여 있었기 때문에 오후 일과가 끝나면 연대장 및 사단 참모들이 사단장을 모시고 같이 테니스를 하는 시간을 많이 가졌다.

전방에 있는 군 지휘관의 대부분은 가족과 별도로 거주하고 있기 때문에 퇴근해 봐야 관사에 혼자 있기 때문에 부대 내에 있는 테니스장이나 연병장에서 운동을 주로하며 살았다.

겨울에는 부대 인근에 스키장(베어스타운)이 있어서 주말에는 한 주간 떨어져 살았던 가족들이 관사로 오면 아이들과 함께 스키를 타며 즐거운 시간을 가지기도 하였다. 스키는 주간에 타는 것도 좋지만 야간 스키 또한 재미있었다.

나는 스키를 참 좋아한다. 왜냐면 스키는 운동하는 상대방이 없이 자기 혼자 하는 운동이므로 정식 경기를 하는 것 외에는 '승패'가 없기 때문에 이기고 지는 것에 따른 '스트레스'가 없다. 그냥 '리프트'를 타고 정상까지 올라가서 자기가 하고 싶은 대로 즐기면서 하강하면 되기 때문이다.

사단 참모장을 하다보면 참으로 여러 가지 많은 분야를 접해야 한다. 지금까지 내가 해온 일들은 대부분 보병장교로서 나의 특기인 인사 분야와 동원분야의 업무만 주로 처리하였다. 그러나 참모장은 사단 전 분야에 대한 업무를 조정하고 통제하기 때문에 각 병과장교들의 특성에도 많은 신경을 써야 했다.

한번은 사단 참모 중에 같은 교인인 모 중령이 직할대장인 소령 한 명 때문에 엄청난 스트레스를 받고 있다고 나에게 하소연을 해왔다. 나도 그 장교를 잘 아는데 나도 평소에 하소연을 해 온 중령과 같은 느낌을 받고 있었다. 나도 그를 만나면 하는 짓이 미워 보였고, 다른 장교들도 그가 하는 행동 때문에 일부는 스트레스를 받고 있는 상태였다.

그 소령은 중령이 되기를 포기 한 장교였다. 그러니까 부대에서도 징계를 받지 않을 만큼만 일을 했고, 교인이면서 교인 상호간에도 여러 분야에서 분위기를 흐리게 하고 있었다.

군대란 단체에서 어느 한 분야에서 비협조적으로 나오면 구성원 전체의 능률을 저하시키는 결과를 초래할 수 있는 것이다. 그래서 나는 이 장교를 어떻게 처리할까에 대해 고민을 한 결과 내가 교인인 만큼 내가 그를 위해 기도를 하기로 결심했다.

기도내용은 그 소령이 나에게 예쁘게 보이게 해달라고 매일 새벽 기도 시간에 기도했다. 그를 위해 새벽기도를 시작한 지 3개월쯤 지난 어느 날 저녁식사를 마친 후에 그 소령이 자기 아내와 같이 내가 사는 관사를 방문했다. 음식도 그의 아내가 직접 만들어서 조금 갖고 왔다.

나는 '왜 왔느냐?'라고 했더니 "그냥 참모장님하고 얘기 좀 하고 싶어서 왔다"고 했다. 그리고 자기가 부대원이나 교인들 간에 너무 괴팍하게 행동한 것 같아서 죄송하다고 했다. 그래서 '나는 그에게 내가 너를 사랑스럽고 예쁘게 보이게 해 달라고 하나님께 매일 새벽 기도시간에 기도했다'라고 말 했으며, '오늘이 내가 기도한 지 꼭 3개월 되는 날'이라고 했다.

　나는 후배장교이고 내가 직접 통제하는 위치에 있었지만 그가 하는 행동은 사람과 사람 간에 얽킨 문제였다. 그래서 내가 갖고 있는 직책의 권위를 가지고 그를 불러 훈계나 지적을 함으로 인접 중령과의 관계를 회복시키는 것보다는 업무관계를 떠나 부대 안에 있는 교인과 교인사이의 문제라고 생각했다. 그러므로 나는 내가 믿는 하나님께 기도함으로 화답을 구했던 것이다.

　내가 기도를 해서 그의 마음이 변했는지는 알 수 없지만 어찌됐든 그의 마음이 돌아서서 나에게 자기의 속마음을 고백을 했고 자기가 해왔던 행동에 대하여 반성을 하게 되어 나는 참으로 감사했다.

　그때 만약 내가 그를 사무실로 불러서 그의 잘못됨을 나무랐으면 그는 자기의 잘못됨을 반성하기 보다는 오히려 내가 그와 관계된 그 중령의 편을 든다고 오해를 하여 나에게까지 악 감정을 가질 수도 있었을 것이다.

　자기 자식에게도 "무조건 훈계보다는 사랑으로 그의 마음을 품어 주는 것이 좋다"라는 말이 있다. 두말 할 필요 없이 그 장교는 같은 교인인 그 중령에게 사과를 하였고, 모든 사람들에게도 자기가 먼저 손을 내밀어 화목한 분위기를 만들어가는 사람으로 변하였다.

주말은 가족과 만나는 날

매주 토요일은 우리 가족이 일주일만에 만나는 날이다. 토요일이 되면 아내는 아이들의 공부할 것과 내가 좋아하는 음식을 만들어 갖고 전방에 있는 부대관사로 왔다. 아내는 내가 진급한데 대해 너무 행복하게 생각하였다. 아내는 가끔씩 나에게 "여보 우리 이렇게 행복해도 되는 거야" 하면서 행복한 마음을 감추지 못했다. 나 역시 사랑하는 아내와 두 남매를 볼 때마다 내가 이 세상에서 제일 행복한 사람이라고 생각했다.

주말에 만난 우리식구들은 좋은 부위를 부탁 해놨던 정육점에서 맛있는 고기를 사다가 숯불을 피워 올려놓고 구워먹으면서 오랜만에 가족의정을 꽃피우곤 했다.

겨울에는 오전에 예배를 드린 후 부대인근에 있는 스키장에 가서 재미있는 시간을 가지기도 했다. 스키장에서는 스키복과 스키를 "랜트" 해주기도 하지만 그래도 "스키복과 스키세트"는 하나의 패션으로 볼 수 있으므로 우리 '네 식구'는 스키용품을 세일할 때 가서 반값으로 자기에게 잘 맞는 것으로 구입해서 나름대로 개성에 맞는 복장으로 스키를 즐겼다.

스키는 처음 배울 때는 좀 어려워서 자주 엉덩방아를 찧곤 하지만 아무리 초보자라도 시작한 지 1시간만 지나면 금방 태어난 송아지나 망아지 같이 뒤뚱거리다가 어미를 잘 따라다니는 것처럼 어느 정도 혼자 서기를 한다.

'리프트'에 몸을 싣고 산 정상으로 올라가서 내려올 때는 지그재그로 묘기까지 내면서 내려온다. 그러기를 몇 번하다보면 어느 정도 자신이 생겨서 어떤 사람은 빨리 내려오다가 제동을 제대로 하지 못해 맨 아래에 쳐 있는 휀스에 들이받는 사고도 가끔씩 발생하였다.

우리가족은 겨울 방학 때는 너무 좋았다. 아내와 아이들이 관사에 와서 오랜 시간을 함께 지낼 수 있기 때문이다.

그 당시 관사에서 스키장으로 가는 시골도로는 가로등도 없고 커브도 심하였으며, 더구나 많이 쌓인 눈 때문에 도로와 논, 밭이 잘 구분되지 않았다. 어느 날은 밤에 야간 스키를 하기 위해 야간 운전을 해 가다가 그만 앞에 있는 커브를 확인하지 못한 채 그대로 직진을 하는 바람에 차량사고가 났다.

나는 내차가 그대로 하늘을 나는 느낌을 받았고, 아차 하는 순간 그 몇 초 사이에 얼마나 후회를 했는지 모른다.
아~~ 조심할걸, 아이들이 죽으면 어떡하나~~, 아~~ 이것이 죽는 것이구나~~.
수 만분의 일초사이에 나에게 덮친 그 사건으로 인한 후회는 평생을 잊을 수 없는 것이 되었다.

다행히 내가 운전한 차는 하늘을 나는 것 같더니 하천 아래로 사뿐히 내려앉았다. 온 가족의 비명소리는 아직도 내 귀에 쟁쟁하다. 공중을 날던 내 차량은 눈이 많이 쌓인 모래 하천에 네 바퀴가 나란히 접지되었고, 우리 네 식구는 머리털 하나 다치지 않았다. 나와 우리 식구들은 온몸이 땀으로 적셔졌다.

나는 구난차를 불러서 차를 정비소에 보냈으며, 그 뒤부터는 차량 운전에 각별히 조심하고 있다. 차량도 별로 손상이 없었다.

어쩌다가 한번 씩 있는 외박 때는 서울에 사는 친구와 친척들과 만나서 친교를 나누기도 하고, 고등학생인 아들 인겸이와 중학생인 딸 자겸이를 데리고 맛있는 식당에 가서 오랜만에 우리 식구가 행복한 시간을 갖곤 했었다.

그때 자주 갔던 식당은 수락산 아래에 수방사 사단 앞 부근에 있는 '배 밭 식당'이었다. 그 식당은 배나무 밭이 온통 식당이다. 그 넓은 배 밭 전체가 식당인데 배나무 아래에 둥근 나무로 된 식탁에 주 메뉴는 돼지고기 숯불구이이다. 특히 더운 여름에는 한꺼번에 백 여 명 이상 되는 인원이 배나무 아래서 고기를 구어 먹고 있으니 참으로 장관이었다.

우리 식탁 옆으로 보면 타오르는 숯불 연기로 인해 안개가 끼여 있듯이 마치 옛날 어린 시절 시골에서 비가 오기 바로 전에 밭고랑을 태울 때 연기가 가물가물 올라가는 것 같았다. 그리고 우리는 가끔 지하철을 타고 충무로에 있는 '대한극장'에 가서 영화구경도 하며 재미있는 시간을 보냈었다.

그리고 딸 자겸이랑은 별도로 '예술의 전당'에 가서 유명한 가곡이나 오페라 등도 관람하였다.

이렇게 우리가족은 서울과 부대가 있는 광능내를 오가며 내가 임관 한지 20년 만에 제대로 자리를 잡고 안정된 생활을 하게 되었다. **참으로 이때가 내 생애에 중에 가장 행복 했던 시기였던 것으로 생각된다.**

사단에서 참모장을 하는 동안에는 여러 명의 손님들이 방문하였지만 특별히 동아건설에 근무했던 대희와 윤자, 희자 누나가 멀리서 전방까지 방문하여 아내와 함께 즐거운 시간을 보내고 간 것이 오랫동안 기억에 남아있다.

사단에서 참모장으로 근무하는 동안 사단장이신 박호장 장군은 잊을 수 없는 분이다. 박 장군님은 참모장인 나를 부하라기 보다는 친동생 같이 대해 주셨다. 내 본인은 물론 아내에게까지도 늘 살갑게 대해 주셨다.

일주일만에 아내와 아이들이 관사로 오면 가끔씩 우리 식구들을 사단장 공관으로 불러서 사단장님 가족들과 함께 식사를 하기도 했었다. 특별히 사단장 사모님은 아내에게 많은 애정을 가져주었고, 내가 연대장으로 부임한 후에도 연대장 관사에 몇 번 오셔서 아내와 시간을 가지곤 하였다.

사단장님은 나에게 늘 개인적으로는 "영록이, 영록이" 하시면서 "참모장"이란 호칭은 거의 쓰시지 않으셨다, 그리고 내가 참모장을 하는 동안 한 번도 나에게 업무에 대한 질책을 하지 않으셨다.

박호장 장군님도 코로나19가 끝나는 대로 연락드리고 찾아뵈어야 하겠다.

나 때문에 상처받은 참모에게 죄송

나는 언제부터인가 내가 퍽이나 원칙주의자이며 정의롭다고 생각하고 있는 것 같았다. 실제로는 그렇지 않은 것 같은데, 나와 내 주변 사람들이 자천타천 그렇게 인식하는 것 같았다.

연대장 시절에 사단이나 군단에 회의를 가서 연대장들끼리 모여 수근거리며 농담을 하고 웃을 때도 나는 "뭔데? 뭔데?"라고 하면서 진지하게 질문을 하려고 들면 그들은 "김 대령에게는 농담도 못 하겠다" 하며 더 크게 웃어넘길 때도 있었다. 나는 성격상 농담을 거의 하지 않는다. 그래서 남들이 농담을 하면 그것을 진담으로 받아들이는 편이다.

나는 나의 이러한 원칙주의 성격 때문에 나 자신에게도 득보다는 실이 많은 것 같다.

한번은 전방에서 미확인 상황이 발령되어 밤 12시경에 사단의 전 간부를 비상소집한 적이 있었다. 그 당시 우리사단은 위수지역이 정해져 있기 때문에 서울이나 사단 작전지역을 벗어나가지 못하게 되어 있었다. 사단 전 간부는 군장을 꾸리고 출동 준비를 하기 위해 인원

파악을 한 결과 사단 참모 중 한명이 집합을 하지 않았다. 그 사람은 중령 계급에 책책을 가진 자로서 그가 하는 임무 중에 하나는 사단 병력이 위수지역을 벗어나는 것을 예방하고 또한 위반자를 적발하여 의법 조치를 하는 것이다.

그러한 감독자가 자기 스스로 위반하여 위수지역을 이탈하여 비상발령에 집합을 못하게 된 것이다. 쉬운 예를 든다면 교통경찰이 음주측정자를 적발해야 하는 임무를 갖고 있는 자기가 음주운전을 했다고 보면 된다.

사단 비상소집에 응하지 못한 이 '참모'는 평소 개인적으로 나와는 참 가까이 지내는 사이다. 그런데 나는 이 사람에게 합당한 군대의 규정을 적용하여 벌칙을 주고 그 결과를 지휘관에게 보고를 해야 하는 입장에 있었다. 그러나 나는 군대의 규정에 따라 처리하기 보다는 그러한 규정위반에 대한 벌칙 규정은 그가 더 잘 알고 있기 때문에 그 장교 스스로에게 그 잘못에 합당한 벌칙을 자기 스스로가 나에게 말해 달라고 그 장교에게 얘기 했었다.

그래서 그는 자기 양심 것 그 문제에 대한 벌칙을 받겠다고 했고, 나는 그의 건의한 대로 지휘관께 보고하여 처리한 바가 있다. 나는 그 일이 있은 후 늘 그 장교에게 미안한 마음을 가졌었고 그때 그 사단을 떠나 다른 부대에서도 가끔 만났고, 심지어 전역을 한 후 몇 십년 뒤에 만난 적이 있었는데 그때도 옛날 생각이 나서 괜히 미안한 마음으로 마음이 편치 않았다.

나는 그때 법과 규정대로 처리했지만, 그는 같은 부대에서 친하게 지내고 있는 장교였고, 또한 사관학교 후배였기에 더욱 오래 동안 내 마음속에 불편한 기억으로 남아 있었던 가 본다. 그는 자기의 잘못함을 알고 있겠지만 얼마나 내가 미웠을까도 생각하게 된다.

나는 아들 인겸이를 대한민국의 남자로서 국방의 의무를 해야 된다는 나의 꼰대 같은 논리로서, 군대를 보내기 위해 아들의 영주권마저 포기하게 했다.

그래서 아들은 전방으로 입대하고 나머지 우리 세 식구만 이민을 갔었다. 아들을 최전방에서 군복무를 마치게 한 나의 행동이 과연 내가 정의로운 인간이어서 그랬나? 지금에 와서 생각하면 나도 그때 그 조치가 과연 옳았는가에 의구심을 갖고 있다.

영주권자는 군대에 가지 않아도 되는데도 영주권까지 포기시키면서 아들을 군에 보냈던 내가 과연 제정신이었는가에 대해서도 다시 생각해보게 된다. 우리 네 식구가 얼마나 어렵게 획득한 영주권인데, 국방의 의무를 위해 포기시킨 나의 행위가 과연 잘한 일인지?

예나 지금이나 세상 돌아가는 것을 보면, 다 그러진 않지만 우리 사회에서 자주 언론에서 보도되는 것을 보면, 권력과 돈이 있는 집이 더 자기자식을 군대에 보내지 않으려고 온갖 수단과 방법을 다하고 있는 실태이다. 그런데 내가 뭐 얼마나 충성스런 애국자나 된다고 그런 결정을 하였을까를 지금 와 생각해 보면 나는 참 바보스럽기 그지 없다.

어찌됐든 내 성격은 나도 모르겠다. 훌륭하지도 않으면서, 또 그렇다고 별로 정의롭지도 못하면서, 불의는 참지 못하고, 아닌 것은 죽어도 아니고, 대충대충은 못 넘어간다. 아무도 보는 사람이 없는 한적한 새벽시간에 차를 운전할 때에도 적색신호등이 청색으로 바뀔 때까지 기다리는 그런 사람이다.

그래서 나는 내 아들이 대한민국 국민이기 때문에, 대한민국의 건강한 남자는 국방의 의무를 다해야 한다는 단순한 논리로서, 아들을 군대에 보낸 것이다.

나는 30여년 군 생활을 해오는 동안 돈의 유혹에 빠질 기회가 한때 있었다. 그건 내가 창원사단 인사처 보좌관으로 재직할 무렵, 예비군 지역 중대장을 5급 사무관으로 임용하는 제도가 있었는데, 내 아래 실무자가 있었지만 내가 그 업무를 총괄했었다.

'사무관'으로 임용되자면 일반 공무원은 행정고시에 합격하거나, 아니면 9급 공채로 들어가서 최소한 10여년 이상을 일등으로 승진해야만 오를 수 있는 직급이다. 그래서 그 당시 예비군 중대장의 사무관 임용은 대단한 신분의 상승이었다. 따라서 전역한 장교들은 너도 나도 사무관으로 임용되기 위해 치열한 경쟁을 하였다.

어떤 사람은 금품으로, 어떤 사람은 높은 직위에 있는 사람을 통하여 여러 방법으로 회유와 유혹이 있었으나, 나는 그때도 아닌 것은 아니었으므로 원칙을 고수하여 그 원칙대로 업무를 처리함으로서,

한건의 불미스러운 일이 없이 어려운 상황 속 에서도 나의 자존심을 지켜냈었다.

나는 내 것과 내 것이 아닌 것에 대해서는 철저히 구별한다. 그러한 나의 원칙론 덕분에 나는 30년 이상 자존심을 손상 당하지 않고 군 생활을 마칠 수 있었으며, 전역 후 어떤 직장에서 중책을 맡았을 때에도 10년 이상을 별다른 대과 없이 마치게 되었다.

그러므로 지금은 아름다운 노인으로 가기 위한 건강한 삶을 영위하기 위해 하루도 허수하게 보내지 않고 있으며, 나이 값이나 하려고 노력을 하고 있다.

나의 이러한 성격 때문에 나를 별로 좋아하지 않는 이들 도 가끔 있다는 것을 나는 알고 있다. 그러나 나를 좋아하는 이들도 있다. 이러한 나의 정의로움과 원칙을 지키려고 하는 성격 때문에~~

사단 연대장으로 부임

나는 내 인생에서 가장 행복했고 아름다운 추억을 만든 정든 사단을 떠나 대령계급의 꽃이라고도 할 수 있는 55사단 연대장으로 부임했다. 1992년 7월 14일에 군단장에게 이, 취임 신고를 한 후 사단 참모장직을 최용주 대령에게 인계하고 그 이튿날 7월 15일에 경기도 이천에 있는 연대본부에서 취임식을 가졌다.

제 12 장

내 인생의 최고의 시간과 최저의 시간

희망과 환희에 찬 연대장 취임

대령의 꽃이라는 연대장 취임식은 많은 내외 귀빈들의 축하 속에 성대하게 거행 되었다. 사단장이신 박덕화장군의 임석 하에 높은 사열대위에 아내와 나란히 앉아서 웅장한 군악대의 연주와 더불어 연대 장병의 열병과 분열을 받으면서 우리 부부는 정말로 행복해 하였다.

군대생활은 시작한지 만 24년, 소위 임관한지 만 22년, 아내와 결혼 한지 만 18년 만에 가장 감격스러운 순간이었다.

군대 손님으로는 가까웠던 친구 김태우, 손기석, 남종딜 대령 부부 등 여러 명의 동기생들이 축하를 해 주었으며, 또한 이전에 근무했던 75사단의 이강해 부사단장과 여러 명의 참모들이, 영주에서는 동생들이, 그리고 내가 좋아하는 형님이자 친구인 병창이 형님, 서울에 사는 고향의 중·고교 동창들도 여러 명 방문하여 축하를 해 주었다.

우리연대는 연대본부는 경기도 이천시 부발읍에 위치하며, 연대 예하에는 총 4개 대대가 있으며, 1개 대대씩 3개 대대가 이천시, 여주시, 양평군을 담당하고 있다. 예하 각 대대장은 자기부대가 주둔해 있는 해당 시(市), 군(郡)의 예비군 자원관리와 훈련 그리고 향토방위작전을 책임지고 임무를 수행 하고 있다.

나머지 1개 대대는 이천 시내에 위치하여 예비군 동원 훈련장을 관리하는 임무를 하고 있다. 이 훈련장은 우리 사단에 속한 부대만 훈련하는 것이 아니고, 경기도 남동부 지역에 위치해 있는 우리사단과 소속이 다른 부대도 사용하는 훈련장으로 훈련장 관리만 우리연대 예하 1개 대대가 하고 있는 것이다. 이들 4개 대대장도 전방사단 대대장과 같은 경력으로 기록되었다.

내가 옛날 39사단에서 대대장의 임기를 다하기 위해 부임했던 경남 합천대대장과 같은 임무를 수행하는 '중령'이 지휘하는 대대장이다.

우리가족은 여기에서도 일주일에 한번 만나는 주말 부부로 살았다. 내가 외박을 나갈 때는 서울 집에서 만나고, 이전 부대에서 참모장을 할 때랑 별반 다르지 않았다. 아이들은 이제 상급학교 입시를 위한 고학년으로 올라가서 입시 준비하는 관계로 엄마랑 같이 아빠가 있는 부대로 오는 횟수가 점차 뜸해지는 것 같았다. 그래서 아내가 혼자 오는 경우가 많았다.

   나는 연대장을 할 때에 정지욱(일병)이란 당번병이 한명 있었는데 그 병사의 부모님이 너무나 훌륭하신 분으로 기억하고 있다. 왜냐하면 그 병사는 무릎을 다쳐서 현역병으로 입대하지 않아도 되었음에도 불구하고 그 부모님은 자기 자식을 설득하여 현역병으로 군 복무를 하게 하였다. 지금 와서 생각하면 부모님도 훌륭하지만 부모님의 권유를 뿌리치지 않고 순종한 그 아들 역시 훌륭하였으며 그 병사는 아주 모범사병이었다.

   그래서 그 사병이 진급을 하던 날 나는 아내와 함께 맛있는 음식점으로 가서 진급 축하를 해준 적이 있다. 아마 그 부모님도 국가관이 나와 비슷한 데가 있으신 것 같았다.

   내가 책임지고 있는 지역 내에는 병과가 다른 군소부대들이 몇 군데가 있으며, 국가보안 목표인 교도소와 중요시설인 고속도로의 교각들도 산재해 있다.

   그중에는 특히 7군단 사령부가 있는데 당시 군단장이신 이재달 장군님은 연대장인 나에게 지역사령관이라고 칭해 주시며 두어 번 군단장 공관에서 식사초대를 해주신 것이 기억에 남아있다. 그때 그 호탕하신 모습이 지금도 눈에 선하다.

여주 라파엘 집 자원봉사로 전인교육

경기도 여주에 가면 '라파엘 집'이라고 있다. 이곳은 카톨릭에서 운영하는 자선단체로서 시각장애와 청각장애를 가진 즉 2중 복합장애인을 수용하여 돌보고 있는 시설이다.

알기 쉽게 말하자면 앞을 볼 수도 없고, 듣지도 말도 못하는 장애인이다. 그러니까 혼자 놔두면 아무것도 할 수 없는 사람이다. 앞을 보지 못하므로 갈 수가 없고 말도 하지 못하고 듣지를 못하는 누구에게라도 도와달라고 요청을 할 수가 없는 그러한 장애인이다.

예를 들면 아주 추운 겨울에 바깥에 세워두면 그냥 얼어서 죽거나 방향을 몰라 이리저리 뛰어가다가 넘어지거나 자빠져서 다치거나 사망 할 수밖에 없는 사람이다. 말을 못하니까 누구에게 도와달라고 할 수가 없고, 볼 수가 없으므로 어디든지 갈수가 없기 때문이다.

이러한 장애인은 하루 종일 일대일로 밀착하여 도와주어야 한다. 식사하는 것도, 용변 보는 일까지 아침에 일어나서 밤에 잠들 때까지 돌봐줘야 한다. 그러기 위해서는 환자 1명당 도우미가 1명이 있어야 함으로 당시 도우미는 매일 수십 명이 필요 했었다. 제때에 돌봐주지 않으면 어떤 성질 급한 장애인은 자기 마음대로 뛰어가다가 수시로 시멘트벽에 머리를 부딪혀서 병원에 실려 가기도 한다고 하였다.

그리고 빨래하고 밥 하는 것까지 너무 많은 손길이 필요한 곳이다. 누구를 막론하고 이곳에서 봉사를 해 보면 무조건 감사한 마음만 생긴다. 아무리 악하고 강퍅한 사람이라도 이곳에 있는 장애인에게 봉사를 하다보면 절로 마음이 부드러워지고, 자기를 건강하게 낳아주신 부모님께 고마움을 느끼게 된다.

여기에 있는 장애인은 희망이 없다. 모르긴 하지만 누가 안구를 기증해주고, 귀를 뚫어주고 혀를 어떻게 이식을 해주어 완전하게 고쳐주지 않는다면 이들은 영원히 남의 도움을 받으면서 살다가 나이를 먹고 늙어서 죽을 수밖에 없는 사람들이다. 이러고 보면 내가 지금 못 배우고 돈이 없어 아무것도 할 수가 없더라도 그 상태에서 건강한 것 하나만 가지고도 감사를 하게 되는 것이다.

그래서 나는 예하장병으로 하여금 교육훈련과 작전에 지장이 없는 범위 안에서 대대별로 봉사일정계획을 수립하여 연간 봉사토록 하였다. 당시 우리연대 지역은 후방이라서 단기사병(방위병)이 많았다. 이들은 아침에 부대나 관공서에 출근해서 근무하고 저녁 퇴근시간에 맞춰서 퇴근하여 일정기간 근무를 채우고 나면 병역의무를 마쳤다.

아무래도 군대막사에서 숙식하며 군복무를 하는 현역병에 비하면 개인적으로는 자유스러운 면도 많지만, 또 다른 한편으로는 생업에 종사한다거나, 자기 집 근처에서 생활하게 됨으로 예측 할 수 없는 일 때문에 좋지 않은 상황에 휘말려 문제를 유발하는 경우도 있다. 그래서 현역병은 물론 단기사병 중에 문제 사병이 발생하게 된다.

부대를 지휘하는 과정에서 지휘관에게 제일 부담이 되고 어떤 경우는 지휘관 자신의 신상에까지 영향을 미치는 것이 부대원이 일으킨 사고 때문이다.

예를 들면 몇 년 전에 일어난 전방 초소 안에서 발생한 총기난사 사건 같은 경우다. 이 사건 하나만 가지고도 몇 단계 상급 지휘관들이 징계를 받거나 심지어는 군복을 벗기도 했다.

나는 연대장으로 부임을 한 후에 이러한 장애인시설에서 봉사하는 붐을 일으킨 결과 시행 1년 뒤에는 전년도 동기간에 비해 연대사고 건수가 80% 이상 감소되는 성과를 가져왔었다. 그곳에서 한번 봉사한 사람은 사고를 낼 마음이거의 없어지기 때문이다.

나 또한 어느 휴일을 택하여 아내와 함께 아들과 딸을 데리고 그곳에 가서 하루를 봉사하고 온 적이 있다. 백 마디 말보다 한 번의 실천이 더 크다는 것을 우리 아이들은 깨달았을 것으로 느끼고 왔었다.

나는 우리 장병들이 봉사하는 날 가끔씩 그곳에 갔었는데 매주일마다 이름도 없이 빛도 없이 묵묵히 봉사하시고 계시다는 분을 멀리서 뵈었는데 그분은 당시 군사령관이신 구창회 장군 사모님이셨다. 그 사모님은 누구에게 보이려고 하시지도 않았고, 또 사령부에 속해 있는 아랫사람의 군인가족들의 따라옴도 없이 오로지 아무도 모르게 혼자서 일하시는 모습을 보았다.

나도 차마 이 지역을 담당하고 있는 연대의 연대장이라고 인사하러 나서지 못했다.

왜냐하면 그분에게 내가 좋은 일을 하는 해서 잘 보이게 할 수 있다는 오해를 받을까 하는 염려에서이고, 두 번째는 그분이 아무도 모르게 오셔서 봉사 하는 것을 누가 알았을까? 하는 염려에서였다. 그때 그 사모님은 별4개를 어깨에 단 군사령관의 부인이 아닌 몸빼를 입은 그저 수수한 시골의 이웃집 아주머니의 모습이었다.

여주 라파엘의 집 원장님은 시각장애만 가진 분으로 성인이 된 후에 장애가 와서 어지간한 일은 잘 처리 하였으며, 나와는 내가 연대장을 하는 동안 친분을 가졌었다.

원장님과 나는 서로 많은 이익을 나누어 가졌다. 원장님은 부족한 봉사인원을 도움 받았고, 나는 장병들을 봉사하게 하여 전인교육으로 승화시킴으로 부대 사고를 격감하는 대 성과를 얻었다.

나는 연대장을 이임한 후에도 아이들을 데리고 위문품을 준비하여 방문, 봉사를 하고 온 적이 있다. 최근에는 소식을 들으니 그 시설에 수용중인 환우와 직원의 코로나 확진자가 집단으로 발병하여 어려움을 겪고 있다고 하니 마음이 안타까웠다.

지휘관의 책임과 도리

지휘관은 자기 부대의 승패에 관한 책임이 있다. 지휘관은 전투 시에 부하를 살리고 전투에서 승리를 하는 것이다. 그래서 지휘관이 존재하는 것이다. 부하를 죽이고 전투에서 승리 했다는 것은 진정한 승리가 아니다.

예수님은 넓은 초원에서 풀을 뜯고 있는 아흔 아홉 마리의 양보다 어디에서 헤매고 있는지 모르는 길 잃은 한 마리의 양을 더 찾으셨다.

다르게 비유하면 요즘 정계에서 벌어지고 있는 정말로 자격이 없는, 국민의 70% 이상이 깜이 안 된다고 하는, 무수한 많은 비리가 나타남에도 불구하고 그 인물을 감싸주어 국가의 주요직위에 보직하는, 내 새끼를 살리기 위해 상식과 정의에서 벗어난 한심한 그러한 지도자가 오히려 그 집단에서는 목숨을 바쳐 충성을 다 하게하는 실태를 종종 보게 된다.
그러나 진정한 지도자는 진실 됨을 기초로 한 후에 감싸주어야만 지도자를 위해 목숨까지 바치게 되는 것이다.

한번은 우리 연대 예하부대인 동원훈련관리 대대 내에서 동원 훈련 차 입소한 다른 군단 예하 어느 부대가 입소하여 동원훈련을 하던 중에 일부 예비군이 무단이탈을 하여 대민 사고가 발생했다. 당시 우리연대 동원훈련 관리 대대장은 내가 지휘하는 연대의 예하대대장이였다.

부대에서 훈련 중인 예비군이 울타리를 넘어 이천시에 나가 음식점에서 식사를 하는 과정에서 이천에 사는 젊은이들과 시비가 붙었다. 젊은이들과 시비를 하던 예비군들은 자기들이 불리하게 되자 훈련 중인 동원훈련장으로 도망을 오는 바람에 시비 중이던 이천사람들이 예비군의 뒤를 따라 훈련장(대대)으로 들어와서 훈련장 내에서 집단으로 격투가 일어난 사건이 발생하였다.

결국 우리부대 동원훈련장을 빌려서 훈련한 다른 부대의 예비군들과 이천 시민들과의 패싸움으로 벌어진 이 사건을 이천에 주재하고 있던 한 일간신문의 기자가 기사를 쓴 것이 사건의 발단이 되었다.

그 기사내용은 "군인이 보초를 어떻게 섰기에 민간인의 부대침입을 막지 못했나?" 뭐 이런 내용인 것 같았다. 기자는 사건의 본질인 "예비군과 민간인의 패싸움"인데도 불구하고 "군부대 보초가 민간인의 부대 침입을 못 막은 초병"이라고 기사화 했던 것이다.

당시 대대동원훈련장 상태를 보면 사무실과 내무반으로 꾸며진 2~3층의 본관건물이 있고, 부대 연병장 울타리는 지금같이 시멘트 블록으로 되어 있는 것이 아니고 철조망이나 탱자나무 등으로 부대 안과 바깥으로 지경을 표시하는 정도의 울타리로 쳐진 상태였다.

그 이전에는 부대 연병장에 텐트를 치고 동원훈련을 했었는데, 동원훈련의 성과를 극대화시킨다는 목적 하에 국방 예산을 세워서 후방 연대단위에 1개씩 동원 훈련장을 영구 건물로 신축해 나가는 초창기였었다. 그러므로 훈련장은 예비군이 비나 눈을 맞지 않고 훈련하고 취침하며 식사를 할 수 있도록 현대식 건물을 지어가고 있던 시기였으므로 우선 내무반과 강당 식당 등만 가까스로 건축되어 가고 있었다.

그러니 부대 외곽 울타리나 차고등 기타 시설은 예산부족으로 완벽하게 설치를 하지 못한 상태였다. 그리고 대대본부는 현역병은 아주 필수요원만 20~30여 명이 있고 나머지는 대부분 단기사병(방위병)으로 채워져 있는 실정이었다. 단기사병이 하는 업무는 대게 행정보조, 취사보조 그리고 주야간 부대초병 임무를 수행하는 것이다.

이번사건의 주요 골자인 민간인의 부대 침입을 막지 못했다는 것이다. 야간에 드문드문 세워진 초소에서 보초를 서는 초병은 총만 들고 있는 것이지 그들이 갖고 있는 소총은 막대기나 다름없다. 왜냐하면 당시 후방부대는 야간 보초에게 실탄을 지급해주지 않기 때문이다. 초병에게 실탄을 지급해 주는 곳은 전방에도 철책 선에 배치된 병사에게만 실탄을 주고 있다.

막말로 하자면 후방부대는 여러 명이 정문으로 밀고 들어가도 초병이 밀리는 수밖에 없게 된다. 보초에게 실탄도 주지 않고 부대 외곽울타리도 설치가 되지 않는 상태에서 뭐 초병이 민간인을 막지 못해 부대가 뚫렸다는 표현은 정말 현실에 맞지 않는 사항이다. 그리고 부대로 침입해온 이천 시민은 대부분 이 대대에서 단기사병 복무를 마친 사람들이기 때문에 이 부대의 사정을 너무나 잘 알고 있으므로 마음 놓고 울타리를 넘어 부대에 침입했다고 볼 수 있다.

울타리만 넘어 쳐들어오길 망정이지 만약에 울타리를 넘어오는 민간인에게 실탄으로 사살은 못하더라도 대검으로 방어하기 위해 민간인을 찔러서 상해나 죽음에 이르게 했다면 과연 이 보초병에게 민간인을 잘 막았다고 표창 했겠는가?

아마 그 기자는 이렇게 기사를 썼을 것이다. "군인이 비 무장한 민간인을 죽였다"고 대서특필하지 않았겠는가? 그리고 부대보초가 민간인의 침입을 막지 못했다는 것 보다 수 십 배의 사회적 문제가 발생했을 거라 생각한다. 밤에 보초를 서는 단기 사병은 사실 자리만 차지하고 있는 것이지 진짜 적군이 쳐들어오면 그가 어떻게 방어를 할 수 있겠나?

하여간 신문에 난 이 기사 때문에 국방부로부터 육군본부, 군단, 사단으로부터 민간인을 방어하지 못했다는 책임론이 결국엔 '대대장을 보직해임' 시킨다는 것으로 사건을 마무리 한다고 했다.

나는 이 문제에 대해서 사단장에게 동원 훈련장을 관리하는 대대장의 보직을 해임하는 것은 부당하니 그 결정을 취하해 달라고 했다. 이 사건에 대한 잘못은 동원훈련을 하는 해당 부대장이 책임 질 일이므로 징계를 하려면 그 부대장을 해야지 우리 대대장이 무슨 잘못이 있어서 징계를 하느냐고 계속하여 건의했지만 받아 드려지지 않았다. 그래서 나는 사단장 위의 지휘관이신 군단장께 건의하겠다고 했더니 사단장은 이미 결정된 사항이니 나보고 가만있으라고 하였다.

나는 이때 인간들에 대한 환멸을 느꼈다. 확실한 잘 잘못도 조사되지 않는 상태에서 그것도 남의부대의 잘못을 제대로 파악하여 바로 잡아주지도 않고, 죄 없는 내 부하를 정리하는 것으로 시급히 사태를 마무리 하려는 그 작태가 정말 가증스러웠다.

앞전에도 기록했지만 수없이 많은 죄가 입증되고 국민의 70%이상이 그의 잘못으로 부적합 하다고 하는 대도 그를 감싸고 있는 대표(지도자)가 있는가 하면 죄 없는 내 부하를 처벌하고 재빨리 사건을 덮으므로 자기들은 아무 일이 없었던 것처럼 지내려고 하는데 대한 불신이 나를 참을 수 없게 하였다. 이것이 시쳇말로 꼬리 자르기라고 할 수 있다.

그래서 나는 사단장의 만류에도 불구하고 군단에서 회의시간에 군단장에게 건의했다. "왜 죄 없는 내 부하인 대대장을 징계하느냐"고 그리고 "죄 없는 대대장을 상급부대 지휘관이 보호해 주지 못하면 누가 지휘관을 따르겠느냐", 군단장과 사단장이 계시는 데 왜 남의 부대 잘못을 제대로 밝혀서 바로잡아주지 않고, '왜 우리군단, 우리 사단의 부하 지휘관인 대대장을 징계하게 하느냐.'라고 군단회의 석상에서 발언을 했던 것이다.

이러한 나의 건의와 발언을 듣고 군단장은 매우 화를 많이 내었다. 이 사건은 군단장의 부임 초기에 일어난 사건으로 군단장께서는 사건 수습에 신경을 많이 쓰셨던 걸로 알고 있다.

상급부대 조치에 의해 대대장은 대대장 직위를 내려놓게 되었으나 나는 줄기차게 사단장에게 건의하여 결국 행정상으로는 대대장 임기를 정상적으로 마치는 것으로 정리하고 대대장은 사단 사령부에서 다른 업무를 수행하면서 대대장임기를 마치게 했었다.

나는 지도자는 무릇 그 조직 속에 속해있는 조직원들이 지도자를 위하여 목숨도 아끼지 않고 버릴만하여야 하며, 그 지도자 역시 자기 조직원의 생사를 끝까지 책임지는 그러한 도리를 가져야 한다고 생각한다.

며칠 뒤에 군단장 초도순시가 있었다. 이는 군단장이 취임하여 각 연대를 순회 방문하여 연대장으로부터 업무보고를 받는 것이다. 사실은 군단장과 연대장의 가장 밀접한 대화의 자리라고도 볼 수 있다. 연대를 방문하여 업무보고를 받는 군단장께서는 한 번도 웃지 않으셨고, 통상적인 말씀만 하시고 돌아가셨다.
그 당시 군단장을 수행해 온 참모는 나의 동기생인 이 팔종 대령이었으며 군단으로 복귀한 다음에 이 대령에게 전화를 해보았더니 다른 연대에도 별 다르게 하지 않았고 우리연대와 비슷한 분위기로 업무보고를 받으셨다고 했다.
나는 며칠 전에 우리대대장 의 보직해임에 대해 군단 회의석상에서 공개적으로 부당함을 말씀드려서 아직도 악감정이 가시지 않아서 그런가 하고 생각했으나 그게 아니고 원래 군단장의 스타일이 그러시다고 해서 다소 불편했던 마음이 가라앉았다.

군단장이 부임하신지 6개월 정도 지난 후 군단에서 실시한 군단 예하 연대에 대한 R.C.T(군단에서 측정한 연대 전투력 평가)가 종료가 되어 군단 각 참모부에서 종합하여 채점한 결과 우리연대가 1등을 했다. 그 점수를 군단장에게 군단 작전참모가 보고했는데 우리연대가 1등으로 나온 종합측정결과를 군단장께서는 사심 없이 그대로 결재를 해서 우리연대가 최우수부대로 선정되었다는 연락을 군단작전참모로 부터 받았다.

당시 군단장은 내가 몇 개월 전에 대대장 보직 해임 건으로 군단회의석상에서 무례한 발언을 하여 대단히 심기가 불편하였음에도 불구하고 군단에서 실시한 전투력 측정결과에 대해서는 조금도 악감정 없이 평가 결과에 대해서는 공정하게 결심을 하신 것이다. 나는 이러한 면에서 군단장의 정의로움을 알게 되었다.

나는 몇 년 후에 교육사 예비군 훈련처장으로 재직 시에 교육사령부의 업무관계로 참모총장이 되신 그때 군단장을 총장실에서 다시 뵐 기회가 있었다.

연대장 이임

내가 연대장에 취임하여 반년쯤 지났을 무렵까지 나에게는 정말로 이 세상에서 누구에게도 부러울 것이 없는 자랑스러운 장교였다. 그러나 그 다음부터는 원치 않는 아내의 와병으로 인해 내 인생여정 가운데 가장 슬프고 어려운 시간을 보냈다.

나는 내 생애에 있어서 연대장 취임하던 그때가 가장 최고의 날이었다. 그러나 세월이 흘러 가장 슬프고 가슴 아린 이임식을 하였다. 나는 사랑하는 아내를 연대장 임기가 끝날 무렵 질병으로 인해 먼저 하늘나라로 보내는 아픔을 가졌다. 아내의 상태가 위독하여 이임식을 좀 앞당겨 하였다. 이임식은 김판규 장군님의 주관 하에 이루어졌다. 그리고 사랑하는 아내를 부대 인근 공원묘지에 모셨다.

　나의 연대장 임기 중반에 부임하신 김판규 장군은 내가 대대장 시절 합천에서 의창(창원)으로 부대가 이동했을 때, 대대본부가 위치한 근처 마을에서 출생 하신 분이시다. 사단장님은 내가 대대장을 할 무렵에 그 고장출신으로 훌륭한 인격의 소지자란 얘기를 사단장님을 뵙기 전에 이미 익히 들은바 있는 분이셨다.

제13장

국방대학원 입교, 전역

'94 안보과정 입교와 분, 반 편성

이번에 입교한 국방대학원 학생은 약 190여 명으로서 전국 각 분야의 지도자급에 해당하는 인물들이 모였다. 학생은 최기홍 육군소장을 비롯하여 육·해·공군의 원스타와 정부부처의 서기관급 이상 이사관, 국영기업체의 지도자, 안기부, 검찰, 경찰, 그리고 각급기관의 관리자 등이며 그중에서도 육·해·공군의 중령급이상의 장교가 주류를 이루었다.

그리고 분, 반 편성은 군인과 행정 및 각부서 요원을 골고루 15명 정도로 편성하여 자율적으로 학습이 진행되게 하였다. 우리 반의 반장은 내무부에서 근무하다 입교한 김충규 이사관이었다.

여기에서도 우리 동기생이 몇 명이 함께 입교를 해서 1년 동안 같은 시기를 보냈었다. 병기에 박정국 대령, 헌병에 김성근 대령, 항공에 노승순 대령, 정훈에 채요석 대령, 그리고 보병엔 '나' 이렇게 5명이 국방대학원 동기가 되었다.

국방대학원의 주요 수업은 대부분 국가 정책에 대해 강의와 토론이 이루어 졌으며, 가끔은 현직에 있는 전문가를 초빙하여 강의를 듣기도 하였다. 국방대학원은 유일하게 교육 기관 중 숙제가 없고 시험이 없는 곳이다. 그래서 부담없이 듣기만 잘 하면 되는 곳이다. 한 교수님은 어떤 국가에 대한 교육을 하시는 분인데 우리들에게 하신 말씀 중에 "여러분들은 내가 교육하는 국가의 언어를 꼭 공부할 필요가 없다."라고 했다.

왜냐하면 여러분들은 장차 현직에 가면 공무 차 해당 국가를 방문하더라도 통역관을 대동하여 가면 되기 때문에 그 나라에 대한 언어는 꼭 공부를 해야 할 필요가 없다는 것이다. 그러니 국방대학원 학생들은 실무자가 아니고 정책을 수립하고 지도하는 위치에 있다는 것이다.

국방대학원 교육 중에 가장 중요한 대미는 역시 해외 시찰이다. 각 반별로 편성된 인원이 제비를 뽑아서 결정하는지는 모르지만 어찌 됐든 결정된 국가로 국비 시찰을 하게 되었다. 시찰 조는 대략 미주조, 유럽조, 동남아조, 그리고 대양주쪽과 일본, 중국조 등이 있는데 우리 조는 '중국조'로 결정되어 대륙인 중국에 10여일 이상 시찰을 하고 돌아왔다.

중국시찰은 9월경에 갔었는데 날씨가 무척 더웠던 것으로 기억된다. 시찰동안 방문을 할 곳이 다양하여 입을 옷도 여러 벌 챙겨가야 했다. 군인정복은 물론 사복 정장과 간편복, 수영복, 운동복에다 옷에 맞는 구두나 운동화 등도 챙겼더니 여행가방으로 **빡빡하게** 들어차서 귀국할 때 선물을 넣을 수도 없을 지경이었다.

내가 중국시찰에서 가장 인상에 남았던 것은 중국 군인들의 "만만디"와 넓은 대륙만큼 모든 시설들의 크고 웅장함이 기억에 남는다. 우리 시찰 팀은 거의 모든 식사를 중국 군인들과 같이했다. 점심과 저녁은 그렇다 치더라도 아침식사의 식사량과 먹는 시간에 놀라지 않을 수 없었다. 보통 아침식사를 시작하면 거의 2시간을 먹는다. 그리고 차린 음식은 우리나라의 만찬 급에 해당될 만큼 진수성찬으로 아침부터 반주도 곁들여 가면서 온갖 얘기를 나누며 천천히 아주 천천히 그 많은 음식을 먹는데 놀랐으며, 2시간의 식사를 한 후에는 차를 마시는 시간을 가지고 있었다. 아침부터 얼굴이 벌개가지고 언제 일을 하는지 이해가 되지 않았다.

또 한 가지는 모든 게 규모가 크다는 것이다. **만리장성**의 웅대함과 자금성의 끝도 없는 궁궐의 집합체, 그리고 진시황릉의 **'병마용갱'**은 무릇 8천개에 이르는 병사와 말을 토기로서 그 모습이 다 틀리게 만들어 놓았다. 나는 이것을 보고 정말 인간의 힘으로 만들었다고 하는 것이 불가사의한 일이 아닐 수 없었다. 병마용갱의 사람과 말의 크기는 그 당시 실물의 크기와 같거나 오히려 큰 것도 있다고 했다.

그리고 언젠가는 민간 음식점에서 식사를 한 적이 있었는데 이 식당은 너무 넓고 테이블이 많아서 한꺼번에 몇 만 명이 식사를 할 수 있다고 했으며, 종업원이 음식을 들거나 수레에 밀고 가서는 서브(serve)가 되지 않아 '로라 스케이트'를 타고 음식을 나르고 있었다. 그 당시(1994년경) 중국은 GDP가 1년에 15~20%가 오르는 국가 현대화가 속도를 내고 있을 때이다.

우리는 **상해에서 엄청난 중국의 변화하는 모습**을 보았다. 그것은 다름 아닌 상해시를 한꺼번에 재건축하는 모습이다. 내가 보기에는 상해시의 절반을 한꺼번에 옛것을 헐어버리고 새롭게 건축하는 것 같았다. 왜냐하면 우리가 호텔에서 아침에 기상을 해보니 눈이 닿지 않는 거리까지 온통 건축하는 먼지로 앞을 볼 수가 없었으니 말이다. 나는 그때 생각으로 중국이 이 정도로 급속하게 발전하면 머지않아 한국과 일본 등은 말 할 것도 없고 나아가 미국까지도 '앞지를 수 있겠구나'라고 생각되었다.

중국과 같은 공산주의나 사회주의 나라는 이렇게 한꺼번에 도시도 만들 수 있겠구나 라고 인정 할 수 있었다. 중국은 당에서 한다면 무슨 일이라도 못 하겠는가 이다. 우리나라의 쉬운 예로 들면 현재의 대전시를 다 부셔버리고 그 자리에 100층 이상의 아파트를 수백, 수천 개를 세우겠다고 마음만 먹으면 세울 수 있다는 것이다.

중국 같으면 현재 살고 있는 대전시민 140만 여명을 가까운 옥천에 넓은 공터를 이용하여 포클레인 등 중장비를 이용 땅을 평평하게 고른 뒤 텐트를 치고 살도록 집단으로 이주 시킨 후 공사를 시작하여 새로운 도시를 만들 수 있는 것이다. 그러고 나서 이주시켰던 인원을 다시 대전으로 데려다 입주 시킬 수 있다는 국가의 권력을 사용하면 가능 할 수 있다는 얘기이다.

우리나라같이 자본주의 국가는 그것이 불가능 하다. 왜냐하면 시민을 이주 시키려면 일일이 개인 재산을 다 보상해주어야 하는데 똑같은 아파트라도 주인에 따라서 보상을 요구하는 금액이 다 틀리고, 또는 나는 억만금을 주더라도 이주할 생각이 없다면 정부에서는 방법이 없으니 결국은 대전시를 천국같이 확 바꾸어준다 해도 그것은 불가능하다는 것이다.

그러나 중국은 가능하다고 보았던 것이다. 26년 전의 대대적인 상해시의 현대화의 결과로 지금은 어떻게 변했는지 궁금하여 조만간 코로나 19가 종료되면 한번 방문하여 확인해 보기로 마음을 먹고 있다.
아마 최근에 개발된 '장가계'나 '원가계' 등이 그때 발견이 되었으면 **계림**이나 다른 곳보다 우선적으로 탐방 했을 탠데, 그 당시는 그런 유명한 곳이 있다는 얘기를 듣지 못해서 구경할 수가 없었다.

동기생 김성근 대령이 머리를 올려주다

나는 연대장에 부임한 후 짬짬이 이천시내에 있는 골프 연습장에 가서 '프로'에게 개인 코치도 받으면서 어느 정도 기본 실력이 붙어서 다음 달 외박 때에는 몇몇 동기생과 계룡대 골프장에서 운동을 하기로 약속을 해놓았는데 김영삼 후보가 대통령에 당선되면서 첫 번째로 하는 말이 "나는 골프를 재임기간에는 안 하겠다"라고 하는 바람에 그 당시 많은 공직자들이 골프를 자재하였다.

그래서 골프를 워낙 좋아하는 사람 중 일부는 부킹도 남의 이름으로 하고 골프가방의 명찰도 자식이나 다른 사람의 이름표를 달고 다니는 사람도 있었다.

그 바람에 나도 대령 진급 후 3년 만에 처음 골프를 해볼 기회가 무산되어 버리고 말았다. 그 이후부터는 필드는 아예 나갈 생각도 못 했음은 물론 연습장에도 나가지 않은 채 나머지 1년의 연대장 임기를 마치고 국방대학원에 입교했다.

김영삼 대통령의 그러한 심경에도 국방대학원은 무풍지대였다. 공무원은 물론 여러 기관 단체에서 모인 학생이라서 오히려 학교에서 주말에는 전국 골프장(군, 공사소유)에 운동 신청을 받아서 부킹을 해주었다. 그래서 국대원 학생들은 본인이 원하면 주말에는 언제든지 골프를 할 수 있었다.

나도 연대장 시절에 중단했던 골프채를 다시 잡고 연습을 하였다. 당시 국방대학원의 연습장은 나와 같은 초보자가 연습을 하기에 참 좋은 곳이었다. 그 무렵 국방대학원에 입교한 대부분의 학생들은 골프를 많이 하던 사람들이었다.

특별히 우리 동기생인 김성근 대령과 박정국 대령은 거의 프로수준이었다. 어느 날 김성근 대령이 나에게 머리를 올려준다고 해서 나는 그때 처음으로 필드에 나갔다. 내가 그때 나간 골프장은 아마 "남수원 골프장"으로 기억 된다.

대게 초보자들이 그렇듯이 초보자는 거의 연습장에서 7번 아이언부터 드라이버까지 멀리 보내고, 똑바로 보내는 데만 신경을 쓰지 퍼터나 샌드 같은 종류는 그렇게 중요시 않게 여겼다. 머리를 올려준다는 김 대령은 운동 하루 전에 약속하고 내일 골프장에서 만나자고 한 것이다. 필드에 나가려면 뭘 준비하고 어떻게 해야 하는가에 대해서는 별 말이 없었다.

다음날 약속한 골프장에 나가니 다른 멤버 2명도 나와서 인사를 나누고 운동에 들어갔다. 나는 1년 전에 연습장에서 연습했던 거와 최근에 연습을 좀 해두었던 덕분에 드라이버와 중간의 적당한 채를 잡고 그린까지는 다른 사람과 비슷하게 올렸지만 퍼팅에서 수없이 많은 타수를 허비했다.

왜냐하면 퍼팅은 한 번도 연습을 하지 않았기 때문이었다. 나는 퍼팅은 별로 신경을 쓰지 않고 멀리 그리고 똑바로 보내는 데만 연습하고 퍼팅은 해보지도 않은 채 필드로 나온 것이다. 그래서 매 홀마다 퍼팅을 5~6개 이상 하게 되니 진행도 지체되고 함께 운동하는 팀원에게 너무 미안하였다.

나중에 전반 홀이 끝나고 후반 홀이 시작될 무렵 김 대령은 옆에 같이 온 팀원에게 자기가 미안해서인지 나에게 "야 너는 퍼팅 연습도 안 하고 왔느냐?"라고 했다. 나는 미안하기도 하지만 필드에 나가기위해서 "이런 것은 사전에 연습(퍼팅)하고 오란 얘기를 왜 해주지 않았느냐"라고 오히려 반박하고 한바탕 웃었다.

육군대장 김재창 장군의 차를 얻어 타다

일반기관이나 대학원, 특히 국방 대학원은 참으로 모임이 많았다. 조별모임, 군별 모임, 출신학교별 모임, 동기생모임, 심지어 고향 출신별 모임까지 명분을 만들면 모임은 더 많아진다.

그래서 모임이 있는 날은 차는 집에다 두고 지하철이나 버스 등 대중교통을 이용하여 등교한다. 왜냐하면 모임이란 거의 술을 곁들인 식사를 하기 때문에 개인의 자가용은 운전 할 수 없기 때문이다.

갑자기 모임을 해야 하는 일이 생길 경우 자기차량은 국방대학원 주차장에 세워두고 아는 사람의 차에 편승하거나 수색이 서울 외각에 위치하여 택시잡기도 여의치 않아 불편하므로 대학원 정문에 기다렸다가 퇴근하는 사람의 차를 편승하기도 하였다.

어느 날은 내가 갑작스런 모임을 하게 되어 차는 학교 주차장에 그대로 두고 학교 정문에서 서울로 나가는 차를 얻어 타기 위해 기다렸다가 마침 나가는 차가 있어서 손을 들었다. 차가 정차를 하므로 나는 운전자에게 서울로 가시면 가는 길에 좀 태워 달라고 했더니 타시라고 해서 그 차를 타고 서울로 나가게 되었다.

운전사 옆자리에 타고 가면서 운전사를 보니 어디서 많이 본 듯한 얼굴이었다. 어둡지만 찬찬히 들여다보니 그분은 다름 아닌 한미연합사령부 부사령관이신 김재창 대장이셨다. 나는 정문에서 차를 세웠을 때, 차도 허름한 아무나 타고 다니는 평범한 차였고 얼핏 운전자를 보니 입고 있는 옷도 수수한 노타이였기에 내 또래의 나이쯤 되는 학교 직원 정도 되는 줄 알았었다.

그런데 이분이 현역 육군대장이신 김재창 장군이었고, 운전병도 부리지 않고 본인이 직접 운전하여 퇴근하는 길이였었다.
나는 황당하여 "혹시 김재창 장군이 아니십니까?"라고 했더니 그분은 "맞다"고 대답을 하셨다. 나는 마치 호랑이 등에 올라탄 심정이 되면서, 얼떨결에 경례를 하고나서 "아이고 죄송합니다, 저는 육군대령 김영록입니다." "평소 존경하는 부사령관님을 몰라 뵙고 차를 타게 되어 정말 죄송하다."라고 했다. 김재창 장군께서는 "괜찮다고 하시면서 빈차로 나가는데 같이 타고가면 좋지 않으냐"라고 까지 말씀하셨다.

육군대장이 직접 운전하는 자가용의 옆 좌석에 타고 서울로 나가는 동안에 부사령관님은 나에게 고향이 어디며 어디 몇 기?냐 하고 묻기도 하셨다. 나는 내 고향이 영주라고 말씀드렸더니 자기는 봉화가 고향이라고 하시면서 "그러면 우리가 이웃마을 출신이네"라고 했다. 그 바람에 경직되고 서먹했던 감정이 다소 누그러져서 서울까지 편안한 마음으로 갈 수 있었다.

아마 우리군의 역사상 육군대장이 손수 운전하는 차를 육군 대령이 옆자리에 타고 어디를 간 기록은 나 밖에 없을 것이다.

나중에 내가 그분의 소식을 들은 바로는 '대장'으로 전역을 하신 후에 미국으로 건너가 어느 분야의 박사학위를 받고 연세대학교에서 교수로 재임하셨다고 하였다. 소유한 차량이나 입으신 의복과 한참 계급이 낮은 나에게도 꼬박 꼬박 존대를 하셨던 그 모습을 지금도 생각하면 여느 시골의 이웃집 아저씨의 모습이었다.

수도군단 인사참모로 부임

국방대학원을 졸업한 나는 길형보 장군이 군단장으로 계시는 수도군단 인사참모로 발령을 받았다. 그리고 아들과 딸의 보살핌의 필요와 감당하기 어려운 외로움을 견디기 힘들어 국방대학원 졸업을 할 무렵에 지금 아내와 재혼을 했다.

당시 우리군단은 일반참모 네 명이서 참 재미있게 지냈다. 인사참모인 나를 비롯하여, 정보참모는 동기생인 이팔종 대령, 작전참모는 18년 전에 강원도 양구 동면 임당리 펀치볼 입구에 위치한 헌병초소 근방에서 '대위'로 중대장 하던 시절에 이웃하며 살던 박찬규 대령이며, 군수참모는 나의 사관학교 후배인 송기홍 대령이었다.

우리 일반참모 네 명이 특별히 가깝게 지낸 이유를 든다면 우선 네 명 모두가 같은 교인으로 주일날은 부부동반으로 자연스럽게 모여 식사도 하고, 친교를 많이 하게 됨으로 그런 관계로 만들어졌다고 생각된다.

점심식사 후에는 별일 없으면 짧은 시간이지만 어느 참모 방에라도 몰려가 차 한 잔 마시면서 우리끼리 하고 싶은 얘기도 많이 했고, 자연스럽게 부대의 당면과제에 대해서도 허심탄회하게 토론하여 의견을 규합하기도 했다.

예비군 훈련처장에서 예비군 훈련과장으로

나는 수도군단에서 1년 동안 인사참모 직을 마치고 대전에 있는 교육사령부로 발령을 받았다. 그래서 나는 대전으로 이사를 했다. 덕분에 부대에서 가까운 '엑스포아파트'에서 가족과 함께 살면서 참으로 오랜만에 집에서 출퇴근을 하였다. 가족과 떨어져 산지 거의 오랜만에 아이들과 함께 살게 되었다.

대전으로 와서 생활을 하게 되니 이젠 대전 사람이 되었다. 교육사에서 근무를 하다 보니 자동적으로 교회도 교육사 군대교회를 섬기게 되었다. 평일에는 출근하기 위해 부대로 들어갔고 일요일은 교회를 가기 위해 부대로 들어갔다.

당시 군인들은 일주일 전부를 대부분 나와 같이 군부대를 벗어나지 않고 생활을 하였다. 하긴 전방부대 같은 경우는 부대 밖에 있는 교회가 거의 있지도 않았고, 또 중요한 것은 군인은 유사시에 즉시 출동을 해야 하기 때문에 관사도 부대근방이나 부대 내에 있고 교회도 부대 내에다가 세워놓고 신앙생활을 했다.

그런데 나는 어느 날 대전시내 탄방동에 있는 처가에 다니러 갔을 때 우편함에서 어느 교회에서 갖다 꽂아놓은 설교테이프가 있어서 집으로 오는 길에 그 설교테이프를 차량오디오에 꼽고 들어보니 어느 교회목사가 한 설교 말씀이었다. 탄방동에서 내가 살고 있는 엑스포아파트까지 오는 동안 20분도 채 안 되게 목사님의 설교 말씀을 들었는데 참으로 은혜로웠다. 나는 그분의 설교에 아주 감명을 받았다.

그래서 나는 테이프에 적힌 전화번호로 연락을 해 보니 대전일보 뒤에 있는 '중문교회'라고 하였다. 그래서 그 주 일요일부터 그 교회에 나가 예배를 드리게 된 것이 지금껏 뉴질랜드 이민기간 4년을 빼고 20여년 이상을 중문교회를 섬기게 된 것이다. 그때 처음 중문교회를 나가기 시작 했던 년도가 1997년도라고 기억된다.

당시 현역 군인으로서 민간교회를 섬긴다는 것은 좀 특별한 경우였다. 지금까지 군부대 교회에서 신앙생활을 하다가 민간인교회에서 민간인들과 같이 하게 되니 처음에는 다소 어색하였다. 그러나 금방 적응이 되어 그 후로는 재미있는 교회 생활을 하게 되었다.

특별히 기억나는 것은 중문교회에서 활동했던 '장학위원회'이었다. 당시 멤버로는 한덕근 집사 부부, 권태웅 집사 부부, 이기영 집사 부부, 그리고 이름이 기억나지 않는 두 가정, 우리 부부, 이렇게 여섯 가정이 열정을 가지고 열심히 재미있게 봉사를 하였다. 그때 위원장은 한덕근 집사가 하였고 나는 부위원장을 맡아서 위원장이 앞장서서 하는 일을 도와주었다.

교회 부근 빌라를 세를 얻어서 시골에서 가정 형편이 어려운 고등학생을 장학생으로 선발하여 숙식을 하도록 하였으며, 또한 그들에게 장학금을 주어서 대전에서 공부를 할 수 있도록 해주었다.

또한 우리 위원회는 위원간의 친목을 도모하기 위해서 여러 가지로 많은 친교활동을 하였다. 학생들의 공부를 돕는 일도 중요하지만 위원들 간의 우정 또한 위원회 일을 재미있게 참여할 수 있게 하는 원동력이 되기 때문이다.

그래서 우리는 위원회의 긍지와 자부심을 갖게 하기 위해서 단체로 유니폼을 만들어 입는다거나, 정기적인 산행을 한 후 맛있는 식사도 많이 하였다. 심지어 여성위원들은 한복까지 단체로 맞추어 입기도 하였다. 그래서 우리 장학위원회는 교회 안에서 일 잘하고 단합이 잘되는 그러한 위원회로 소문이 났었다.

나는 지금껏 30여 년간 원래 군인의 딱딱한 이미지가 교회에 까지 이어지는 분위기 속에서 신앙생활을 해 오다가 이렇게 민간교회에서 하다 보니 어떤 면에서는 나의 믿음이 한 단계 더 성숙되어 감을 느끼게 되었다.

나의 이러한 현역군인으로서 민간교회를 섬기는 신앙생활은 내가 군에서 전역하는 동시 뉴질랜드로 이민을 가면서 정들었던 위원회를 떠나게 되었다.

내가 이민 이삿짐을 꾸릴 때는 한덕근 위원장이 함께 도와주며 석별의 정을 나누었다. 그 후 이민간지 4년 만에 중문교회 사무국장으로 부임하기 위해 다시 한국으로 온 후 장로 직분도 같은 날 받았으며, 지금 까지 좋은 동료로서 잘 지내고 있다. 함께 봉사했던 권태웅 집사는 나와함께 장로직분을 받은 후 신학 공부를 하여 지금은 교회 전도사로 사역 하고 있으며 얼마 전에는 목사로 안수를 받았다.

아들 인겸이는 1년 재수를 한 후에 대학에 들어가서 학교 앞에서 원룸 생활을 하였고, 자겸이는 대전 집에서 같이 살았다. 대학에 다니는 동안 방학 때 마다 아르바이트를 하느라 거의 놀지 않았던 것 같았다. 어떤 때는 우리가 사는 아파트 부근 양식집에서 아르바이트를 한 적이 있었는데 나는 아내와 함께 가서 아들이 하는 아르바이트 현장도 보면서 아들의 서브를 받아 식사도 하고 왔었다.

그리고 어떤 때는 멀리 진해에 있는 해군부대 건축 공사장까지 가서 아르바이트를 하고 온 적이 있다. 나는 아들이 알바를 하지 않아도 학비는 대줄 수 있었지만 본인스스로가 벌어서 하는 자립심을 키우기 위해서 한 일이므로 말리지는 않았다.

인겸이는 본인의 그러한 성격 때문인지는 몰라도 이제 곧 오십이 가까워 오는 나이가 되도록 한 번도 아버지에게 금전을 요구한 적이 없었다. 용돈도 인겸이와 자겸이에게 똑같이 주면 며칠이 안 되어 자겸이는 다 써 버리는데 비하여 인겸이는 거의 그대로 남아있다. 그리고 동생이 달라고 하면 자기 용돈을 동생에게 쪼개어 주기까지 했다.

자겸이는 자기 오빠에 비해서는 좀 헤픈 면이 있었지만 대학졸업 후 뉴질랜드에 있는 National Bank에서 부장에 이르는 직위까지 올랐다. 인겸이는 이름대로 너무 어질고 겸손하고 착하다. 자겸이도 오빠를 닮아서 그런지 이들 두 남매는 태어나서 지금까지 결혼하여 자기들 아이를 낳고 살고 있지만 한 번도 남과 다투었다는 얘기를 듣지 못했다. 그들 남매는 한집에서 자랄 때도 역시 싸움 한번 하지 않았다.

오죽하면 동부전선 최전방에서 소대장으로 2년 동안 군 복무를 마치고 전역한 인겸에게 나는 "너와같이 착하고 남에게 욕도 할 줄 모르는 네가 어떻게 40여명의 소대원을 지휘했느냐?"라고 물었더니 인겸이는 "제가 모든 것을 다 했지요"라고 대답 했었을까?

그러니 남(소대원)을 시키는 것보다 소대장인 자신이 솔선수범함으로써 소대원들이 따라오게 했다는 것이다. 아들 인겸이는 어릴 때부터 교회에서 자랐기 때문에 교회생활에 익숙하다 보니 교회를 벗어난 사회생활은 거의 생각할 수가 없다.

심지어 학군장교 소위로 임관하여 전방으로 부임해 갔을 때 신임소대장(소위)이 왔다고 직속상관인 대대장(중령)이 회식 자리에서 부임을 축하하는 뜻에서 소주 한 잔을 주었을 때 "나는 교회를 다니기 때문에 술을 먹지 않습니다."라고 거절하였다고 했다. "그 대대 역사상 대대장이 주는 술을 받지 않았던 장교는 이번 김인겸

소위가 처음이었다."라고 그의 중대장(대위)으로부터 전해 들은바 있다.

나중에 전역을 한 후에 10대 대기업인 모 회사에 취직을 했을 때에도 일반 사회생활이 그의 생리에 맞지 않아서 3년 정도 다니다가 사표를 냈다.

그리고 신학과 교육학을 공부한 뒤에 지금은 어느 학교에 교사로 근무를 하고 있으며 주말에는 교회를 다니고 있다. 봉급은 그가 다녔던 회사에 비해 적지만 지금 하는 일이 그의 적성에 맞아서 너무 행복한 생활을 하고 있다.

서울 시청 뒤편에 있는 회사에 다닐 때를 보면 자기의 의지와는 상관없이 윗분의 생각에 의해 단체로 몰려가서 밥 먹고, 술 먹고, 담배 피우는 그러한 단체생활에 어쩔 수 없이 맞추어줘야 하며, 늦게 자고 또 아침에는 쓰린 속을 해결도 못한 채 회사에서 정한 출근시간에 맞추어 출근하는, 그런 "다람쥐 쳇바퀴 도는 생활"이 아들에게는 비전이 보이지 않았을 것이다.

그리고 제일 힘들었던 것은 먹지 못하는 술을 윗분의 비위에 맞추기 위해서 먹는 척이라도 해줘야 했을 것이고, 피우지도 않는 담배 연기 속에서 참아내기가 퍽이나 힘들었을 것으로 생각된다.

어릴 때 딸 자겸이는 나중에 커서 결혼할 때는 꼭 오빠와 같은 사람에게 시집을 가겠다고 했다. 지금 결혼하여 살고 있는 그의 남편

(사위)역시 인겸이와 비슷하게 착하고 선하기 그지없는 사람이다. 자기가 바라던 대로 오빠와 똑같지는 않지만 오빠와 거의 같은 사람과 결혼하여 예쁜 두 딸과 함께 뉴질랜드에서 행복하게 잘 살고 있다.

교육사령부에서 부여받은 내 직책은 교육훈련부소속의 예비군 훈련처장이었다. 당시 교훈부장은 육군 소장이었으며, 교훈부 내에는 부 총괄부서를 포함하여 5개 처가 있었다. 총괄처장에 김종태 대령, 부대훈련처장에 박훈도 대령, 학교교육처장에 한기호 대령, 교육지원처장에 고충근 대령 등이 함께 근무를 하였다. 말하자면 육군의 모든 교육훈련을 계획하고 시행하며 감독하는 부서였다.

새로운 것을 창출하기 위해 이전의 제도를 하나씩 끄집어내어 밭을 갈듯이 돌멩이와 잡풀을 파서 버리고, 어떤 또 다른 색깔의 제도를 제시하는 것이 주로 하는 업무였다.

교육사령부는 무조건 교육과 훈련이란 이름만 붙어 있으면 전부 다 교육사령부의 권한과 책임과 임무라고 하지만, 예비군훈련 만은 그렇지 않다. 예비군 훈련은 국가 동원령과 관계가 있으며 이는 정부의 각 부처와 연계되어 이루어지는 정책적인 업무이다.

따라서 평시에도 예비군 설치법에 의해 훈련이 되고 있다. 전시는 동원령에 의해 동원되고 전시 물자 징발법에 의해 각종 수송수단이나 전시물자등을 징발하여 병력과 물자가 동원되는 것이다. 그러므로 예비군 업무는 단순한 훈련에만 국한되지 않는다는 것이다. 그래서 예비군 훈련에 관계되는 업무는 육군의 정책을 다루는 육군참모총장의 직속에 있어야 한다는 문제로 참모총장과 교육사령관 간에 이견이 있어서 문제가 된 사건이 있었다.

내가 교육사로 부임한지 1년이 지날 무렵 교육사령관과 교육훈련부장이 바뀌었다. 전임 부장은 중장으로 진급 돼서 군단장으로 영전해 가고 그 후임으로 전번 부장과 같은 동기생이 부장으로 부임했다.
그 당시 새로 부임한 교육사령관과 내가 연대장시절에 군단장 이던 분이 참모총장으로 부임하여 이 예비군 업무관장에 대해 서로 의견을 달리하여 한동안 결정을 못하고 서로 간에 주장만 했다.

참모총장의 논리는 예비군은 평소 민간인 신분으로 예비군 설치법과 국가동원령에 의거 동원되고 훈련하는 것이므로 정책 부서인 육군본부에서 직접 관장해야 된다고 했다. 그러나 교육사령관은 예비군 훈련도 훈련인 만큼 교육사령관이 관장해야 한다는 것이다.

어느 날 나는 교육사령관과 교훈부장을 수행하여 육군참모총장실에 갔었다. 이 자리에서도 예비군 훈련처의 업무관장건의 주장이 결론에 이르지 못하자 참모총장은 색다른 제의를 했다. 그것은 "예비군훈련과 동원 업무는 김 대령이 전문가니 만큼 김 대령의 의견을 들어보자"고 하였다.

나는 그 무렵 장군 진급심사를 앞에 두고 있을 때였다. 당시 심사의 최종권한은 참모총장에게 있지만, 교육사령부에서 어떤 점수로 육본에 올리느냐가 가장 중요했다. 그러니까 교육사령관이 나의 진급권한을 가지고 있다고 봐야 한다. 그러므로 나는 교육사령관의 의견이 합당하다는 논리로 가세 해주어야 나에게 도움이 될 수 있는 것이다.

그러나 나는 나의 이익을 위해서 논리에 반하는 일을 하지 않았다. 지금까지 내가 담당해온 동원 및 예비군업무의 합당한 법의 근거에 의해 원활한 업무를 수행하자면 참모총장의 논리가 합당한 것이다. 그래서 직속상관인 교육사령관에게는 불충이라고도 할 수 있는 "이러이러한 이유로 예비군 훈련처는 육군본부 참모총장 직속 하에 두는 것이 합당한 것으로 생각 됩니다"라고 답변했다.

참모총장실에서의 회의는 그렇게 해서 끝이 났고, 사령관과 부장 그리고 나는 육본에서 교육사로 같은 차를 타고 복귀하였다. 오는 길에 별 말이 없었으며 침묵 속에 사령관은 나에게 "자네는 이 업무(예비군훈련처가 육본으로 가는 문제)에서 손을 떼라"라고 말하였다.

그래서 나는 이 업무에서 손을 떼었고, 그로부터 2달 후에 나를 포함한 예비군 훈련처 일동(8~10여명)은 교육사에서 육군본부 소속으로 변경되어 이사를 하게 되었다. 나는 나 개인의 이익보다 진정어린 육군과 전시 원활한 예비군 동원을 위하여 교육사령관의 곱지 않은 시선을 감내한 것이다.

그 당시 우리 예비군 훈련처는 처장인 나를 비롯하여 내가 연대장을 할 때 동원훈련장의 민간인과 예비군간의 충돌사건으로 민간인에게 부대 울타리가 뚫렸다는 사건으로 문제시 되었던 옛날 내부하였던 대대장도 포함되어 있었다.

이제 그때 대대장과는 연대장과 대대장 사이가 아닌 처장과 실무

장교로 다시 만나게 된 것이다. 그리고 삼각지 육군본부시절 우리 부장의 보좌관을 하던 김 중령, 그리고 임 중령, 송 중령, 내 바로1기 후배이던 권 부이사관, 그리고 김미옥 여군무원, 또 이름이 기억나지 않는 중령 한명 모두 우리 예비군 훈련 처 식구 들이었다.

그래서 나는 중령으로 육군본부에 근무한 이후 10여년 만에 대령으로 육군본부에서 두 번째 근무하게 되었다. 이제 나의 직함은 **예비군 훈련처장**에서 **예비군 훈련과장**으로 바뀌게 되었다.

31년간의 영욕의 군 생활을 마감하다

나는 1999년 10월 31일 부로 31년간의 영욕의 군대생활을 명예롭게 마치고 전역을 하였다. 계급정년이나 연령정년에는 전혀 무관하게 내 스스로 정들었던 군인의 신분을 끝냈다. 그래서 나는 우리 동기생들의 만기전역자들보다 2년 정도 먼저 전역을 한 것이다.

나는 처음 군인이 되었을 때는 국방의 의무를 먼저 하고 나서 대학 도가고 또 사회에서 내가 꿈꾸던 일을 하려고 했었다. 그러나 나는 장교 생활을 해 나가면서 조금씩 군인이 되었음에 자부심을 갖게 되었고, 군 생활을 하는 과정에서 많은 상급자들로부터 사랑을 받게 됨에 따라 나는 군인이 좋아졌다. 그래서 열심히 했다.

언젠가 부터는 군인이 내 적성에 맞는다는 것을 느꼈으며 어떤 사명감을 가지기 시작하였다. 군대생활을 해 오면서 나는 정말로 열심히 했다. 매사에 완벽함을 너무 추구했던 것이 나의 흠이라면 흠이라고나 할까.

장군이 되지 못한 것은 나의 판단 미숙에 기인된 것이다. 따라서 누구를 원망한다거나 누구를 탓하지 않는다. 오직 내가 내 발을 걸어서 얻은 결과일 뿐이다.

마지막으로 여러 면에서 많이 부족한 사람이지만 대령의 계급까지 진급시켜 준 육군과 국가에 대해 감사를 드린다.

제3부
뉴질랜드이민과 신앙생활

제1장 꿈의 나라 뉴질랜드로

제2장 한국으로 역이민

제3장 침례신학대학에서 학부생활

제 1 장

꿈의 나라 뉴질랜드로

전역과 동시 뉴질랜드 탐방

나는 전역을 한 후 바로 다음 달인 그해 11월 중순에 뉴질랜드로 탐방을 떠났다.

그때 우리 집 사정은 내가 5년 전에 서울에서 대전으로 이사를 온 후에 딸 자겸이는 고등학교 2학년 때 벌써 뉴질랜드로 유학을 갔었고 다시 한국에서 대학을 마쳤으며, 아들 인겸이도 대학을 마치고 군 입대를 앞두고 있었다. 그래서 이제 우리 네 식구는 어디라도 함께 떠날 준비가 되어있었다.

그래서 한쪽으로는 이민 수속을 하였고, 가장 어려운 영어시험(인터뷰)은 아들 인겸이가 대표로하여 합격을 해 놓은 상태였다. 이제 한 달 후이면 모든 서류의 합격여부에 따라 영주권이 나올 수도 있고, 아니면 더 보강하라는 부분이 있으면 보강하여 영주권을 얻게 되어 있다.

얼마나 좋은 나라이기에 그토록 많은 사람들이 이민을 가고 싶어 하는가? 하는 호기심을 가지고 나는 아내와 함께 뉴질랜드행 비행기에 몸을 실었다.

지금은 경기가 좋지 않아 인천공항에서 뉴질랜드 크라이스트처치(남 섬)로 가는 직행 노선이 없어졌지만 내가 이민을 갈 무렵 20년전에는 남 섬으로 가는 직행 노선이 있었다. 우리부부는 남 섬에서 한 달, 그 다음에는 북 섬에 가서 한 달을 탐방하기로 하고 우선 남 섬으로 가는 비행기를 타게 되었다.

비행기는 12시간을 non-stop으로 운행하여 한국에서 탑승한 그 다음날 아침에 남 섬의 '크라이스트처치 국제공항'에 도착했다.

하늘에서 내려다보이는 뉴질랜드는 정말 동화 속에서 나오는 나라 같았다. 비행기 창 밖으로 보이는 하늘은 내가 초등학교에 다닐 때 국어책에서 읽었던 하늘에 떠있는 새털구름과 뭉게구름 모양 그대로였다. 구더기처럼 하얗게 오물오물거리는 무리는 양떼들이 한가로이 풀을 뜯는 모습이었다. 뉴질랜드는 겨울이 별도로 없으며 사계절이 크게 구분이 없는 선선한 기후는 넓은 초지를 일 년 내 유지할 수 있으므로 낙농에 아주 적합한 나라이다.

더욱이 국가면적은 우리나라 남, 북한을 합친 것보다 더 넓은데 비하여 인구는 '백인'이 대부분이며, '마오리'라고 하는 원주민과 최근에 이민해온 아세안과 남태평양 사람들이 20% 이내로 살고 있다. 남북 섬 전체인구는 부산 인구보다 약간 더 많은 480여 만 명 정도이며 북 섬과 남 섬, 두 개의 섬으로 이루어진 나라이다.

뉴질랜드는 호주, 캐나다와 함께 영연방국이며 총리가 통치를 하고 있다. 사회복지제도 또한 세계에서 앞서가며, 정의로움을 가장 우선시 하는 그러한 나라이다.

따라서 넓은 면적에 비해 적은 인구가 살다보니 남 섬에서는 도시 외곽으로 여행을 하다보면 좀 과하게 표현 하자면 30분을 운전해가야 마주 오는 차 한대를 만날 수 있을 정도로 도로가 한가하다.
북 섬에는 뉴질랜드 최대도시인 '오클랜드'시가 있으며 이곳에는 뉴질랜드 전체인구의 삼분의 일이 거주하고 있으며 수도인 '웰링턴' 도 북 섬에 있다. 웰링턴에는 영화 "반지의 제왕" 세트장으로도 유명한 곳이다. 남 섬에는 내가 처음 발을 디딘 '크라이스트처치'시 가 있으며 섬의 남쪽 끝에는 '엘리자베스 여왕'의 칭호를 딴 '퀸스타운'이 있다.

나와 아내는 몇 해 전에 먼저 이민을 온 처제 집에 짐을 풀고 **크라이스트처치**에서 머물면서 우선 한 달 동안 '남 섬' 지역을 탐방하기로 했다.

이곳 크라이스트처치에는 고등학교 교사를 하던 그라 처제 부부가 먼저 이민을 와서 자리 잡고 있었다. 이들은 아들 하나에 딸 두 명이 있다.

이들도 이곳으로 여행을 왔다가 뉴질랜드에 반해서 이민을 오게 된 것이다. 막내딸 이름은 안젤라인데 너무 똑똑하고 예뻐서 누가 데려갈지 의문이다. 안젤라는 5년 전에 원어민 교사로서 충북 옥천군 시골에 있는 어느 초등학교에서 1년 동안 학생들을 가르친 적이 있다.

남 섬에 도착한 나는 제일 먼저 놀랐던 것은 많은 수의 **골프장**이다. 어떤 골프장은 주인도 보이지 않고 그린피만 넣을 수 있는 자물쇠가 잠긴 돈 통만 달랑 붙어있는 곳도 있었다. 요사이 한국에서 유행하는 무인 호텔 운영 방식과 같다고 볼 수 있다.

한국의 무인 호텔은 CCTV라도 있지만 뉴질랜드 골프장은 CCTV도 없는 양심에 맡긴 결제방식이다. 그린피도 기껏해야 30불 정도이니 한국 돈으로 환산하면 2만 원 정도이다. 한국의 골프장은 부킹하기도 힘들고 그린피도 비싸서 운동 한 번 하기가 힘드는데 비해 뉴질랜드는 2만원만 주면 하루 종일 공을 칠 수도 있는 것이다. 한국처럼 꼭 4인의 조 편성을 하지 않아도 된다. 혼자서 쳐도 되고, 2명이서 쳐도 된다. 또한 혼자서 공을 서너 개를 치면서 나가도 된다.

말 그대로 골프 천국이다. 앞에서도 언급했지만 일 년 내 선선하고 따뜻한 날씨에 적당하게 비도 잘 와 주므로, 잔디나 목초가 365일 푸름을 유지하기 때문에 골프장의 잔디관리도 한국에 비해 퍽 수월한 편이다. 가끔씩 주인이 와서 제초트랙터로 한 바퀴 돌고 가면 잔디관리가 끝난다.

그렇다고 전부다 이렇게 그린피가 싸고 부킹이 쉬운 것은 아니다. 고급골프장은 국제대회도 열리고, 부킹하기도 어려우며 그린피도 한국보다 더 비싼 곳도 많다.

뉴질랜드에서 처음 보는 것들은 모두가 신기했다. 깨끗하고 자연 그대로가 잘 보존된 환경은 그 나라 국민성과 같다. 그 나라 국민을 한 마디로 표현하자면 질서를 잘 지키고 남에게 양보를 잘 하는 선진 국민의 표상이었다. 어디에서나 그들은 "after you"(먼저 가세요)라고 말한다. 그리고 도로에서 좌회전을 하기 위해 끼어드는 법이 없다 아무리 바빠도 앞차의 뒤로 따라간다.

그리고 온 국민이 깨끗한 자연을 보호하기 위하여 전부다 감시자 역할을 한다. 누가 쓰레기를 함부로 버리면 뉴질랜드 사람은 자기가 구청이나 동사무소 직원이 아님에도 불구하고 "왜 함부로 쓰레기를 버리느냐?"라고 하며 심지어 교육까지 한다.

낚시터에서 규정 SIZE가 안 되는 고기를 잡았다거나, 하루에 잡을 수 있는 마리 수보다 더 많이 잡으면 질책을 하거나 사진을 찍어서 관공서에 고발을 하는 등, 모든 국민이 감시자이며 계도자의 역할을 한다.

나는 뉴질랜드에 탐방을 올 때만 해도 아내가 이민을 가자고 몇 번이나 얘기를 했었지만 그때마다 나는 가서 보고 이민을 결정하자고 했었다. 그런데 나는 탐방을 온지 일주일도 안 되었는데 이민을 오기로 마음에 결정을 했다.

'아~~ 이곳이 내가 살고자 하는 정의롭고 질서를 지키는 그러한 나라이구나.'라고 하는 마음에서 결정이 된 것이다.

모든 면에서 이 나라 국민들은 법과 규정을 잘 준수한다. 매출의 규모를 속여서 세금을 덜 내게 한다거나, 세무서 직원과 짜고 세금을 탈루한다는 것은 이 나라에서는 생각지도 못하는 일이다. 심지어는 접대부가 받은 화대도 그대로 작성하여 세금을 내는 나라이다.

왜 모든 국민이 이토록 준법정신이 투철한가 하면, 모국인 영국 신사의 그 핏줄을 타고 내려온 내력도 있지만, 남을 속이지 않는 정직한 근성과 국가에서 그 성실한 세금납부를 근거로 해서 노후를 책임져 주는, 사회복지제도가 잘 되어있기 때문이기도 하다.

그리고 뉴질랜드 국민들은 백인이지만 인종차별을 거의 하지 않는다. 오히려 이방인들에게는 더 친절하다. 예를 들면 자기들 끼리 2~3명이서 골프를 치다가도 한국 사람이 혼자서 골프를 치고 있으면 옆에 와서 조용히 "함께 치겠느냐?" 하고 제의를 할 정도였다.
아마 그들 생각에는 '저렇게 혼자서 골프를 하는걸 보면 함께 칠 멤버가 없어서 그런가 보다.'라고 생각하여 그런 배려를 하는 것 같았다. 나도 그 후 이민을 가서 그곳에서 살 때에 몇 번이나 이러한 제의를 받고 백인들과 골프를 한 적이 있었다.

나는 이제 이민을 하기로 마음에 결정을 하고, 한편으로는 현재하고 있던 이민 수속을 그대로 진행하고, 다른 한쪽으로는 남 섬에서 살 것인가 북 섬에서 살 것인가를 결정하기로 했다.

　남 섬의 대표적인 도시는 '크라이스트처치'시 로서 영국인이 이민을 오기 전 도시를 계획할 때, 그 계획수립 과정에서 기독교인이 다수 참여하여 만들게 되어 이름도 '예수 그리스도'의 이름을 따라 지었다고 한다. 도시 한가운데는 환상적인 '헤글리 공원'이 자리 잡고 있어서 수십 미터나 되는 아름드리나무 밑에서 많은 시민들이 사시사철 휴식을 즐기고 있다.
　두 번째로는 '더니든'이 있는데, 이 도시에는 역사와 전통을 지닌 의과대학으로 유명한 '오타고 대학'이 있어 교육열이 강한 한인들의 자녀들이 많이 다녔다. 마지막으로 도시라곤 할 수 없지만 관광지로 유명한 '퀸스타운'이 있다.

　남 섬은 도시 이외에도 거의 모든 땅이 때를 타지 않은 자연의 경관과 높은 생활수준으로 "지상의 마지막 낙원"으로 칭송되고 있다. 이들에게는 자연 그대로를 보존하는 것이 먹고사는 어떤 다른 것보다 가장 우선시 하고 있다.

　남 섬에서 이곳저곳을 돌아다니보니 너무 아름답고 모든 곳이 맘에 들었다.
　크라이스트처치에서 퀸스타운을 향해 가는 길은 정말 한가했다. 몇 십 분을 달리다 보면 오가는 차량을 한 대라도 만날 정도로 한적한 도로를 끊임없이 달려갔다. 출발에서부터 5시간을 훌쩍 운행하여 갔더니 '마운트 쿡'이 보였다.

뉴질랜드는 거의 눈이 오지 않는 나라이나 남 섬에 있는 '마운트 쿡' 부근에는 가끔씩 눈이 오기도 한다. 마운트 쿡은 높이가 3,754m 로써 우리나라 백두산보다 1,000m나 더 높은 산으로 뉴질랜드에서 가장 높은 산이다. 이산 꼭대기는 사철 흰 눈이 쌓여 있어서 관광객 들이 헬리콥터로 정상까지 올라가서 흰 눈을 밟아보고 내려오기도 한다.

이 산은 에베레스트를 세계 최초로 등반한 힐러리 경이 등반 기술을 닦은 곳으로도 유명하다고 한다. 원래 마운트 쿡은 지금보다 더 높았지만 1991년에 거대한 눈사태로 꼭대기가 10m정도 무너져 내려 지금의 높이가 되었다고 한다.

대부분의 여행객은 헬기로 정상을 밟아 보지만 등산가들은 이 산을 등산하면서 에베레스트를 등산하는 맛을 느낀다고 했다. 우리는 이 산이 멀리 보이는 곳에 송어양식장이 있어서 마운트쿡을 바라보며 송어회를 질리도록 먹었다.

퀸스타운은 영국여왕의 직함을 따서 만든 조그마한 도시인데 호수에는 석탄으로 운행하는 여객선이 있어서 옛날의 한 면을 보여 주고 있는 게 이색적이었다. 케이블카를 타고 전망대로 올라가는 도중에 보니 잣나무와 소나무가 얼마나 길게 자랐는지 조금 보태어 표현하자면 소나무 길이가 2~300m는 족히 되는 것 같았다. 나는 지금까지 이렇게 키가 긴 나무는 처음 봤다.

저녁에는 동서인 박 서방이 준비한 랍스타 요리에 또 한 번 우리의 기분을 업 시켰다. 나는 지금껏 한국에 살면서 몇 번 먹어보지는 못했지만 랍스타는 스팀에 쪄서 먹거나 오븐에 구어서만 먹었는데 이번에 박 서방이 요리해준 랍스타는 특별하였다.

우선 싱싱한 랍스타의 꼬리안쪽에 붙은 것으로 회를 떠서 먹고, 다음은 머리와 껍질 부분을 오븐에 구워서 먹고, 마지막으로는 꼬리부분과 가는 발들을 모아서 애호박과 함께 뚝배기에 넣어 끓인 된장찌개는 랍스타의 백미라고 할 수 있을 만큼 맛있게 먹었다.

나는 앞부분에 잠시 언급을 했지만 이때 배운 랍스타 요리 방법을 이민생활 하는 중에 여러 번 귀한 손님을 대접을 했었다.

퀸스타운에서 한참 남쪽으로 내려가면 '밀포드사운드'가 있는데 이곳은 커다란 호수처럼 생겼다. 유람선을 타고 가노라면 강 양편으로 형성된 절벽을 타고 내리는 폭포가 마치 웅장한 병풍처럼 형성되어 관광객들로 하여금 연방 탄성을 자아내게 하였다. 또한 가끔씩 나타나는 물개들 무리의 모습들도 재미를 더하게 만들었다. 나는 탐방 기간을 통해서 남 섬에서의 많은 추억 거리를 만들었다.

이렇게 시간 가는 줄 모르게 매일이 신기 하리만큼 재미있게 한 달이 금방 지나가 우리는 국내선을 타고 세계적으로 유명한 해양도시인 북섬 '오클랜드'로 왔다.

'오클랜드'는 자가용 숫자보다 요트의 숫자가 많다고 할 정도로 요트가 많은 도시이다. 오클랜드는 주간에 보는 것 보다 야간에 보는 야경이 더 아름다웠다.

뉴질랜드에서의 주택 가격의 가치기준은 첫째가 바다 전망(sea view)이고 두 번째가 도시 전망(city view)이며, 그다음이 멀리보이는 산이나 평야를 들 수 있다. 뉴질랜드도 한국처럼 학군을 많이 따진다. 나와 같이 은퇴하고 아이들이 다 성장하여 학교에 다녀야 하는 부담이 없는 사람들은 학군과는 관계없이 거주지역을 정한다.

북 섬에 올라온 우리부부는 '타카푸나'에 있는 조그마한 이민교회 목사님 댁에서 한 달 동안 '홈스테이'(하숙)를 하기로 하고 여장을 풀었다. 당시 뉴질랜드 전역에 등록된 한인교회는 100여개 가 있었지만 이민역사가 얼마되지 않아서 자기교회가 단독으로 건물을 가지고 있는 교회는 5~6개 교회 정도 밖에 되지 않았고, 대부분의 교회는 뉴질랜드 교회를 빌려서 예배를 드렸다. 자기들이 몇 시까지 예배를 드리면 한인들이 몇 시부터 예배를 드리는 방법으로 교회생활을 하였다.

어떤 교회는 새벽 기도를 하기 위해 교회건물이 아닌 별도의 사무실이나 강당 같은 것을 구입하거나 랜트를 해서 기도생활을 하기도 하였다.

북 섬 중에서도 한인들이 선호하는 지역은 오클랜드 중심가를 기준으로 해서 하버브리지(Harbour Bridge) 북쪽이다. 그들은 이 지역을 'north shore'(북해안)라고 부른다. 이곳이 학군도 좋고 바다를 끼고 있어서 경치가 좋은 것은 물론 대형마트나 자동차매장 등이 몰려 있기 때문에 생활하기에 편리해서 한인들이 많이 거주하고 있다.

북 섬에 와보니 남 섬은 조용히 쉬기에만 좋은 정적인 도시라고 한다면 북 섬은 아름답고 활기차며 역동적인 그러한 도시였다. 그래서 우리는 북 섬에다 자리를 잡기로 결정했다.

따라서 우리는 우리가 살 집을 구입하기 위해 매물로 나온 집을 보는데 거의 시간을 다 보내게 되었다.

오클랜드 시내 쪽 'Mission Bay' 부근에도 좋은 집이 있지만 너무 집값이 비싸서 나는 나의 가용예산을 고려하여 'north shore' 지역에서 우리가 살고 싶은 집을 알아보기로 했다. 마침 한국인 중개사를 만났는데 말을 해 보니 대전 사람이라 그를 믿고 그가 추천한 50여개의 집을 보러 다녔다.

뉴질랜드는 그 당시 아파트는 별로 없었고, 대부분 정원이 딸린 주택에 살았다. 하긴 넓은 땅에 아파트에서 살 필요가 없었기 때문이다. 거의 99%에 해당하는 시민들이 개인 주택에 살고 있었다. 지난번(2019년)에 뉴질랜드에 가보니, 요즈음엔 아파트도 조금씩 건축하는 것을 보았다.

여러 개의 집을 보고 다니다 보니 당초 계획하였던 예산보다 훨씬 비싼 집만 눈에 들어와서 할 수 없이 예산을 추가하여 정말 우리가 갖고 싶어 하는 그러한 아름다운 집을 사게 되었다.

집 북쪽으로는 태평양 바다가 남해의 다도해를 보는 듯 전개되어 있고 넓은 대지위에 건평이 150여 평이 되는 2층 양옥을 사서 얼마나 기뻤는지 그때 오래 만에 행복했던 추억은 지금도 잊을 수 없다.

　뉴질랜드는 적도를 기준하여 남쪽에 위치함으로 우리나라와는 반대의 위치에 있다. 그래서 우리나라는 남향집이 햇볕이 잘 들어 오고 해서 좋지만 뉴질랜드는 북쪽이 따뜻하고 좋기 때문에 북향을 기준해서 집을 건축한다.

　우리 부부는 그 집을 잔금까지 다 지불하여 등기까지 이전한 후에 근 2개월 만에 한국으로 귀국 했다. 우리는 다음해인 2000년도 8월에 이사를 하기로 하고 지금 사 놓은 이 집을 비워놓을 수가 없기 때문에 우리에게 집을 판 옛 주인에게 8개월분의 월세를 받고 그에게 임대를 주고 한국으로 왔다. 그렇게 크고 아름다운 집을 비워놓거나 다른 사람에게 세 를 주게 되면 혹여나 집의구조를 다칠 우려가 있기 때문에 이전에 살고 있던 사람에게 월세로 주는 것이 좋을 것 같아서 그에게 맡겼다.

　한국에 귀국한 우리 부부는 이제 뉴질랜드로 이사를 갈 준비에 매일 바쁜 날을 보냈다. 그동안 신청했던 영주권도 그 사이에 나왔다. 아내는 장경동 목사님이 시무하는 대전 중문교회에 출석하면서부터 전도에 열정이 붙어서 이민 준비와 병행하여 전도에도 열심을 다하였다.

인겸이는 전방으로, 세 식구만 이민가다

영주권은 우리부부와 아들 인겸이. 딸 자겸이 이렇게 네 식구가 나왔다. 이제 우리 네 식구는 한국의 모든 것을 정리하고 정해진 날짜에 이민을 가면 되는 것이다. 그런데 나는 아들 인겸이의 영주권은 이미 앞에서 언급한대로 취소하고 군대에 보내기로 결정했다. 그 이유는 인겸이는 대한민국의 건강한 남자이므로 국방의 의무를 해야 한다는 나의 별스런 논리이기 때문이다.

다만 나의 논리는 대한민국에서 태어난 대한민국의 국민이라면 국가에 대한 의무를 다해야 된다는 것 때문이다. 대한민국 사람이 자기 나라인 대한민국을 영주권자란 핑계, 아프다는 핑계 등, 이런 저런 핑계로 자기의무를 회피한다면 누가 우리조국을 지킬 것인가? 에서다.

그리고 아들에게는 그에게 부여된 국방의 의무를 하지 않는다면, 한 평생 조국 대한민국에 대하여 부채를 않고 있게 되지나 않을까 하는 염려도 있었다. 그래서 나중에 외국에 가서 살 지라도 당당하게 본인이 나의 국가를 위해 의무를 다했다는, 떳떳한 대한민국의 국민이 될 수 있을 거라는 측면도 있었다.

그래서 2000년 2월에 아들은 **동부전선 최전방 소대장으로 부임**했고, 나머지 우리 세 식구는 그해 8월에 뉴질랜드로 이민을 떠났다. 나는 인겸이가 아버지가 자기의 영주권을 취소시킨 것과 가지 않아도 될 군대까지 가게 한 것에 대하여 지금까지 군말 한 마디 없이 따라 준 것에 대하여 늘 고맙게 생각하고 있다.

나는 지금 와서 생각해 보니 옛날 기성세대가 가지는 어떠한 틀을 자식에게 강요하는 분위기가 심하지는 않는지, 아니면 엄마가 없는 상태에서 내가 아이들을 너무 끼고 돌게 되면 아이들의 마음이 약해 지지는 않을까 하는 염려 때문인지는 몰라도 아이들에게 너무 나의 권위를 내 세운 것 같았다.

지금 돌이켜 보면 아이들이 나 때문에 자기들의 열린 사고와 창조성이 약하게 되지는 않았는지 다시금 나만의 생각 때문에 아이들이 속상해 하지는 않았었는지? 나의 독선적인 면에 대해 아이들에게 미안하게 생각한다.
그러나 그처럼 권위를 내세워 나의 뜻만을 고수했던 나의 권위에 그래도 나에게 순종해 주었던 아들과 딸이 너무 감사하다.

인겸이가 전방 소대장으로 입대를 한 뒤 나와 아내는 한국에 있는 재산정리와 이사를 위한 컨테이너 준비, 기타 미비한 서류 준비 등으로 신경을 많이 쓰게 되었다. 또한 교회 쪽으로는 계속하고 있는 전도활동을 한명이라도 하고 가야겠다는 사명감으로 아내는 날밤을 지새며, 이전보다 더 시간을 쪼개 가면서 시간가는 줄 모르게 하루를 보내곤 하였다.

그렇게 바쁘게 시간을 보내던 중 어느 날 아내에게 문제가 발생하였다. 아내가 쓰러진거다. 아마 그해 3월 말쯤 어느 일요일이었던 것으로 생각된다. 나는 평소와 같이 교회 성가대 대원으로 3부 예배를 막 시작할 때인데 아내 소유의 핸드폰으로 어느 모르는 여자 분이 나에게 전화가 왔다.

"송 집사님이 쓰러졌으니 자가용 말고 택시를 타고 KBS 방송국 앞에 있는 지하도 입구로 빨리 오라"고 해서 나는 성가대 가운을 벗어 옆에 있는 대원에게 맡기고 택시를 타고 그 여자 분이 말한 그곳으로 갔다. 아내의 자가용은 도로 옆에 정차되어 있고, 아내는 운전석에서 누워서 말조차 제대로 하지 못하고 있었다.

평생 감기 한번 걸리지 않았다던 이 사람이 쓰러진 것이다. 나는 너무 놀라서 5~6분 거리에 있는 집으로 아내의 차를 운전하여 가서, 아침밥을 못 먹고 교회에 갔었기에 라면이라도 먹이려고 빨리 라면을 끓여서 먹으라고 젓가락을 아내에게 주었더니, 아내는 젓가락을 집지 못하고 바닥에 떨어트리고 말았다.

그때서야 나는 이게 보통 아픈 게 아니구나. 라고 생각하고 아내를 부축해서 '엘리베이터'로 나오니 아내는 몸을 가누지 못하였다. 그때 아내는 정신은 좀 있어서 대전한방병원으로 가자고 하였으나 나는 그때 판단으로 '한방'보다는 '양방'이 나을 것이란 생각을 하고 아내의 말은 한 귀로 흘리고, 충남대학 병원 응급실로 차를 몰았다.

집안에서 어떤 일을 하는 데는 아내와 자식들의 말도 귀담아들어야 하지만 결정적인 순간에 결심을 할 때는 가장인 남편의 결단력이 매우 중요하다는 것을 알았다. 그래서 이번에는 내가 결심한데로 한

방보다 양방, 즉 현대의학을 택했던 것이다. 중요한 결심은 꼭 민주주의가 다 좋을 수가 없을 때도 있다.

충남대학 응급실에서 하루 종일 검사와 응급처치를 한 결과 뇌출혈(중풍)이라고 하였으며, 진료했던 신경과의 과장은 "치료를 다 하더라도 정상적인 활동은 하기가 곤란할 것 같다"라고 말 하는 바람에 나는 온 몸에서 힘이 다 빠져 나가는 느낌을 받았다.

그러면 "다 낫더라도 반신 불구가 되어 지팡이에 의지해야 된다는 것이 아닌가?" 믿을 수가 없었다. 충남대학교 병원에서 이 병의 전문가인 신경과 과장이 하는 말이니 믿어야 되지 않겠는가?

그래서 나는 충남대학병원 보다는 규모도 작고 의료진도 부족하지만 내가 지정해 놓고 다니는 신탄진에 있는 보훈 병원에서는 아내를 완전하게 고칠 수 있을 것 이라는 막연한 기대를 가지고 응급실에서 아내를 내 차에 싣고 보훈병원 응급실로 가서 입원을 시켰다.

결론부터 말하자면 아내는 수술도 하지 않고 보름 만에 정상적인 모습으로 퇴원을 했다. 그리고 퇴원한 이틀 후에 갈마초등학교에서 실시한 교회 체육대회에서 줄다리기까지 참가했다. 보훈병원 의료진이 더 훌륭했던 것이다.

당시 아내가 뇌출혈로 쓰러져 병원에 입원했던 사실을 알고 있던 교인 들은 깜짝 놀라서 아내가 운동하는 모습을 보고 "저 사람이 그 사람이 맞느냐?"라고 많이 놀라워했었다.

아내가 쓰러졌던 중요한 이유는 과로였다. 아내는 군인가족 진료증이 있어서 정기적인 건강 검진을 했었는데 혈압이 좀 높게 나왔다. 그래서 내가 혈압 약을 복용하는 게 좋다고 했으나 아내는 운동으로 조절하겠다고 했었다. 당시 우리 교회는 성령이 충만하여 여러 가지 집회를 많이 했다.

매일하는 새벽기도회는 기본이고, 금요일에는 금요철야기도회를 밤 9시에 시작해서 그 이튿날 새벽 1시가 되어야 끝이 난다. 집회에 참가했던 우리들은 대부분 집에 와서 씻고 정리하면 새벽 2~3시쯤 잠자리에 든다. 때문에 보통 사람들은 토요일 아침은 좀 늦게 일어난다거나 낮에 쪽잠이라도 좀 자야 피로가 풀렸다.

그런데 아내는 그날 따라 전도를 할 사람이 있어서, 토요일 낮에는 그 사람과 만나고, 일 좀 보느라고 낮잠도 자지 못하였으며, 밤에는 충북 청원군 문의면에 있는 기도처에서 구국 기도회까지 참가하였다.

그리고 일요일 이른 아침에는 아침식사도 거른 채로 전도할 사람을 데리고 교회에 갔던 것이다. 연 이틀을 잠도 못 자고 피곤한 상태로 교회에 왔다가 집으로 가는 길에 쓰러져진 것이다, 아내는 어떨 때 보면 자기의 건강을 너무 과신하고 있는 것 같았다.

다행하게도 대전보훈병원에서 완전하게 치료가 되어 정상적인 활동을 할 수 있기에 망정이지 "충남대학병원에 계속 입원하여 치료했더라면 어쩔 뻔 했을까" 하고 생각하면, 이는 필경 하나님의 도우심이 있었기 때문이라고 믿을 수밖에 없는 일이다.

그리고 수시로 병원에 오셔서 안수해 주셨던 장경동 목사님의 정성어린 기도와 예배시간에 전교인들의 중보기도에 큰 은혜를 받은 결과라고 나는 생각했다.

만약에 충남대학교병원의 의사 말대로 지팡이를 짚지 않으면 걷지도 못할 상태라면 도대체 이 일을 어떻게 해야만 했을까? 태평양이 끝없이 펼쳐 보이는 아름다운 집을 사 놓고, 이사를 갈 날짜도 다 잡힌 상태인데 아내가 정상적인 모습으로 완쾌가 되어서 너무 감사했다.

나는 우리 형제 3남1녀 중에 우리 집안의 장손 이며 또한 우리 집의 장남이다. 장남인 나는 고향에서 집을 지키며 부모님 역할을 해야 했음에도 불구하고 직업이 군인이다 보니 자연적으로 나의 바로 아래동생이 고향에서 농사를 지으며 고향을 지키고, 조상님의 산소를 관리 하고 있다.

그리고 그 아래 여동생은 영주에서 영주 순복음교회 '담임목사'를 하고 있으며, 막내 동생은 우리나라 대기업건설회사에 간부로 정년퇴직을 한 뒤에 지금은 아들의 사업을 도와주고 있다. 여동생은 나와는 여섯 살 차이로 내가 이민을 갈 무렵에 이미 오십대의 주부였는데 신학공부를 하여 교회 목사가 되겠다고 했다.

그래서 나는 "늦은 나이에 이제 무슨 신학공부를 하느냐"고 했는데 그는 자기의 의지를 굽히지 않고 내가 이민을 간지 얼마 안 되어 신학 공부를 하여 대학원까지 졸업을 한 다음 10여 년 전에 목사안수를 받고 여자 목사로 사역을 잘 하고 있다.

사람의 일이란 정말 장래를 예측 할 수가 없다. 우리 집안의 위 조상님들은 원래 특별한 종교가 없었다. 그런데 우리 대(代)에 와서 우리 식구들이 거의가 기독교 신자가 되었다. 내가 90년대 초 연대장으로 취임한 지 얼마 되지 않았는데 어떤 목사님이 나에게 "연대장님은 장차 목사가 될 것"이라고 말 하는 바람에 나는 별로 기분이 좋지 않았던 적이 있었다.

왜냐하면 이제 연대장으로 열심히 근무해서 앞으로 장군으로 진급을 한다는 열망을 가지고 오직 군 생활에만 전념을 하고 있는데 그런 말을 하니 한쪽 귀로만 흘러 듣고 말았다. 그런데 그 후 23년이 지나서 목사가 되는 '신학대학교'에 입학하여 공부를 했다.

그리고 아들 역시 대학 졸업 후 회사생활을 하다가 지금은 고등학교 영어교사로 일하고 있으며, 여동생까지 신학공부를 하였으니 사람의 장래 일은 오직 하나님만이 아시고 주관해 나가는 것임을 발견하였다. 우리 형제들이 하나님을 믿기 시작하면서 부모님도 자식들을 따라 하나님을 잘 믿으시다가 지금은 모두 천국으로 가셨다.

모든 정리를 끝낸 뒤 출국날짜가 정해진 그해 8월에 뉴질랜드로 보내는 이삿짐을 컨테이너에 실어 보내고, 우리 세 식구는 인천 공항에서 뉴질랜드 '오클랜드' 공항으로 가는 대한항공 비행기를 타고 12시간을 비행하여 다음날 아침에 **오클랜드 공항에 도착**했다.

입국수속을 마치고 입국장에 들어서니 오클랜드 순복음교회 김지헌 목사님과 사모님이 마중을 나와 주셨다. 김 목사님은 지난 12월에 우리내외가 탐방을 왔을 때 그 교회를 방문하여 예배를 드리고 우리가 정식으로 이사를 오면 그 교회로 출석 하겠다고 얘기를 한 바 있었다.

김 목사님은 우리세 식구가 이삿짐이 도착할 때까지 있을 곳을 미리 준비까지 해 놓으셨는데 그곳은 같은 교회 신도인 '토파스'에 있는 최 집사님 댁으로 해 주셔서 우리는 처음만난 사이지만 그 집에서 우리 짐이 올 때까지 보름 정도를 잘 지냈다.

최 집사님은 나보다 젊으신 분인데 '해병대 출신'으로 생활력이 강하고 퍽이나 정의로운 분이였으며, 그 댁에서 기거하는 동안 두 내외분이 우리에게 친절하게 잘 대해 주었다. 특히 뉴질랜드에서 사는데 필요한 지식을 많이 알려 주었다.

골프와 낚시 천국에서 신앙생활

한국을 떠난 이삿짐 '컨테이너'는 근 1개월이 다 되어서야 도착했다. 우리 집은 Stamore bay 32번지에 있으며 대지는 400여 평에 건평은 150평 쯤 되는 2층 양옥집이다.

우리는 거의 보름에 걸쳐 이삿짐을 정리하였다. 1층에는 메인 룸인 안방에서 보면 바다에서 해가 떠올라서 하루 종일 햇빛을 주다가 저녁에 바다 아래로 내려가는 것 까지 보여준다.

거실은 2개로서 하나는 손님이 오셨을 때 접대하는 메인 거실이고, 다른 하나는 평소에 가족들이 모여서 TV를 시청한다거나 음악 감상도하고 차도마시는 다른 말로 하면 막 쓰는 그러한 거실이 있으며,
 식당도 역시 2개이다. 하나는 의자가 8개 있는 손님 접대용 식당이며, 다른 하나는 평소 식구들이 밥 먹고 차 마시고, 얘기하는 의자가 4개짜리 식당이다. 그리고 아무 집에나 다 있는 다블 개라지(차량 2개 차고)가 있다.

또한 접대용거실과 작은 식당에서 데크로 나가면 넓은 데크에 아웃도어 테이블이 있어서 마음껏 태평양을 감상 할 수 있다. 2층에는 방3개와 목욕탕이 있다. 방세개 중 하나는 딸, 또 하나는 한국에서 군 복무중인 아들 방으로 꾸몄고, 셋째 방은 손님용으로 사용했다. 2층에 모든 방도 전부 바다가 보이도록 설계가 되어 있다.

우리는 이사 오는 날부터 한국으로 다시 올 때까지 정원을 가꾸는 데 많은 시간을 할애하였다. 집이 넓고 정원수와 꽃이 많아서 자동 분수 장치를 만들어 물은 준다지만 사정없이 자라는 나무들은 금방금방 다듬어 주지 않으면 제멋대로 자라서 보기가 싫게 된다.

그래서 일요일에는 교회에 다녀오면서 싱싱한 꽃을 사와서 오후에는 두 내외가 정원 가꾸기가 거의 정해진 일이었다. 한인 가정 중

에서는 경치와 집이 아름답다고 해서 여러 손님이 방문을 하였다. 대표적으로 이사 온지 2개월 만에 장경동 목사님 부부가 호주 집회에 오신 길에 뉴질랜드까지 오셔서 쉬었다 가셨으며, 그 뒤에도 가수 윤복희씨, 가수 윤형주 내외분, 오영택 목사님 내외분, 어떤 방송국직원, 그리고 동기생들과 많은 친지들이 방문 하였다.

대전대학교에 근무하다 교환교수로 왔던 구기식 교수도 방문했었는데 나중에 내가 대전중문교회 사무국장으로 보직되어 근무하다보니 그분이 우리교회에 출석하고 있어서 지금까지 같은 교회 교인으로 생활하고 있다. 참으로 세상은 넓은 것 같은데 좁기도 하다.

어떤 방송국직원은 나중에 부탁하면 드라마 촬영장소로 대여해 달라는 부탁도 했었다.

우리 집에서 바다까지는 걸어서 10분 거리에 있다. 물이 빠지는 날에는 아내와 함께 빈 물통을 들고 바다로 내려가 바위에 붙어있는 소라를 많이 따와서 소라회로 비빔밥을 자주 해 먹었다. 어떤 날은 바위틈에 끼어서 미처 빠져나가지 못한 문어도 잡을 때도 있었다.
낚시도 집에서 걸어 내려가면 여러 곳의 포인트에서 할 수가 있기 때문에 언제든지 편하게 즐길 수가 있었다.

한번은 주일날 교회에 다녀와서 마침 물때가 맞아서 낚시를 하고 있을 때 한국에 계시는 장경동 목사님에게서 핸드폰으로 전화가 왔다. 목사님은 "지금 어디에 있느냐?"고 하시 길래 낚시하고 있다고 했더니 "어디에서 하냐?"고 해서 "우리 집 아래에 있는 낚시터"라고 말씀드렸다. 그러니 목사님은 "참 편리 하네"라고 했으며 서로가 하고 싶은 내용을 통화 한 적도 있었다. 목사님은 우리가 이민 온지 얼마 뒤에 우리 집을 방문 하신 적이 있기 때문에 주변의 상황을 말씀드리면 대충 아실 수 있었다.

뉴질랜드로 이민 온 사람은 대략 두 종류로 분류된다. 하나는 젊은 사람들로 아이들에게 좋은 환경에서 영어를 가르쳐서 미국이나 영국 같은 영어권의 대학으로 보내기 위해서이고, 또 다른 하나는 나와 같은 사람들이다. 은퇴해서 연금을 받는다거나 돈을 많이 투자하여 매달 나오는 그 이자로 연금 받는 자들과 비슷하게 노후를 좋은 환경에서 보내기 위해 이민을 온 사람들이다. 간혹 이곳에서 목축이나 특용작물(포도, 키위, 기타 채소 등)을 재배하여 돈을 벌기 위해 온 사람도 있었다.

뉴질랜드는 정말 청정국가이다. 비가오거나 구름이 끼지 않으면 1,000리까지도 볼 수 있다는 만큼 맑다. 한국 같은 미세 먼지는 생각해 보지도 못할 일이다.

집에서 조금만 벗어나서 시골밭길로 가다보면 '고사리'와 '고들빼기'가 지천으로 깔려 있다. 나는 어릴 때부터 '고들빼기 무침'을 좋아해서 얼마 전에 돌아가신 외숙모님이 내가 외가에 가면 특별히 챙겨 주시 음식이다.

고사리 역시 한국에서 채취를 하려면 큰 산으로 가서 산 주인의 허락을 받고 채취를 해야 하는데, 뉴질랜드는 심지어 자기 집 울타리에서도 많이 자라고 있어서 얼마든지 뜯어 먹을 수 있는 나물이다.

청국장 냄새가 가끔 이웃에 사는 백인들의 코를 상하게 해서 그렇지, 한국에서 이민을 온 교민들의 식단은 한국보다 더 한국적인 음식을 먹고 사는 것을 볼 수 있다. 정원에다 기른 상추며 고추, 쑥갓, 아욱, 배추, 무, 당근 등 온갖 한국채소를 길러서 먹는가 하면, 고사리나 고들빼기와 같은 야생에서 나는 나물 종류에다 된장국을 끓여 먹는다.

게다가 물 깊이가 장정 한사람 키도 채 안 되는 개울에는 민물장어가 수두룩하며 조금만 나가면 사면이 바다이므로 참게며, 도미 우럭 같은 바다고기도 얼마든지 잡아서 먹을 수 있으니 그야 말로 재미있는 나라이다.

쇠고기 값은 한국의 돼지고기 값보다도 더 싸서 각 가정에서는 바비큐를 자주해서 먹는다. 내가 처음 이민을 갔을 때 쇠고기 1kg이 한국 돈으로 7천 원 정도 하였으나 당시 한국의 쇠고기 값은 6~7만원 정도했다. 그때를 비교 하면 매일 쇠고기 파티를 하여도 살림에 큰 부담이 되지 않았다.

나는 교회서와 골프장에서 새롭게 만난 이웃들과 시간 가는 줄 모르게 바쁘고 재미있는 이민 생활을 시작하였다. 교회에서는 구역장을 하면서 구역식구들과 신앙생활을 은혜롭게 하였다.

나는 한국에서 군대생활을 할 때에는 몇 천 명의 부하를 지휘 했었는데 교회의 구역장은 군대의 분대장 급에 해당되는 7~10여명의 신도들을 관리하는 직책이다. 그러니까 연대장 급에서 분대장 급이 된 것이다. 그러나 교회는 계급이 없다. 신도들이 모여서 지도자를 세워서 구역장이 되는 것이다.

이민 가서 내가 출석하는 교회는 '**오클랜드 순복음교회**'였다. 담임목사는 김지헌 목사님이었고 내가 맡은 구역은 '**OREWA**' 구역 이다. 이전에 있던 구역원들은 구역장이 다른 곳으로 이사를 가는 바람에 하나둘 없어지고 김수경 집사님 한 가정만 남아 있었다. 그 다음에 들어온 구역 식구들은 우리부부가 대부분 전도를 하여 인원을 확장해 나갔다.

처음에는 우리 집과 김수경 집사님 가정, 단 두 가정만 있었는데 그 후 1년이 지난 후에는 20가정으로 불어나서 구역식구들은 50여명이 넘은 적이 있었다. 이민 후 다음해 '크리스마스' 때 구역식구들을 데리고 뷔페식당에 갔었는데 무려 53명이 함께 가서 식사를 한 적이 있을 만큼 부흥이 되었었다.

한번은 김지헌 담임목사님이 우리구역의 예배를 인도하러 오셨을 때 보시고 하신 말씀이 "이 구역은 조그마한 교회 같네요"라고 한 적이 있다.

아내는 이민을 와서 한 달이 채 못 되어 지리도 잘 모르면서도 한국교회에서 하던 대로 전도의 열정으로 매일 밥만 먹으면 차에다가 과자와 먹을 것을 싣고 전도하러 나갔었다.

나는 교회생활을 열심히 하면서 한편으로는 골프와 낚시 팀들과 어울렸다. 지난 31년 군대생활을 하는 동안 휴가 한번 제대로 가지 못했는데 여기서 마음 놓고 휴가를 즐겼다. 내가 주로 다닌 골프장은 "SILVER DALE" 골프장이었는데 그린피는 1년에 한국 돈으로 100만원만 내면 회원권을 발급해주는 뉴질랜드에서 중간급 이상 가는 골프장이다. 우리 집에서 카트를 끌고 가도 될 만큼 가까이 있다.

대부분의 뉴질랜드 골프장은 90% 이상 자기 개인 '카터'를 사용한다. 그리고 여기는 부킹도 필요 없으며 자기 혼자서도 운동이 가능하고 2~3명도 가능하다. 단, 주말과 공휴일에는 4명 이상으로 부킹을 해야만 한다.

그래서 나는 언제나 차량에는 골프채와 카터를 함께 싣고 다녔다. 그리고 낚시 도구도 골프채와 같이 다니는 필수 품목이다. 왜냐하면 골프를 치던 멤버들이 그날 따라 물때가 좋으면 그 인원 그대로 낚시터로 이동하여 낚시를 하기 때문이다. 그래서 나와 같은 사람들을 '골낚팀'이라고 한다. 이민 와서 골프와 낚시를 즐기며 편하게 사는 사람들이라는 뜻이다.

이민간지 3년째 되는 크리스마스 날 나는 크리스마스 축하예배를 마치고 그날 물때가 좋아서 지인인 최사장과 낚시를 갔다. 우리는 좋은 포인트에 자리를 잡고 앉아서 낚싯대를 드리우고 있었는데 그날 따라 2시간 이상이 지났는데도 입질도 한번 없었다.

그래서 우리는 낚싯대를 그대로 둔 채 그늘로 가서 1시간 정도 쉬다가 낚싯대를 거두어 갈려고 하였는데 낚싯대가 바다 속으로 끌려 들어가 있었다. 나는 뜰망과 꼬챙이를 이용하여 저만큼 끌려간 낚싯대를 끄집어내는 순간 뭔가 묵직한 것이 달려있는 느낌이 있어서 조금씩 밖으로 잡아당겼다.

그랬더니 엄청나게 큰 고기가 딸려 나와서 꼬챙이로 찍어 올려보니 1m 이상 되는 king fish였다.

king fish는 90cm이하는 잡지 못하도록 규정이 되어있는 뉴질랜드에서 제일 크고 맛있는 고기이다. 모든 낚시꾼들의 희망인 고기다. 나는 3년을 기다린 끝에 king fish의 손맛을 보았다.

이고기는 한국에 있는 방어와 비슷하게 생겼다. 어떤 면에서는 참치와도 비슷하다고 보는 경향이 있는 고기이다. 어깨에 메다시피 하여 집으로 가져와서 구역 식구들을 모아서 싱싱하고 맛있는 "회" 파티를 하였다.

그때 함께 낚시를 갔던 최사장은 뉴질랜드에서 총괄 "진로소주" 독점을 하는 분이었으며 지금은 호주로 이사를 갔다고 소문을 들었다. 그래서 그분은 차량 번호를 'JinRo'라고 번호판을 달고 다녔었다. 뉴질랜드는 차량 번호판을 돈만주면 자기가 원하는 글자로 받을 수 있다. 꼭 일련번호를 따라간다거나 '아라비아' 숫자로 하지 않아도 된다. 그러나 일반적으로는 나라에서 정한 순서에 의해 번호판을 발급해 준다.

당시 멤버 중에서 가장 친밀하게 지내던 분은 '오래와'에 살고 계시는 최영식님이다. 나보다는 열 살이나 더 잡수신 분인데 나를 친구처럼 대해주었고 매사에 정직하고 명쾌하신 분이다. 한국은행에서 부장까지 지내신 분으로 은퇴 후에 이민을 오신분이다.

내가 처음 이민을 갔을 때 나는 그분이 어른으로서 품위가 있고, 골프를 할 때나, 낚시를 하거나 식사를 할 때 등, 모든 면에서 아랫사람을 배려하고 베푸는 그러한 분으로 나는 그분을 존경하며 많이 따랐었다.

낚시는 주로 해변에서 하는 'rock' 낚시를 하였다. 가끔씩은 낚싯배에 일정한 금액을 지불하고 선장이 가는 곳에서 하는, 한국에서와 똑 같은 방법인 바다로 나가서 하는 선상낚시도 하였다.

요즈음 TV방송에서 인기가 있는 '도시어부'와 같다고 보면 된다. 낚시를 좋아하는 사람은 눈을 뜨자마자 그날 일기부터 챙기기도 한다. 낚싯배로 하든 rock낚시로 하든 간에 잘 잡히는 날은 낚시 가방에 다 넣어 짊어지고 오지도 못할 만큼 많이 잡을 때도 있지만, 어떤 날은 입질 한번 구경 못한 채 돌아오는 날 도 있었다.

결과야 어떻든 낚시란 기다리는 재미가 있는 만큼 애호가 들은 이전에 많이 잡았던 그때의 기억을 되살리며 채비를 하고 물때를 기다리게 된다.

나는 뉴질랜드에서 만난 **문봉주 대사**를 잊을 수 없다. 그분은 '수도 웰링턴'에 있는 한국대사로 재직하는 분이신데 일과가 끝나거나 휴일이면 개인적으로 쉬어야 함에도 불구하고 수시로 짬을 내어 짧지 않는 거리에 있는 오클랜드까지 올라왔다. 그리고 교회를 방문 교인들에게 성경에 있는 좋은 말씀과 인간의 윤리적인 바른 삶에 대해 자기의 높은 직위와 무관하게 낮은 자세로 함께 토의하고 권면하는 시간을 교민들과 많이 가졌다.

　나는 그 분이 하는 그 모습을 보고 지금까지 살아온 나의인생을 되돌아보게 하였다. 그분은 나보다 더 좋은 학교를 나왔고 나보다 더 높은 직위에 있음은 물론이거니와 한 나라의 대사로 파견되어 있는 분이다. 그럼에도 불구하고 저렇게 겸손하게 일반 서민들과 서로친교하며 살을 부딪치면서까지 일을 하고 있다. 그런데 나는 지금까지 높지도 않는 육군대령 계급장이 뭐 큰 벼슬이라도 된 듯 한줌도 안 되는 자만심에 고개를 세우기도 했고, 내 몸가짐을 낮추지 않았음에 솔직히 내 자신을 부끄럽게 느끼는 계기가 되었다.

　나는 그분을 만난 그 후부터 그분처럼 생각하고 그분처럼 겸손하며 그분처럼 행동하며 살아야겠다고 다짐했다. 그러한 마음으로 이전과 다른 그분을 따라 배우는 삶을 살아가려고 노력을 하고 있다. 그러나 원래 내안에 내재되어 있는 나의 경직되고 불의에 대해서는 참지 못하는 본성 때문에 예기치 못한 나의 성격으로 인해 가족과 또 다른 사람에게 상처를 주는 일을 유발시키는 경우가 있었다.

　어쨌든 문 대사님은 내가 따르고 싶은 겸손하고 퍽이나 인자하고 다정한 분이었다. '주 뉴질랜드대사'로 계시던 기간 동안 채 열 번도 만나지 않았지만 그분은 내 기억에 오래 남아 있으며 그분으로 하여금 더욱 낮아지는 삶을 살려고 노력하는 계기가 되었다. 문 대사님은 나와 교제한지 몇 개월 뒤에 '뉴욕 총영사'로 영전되어 갔다.

나는 문 대사님을 만난 이후로 신앙생활에 더욱 열정을 가졌으며 아내 또한 전도에 열정을 가지고 교회 안에서 잠자고 있던 전도의 불을 붙였다. 아내가 이교회에 온지 두 달도 채 안됐는데 전도를 한다고 설쳐대니 미리 와서 있던 어떤 안수집사(중직)는 아내에게 "왜 전도를 그렇게 강압적으로 하느냐?" 하며 면박을 주기까지 하였다.

하나님은 제자들에게 너희는 이 세상 끝까지 복음을 전파하라고 명하셨으며, 그리고 강권으로도 내 집을 채우라고 하셨다. 아내의 이러한 전도활동이 이 교회에 전도의 계기가 되어 너도 나도 전도하는 사람이 많아지기 시작했다.

그 결과 우리가 이 교회에 처음 왔을 때는 신도수가 400여명 정도였는데 4년 뒤에 우리가 다시 한국으로 이사 올 무렵에는 1,300여명까지 부흥이 되었다. 아내는 1년에 평균적으로 100여명을 전도하였다.

한국에 있을 때부터 전도를 시작하여 뉴질랜드에 있을 때에도 전도하는 것을 중단하지 않았고 귀국을 한 뒤에도 계속적으로 전도를 한 결과 20년 동안 1년에 평균 100여명을 전도하여 한해도 거르지 않고 전도왕을 하여 하나님사역에 충성하였다.

나는 아내가 전도한 사람 가운데 내가 가장 기억이 나고 지금도 하나님의 일을 크게 하고 있는 분이 세 명이 있는데 그 이름은 서연옥 권사, 강정애 권사와 임국근 장로부부, 강미숙 권사이다.

그중 한분은 중문교회 엑스포 성전에서 교회의 중요한 일을 도맡아 하는 서연옥 권사를 꼽을 수 있다. 서 권사는 끈질긴 아내의 권유에 마지 못해 한번만 교회에 가 주겠다고 했었는데 지금 권사직분은 아내와 같은 날 임명받았으며, 몇 년 뒤에는 남편까지 교회 장로로 안수 받게 되는 축복을 받았다.

또한 강정애 권사는 우리가 뉴질랜드에서 인도하였는데 그분 역시 권사로 임명되어 뉴질랜드에서 본인이 섬기는 교회에서 남편 임국근 장로와 함께 교회의 가장 중책의 임무를 수행하고 있다.

마지막으로 기억나는 분은 지금 안산에 있는 김인중 목사님이 시무하시는 안산동산교회의 강미숙 권사이다. 강 권사 역시 뉴질랜드에서 우리가 전도했는데 20년이 지난 지금은 교회에서 중직을 맡아서 주의 일을 열심히 하는 하나님의 일꾼이 되었다.

이외에도 아내가 전도한 사람이 수없이 많아 내가 기억하지 못하는 신도가 대부분이다. 그러나 내가 아는 사람은 비록 몇 명에 지나지 않지만 이분들로 하여금 또 다른 많은 사람이 전도가 되었을 것으로 생각하면 왜 이렇게 예수님이 전도를 강조하셨는지 다시 한 번 전도의 중요성을 깨닫게 되는 계기가 되었다.

나는 아내가 거의 20년 동안을 매주 거르지 않고 한 가정을 전도하는 것을 보고 전도는 그냥 권하면 되는 쉬운 일인 줄 알았다. 그러나 전도는 엄청 어려운 일이다.

내가 한국에 다시와 중문교회에서 사역을 11년간 끝내고 대전에 있는 침례신학대학에 다닐 때, 4학년 필수과목인 전도학수강시에 전도실습이 있어서 실제로 전도하기 위해 거리로 나갔을 때의 일이다.

길거리 전도는 그냥 하나님의 말씀만 전도지로 전하는 것이지 실제로 전도한 인원을 교회로 인도하여 결실을 맺기란 매우 힘든 일이다. 전도를 하는 방법은 여러 가지가 있지만 우선 중요한 것은 모르는 사람을 만나서 대화를 하는 것이다. 상대방이 대화에 응해주어야만 하나님의 말씀을 전하거나, 왜 예수를 믿어야 하는 필요성과 당위성에 대하여 얘기를 할 수 있기 때문이다.

그러면 초면의 대상자와 대화를 하는 방법은 일반적으로 누구의 부탁을 받는 형식이 있어 만나자고 약속을 한 다음 만나는 경우도 있다. 다음은 물건을 파는 분들에게 물건을 사주면서 대화를 이끌어 낼 수도 있다.

광의의 예를 들면 전도 대상자를 선정하면 그 사람의 필요를 채워주면서 대화를 이끌어내는 방법 또한 좋은 방법이다. 예를 들면 그 집의 하수도가 고장 났을 때 그것을 고쳐 준다거나, 컴퓨터가 고장 났을 때 고쳐 준다거나, 심지어 뉴질랜드에서는 정원의 잔디를 깎아 주는 일도 했었다.

전도를 하기 위해 접촉과 대화를 하기 위한 방법은 이루 말할 수 없이 많다. 그러니 전도는 참 어려운 사역이다.

나는 침례신학대학교에서 신학을 공부할 때 실제로 전도를 하기 위해 여성 화장품 가게를 방문했다. 화장품을 사면서 직원한명을 대상으로 전도를 하기로 했다. 첫날은 내가 필요한 스킨과 로션을 사면서 대화를 텄다.

고향은 어디며, 어디 살고 있으며, 교회는 다니는지? 등 대화를 하는 과정에서 나는 그 직원은 2년 전 대전 소재 어느 대학교에 다니다가 잠시 휴학했다는 사실과 지금 살고 있는 곳이 우리 집과 가까운 곳에 있으며 교회는 다녀본 적이 없으나 관심은 가지고 있다는 사실까지 대화로서 안면을 텄다.

나는 '나중에 또 오겠다'는 말을 하고 그날은 "아이스브레이크" 타임 정도로 하고 돌아왔다. 그날은 만나자마자 교회 얘기를 하면 거부하거나 당혹해 할까 일부러 2~3일간 여유를 두고 전도하기로 하고 첫날은 그 정도만 하였다. 나는 며칠 뒤 과일 한 박스를 차에 싣고 또 그 화장품 가게로 갔다.

이번에는 이제 곧 방학이 되면 뉴질랜드 딸집을 방문하기로 되어 있기 때문에 딸에게 줄 선물을 사기로 했다. 이전에 내가 샀던 남자용 화장품보다 좀 더 비싼 것으로 고르면서 교회얘기를 했고 추운 겨울 이였지만 그가 퇴근을 할 때까지 밖에서 그가 나올 때까지 기다렸다.

그는 거의 밤 자정이 다 되어서야 일을 끝내고 나왔다. 나는 차안에서 두 시간 이상을 기다린 편이다. 차안에서 잠시나마 하나님 말씀을 전하고 준비해간 선물도 주면서 이틀 뒤에 있는 일요일 날 어디에서 만나서 교회에 가기로 약속을 하고 헤어져서 집에 오니 새벽 1시 가까이 되었다.

나는 시간을 많이 할애하고 물건을 팔아주느라 돈도 썼지만 난생 처음 내가 직접 전도에 성공했다는 기쁨에 피곤한줄 모르고 기쁨이 넘쳤다. 그래서 토요일 하루는 내일이면 그를 교회로 모시고 간다는 기대와 환희가 넘치는 가운데 빨리 내일 주일이 오길 기다렸다.

그녀와 약속한 일요일 아침에 약속한 시간과 장소에서 그를 기다렸다. 그런데 만나기로 한 시간이 다 되었는데도 그가 나타나질 않아서 핸드폰을 했더니 전화까지 받지 않았다. 예배 시작 시간이 훨씬 넘도록 전화를 세 네 번씩 더 하면서 기다렸는데도 끝내 나오질 않았다.

나는 실망에 앞서 분노까지 치밀어 오르는 것을 부인 할 수 없었다. 그녀가 약속한 시간에 나오지 않는 것은 의무는 아니지만 너무 실망했다. 차라리 전화라도 받아서 이런 저런 이유로 못가겠다고 했다면 덜 속상 했을 터인데…….

나는 군대생활을 하고 또한 전역을 한 후 근 50여 년 동안을 살아오면서 속된 말로 누구에게서라도 한 번도 약속한 것을 바람 맞아본 적이 없었다. 배신감이랄까? 증오심까지 부글부글 끓어 올라 허탈한 마음을 주체할 수가 없었다. 그날 주일 하루는 기대에 부풀었던 만큼 내가 받은 실망이 너무 큼으로 인하여 나는 하루 종일 내 마음을 삭

히느라 시간이 어떻게 가는 줄 모를 지경이었다.

　아~ 전도가 이렇게 힘드니까 예수님이 이 땅을 떠나시면서 제자들에게 남기신 말씀이 "너희들은 이 세상 끝날 때까지 복음을 전하라" 고 하였는가 보다.

　나는 그날 저녁에 아내에게 이러한 과정을 말하면서 전도하지 못하여 속상함을 새기지 못하고 있으니 아내는 나에게 이렇게 말했다.
　"나는 그런 일을 수 없이 겪으며 전도를 하고 있다고" 말하고, 전도가 하나님의 지상명령인 만큼 중요한 것이기 때문에 예수님은 "제자들에게 그토록 전도를 강조하셨다"라고 말했다.

　나는 아내가 그 동안 전도하는 것을 보고 그냥 하면 되는 줄 알았는데 내가 직접 전도를 해보니 이렇게 어려운 것을 아내는 수십 년간 전도를 해 왔다. 나는 그 동안 아내가 얼마나 마음고생을 했을까? 하고 생각하니 아내가 안쓰럽기도 하고 어떤 면에서는 아내가 위대해 보이기도 하였다.

　결국 나는 많은 시간과 물질과 열정을 다 쏟아 부었는데도 그 사람은 전도를 하지 못하고 말았다.

　한번은 뉴질랜드에 살 때에 전도 때문에 또 상처를 크게 받은 적이 있었다. 아내가 전도했던 일이다. 어떤 경로에서 인지는 잘 모르나 한국에 있는 지인으로부터 뉴질랜드에 아무 연고도 없는 일가족 3명이 이민을 가니 이 사람들의 이민을 잘 정착될 수 있게 도와 달라는 연락을 받았다.

그래서 나와 아내는 그들이 온다는 날짜에 오클랜드공항에 마중을 나갔다. 공항에서 만난 사람은 40대의 부인과 그의 자녀 두 명이었다. 이 분들에게 이민 절차를 잘 도와주고 교회로 전도를 해야겠다는 생각에서 더 열심히 도와주기로 하였다. 우선 그날은 '브라운스베이'에 있는 모텔을 정해주고 저녁 식사까지 대접한 후 내일 아침에 오겠노라하고 집으로 왔다.

다음날부터는 그들에게 마땅한 주거할 집을 구해주고 그 자녀들을 학교에 입학을 시켜주기 위하여 그들을 차에 태우고 그들의 수준에 맞추어 학군이 좋은 지역에 적당한 집과 입학 수속을 해주기로 하였다.

나는 여자가 남매를 데리고 왔으므로 아내가 그들을 도와주기로 하여 이른 아침부터 아내가 차를 직접 운전하여 그들이 있는 모텔로 갔다. 그날부터 아내는 아침부터 그들을 도와주기 위하여 하루 종일 그분의 세 식구를 모시고 이곳저곳을 다니면서 가끔씩 아내가 그들의 식사도 대접하며 거의 1주간을 꼬박 다닌 적이 있었다.

갓 이민을 온 한국 사람은 대부분 자기가 집을 살 형편이 되더라도 1년 정도는 월세 집을 구해서 살아본 다음에야 집을 어디에 얼마짜리를 사야하는지를 결정한다.

그래서 월세 집부터 구하게 되는데 그게 쉽지 않았다. 왜냐하면 학군을 좋은데 알아보면 집세가 비싸고, 집이 괜찮으면 학군이 별로이니 결정하기란 참으로 어려운 점이 많았다.

이러한 일을 도와주는 곳이 이민 사업체이다. 집도 집이지만 아무도 모르고 영어도 되지 않는 상태에서 아이를 그 나라 학교에 입학을 시킨다는 것도 보통 일이 아니다. 이런 것들도 대부분 이민업체에 일당을 얼마씩 주고 해결하는데 우리는 차를 태워드리고 때로는 식사까지 대접하면서 무료로 해 드린 것이다.

모시고 다니면서 보면 여기도 맘에 들지 않고 저기도 맘에 들지 않아 하루 종일 그 넓은 지역을 돌아다니다가 저녁이 되면 그분들이 우선 거처하는 모텔에 모셔드리고 집으로 왔다. 그 이튿날 아침부터 또 다시 어제와 같은 일을 다시하며 결국 1주일 이상을 다닌 후에 집도 구하고 학교에 아이들도 입학을 다시켜주어서 그들이 필요한 모든 일을 다 해드렸다.

아내는 그들을 모시고 다니면서 간간히 이것을 다 해드리면 교회를 나가시겠다는 언질을 받아서 열심히 도와 드렸던 것이다. 그런데 그분은 자기가 필요한 모든 것이 다 해결되고 나서는 태도가 확 달라졌다. "우리 시어머니께서 교회는 절대로 못나가게 하셔서 죄송하다"고 하며 미안하다고 했다.

아내는 그동안의 노력과 헌신에 대한 보상 보다는 인간의 애증으로 인해 엄청난 심적인 충격을 받았다. 나도 그때 아내의 얘기를 듣고 너무 속상해서 아내를 위로는 못해줄망정 "그렇게 힘든 전도를 그만하라"고까지 했었다. 이분들은 나쁜 뜻으로 전도를 하기 위해 일하는 나와 아내를 이용해 먹었다고 까지는 콕 집어 말할 수는 없지만, 교회를 가주는 척하면서 1주일 이상을 이용했다고 생각하니 너무 허망 하였다.

나는 그때 그런 상황에 접했을 때는 정말 표현 할 수 없는 속상함에 며칠간을 내가 지금까지 인간세계를 모르고 살았구나 하는 뼈저린 아픔을 느꼈었다.

나는 이전까지는 군대에서 정해진 법과 규정에 의해 주는 만큼 받고, 받은 만큼 준다는 상식으로 살아 왔었는데 사회생활이란 이런 것이 아니구나 하는 것을 알게 되는 계기가 되었다. 이렇게 하면서 하나씩 사회생활을 배워 나가게 되었다.

아내와 나는 이러한 경험에도 불구하고 또 다시 힘을 내어 전도를 열심히 하여 뉴질랜드 '오클랜드 순복음교회'에서 매년 '전도왕'으로 하나님 일을 하였고 2004년 한국에 다시 이사를 와서도 이전에 섬겼던 '대전 중문교회'에서 계속 전도를 하였다. 그래서 전도를 시작한 지 20여년을 한해도 거르지 않고 '전도왕'을 하는 하나님의 일을 하였다.

전도는 가장 어려운 사업인데도 하나님이 가장 좋아하시는 사업이다.

내가 뉴질랜드에서 이민 생활을 할 때, 아들 인겸이는 한국 동부전선 최전방에서 소대장으로 군복무를 하고 있었으며, 딸 자겸이는 오클랜드, 퀸 스트리트에 있는 National-Bank에 은행원으로 일을 하며 우리부부와 함께 신앙생활을 주로 하였다. 자겸이는 한국에 있을 때부터 교회에서 찬양하기를 좋아해서 찬양을 하였는데 이곳으로 이민을 와서도 교회에서 찬양을 하며 신앙생활을 잘 했다.

자겸이는 직장과 교회 그리고 집 밖에 모른다 할 정도로 모범적인 딸 이었다. 그래서 나는 딸 자겸이는 잘 사는 집에 시집을 보내서 평생 돈 걱정 없이 살았으면 하는 게 내가 바라는 결혼 조건이었다. 하긴 보통의 부모가 바라는 게 다 나와 같으리라 생각한다.

그래서 나는 결혼 적령기에 접어든 딸의 결혼에 대해 많은 관심을 가지고 있었다.

어느 날은 한국에 있는 좀 산다고 하는 '교회 장로님' 부부가 자기 아들을 데리고 뉴질랜드 우리 집까지 방문하여 며칠 간 채류하면서 자겸이와 그 장로님 아들을 데이트를 시켜보기도 하였다. 나는 그 장로님과 그분의 아들 모두가 맘에 들었고 그 장로님과 그분의 아들도 딸 자겸이를 맘에 들어 했다.

그런데 당사자인 딸이 그 장로님의 아들을 맘에 들어 하지 않았다. 딸이 그 장로님 아들을 받아들이지 않는 것 때문에 그 장로님이 귀국한 뒤 몇 달간을 나와 딸 사이에 신경전이 벌어졌었다. 나는 그 장로님 아들을 사윗감으로 아주 맘에 들어 했다. 그래서 6개월 뒤에 장로님 아들 혼자만 우리 집으로 다시 방문하게 하여 딸과 재시도를 하게 하였으나 그때 역시 딸이 응해주지 않았다.

그 일로 인하여 나와 딸 사이는 부녀지간에 다정하게 지내야 함에도 불구하고 몇 달간 아주 서먹서먹한 상황으로 지내는 서로가 힘든 시기를 보냈었다.

또 한 번은 우리보다 먼저 이민을 와 있는 집에 아들이 있었는데 그 사람은 직장도 탄탄하고 부모님도 여유로운 집안이라서 그 총각도 말 했더니 그 사람 역시 맘에 없다고 하였다.

나중에 안 일이지만 딸이 좋아하는 사람이 이미 있었다. 그래서 아버지인 내가 권하는 그러한 사람을 모두 싫다고 한 것이다. 그러면 나에게 자기가 좋아하고 있는 사람이 있다고 미리 말을 했어야지 말을 않고 있으니 나만 여러 사람을 보느라고 신경을 쓰게 되었고 아버지와 딸 사이에 서먹서먹한 관계로까지 가지는 않았을 터인데……

나는 아이들에게 자라면서 그렇게 엄하게 하지 않았던 같은데 나중에 들은 바에 의하면 그렇지 않았다고 하여 적이 놀랐다. 아이들 남매는 아버지의 군대생활에 박힌 그 원칙적이고 정의로운 어쩌면 온화하고 다정스럽지도 못한 딱딱한 아빠였다고 했다. 그래서 아이들은 아빠에게 자기가 하고 싶은 얘기도 마음대로 할 수 없는 엄격한 그런 아빠였다고 한다.

한번은 아들 인겸이가 대학에 다닐 때, "아빠 내가 '코미디언'이 되면 어떨까요?"라고 한 적이 있었다. "대학 친구들이 저보고 무지하게 웃긴다고 하며 넌 코미디언이 되면 아주 잘 할 거라고 해요"라고 했을 때 나는 아들의 말에 그냥 웃어버리고만 말았다.

요즘은 코미디언이 인기가 좋아서 어린이로부터 청년에 이르기까지 선망하는 직업이 되었지만 당시의 내 또래의 사람들에겐 크게 선호하질 않았던 직업이었다.

지금으로부터 22~3년 전 그 당시 내가 아들에게 바라던 희망사항은 이과인 전자 정보과에 입학 했으니 졸업 후에 그가 전공한 전자 및 정보 분야에 취직하여 평범한 회사원으로 결혼하고 행복한 가정을 꾸려나가는 것이었다.

말 그대로 코미디언은 내 자식에게 어울리지도 않고 나는 생각조차도 해보지 않았었기에 한쪽 귀로 듣고 한쪽 귀로 흘려버린 것이다. 아들 역시 아빠에게 말은 했지만 별로 좋은 말은 하지 않을 거라고 예측은 했던 것 같았고 그 뒤에는 특별히 그것에 대한 얘기는 없었다.

말이 나왔으니 말이지 인겸이는 이과보다 문과를 더 좋아 했는데 아빠가 이과를 나와야 취직이 잘되니 이과를 선택하라고 하는 바람에 적성에도 맞지 않는 이과로 갔다는 얘기도 나중에 들어서 알게 되었다.

나는 아들과 딸이 아빠가 하는 말에 잘 순종해주니 그냥 나는 우리 아이들이 착한 줄로만 생각했던 것이다. 이제 보니 아빠가 엄해서 그런 줄도 몰랐던 것이다.

어쨌든 딸은 사귀는 사람이 있는데도 아빠에게 사귀는 사람이 있다는 얘기를 못 한 것이다. 당시 자겸이는 사회인으로 직장에 다녔는데 사귀는 청년은 딸보다 세 살, 만으로 따지면 두 살 어린 학생이었다.

나는 여러 가지 면에서 참으로 보수적인 것 같다. 아들의 코미디언이 되겠다는 얘기와 딸이 자기보다 몇 살이나 어린 학생과 사귄다는 그 자체가 내가 생각하고 있는 기준에 허용이 안 됐던 것이다.
딸 자겸이는 자기보다 두세 살이 적은 학생을 좋아한다고 차마 아빠에게 말을 하지 못했던 것이다.

나는 딸이 사귄다는 어린 학생에게 참으로 못할 말을 하였다. 이유는 내 딸보다 너무 어리고 아직 학생이라 내가 사위로 생각을 할 수 없으니 헤어지라는 말까지 한 것이었다. 그것은 그래도 남자는 여자보다 최소한 두세 살은 더 많아야 한다는 보수적인 나의 생각에 서였다.

나는 어린 그 학생을 앞에 앉혀놓고 그에게 물었다. "왜 자겸이를 좋아하냐"고 하니까 그 학생의 대답이 "사랑하니까 좋아합니다."라고 말했다. 나는 왜 내 딸이 이렇게 어린 사람을 좋아하는가? 라는 생각에 오랫동안 마음이 편하지 않았다.

이제서야 딸이 왜 아빠가 권유한 신랑감에 대해 관심이 없었던 것을 알게 되었으며, 그 후로 딸과 나 사이에는 보이지 않는 냉전이 내가 한국으로 다시 이사를 올 때까지 지속되었다. 그냥 불편한 관계가 계속 되었던 것이다.

2020년 6월 어느 날 TV 조선에서 방영된 "엄마의 봄날"이라는 프로에서 보니 어떤 남자가 14살이나 더 많은 아내와 결혼하여 오순도순 애정을 나누며 잘 사는 모습을 시청했는데, 그때는 내가 너무 내 기준에만 맞추어 딸과 그 학생에게 마음의 큰 상처를 주었으니 나는 지금 그들에게 참으로 미안함을 고백한다.

결국은 그 학생과 딸은 결혼을 했고 슬하에 예쁜 딸 '한나'와 '라헤'와 함께 뉴질랜드에서 15년째 행복하게 잘 살고 있다.

이제 사위가 된 이상민을 소개한다. 그리고 나는 사위에게 다시 한 번 그 때에는 어른으로서 당치않게 모진 말을 해서 마음을 아프게 한 점에 대해 이 책을 통하여 진심으로 미안하다고 사과를 한다. 상민이는 그 당시 'Auckland대학'에 재학 중인 학생이었으며, 나와 같은 교회를 섬기고 있었다. 상민이는 교회에서 찬양팀의 리더로 자겸이는 반주와 싱어로 열심히 봉사를 하고 있는 청년이었다.

이제 와서 보니 자겸이가 늘 말하던 오빠 같은 사람과 결혼을 하겠다고 했었는데, 사위가 된 상민이는 정말로 인겸이와 같은 성격의 소유자이며 친화력이나 모든 면에서 비슷한 그러한 인물이다. 이래서 자겸이가 상민이를 그렇게도 좋아 했는가 보다.

나는 아들과 딸 두 아이를 키우면서 너무 자상하지 못했고, 특히 내 아이들에게는 남들이 자기 자식에게 해주는 애틋한 사랑을 의식적으로 베풀어 주지 않았다.
그래서 나는 혹시나 아이들이 약해지지나 않을까 하는 염려에서 더욱 엄한 모습을 보여주지 않았나 생각된다. 지금 생각하면 왜 더 따뜻하게 해 주지 못했을까 하는 마음에서 후회만 있을 뿐이다.

　나는 사춘기에 엄마를 잃은 내 아이들에게 과격하리만큼 지극 정성으로 돌봐준 아내에게 감사하게 생각한다. 그리고 어려운 시기를 별탈 없이 잘 커준 아들과 딸에게 고맙게 생각하며 지금부터라도 살갑게 잘 해주어야겠다고 마음 먹었다.

　나는 교회 **구역장**으로 임명되면서 어떻게 하면 신도들이 신앙생활을 재미있게 하면서 하나님을 알아가고 하나님의 은혜를 충만하게 받을 수 있을까에 대하여 여러 가지로 연구를 하였다.
　무엇보다 교인 스스로가 참여하고 싶어 하는 구역 모임을 만들어야 되겠다고 생각했다.

　한국교회의 구역예배는 대부분 교인 구성원간에 순회하면서 교인의 집에서 예배를 드리고 있다. 이러한 방법으로 구역 예배를 드리다 보니 가장 평등해야 하는 교회에서 여러 가지 문제가 발생되고 있다.

　처음 시작 할 때는 좋지만 세월이 갈수록 각 가정의 생활양식과 빈부의 차이로 인해 본인이 부족하다고 생각하는 사람부터 구역 모임에서 빠지게 되는 경향이 있다. 그렇게 되면 종국에 가서는 수준이 맞는다고 생각되는 몇 가정만 남게 되고 이러한 현상이 교회적으로는 오히려 구역모임을 안 할 때만 못한 결과를 초래하게 된다.

　예를 들면 거주하는 주거의 차이라든가. 다과나 음식을 준비하는 과정에서 앞에 순번에서 했던 가정에서 내놓은 것들에 비해 같거나 아니면 그 집보다는 좀 더 잘 해야지 하고 생각하게 된다. 그러다 보니 구역예배를 준비하는 주부들에게는 심적으로 부담을 초래하게 된다.

교인들이 모여서 서로 친교하고 하나님의 말씀으로 은혜를 받기 위한 목적의 모임이 오히려 부담을 가져오는 불편한 결과를 가져오기 때문이다.

구역예배 때 드리는 헌금 역시 모임의 질을 저하시키는 원인에 큰 비중을 차지한다. 다는 그렇지 않지만 이전에 한국에서 내가 속해있던 구역에서는 접시나 과자를 담는 그릇 같은 것에다가 헌금을 내게 하다 보니 누가 얼마를 내는 것이 다보이게 된다. 이때 느끼는 감정은 옆 사람이 얼마를 내었으니 나도 얼마를 내어야 채면이 서겠지 하는 것 들이다.

교회나 구역모임에서 드리는 헌금은 나의 형편에 따라서 나의 정성껏 드리는 것이다. 그런데 접시위에 드리는 헌금은 정말 나의 의지와 무관하게 체면에 의한 헌금이 될 수 있기 때문 이 또한 구역모임에 영향을 끼치는 요인으로 볼 수 있다.

그래서 나는 이러한 한국에서 하고 있는 식상한 방법보다는 우리 구역에 참여하는 구역원에 대해서는 개인적으로 전혀 부담을 느끼지 않도록 했다. 무엇보다 재미있는 구역활동으로 누구나 능동적으로 참여하고 싶어 하는 구역 모임이 되도록 하였다. 그 결과 한두 명이 모이기 시작한 후 1년 후에는 구역원이 50여명이 넘는 구역으로 신장하기 까지 이르게 하였다.

내가 연구하여 시행했던 **구역을 부흥시킨 방법**은 다음과 같이 정리할 수 있다.

우선 구역 식구들에게 음식이나 다과를 준비해야하는 부담을 없앴다. 그것은 담당 구역원은 밥과 국만 준비하게 했다. 누구네 집에서 구역 예배를 드릴 때에도 똑같이 밥과 국만 준비한다.

다음으로는 나머지 가정은 자기가 잘하는 음식을 한 가지씩 준비하여 가져오도록 했다.

일예로 어느 날 한 신도 집에서 저녁에 예배를 드리도록 되어 있었다. 그래서 나는 하루 전날 저녁을 먹은 뒤 구역 식구 중 남자들만 2~3명씩 3팀으로 편성하여 멋진 이벤트를 준비하기로 하여 야간에 어물 포획작전을 한 바가 있었다.

한 팀은 민물장어, 또 한 팀은 참게 잡기, 다른 한 팀은 야간 바다낚시 팀으로 편성하여 실력대결을 하기로 했는데, 그날은 참게 팀이 제일 많이 잡아와서 어느 한집에 있는 오븐의 용량으로는 다 찔 수가 없었다. 그래서 세 가정으로 나누어 참게를 쪄서 다음날 저녁 구역예배 때 지정된 신도 집으로 가져와서 예배 후 식사는 순전히 참게 뜯어먹는 파티를 한 적도 있었다.

뉴질랜드에 이민을 오면 남자라면 무조건 민물장어 손질과 굽는 법, 참게 잡는 법, 바다고기 회 뜨는 법은 터득해야하는 것이 필수 조건이다. 좀 더 고급으로 가자면 랍스타 요리 정도는 해야 이웃과도 친구를 할 수 있고 자기 집에 방문한 손님도 대접 할 수가 있었다.

뉴질랜드의 문화는 한국식당이 별로 없기 때문에 손님대접은 거의 자기 집에서 하는 편이다. 장경동 목사님께서 우리 집을 방문 하셨을 때도 바다가 훤히 내려다보이는 우리 식탁에서 내가 요리한 '랍스타'를 주메뉴로 하여 대접을 했었다.

랍스타는 일반적으로 개인당 한 마리를 기준으로 준비를 한다. 우선 싱싱한 등과 꼬리부분을 회를 뜨고, 그 다음 배 부분과 알배기 부분은 애호박과 함께 된장국을 끓이며, 나머지 머리 부분은 오븐에 구어 내어서 일부 회를 못 뗀 부분을 떼어먹는 기쁨을 주는 코스 요리가 일품으로 꼽는다.

나는 이 요리 방법을 뉴질랜드에 탐방 왔을 무렵「크라이스트처치」에서「퀸스타운」으로 여행 갔을 때 '글라라' 처제 남편인 박서방에게 배운 후로 가끔씩 손님 대접을 할 때 요긴하게 활용했었다.
그리고 가장 돈이 많이 들어가는 과일과 고기류는 구역장인 내가 준비 한다.
또한 구역 예배시 헌금은 매미채 같은 깊숙한 주머니가 달린 헌금 주머니를 준비하여 내가 얼마나 헌금을 하는지 남들이 보이지 않게 한다.

구역예배장소는 획일적으로 집에서만 하는 것이 아니고 공원, 바닷가, 농장, 미술관 등 다양한 곳에서 실시하므로 교인들에게 흥미를 유발시키게 하였다.
특히 뉴질랜드의 공원은 대부분이 해변에 위치하고 있으므로 예배를 끝낸 다음 공원마다 설치되어있는 바비큐 판을 이용한다. 바비큐 판은 나무를 주어서 굽든지 아니면 5$짜리 동전을 투입하여 열을 가한다. 다음은 바비큐(불판)에 준비해간 스테이크를 올려놓고 그 위에 왕소금을 뿌린 뒤 가위로 잘라서 구워 어른 아이 할 것 없이 실컷 먹게 하였다.

아이들은 수영복을 입은 채로 고기를 구워먹고 바다에 나가서 재미있게 놀다가 배가 꺼지면 또 와서 스테이크나 과일 등을 먹게끔 하여 모든 구역 식구들이 하루를 은혜 가운데 친교를 했다. 이러므로 구역모임이 끝나면 또 다음 주는 어디서 어떤 방법으로 구역 모임을 가질까 하는 기대감을 갖게 되어 다음번 모임에는 더 많은 인원이 참가하게 되었다.

우리구역 식구들은 구역 모임에 대부분 거의 참석을 하는 편이며 오늘 참가했던 구역원이 다음주 모임 때는 또 다른 새로운 친구를 데리고 오는 전도 효과를 얻을 수 있었다.

이외에도 우리구역은 **전 구역원이 1박을 하는 구역 여행**을 다녀왔다. 50여명이나 되는 인원이 움직이자니 마치 군대병력이 이동하는 모습과 비슷한 차량 행렬이었다. 10여대 가까운 차가 이동하려니 통제를 잘 해야 한다. 그래서 차량마다 일련번호를 차량 유리창에 부착하였고, 번호마다 운전자에게 핸드폰으로 통제가 가능토록 임무를 주어서 차량 이동 간에 속도를 유지 하였다.

그리고 사전에 지도상으로 휴식 장소와 통제점을 부여하여 이동 간 차량이 대열을 이탈하지 않게 하였다.

출발 당일 우리 구역원들은 '브라운스베이'에 있는 오클랜드 순복음교회에서 간단한 예배를 드리고 출발해서 자연 화산과 '마오리 민속촌'이 있는 '로터루아'와 '타우랑가'를 거쳐서 '코로만 데일'까지 갔다. 우리는 거기서 바닷가 모래사장을 삽으로 파서 나오는 온천수를 둑을 막아 자연 온천 해수욕과 모래찜질을 하며 즐거운 시간을 가졌다.

해질 무렵에는 전 인원이 바지선을 타고 바다로 나가서 한국의 도미 같은 종류의 고기(스냅파)를 엄청 많이 잡았다.

그날 저녁은 회와 매운탕으로 파티를 하였다. 첨으로 낚시를 한 여신도들과 아이들도 고기를 많이 잡았다. 왜냐하면 선장이 바지선을 무릎관절 치료에 좋다는 '초록홍합' 양식장에 갔다 대었기 때문이다. 도미는 홍합을 좋아하기 때문에 그것을 뜯어먹기 위해 많은 고기들이 몰려와서 낚싯줄을 넣는 즉시 물어 채니까 아무나 많은 고기를 잡을 수 있었던 것이다.

모텔에서 1박한 우리는 이외에도 이 고장에서 볼만한 여러 곳을 구경하고 준비해간 음식을 맛있게 먹고 안전하게 집으로 돌아왔다. 그때의 추억을 우리는 20여년이 지난 지금까지도 잊지 못하고 있다.

그때 함께 신앙생활 했던 우리들은 지금까지도 그 모임을 이어 오고 있으며, 매년 여름과 겨울 방학을 이용하여 한국에서 모인다. 그 모임의 이름은 'OREWA' **구역모임**이다.

한번은 한국에서 귀한 손님이 우리 집을 방문했다. 처제 식구 들이 왔다.

그래서 나는 이들 동생들에게 정말로 뉴질랜드의 진풍경을 보여 주기 위해 이전에 내가 우리 구역 식구들과 함께 다녀왔던 그 코-스 로 가기로 마음을 먹었다. 우리는 먹을 것을 준비하여 벤츠승용차와 랜드크루즈를 아내와 내가 한 대씩 운전하여 '로터루와'를 거쳐 '코로만 데일' 쪽으로 차량 두 대에 나눠 타고 여행을 출발 하였다. 참으로 반가운 형제끼리의 여행이었다.

처제 부부들은 북 섬 우리 집에서 며칠을 여행한 다음에 남 섬에 살고 있는 처제내 집으로 가서 며칠을 여행하고 한국으로 귀국하도록 계획이 되어 있었다. 모처럼의 자매와 동서지간의 만남과 여행이니 오직 재미가 있었을까?

그런데 여행을 시작한 다음날 둘째 동서에게 문제가 생겼다. 발바닥에 생겼던 상처가 악화되어 빨리 치료를 받지 않으면 안 되게 생겨서 둘째 부부는 할 수 없이 일정을 앞당겨 남 섬으로 가서 간단하게 여행 일정을 마치고 한국으로 귀국했었다.

우리 집에서 여행을 충분히 하지는 못했지만 둘째 동서는 늘 자기 평생에 그렇게 재미있는 여행은 처음이었다고 말하곤 하였다.

교회의 가장 작은 조직이 구역이다. 교회가 부흥되고 은혜를 많이 받으려면 가장 작은 단위인 구역 활동이 활성화 되어야 하며, 이를 위하여 구역장의 활약이 대단히 중요하다. 장경동 목사님께서 교회를 부흥시킨 가장 큰 요인은 설교를 재미있게 하시기 때문이다. 재미있는 설교 속에서 하나님의 말씀을 주입시키므로 그 말씀에 신도들이 은혜를 받는 것이다.

그러니까 구역장도 구역 식구들을 어떻게 하면 재미있게 할 수 있을까 하는 프로그램을 항상 연구해야 한다.

나는 이민 간지 3년 쯤 되는 해에 한국에서 섬겼던 중문교회 **장경동 목사님 내외분과 미국 집회**를 다녀왔다. 일정은 거의 2주간이었으며, 집회지역은 '시카고' 지역이었다. 시카고도 한국에서는 뉴질랜드 오클랜드와 거의 비슷한 12시간을 비행을 하여서 도착했다.

시카고에 도착해서 보니 전광훈 목사님 내외도 와 있었다. 그때 장경동 목사님의 집회는 일반 신자를 대상으로 하였는데 시카고 부근에서 목회를 하는 한인교회 목사님들도 별도로 모여서 부흥회를 하여 대성황을 이루었다.

집회 중 어느 날은 전광훈 목사님, 장경동 목사님 내외분과 우리 부부 이렇게 여섯 명이서 뉴욕에 있는 교회탐방과 맨해튼 시내 구경을 하였다.

교회는 두 곳을 탐방 하였는데 한곳은 그 유명한 록펠러가 어머니와 할머니를 기리는 뜻에서 건축한 'Riverside' 교회였으며, 또 한곳은 흑인이 많이 거주하는 '할램가'에 있는 교회인데 이곳은 바깥에서 보면 창고같이 허름하게 생겼는데, 교회 안으로 들어가 보니 '음향 시스템'이 아주 잘 되어 있었다. 두 분 목사님은 마이크 테스트를 해 본다음 이구동성으로 이러한 마이크를 이용해서 설교를 해 봤으면 좋겠다고 매우 부러워하였다.

나는 이교회의 구조와 음향 시스템을 열심히 카메라에 담았다. 내가 출석하는 오클랜드 순복음교회를 신축할 때 이곳의 음향체제를 벤치마킹을 하여 좋은 교회를 만들어야 하겠다는 마음에서였다. 우리는 9.11사태로 무너진 쌍둥이 빌딩이 있던 공터에서 당시 참혹했던 장면을 읽을 수 있었다.

또한 허드슨 강에서 유람선을 타고 '자유의 여신상'을 배경으로 많은 사진도 찍었으며, '리버티 섬'에서 가까이서 접하는 자유의 여신상은 큰 성벽을 보는 것처럼 웅장하였다.

다음날은 집회를 끝내고 장경동 목사님과 우리부부 두 가정만 오붓이 맨하탄 구경을 하였다. 보통 7~80층 이상 되는 건물로 도로에서 건물을 배경으로 사진을 꼭대기까지 찍을 수가 없었다. 길가에 누워서 찍어야 건물 끝을 겨우 찍을 정도였다. 목사님과 우리 부부는 한인이 운영하는 식당에 가서 한국음식을 먹었는데 그 식당사장님이 장경동 목사님의 왕팬이라고 하여 특별한 대접을 받고 왔다.

그 사장님은 뉴욕에 있는 어느 한인 교회의 장로님인데 사업을 잘하여 교회건축 하는데 많은 금액을 헌금하였다고 했다.

우리는 또 '포드 자동차공장과 박물관'을 견학하였다. 차량 박물관에서는 포드차량의 최초 생산한 자동차를 비롯하여 옛날 영화에서나 볼 수 있는 넓고 길다란 세단 등 지금까지 포드 자동차회사에서 만들어진 각종 차량을 실물로 보게 되었다. 어떤 세단은 네 명이 정원인데 사이즈는 버스 넓이와 길이가 맞먹는 것도 있었다. 마치 요즈음 장례용의전 차량 같다고 보면 되겠다.

나는 뉴질랜드에서 이민생활을 하는 중에 교회 장로가 되는 교육을 1년간 받았다. 그때 함께 **장로교육**을 받은 사람은 나를 포함하여 총 8명이였다. 장로는 평신도 중에서 신앙생활을 잘 하는 사람을 선발하여 담임목사가 성경을 기초로 하여 교회의 중책을 수행해 나갈 수 있는 소양을 1년에 걸쳐 교육을 한다. 그 후 전교인의 투표를 거쳐 교회가 정한 장로로서 자질의 기준선에 합격하면 장로가 되어 교회의 중책을 맡게 되는 것이다.

말하자면 평신도에서 교회의 중요한 일에 참여하는 교회의 일꾼이 되는 것이다. 나는 1년간의 장로교육을 수료했지만 장로의 직분은 받지 않았다. 왜냐하면 그 무렵 한국에서 섬기던 중문교회의 사무국장으로 가기로 장경동 목사님과 약속을 해 놓았기 때문이다. 나는 이민 온지 4년 만에 다시 한국으로 간다는 계획을 하고 있었던 것이다.

그래서 오클랜드 순복음교회의 장로직분을 안 받은 것이다. 오클랜드 순복음교회 김지헌 목사님은 한국으로 가더라도 이교회의 장로직분은 받으라고 했다. 그러나 나는 한국으로 이사를 가게 됨으로 앞으로는 이 교회에 출석하지 않으면서 직분만 받는다는 것이 미안하고 내 자신의 양심이 수용되지 않았기 때문이다.

김지헌 목사님은 내가 한국으로 간다는 것에 대하여 너무 섭섭하게 생각하여 "가더라도 빨리 다시 오라"고 매일 기도하시겠다고 하여 나와 아내는 목사님 내외분에게 짜증까지 냈었다.

그 이유는 그 당시 세계경제나 뉴질랜드의 경제사정으로 보면 경기가 별로 좋지 않을 때라서 내가 사는 집이 빨리 팔리지 않아서였다. "목사님과 사모님이 갔다가 빨리 오라고 기도하시기 때문에 집이 빨리 팔리지 안 는다 는 논리였다." 하긴 집 자체가 워낙 크고 다른 집에 비해 비싼 이유도 있었을 꺼다.

김지헌 목사님은 우리 예비 장로팀이 교육을 받을 때 장로는 신앙생활을 어떻게 해야 되는가에 대해 교육을 할 때는 가끔씩 "김영록 집사님처럼만 신앙생활을 하면 된다고 했다." 다른 어떤 말로 표현할 수 없으니 내가 하는 대로만 따라서 하면 된다는 것이다. 목사님이 여러 명 앞에서 이런 말씀을 하실 때 나는 쑥스러워 몸둘바를 몰라 하였다.

나는 이들 보다 하나도 잘하는 것이 없다. 그저 앞에서 잠깐 기록한바 있듯이 문봉주 대사처럼 겸손하고, 순종하며 구역장으로 구역원을 내 식구들처럼 잘 섬기도록 노력하는 것 외에는 나는 이들 앞에서 나아갈 인물이 전혀 아님에도 불구하고 나를 추켜세우는 듯한 말씀에 부끄럽기 그지없었다.

뉴질랜드 이민생활은 매일매일이 호기심과 환상의 연속이었다. 한번은 친하게 지내는 교회집사님과 그분의 아들, 그리고 우리부부 이렇게 네 명이서 그 유명한 'Ninety-mile Beach'로 여행을 갔다. 첫 날은 '베이오브아일랜드'에서 예약한 모텔에다 여장을 풀고 나와 '영수'(집사님 아들)만 낚싯배를 타고 두어 시간 낚시를 하여 네 명이서 회와 매운탕을 만들어 맛있게 먹고 태평양 바다 밑으로 빠져 내려가는 붉은 해를 구경했다.

우리 집에서는 메인 침실에서 아침 해가 떠오르는 것과 저녁에 지는 해를 매일 보는 것이지만 집을 떠나 이곳 바닷가에서 보는 것도 새로웠다. 다음날 우리는 말로만 듣던 Ninety-mile Beach로 갔다. 해변 입구에 들어서니 정말로 장관이었다. 90mile을 미터로 환산하면 거의 100km이다. 그러니 한국에서 흔히 쓰는 거리로 말하면 250리가 되는 거리이다.

해변에 물이 빠지면 모래가 드러나는데 모래층이 단단하여 사람이 밟아도 빠지지 않고, 차량이 지나가도 바퀴가 빠지지 않는다. 그래서 바닷물이 빠질 때를 맞추어 오면 끝없이 펼쳐진 모래위의 250리를 맘껏 달려볼 수 있다. 우리는 바닷가에 드러난 이 아름다운 해변도로를 스릴 있게 달리면서 자연의 오묘한 맛을 맘껏 맛보았다.

시속 120km에서 심지어 150km까지도 달렸다. 달리는 도중에 물길이 가로 파인 곳이 있었지만 우리가 타고 간 '랜드로버'는 그 파인 물길을 뛰어 넘어 가서 또 다른 기쁨을 느낄 수 있었다.

90mile의 거리를 무사히 운행을 마쳤다. 그리고 우리는 이제 1시간 정도만 가면 뉴질랜드 최북단에 위치한 뉴질랜드에서 해가 가장 먼저 뜬다는 '카패링가'에 도착 할 수 있는 일반도로에 진입을 하였다.

이곳에 우리가 들어선 도로는 중심가인 '오클랜드'에서 가장 멀리 떨어진 시골마을이므로 아직까지 도로포장이 안 되어 있었다. 옛날 한국에서 내가 중·고등학교에 다닐 때처럼 비포장으로 온통 자갈길이었다.

그래서 나는 비포장된 이 길을 시속 20~30km정도의 느린 속도로 조심하여 운전을 하면서 내려갔다. 그러나 커브 길을 도는 순간 경사가 심한 내리막길을 만나 급브레이크를 밟았는데 문제가 발생했다.

도로에 깔려있던 자갈이 '베어링' 역할을 하게 되어 차바퀴가 제동이 되지 않고 운전대도 내맘대로 작용되지 않았다. 그러니 차는 가속도가 붙어 이리저리로 내려가다가 결국엔 전복되는 사고가 발생하였다. 차에 타고 있던 사람들은 너무 놀라서 어쩔 줄 몰라서 비명만 지르는 수밖에 없었다.

나는 제일먼저 정신을 차린 다음 차가 전복되면 엔진에 불이 붙는 경우를 많이 보았기 때문에 빨리 차에 타고 있는 사람을 차 밖으로 꺼내야 되겠다고 생각했다. 왜냐하면 내가 운전해왔던 차는 거의 5시간 이상을 계속 운행하여 왔기 때문에 너무나 위험한 상황에 처한 것이다. 그래서 나는 차의 문을 열려고 했는데 문이 열리지 않아서 당황하여 구둣발로 차의 앞 유리를 걷어찼으나 차의 유리가 워낙 단단하여 꼼짝을 안했다.

차가 전복되면서 이리 구르고 저리 굴러서 문짝 네 개가 다 찌그러지는 바람에 문이 열리지 않는 것이다. 다행히 마지막 생각이 난 것은 천정에 있는 '썬 루프'이다. "이것을 작동해보자" 하고 버튼을 눌렀더니 신기하게도 서서히 유리천정이 열리는 것이다. 그래서 나는 아내와 함께 탔던 세 명을 무사히 차량 바깥으로 빼낼 수 있었다. 다행히 염려했던 차량에 불은 붙지 않았다.

차량 밖으로 나온 우리는 서로의 상태를 확인한 결과 별로 다친 사람은 없었다. 우리가 사고 난 이 곳은 워낙 외진 곳이라 민가나 상점도 없는 지역이며 더구나 '기지국'까지 없어서 핸드폰까지 소통이 안 되었다. 그래서 지나가는 사람만 기다리고 있으면서 주위를 돌아보았더니 또 한 번 놀랐다. 전복된 차 옆을 보니 차량으로부터 1m옆이 바다로 떨어지는 낭떠러지였기 때문이다.

차가 조금만 옆으로 더 가서 전복됐으면 우리 네 명의 목숨은 다 잃어버릴 수밖에 없었던 것이다. 아마 수직거리로 본다면 몇 백 미터는 되는 절벽이었기 때문이다. 우리 네 명은 우리의 목숨을 살려주신 하나님께 감사기도를 드렸다.

만약에 차량이 바다로 떨어졌다면 찾을 수도 없이 영원히 미제 사건으로 남을 수밖에 없었을 것이다. 지금의 핸드폰처럼 위치추적 장치가 있어서 찾는다거나 할 수도 없고, 풀이 풍성한 도로가에서 바다로 떨어진 흔적도 없었다. 또한 누가 떨어지는 현장을 목격한 것도 아니기 때문에 태평양 바다 밑에 빠졌다면 영원히 찾지 못했을 것이다.

사고가 난 2시간 후쯤에 지나가는 차를 만나서 도움을 요청했다. 도움을 요청받은 그분은 제일 가까운 마을로 가서 경찰에게 알려주어 몇 시간이 지난 후에 경찰이 구난차와 우리가 타고 갈 '랜트카'를 인솔하여왔다. 우리는 초저녁에 그곳을 출발하여 오클랜드 있는 우리 집까지 도착하니 새벽 2시 정도 되었다. 혼자서 기다리던 딸 자겸이는 자고 있었다. 하마터면 자겸이가 고아가 될 뻔하였다.

이 차량사고는 내 생전에 두 번 발생한 큰 사고였다. 한번은 사단 참모장 시절 야간에 스키를 타러가다가 눈길위에서 발생하였고 이번이 두 번째이다. 그리고 한국으로 이사를 온 후 2012년 11월에, 친정에 왔던 자겸이를 공항으로 태워주러 가다가 평택부근 고속도로상에서 앞차가 연쇄적으로 6중 충돌하여 발생한 사고를 더하면 내 생전에 크게 세 번의 교통사고를 당했다.

정말 차량운전은 조심해야 한다. 다시는 교통사고가 나지 않도록 조심 또 조심하겠다. 사소한 교통위반도 하지 않겠다고 내 자신에게 다짐을 해본다.

사고난 차량 '랜드로버'는 수리가 불가하여 폐차 처분하였고 보험사로부터 보상받은 보상비에다 돈을 좀 더 보태어 일제 '랜드 크루즈'를 새로 구입했다. 랜드로버는 아웃도어 차량으로 야지 험한 도로에서는 기능이 좋지만 포장도로에서는 승차감이 나쁜 단점이 있다. 그래서 일본 도요타 회사에서 랜드로버의 약점인 포장도로에서의 승차감이 나쁜 점을 보완하여 야지에서도 힘이 세고 포장도로에서도 승차감이 좋게 만든 '랜드 크루즈'는 그 당시 인기가 좋은 차량이었다.

이차는 아내가 아끼며 사용하다가 우리가 한국으로 이사를 오면서 처제에게 주고 왔는데 지금까지 잘 사용하고 있다.

다시 한국으로 역이민을 오다

뉴질랜드로 이민을 온지 만 4년이 되어 우리부부는 다시 한국으로 역이민을 오게 되었다. 그것은 얼마 전에 한국에 있는 중문교회 장경동 목사님으로부터 교회 일을 봐달라는 말씀에 나는 그러겠다고 하여 결정된 일이다.

교회사무국장으로 일하던 분이 미국으로 가는 바람에 사무국장 자리를 1년 동안 비워두어서 나보고 와서 그 일을 해달라는 것이다.

나는 중문교회에 그 많은 신도들이 있음에도 불구하고 이민을 가 있는 나에게 그 일을 맡아달라고 하는 목사님의 그 말씀 한마디에 결심을 했다. 그래서 나는 한마디로 승낙했던 것이다. 나같이 부족한 사람을 그 유명하신 목사님이 인정을 해 주신다는 것에 감동을 받은 것이다.

내가 뉴질랜드에 있는 동안 뉴질랜드 신학교에 몇 학기를 수강한 적이 있었다. 그때 미국출신 교수님 한 분이 나에게 "당신은 앞으로 하나님을 위해 큰 일을 할 것이다"라는 예언 비슷한 말을 들은 적이 있었다.

나와 아내는 평범한 일개 교수의 말이지만 이 '말'을 두고 여러 가지로 해석을 하였다. 이 '말'이 뜻하는바가 무엇인지? 그 당시 우리는 우리가 출석하고 있는 오클랜드순복음교회가 새로운 교회를 신축한다고 해서 우리가정 경제 수준에 비해 과분하다고 할 만큼 건축헌금을 드린바가 있다. 그리고 교회건축에 상당히 관심을 가지고 있던 시기였다. 그래서 우리부부는 이것이 그 교수님이 말씀하던 것일까? 하고도 생각해 보았다. 또 비슷한 시기에 한국의 대형교회의 살림을 맡게 되는 교회 사무국장으로 가게 되는 일이 생겨서 이것을 뜻하는 것일까? 라는 두 가지 내용을 가지고 하나님의 뜻 하시는 바를 찾고자 했었다.

결국에는 내가 한국으로 가서 담임목사님을 도와 중문교회의 살림을 살면서 교회를 굳건히 세우는 것이 그 교수님이 내게 말씀하셨던 "큰 일이다."라는 해석을 하고 그 뜻을 따르기로 했던 것이다.

우리가 한국으로 다시 가게 된다는 소식에 가장 서운해 하셨던 분은 우리가 섬겼던 오클랜드 순복음교회 담임목사이신 김지헌 목사님과 배조엔 사모님(지금은 목사)이었다. 이미 결정된 일이므로 어떻게 할 수는 없지만 한국에 가서 교회운영과 발전에 대해 많은 것을 배워가지고 빨리 다시 오라는 것 이었다. 그리고 빨리 다시 오도록 매일 기도 하시겠다는 것이다.

나와 아내는 아직 한국으로 가지도 않았는데 기도부터 하신다니 심적으로 다소 부담이 되었다.

한국중문교회에서는 빨리 오라고 하고 내놓은 집은 잘 팔리지 않아서 결국엔 나 혼자 미리 한국으로 가서 교회 일을 하기로 했다. 그래서 아내가 뒤에 남아서 집을 판 다음 모든 정리를 하고 한국으로 오는 것으로 결정하고 나만 먼저 가방 하나만 들고 한국으로 왔다.

그때가 2004년 2월경으로 기억 된다. 우선 거주할 집은 단기간 세를 주고 살기로 하고 아내의 동생이 사는 집 뒤에 있는 아파트를 얻었다. 그해 겨울은 유난히 춥고 눈이 많이 왔다. 나는 그 이전에도 그 다음에도 30여년을 대전지역에 살면서 그렇게 많이 온 눈과 추웠던 겨울은 한 번도 겪어보지 못했다.

이삿짐이 오지 않아서 살림도구가 없는 바람에 아쉬운 데로 TV와 냉장고만 들여 놓았다. 우선 덮고 잘 수 있게 이불과 요는 처제가 주었는데 침대가 없이 밤에 잠을 자려고 하니 허리가 아파서 너무 불편 하였다. 그러나 이삿짐이 오고 있음으로 침대를 새로 살수도 없어서 아파트 모퉁이에서 이사를 간 집에서 버리고 간 '메트레스'를 주어다가 방에 깔고 뉴질랜드에서 이삿짐이 도착할 때까지 사용하기도 하였다.

제 2 장

한국으로 역이민

중문교회 사무국장으로 부임

나는 한국에 도착한 다음날 장경동 담임목사께서 시무하시는 대전 중문교회 사무국장으로 부임했다. 4년 전 이 교회를 떠나 이민 갈 때만 해도 다시 한국으로 올 것이라고는 전혀 예상하지 못했었는데 이렇게 다시 오게 되었다.

목사님과 인사를 나눈 뒤 목사님 의견은 교회사무국장을 하려면 먼저 한국에서 잘 하는 교회를 선정 탐방 해 보는 것이 어떨까 했다. 그래서 그 교회가 잘 하고 있는 목회방법과 사무국장의 업무요령을 배운 다음에 업무를 하는 것이 좋겠다고 생각하여 **교회 탐방**부터하기로 했다.

그래서 나는 목사님과 의논하여 앞으로 1개월간 4개 교회를 탐방

하기로 하였다. 그 4개 교회는 한국교회에서 가장 모범적으로 목회를 하고 있다고 소문난 "**수원중앙교회, 서울온누리교회, 서울명성교회, 인천주안장로교회**"이었다.

제일먼저 탐방한 교회는 김장환 목사께서 담임하시는 **수원중앙침례교회**였으며, 탐방기간은 1주간 그 교회에서 침식을 하면서 주야로 하였다.

이 교회는 우리나라에서 침례교회 가운데 가장 대표적인 상징성을 지닌 교회로 침례교회의 운영에 대표성을 띄고 있으며 목회의 기준이 되고 있는 교회이다.

교회는 1959년도에 창설하였으나 1966년도에 김장환 목사가 부임하면서 근 40여년에 걸쳐 목사님의 탁월하신 목회 철학으로 교회를 부흥 시켜서 1만 명에 이르는 교인이 신앙생활을 하고 있다.

나는 이교회에서 탐방중점을 교회의 조직과 편성, 사무국장의 주요 수행업무 절차, 교회의 예산수립과 집행절차, 각종 시설과 차량운행, 주요서류 유지 실태였다. 부가하여 목회자와 각종위원장, 평신도와의 유대관계, 기타 이교회가 잘 하고 있는 점을 우리교회에 적용하여 우리교회를 발전시킬 사항 등에 중점을 두었다.

2월 8일(일) 이른 아침에 김장환 목사님을 처음 뵈었을 때 이전에 "매스컴"을 통해 보았던 모습보다 더 강건하고 인자한 모습을 느꼈다.

교회 사무국장 윤진학 장로의 안내로 인사를 드렸더니 장경동 목사님의 안부를 물으셨다. 그리고 장 목사님은 전국에 걸쳐서 많은 불신자들 에게 감동을 주어 하나님 복음 전도에 큰 기여를 하신다고 칭찬의 말씀하셨으며, 우리교회에서 별로 배울 것은 없지만 많이 보고 가라고 겸손의 말씀까지 하셨다.

나는 목사는 아니지만 이 교회가 하고 있는 목회와 교회 사무분야를 모두 배우기로 하였다. 앞으로 일주일간 매일 아침에 실시하는 새벽기도 예배부터 매주 금요일에 하는 금요심야기도회까지 참가하기로 했다.

김장환 목사는 자기 교회를 탐방하기 위해서 방문한 나를 위해 교회 내에서 많은 부목사들 가운데 본인이 가장 신뢰하는 부목사 한분을 선정하여 나의 탐방을 도와주도록 배려를 해주었다.

나는 첫날부터 김장환 목사께서 엮어준 부목사 댁에서 숙식하면서 그 부목사와 함께 기상하여 하루 종일 목회와 행정 분야를 탐방한 다음 그와 같은 시간에 취침하곤 하였다.

일요일 아침에 시작하는 1부 예배에서 김장환 목사께서는 예배에 참석한 나를 자리에서 일어나도록 하신 후, 전 교인에게 소개를 시켜주었다. "대전중문교회 장경동 목사께서 교회 사무국장을 우리교회에 보내어 함께 예배를 드리게 되어서 기쁘게 생각 한다."라고 하시고 전교인이 박수를 치면서 환영하는 시간을 갖도록 배려해 주었다.

수원 중앙교회는 우리나라 중부권에 있는 대형교회로서 신도가 1만

명이상 되는 교회이다. 그래서 김장환 목사의 개인적인 영향력도 있지만 당대에 여의도 순복음교회 조용기 목사와 함께 우리나라 개신교를 대표하는 원로로 대변되는 인물이다.

따라서 이교회는 정, 관계의 인사들이 많이 출석하고 있는 교회이다. 그 중에 이 교회를 출석하고 있는 한분은 내가 삼각지 육군본부에서 중령으로 근무할 때 나의 직속상관 이셨던 부장(육군소장)으로 나중에는 대통령경호실장까지 역임 하셨다.

이러한 정가의 주요 인사들이 많이 예배시간에 참석 했음에도 불구하고 별로 국가의 중직이 아니었던 육군대령 출신이고, 자기교회보다 교세가 적은 교회 사무국장인 나를 예배시간에 전교인에게 인사를 시키신 것이다. 참으로 낮은 자에게도 배려와 사랑을 베푸시는 김장환 목사의 모습에 나는 감동을 받았다.

김장환 목사의 이러한 행동은 지도자의 관리방법과 장수의 용병술에 기인되는 것으로 표현할 수 있다. 이러니까 교인들이 모여들고 부목사들이 존경하여 목사님을 따르는 것 같다. 또한 모든 교인들은 자신이 이 교회의 교인이라는 것에 대한 대단한 자부심을 갖고 있음을 나는 피부로 느낄 수가 있었다.

교회의 탐방 내용은 나중에 얘기하기로 하고, 말이 나온 김에 내가 듣고 본 김장환 목사에 대한 얘기를 좀 더 하고자 한다. 대형교회 치고 교회에 대한 부정적인 소문이 없는 곳이 드문데 비해 내가 아는 수원중앙교회는 한마디의 나쁜 소문이 없었다.

김장환 목사는 공과 사를 분명하게 하는 분이다. 예를 들면 수요예배는 대부분 본인이 설교를 하지 않고 부목사들에 의해 설교가 진행되는 예배 이다.

따라서 수요예배 시는 본인은 다만 예배에 참가하는 신분이므로 교회에서 제공하는 운전기사가 딸린 전용차를 타지 않고, 사모님(트루디 여사)이 운전하시는 '티코' 차량 옆자리에 타고 예배에 참가하였다. 그리고 담임목사가 온다고 아무도 마중을 나오지 못하게 하였다.

나는 이 교회에서 1주일간 숙식 하면서 내가 지금까지 알지 못했던 여러 가지 새로운 목회방법과 사무국장이 어떤 일을 해야 하는가에 대해서 많은 것을 배웠다. 그 많은 것 가운데 내가 이 교회에서 배우고 느낀 것 몇 가지를 요약하면 다음과 같다.

담임목사님이 옛날에 군부대에서 생활하여서 그런지 군대 조직같이 담임목사님을 구심점으로 하여 목회자 및 교직원, 그리고 전교인들이 "이 교회가 내교회이다"라는 자부심을 갖고 있다. 그래서 모두가 헌신적이며 사랑으로 신앙생활을 하고 있었다. 그리고 교회가 정리 정돈이 잘 되어 있었다. 또한 각 시설마다 센서등을 설치하여 절전효과를 가져오고, 각 층별로 화장실을 마련했으며, 그리고 언제나 생수를 급식 가능토록 배치하였다. 또한 곳곳에 휴식이 가능하도록 의자와 탁자를 설치하였다. 어떻게 해서라도 신도들이 편리하게 신앙생활을 할 수 있도록 생활에 필요한 요소들을 세밀하게 준비해 놓았다.

마지막으로 주일 대예배 및 새벽기도회 등 각종 예배가 은혜롭게 진행되고 있었다.

2월 12일 아침에 나는 김장환 목사에게 내일 탐방을 마치고 간다고 인사를 드렸더니 차를 한잔 마시면서 나에게 이런 말씀을 하셨다. 얼마 전에는 아주 유명한 분을 만났는데 TV에서 어떤 목사님이 설교를 아주 재미있게 해서 자주 시청하고 있다고 하여, 김장환 목사는 "그분이 장경동 목사이며, 우리 침례교회를 빛내고 있는 후배 목사라고 자랑하였다"고 하셨다.

마지막으로 장경동 목사님에게 안부 전해드리고 훌륭한 목사님을 잘 보좌해 드리라고 당부의 말씀을 하셨다.

나는 생전 처음으로 교회 행정에 대한 것을 수원 중앙 침례교회의 사무국장이신 윤진학 장로에게 배웠다. 내가 중문교회에서 사무국장을 하던 11년 기간 중에도 수시로 전화 연락을 하면서 모르는 업무를 문의 하였으며, 어떤 때는 수원으로 직접 가서 배우는 등, 교회 운영에 대해 많은 도움을 받았다.

윤 장로는 나이는 나보다 아래지만 나는 교회 행정 업무 분야에서는 선배이기 때문에 많은 것을 귀찮아하지 않고 친절하게 대해주었던 그분을 존경하고 좋아했다.

그런데 나는 6년 전에 중문교회 사무국장직을 사임하고 침례신학대학교에서 학부생들과 함께 공부를 하다 보니 자연스럽게 윤 장로님과는 서로 연락을 하지 못했었다. 이번에 내가 책을 쓰면서 그 고마웠던 윤 장로가 생각나서 전화를 했더니 3년 전에 소천 하셨다는 것을 알게 되었다.

나는 친한 친구가 내 곁을 떠나 하늘나라로 갔을 때와 같은 아픔을 느꼈다. 이렇게 하여 가까웠던 사람들이 하나씩 내 곁을 떠난다는 걸 생각하니 참으로 인간의 삶이 영원한 것이 아님을 새롭게 깨닫는 계기가 되었다.

"모쪼록 하나님께서 사랑했던 윤 장로님 천국에서 편히 쉬시길 기도드립니다."라고 기도했다.

그 다음 한주간은 하영조 목사께서 시무하시는 **온누리 교회**를 탐방하였다. 나는 이 교회에서도 탐방하는 중점은 수원 중앙 침례교회에서 와 같은 곳에 두었다.

이 교회는 교회를 창설한지 짧은 기간에 크게 부흥한 서구식 열린예배를 추구하는 교회이다. 교회는 창설 된지가 겨우 18년 밖에 되지 않았음에도 불구하고 등록된 교인은 무려 8만 여명에 이르고 매주일 출석하는 인원도 4만 명에 이르고 있는 대형 교회이다.

예배당은 '서빙고'에 본당이 있고, '양재'에 횃불성전으로 신동아 그룹의 건물을 임대하여 운영하고 있었다. 이교회는 교회가 워낙 커서 그런지 교회와 선교재단을 분리해서 운영을 하고 있는 것이 특징이었다. 그러니까 하영조 목사는 교회로는 당회장이 되시고, 선교재단에서는 이사장으로 구분하여 운영을 하고 있었다.

나는 온누리 교회를 탐방하기 위해서 이 교회에서 장로로 시무하는 가수 **윤형주 장로**에게 도움을 요청했다. 윤형주 장로는 내가 뉴질랜드에서 살고 있을 때 우리 집을 방문하여 식사와 친교를 가진 적이 있는 분이다. 그래서 그분에게 전화를 걸어서 내가 한국에 와서 장경동 목사 교회에서 사무국장으로 사역하게 되었다고 말했다. 그리고 이교회를 탐방하게 되었으니 이교회 사무국장인 장로에게 안내를 부탁했다.

윤형주 장로로부터 연락을 받은 온누리 교회 장로님(사무국장)은 내가 편하게 생활하며 탐방을 할 수 있도록 양재 성전의 내빈 숙소를 제공 해 주었다. 또한 탐방에 필요한 모든 여건을 제공해 주어서 참으로 요긴하게 시설을 사용하고 내가 원하는 목회 방법과 사무행정 요령을 배울 수가 있었다.

온누리 교회 담임 목사이신 하용조 목사는 교회 운영을 참으로 격의 없게 하였다. 예를 들면 목사가 설교를 할 때 꼭 정장을 하지 않아도 되게 하였으며, 성가대 역시 찬양을 할 때 성가대 복장을 착용하지 않고 자유스럽게 자기가 입고 온 복장 그대로 강단에 올라가서 찬양을 하게 했다. 그리고 찬양 후에는 강단 아래로 내려와서 목사님 설교를 듣는 그러한 어떤 규정에 메이지 않고 자유스런 분위기에서 예배를 드리도록 하였다.

심지어 주일 예배 때는 목회자가 아닌 사무행정요원은 자기가 원하는 다른 교파의 교회로 가서 예배를 드려도 되게 허용했다.

요즘의 교회는 담임목사가 교회 부목사를 뽑을 때 교단 구분 없이 영입하여 사역을 시키는 교회가 더러 있지만, 지금으로부터 16년 전인 그 당시는 개신교이지만 교단이 틀린 목회자는 거의 뽑지 않았다.
그러나 하용조 목사는 장로교회 이지만, 부목사의 출신교단이 침례교이든, 감리교이든, 순복음교 출신이든 교파에 관계없이 능력이 있는 사람이면 선발하여 함께 사역하였다.

그리고 "Acts 29 비전"이란 계획을 만들어서 교세가 열악한 교회를 성장시켜 주었다. 특히 도시나 농어촌의 미 자립교회를 공동으로 부흥시켜주며 해외에도 선교를 많이 해서 미전도 종족을 구원하는데 활발한 활동을 하였다.

일예로 그해 2월에는 교인이 몇 명 되지 않는 "서울 청담교회"로 온누리 교회 다니엘 공동체 소속 인원 200명을 하용조 목사가 직접 인솔 해 가서 200명의 교적부를 "청담교회"로 이적시킨 적도 있다.

그날 이적시킨 이들은 앞으로 2년간 이 교회에서 예배드리고, 이 교회에 헌금하며, 또 열심히 전도하여 부흥시킨 다음에 다시 온누리 교회로 복귀하는 내용이다. 그러한 조건의 예배를 드리고, 청담교회 담임목사와 상호 약속의 문구가 담긴 "감사패"를 교환 한 바가 있었다.

하용조 목사는 미국 신학교에서 박사학위를 수여 받아서 그런지 상당히 열린 교회운영과 성경에 있는 그 대로 계급이 없는 교회를 만들고 낮은 자세로 교회를 섬기는 모습을 볼 수 있었다. 나는 뉴질랜드에 있을 때 가끔씩 미국교회에서 예배드리는 모습을 보았다. 당시 많은 교회들이 자유분방하게 예배를 드리는 모습을 영상으로 많이 보았던 터라 하용조 목사의 목회 방법이 약간은 이해가 되었다.

그리고 요즈음 개신 교회가 오래전부터 어떤 형식에 맞추어 해 오던 그러한 짜여진 틀에서 벗어나서 모든 면에서 현실적이고 실용적인 목회를 추구하고 있는 점이 특이 하였다.

강단 꽃꽂이도 대부분 교회들이 매 주일마다 새 꽃으로 바꾸어 장식을 하는데 비해 온누리 교회는 꽃이 피지 않아도 되는 사철나무 등으로 준비했다. 그것들로 몇 주 간격으로 교체 하여 비치하게 하였다. 그러므로 매주 들어가는 꽃꽂이 비용도 절약하고 있었다.

또한 부목사와 전도사들의 틀에 박힌 정장에 넥타이를 매는 획일적인 복장에서 노타이를 하거나 자유복을 착용하고 예배를 인도하도록 하였다. 성가대도 통일된 복장이 없이 자유복으로 찬양하게 하는 것 등의 모든 것이 자유스러운 분위기 속에서 신앙생활을 하게했다. 교인들이 어떤 틀에 구애받지 않고 신앙생활을 함으로써 많은 은혜를 받고 있는 모습을 볼 수 있었다.

또한 교회 내에 5개의 의료선교팀을 구성하여 소외받은 이웃과 외국에서 온 근로자와 농어촌 오지 마을을 대상으로 의료 선교활동을 활발히 하고 있었다. 그리고 온누리 교회 운영의 특징인 교회와 선교 재단을 분리하여 운영하는 이유는 크게 두 가지로 대별 할 수 있다. 하나는 교회명의로 재산을 관리하게 되면 그 재산을 관리하는 부담 때문에 목회에 전념하기가 쉽지 않아서 재산은 선교 재단에서 관리 토록 하고 있다.

또 다른 하나는 교회는 오직 목회와 전도, 선교에만 힘쓰고, 이를 뒷받침하는 모든 분야를 선교재단에서 지원함으로서 담임목사는 목회와 양육에만 전념할 수 있게 하였다.

내가 본 온누리 교회는 교회 전체가 한곳에 한 시간에 안주하지 않고 선교와 전도, 부흥을 위해 끊임없이 노력하고 연구하고, 활동하는 생기있는 모습이 교회 전체에 차고 넘치고 있음을 느낄 수가 있었다.

그 다음 1주간은 김삼환 목사가 시무 하시는 **명성교회**를 탐방하였다. 김삼환 목사는 내 고향과 인접해 있는 경북 영양 출신으로 자수성가하여 장로교회 쪽에서는 한국교회를 주도해 나가는 분으로 나는 평소에 그분의 소탈한 목소리로 많은 교인들에게 전하는 은혜의 말씀에 많은 감동을 받고 있다.

그래서 나는 이 교회를 탐방하여 목회철학과 행정 분야에 대해 배우기로 하였다. 마침 이교회에 장로로 시무하는 분이 나의 사관학교 후배인 **김용균 대령**이 탐방에 대해 도움을 요청 하였다.

이 교회도 이전에 탐방했던 온누리 교회 급에 해당되는 대형교회이다.
출석신도는 4만5천여 명이며 등록된 교인 수는 7만 여명에 이른다고 했다.

내가 이교회에서 느낀 것은 모두가 크다는 점이다. 교회도 본당과 교육관, 주차장등을 합쳐서 2만여 평에 이른다. 신자수도 많아서 새벽 기도회도 1부에서 4부까지 네 차례에 걸쳐 드리고 있었으며, 성가대도 기본좌석이 넘쳐나서 일반 교인들이 앉는 의자까지 차지하여 대원이 수백 명에 이르고 있었다.

또한 이교회는 이전에 탐방 하였던 다른 교회와는 달리 매주 토요일은 남자의 날로 정해서 남성들만 참여하는 새벽 기도와 함께 성경공부를 하고 있었다. 아침에 모인 인원은 대략 5천 명 정도 모였으며 아침기도회와 성경공부는 김삼환 목사가 직접 예배를 인도하고 교육을 하였다.

이교회 교인들은 담임목사인 김삼환 목사에게 빨려 들어가는 모습 들이였다. 말하자면 나는 김삼환 교회 장로이고, 집사라는데 대한 자부심이 대단해 보였다. 빠지지 않고서 어떻게 새벽시간에 5천명까지 모이겠는가 말이다.

남자를 대상으로 하는 성경공부를 하는 시간을 아침 이른 시간에 정한 것은 이들이 아침 예배와 성경공부를 마친 후 곧장 직장 및 사업장으로 출근하기에 용이하게 하기 위해서였다. 물론 이들의 아침

식사는 교회에서 무료로 준비하여 주고 있었다.

　김삼환 목사가 뭘 어떻게 하길래 당시 정부의 고급 공무원 이거나 회사의 중역들과 심지어 군대의 고급장교에 이르기까지도 이 교회의 장로가 되고 싶어 하고 중직을 원하는지 나는 도무지 이해가 안 되었다. 어떤 사람은 김삼환 목사와 가깝게 지내는 분에게 부탁까지 하는 경우도 있다고 들었다.

　또한 이교회는 교회 예하에 많은 부속기관을 두어 지역 사회 발전 및 봉사활동에 많은 기여를 하고 있었다. 영주영광여자고등학교를 인수하여 경북 북부지역에서 일류학교로 성장시켰다. 그리고 안동 성소병원, 의성 공생병원, 치악산 명성 수양관등을 운영한다. 또한 농어촌 어려운 목회자 자녀를 대상으로 많은 인원을 수용가능토록 전국 여러 곳에 장학관을 세워서 혜택을 주고 있었다.

　한편으로는 명성 종합 복지관을 세워 목회자 미망인과 소년 소녀 가장을 무료로 입주시켜 도와주고 있었다. 이전에도 언급하였지만 명성교회가 짧은 기간 내에 급성장 한 이유 중 하나는 '새벽기도의 힘'이라고 그 교회는 자부하고 있다. 새벽 기도인원은 보통 평일 새벽에는 평균 5천명이 참가하고 특별집회시는 2만5천명에서 3만 명의 교인이 새벽기도회에 참가한다고 했다.

　이 교회에서 느낀 나의 소감은 한마디로 "김삼환 패밀리"이다. 김삼환 목사는 서민 같다. 그는 어떤 면에서는 너무나 어눌하게도 행동해 보이며 말단 교인들과도 가까이 다가가는 친화력의 소유자라고

도 한다. 말하자면 이웃집 아저씨 같은 그러한 아무나 격의 없이 이야기하고 싶어 하는 사람이다.

일예로 수백 명이 넘는 구역장 권찰(대부분 여성중직 자) 교육시 김삼환 목사는 두세 시간에 걸쳐 직접 교육을 한다. 그리고 휴식 시간에는 각 구역에서 각자가 준비해온 과일과 떡, 김밥, 음료수 같은 것을 대예배실 안에서 먹으면서 교인 서로 간에 친교를 나누도록 하였다. 그리고 이 시간에는 각 교구단위로 단합을 하는 계기로 삼았다.

이 때에 김삼환 목사는 각 구역으로 돌아다니며 신도들에게 말도 붙이고 또한 그들의 노고를 칭찬해 주며 애로사항이 있는 사람에게는 기도로 축복을 해준다. 그러므로 그날 모인 신도들은 더욱 이 교회의 교인됨을 자랑스럽게 생각하고 더욱 친밀감과 긍지를 가지게 되는 것 같았다.

탐방 마지막 교회는 나겸일 목사가 시무 하시는 **인천 주안장로교회**이다. 탐방 일정은 2004년 3월 2일부터 3월 7일까지였는데 탐방 이틀째부터 내리기 시작한 눈은 3월 4일부터 5일까지 엄청스럽게 많이 내렸다.

뉴스에 의하면 고속도로에 눈이 많이 내려 쌓이는 바람에 차들이 앞으로 전진을 하지 못하고 도로 좌우에서 꼼짝하지 못한다고 했다. 그래서 사람들은 차에서 몸만 빠져나와 인근 모텔이나 민가에서 하루 저녁을 보내는 이들이 많다고 전해졌다. 그리고 어떤 차는 도로옆 길로 미끄러져서 사람만 겨우 나왔다는 보도도 있었다.

이렇게 많이 온 눈은 나도 생전에 처음 봤고, 이번에 내린 눈은 기상청이 기록한 후로는 처음이라고 하였다. 다행히 주안 장로교회는 새 성전을 건축한지 2년 정도 경과하였으며, 교회 건축물이 "노아의 방주"처럼 생겨서 그 건물 안에 본당과 교회의 부속 시설이 다 들어 있으므로 특별히 탐방을 위해서 교회 밖으로 나올 일은 없었다. 그래서 나는 눈 때문에 불편한 점은 별로 없었다.

새로 지은 이 교회(부평성전) 건물은 1998년 12월에 착공하여 2002년 10월에 완공함으로 약 4년에 거쳐 건축되었다. 이렇게 큰 건물의 경비와 운영은 8명이 24시간을 교대로 하여 중앙 집중 방식으로 통제한다. 그중 3명이 경비실에서 CCTV를 통하여 그들 손에 의해 방범으로부터 냉, 난방에 이르기까지 다 통제를 할 수 있게 하는 '컨트럴 시스템'을 만들었다고 하였다. 그러니 일일 24시간에 3명만 있으면 교대로 건물통제가 다된다는 것이다.

나겸일 목사는 이 교회를 건축하는 과정에서 특이한 점을 볼 수가 있었다. 대다수 교회에서 교회를 건축할 경우는 교회 장로들과 교인 중에 건축업을 하고 있는 전문가들로 건축위원회를 구성하여 수시로 회의를 하고 거기에서 업자를 선정하여 건축을 해 나가고 있는 것이 보편화 되어 있다.

그런데 나겸일 목사는 물론 기본적인 예산과 규모정도는 교회 장로회에서 결정했다고 한다. 그 다음 실제 건축에 들어가서 건축 책임과 업자선정은 교회에서는 건축 위원장과 총무만 관여한다. 그리고 건축업자는 주안교회의 교인이 아닌 책임자를 선정하여 그들로 하여금 건축 본부팀을 구성, 그 본부장책임하에 입찰을 하여 낙찰된 업자로 하여금 건축토록 하였다.

참고로 그때 선임된 건축 본부장은 그 교회 교인이 아닌 '유명건설회사'에서 전무직을 역임한 한국의 건축계에서 자타가 공인하는 아주 탁월한 인물이었다고 했다. 대부분의 목사들은 자기 교회를 건축할 때 보면 가급적이면 자기교회 교인이 건축하도록 한다. 왜냐면 믿을 수도 있고, 또 이왕이면 건축으로 인해 얻는 이익금을 자기교인에게 주고 싶은 마음으로 자기 교인에게 공사를 주는 경우가 많이 있다.

나 목사님 또한 그 많은 교인가운데 왜 건축업자가 없었겠는가? 그렇지만 그렇게 엄중한 성전을 건축함에 있어서 조그마한 불협화음도 없이 성전을 건축하고 싶은 마음이었을 것이라고 나는 생각한다. 혹여나 건축해 가는 과정에서 크고 작은 문제가 발생하면 자기교인이 아닌 업자라면 필요시 냉정하게 법대로 처리 하면 되는 것이다.

그러나 그 업자가 만일 그 교회 교인이라면 아무래도 그가 지금까지 교회에 기여해온 그 무엇이 많다거나, 아니면 어떤 인간적인 관계로 인하여 매정하게 법대로 처리를 할 수 없는 경우가 있을 것이다. 목사님은 이러한 문제들을 예상하고 장차 유발될 수도 있는 고리를 애시 당초부터 만들지 않게 하기 위함일 것이라고도 생각된다.

앞에서 탐방했던 수원 중앙교회 김장환 목사도 나겸일 목사와 비숫한 목회 철학을 가지고 계심을 알 수 있었다. 어떤 면에서는 김장환 목사가 나겸일 목사보다 더 공과 사를 구분 하시는 것 같았다. 김장환 목사는 교회와 교인 간에는 특별히 거래를 하지 않는 것이 옳다는 논리이다.

모든 교인들이 다 그런 것은 아니지만 개인의 이익을 위해서는 자기가 섬기는 교회와도 다툴 수 있다는 것이다. 그래서 예를 들면 교회 식당에서 쓰는 식자재까지도 교인이하는 업체의 것은 사용하지 않도록 했다. 교인도 사람이라 교회에서 사주기 시작하면 종말에는 교회를 의지하게 되고, 만일에 교회에서 그의 요구대로 해주지 않게 되면 지금 까지 잘 섬겨왔던 교회를 핍박하거나 심지어 교회를 떠나는 불상사가 발생하기 때문에 그렇게 하신 것이다.

개인 간의 돈거래도 이와 비슷하다. 친할수록 돈거래는 하지 말아야 한다. 돈거래를 하는 순간 그간의 좋았던 관계는 깨어진다는 것이 나 또한 주장하는 논리이다. 그래서 우리 집은 친가나 처가를 막론하고 형제지간이라도 돈거래를 하지 않는 것은 원칙으로 삼고 있다.

내가 뉴질랜드에서 이민생활을 할 때 출석하는 교회의 교인 중 한 사람이 농장을 하고 있었는데 이 사람이 생산한 농산물을 교회 앞에서 팔도록 해주었다. 농산물을 판매한 이 교인은 판매하여 얻은 이익금의 일부를 교회에 헌금한 일이 있었다.

그 다음 해에도 교회에서 농산물을 팔았고, 또 이익금의 일부를 교회에 헌금으로 드렸다. 삼 년째 되는 해에는 당연히 자기가 생산한 농산물을 교회에서 팔 것이라고 생각하고 준비를 했다. 그런데 일부 교인들이 반대하는 사람들이 생기는 바람에 교회담임목사가 교인들의 여론이 거룩한 교회성전이 시장바닥이 되면 안된다고 하여 그 교인의 상품을 팔지 못하게 하였다.

그랬더니 그 교인은 지금까지 내가 교회에 낸 헌금이 얼마인데 이제와서 팔지 못하게 한다는 등, 온갖 나쁜 욕을 하며 결국엔 교회를 떠나가서 그 담임목사는 이교인으로 인하여 마음고생을 많이 했다고 한다.

나겸일 목사는 아마 우리나라 축구가 2002년 월드컵에서 역사상 처음으로 4강에 들 수 있도록 한 히딩크 감독의 용병술과도 같은 맥락에서였다고도 볼 수 있었다. '히딩크 감독'은 선수를 뽑는데 누구의 부탁이나 인맥을 고려하지 않고 능력 위주로 선수를 선발하여 훈련을 시킨 결과였다.

나겸일 목사도 교인이나 친지 중에도 얼마든지 건축을 잘 하는 사람이 있었겠지만, 그 분은 전국에서 집을 제일 잘 짓는다고 하는 사람을 골라서, 그 사람에게 전권을 주어 교회를 지었다. 그 결과 그가 지은 건물이 그 해에 인천시 관할지역 내에서 가장 우수한 건축물로 선정 되었던 것이다.

성경에도 있듯이 예수님은 "성전 안에서 매매하는 모든 자를 내어 쫓으시며, 돈 바꾸는 자들의 상과 비둘기파는 자들의 의자를 둘러엎으시고 저희들에게 이르시되 내 집은 기도하는 집"이라고 하신 그 말씀에 순종하는 것이라고 생각되기도 한다.

주안장로교회도 이전에 탐방했던 교회들과 규모가 비슷한 대형교회이다. 나겸일 목사는 원래 주안성전에 취임하였으며, 지금의 부평성전을 건축하기까지 26년간을 담임해 오고 있다.

교직원은 목사를 비롯하여 일반 행정 직원 까지 합쳐서 출석교인은 3만5천여 명, 등록교인은 약 7만 여명에 이르고 있는 대형 교회이다.
내가 이교회를 탐방하는데 소개를 해주신 분은 장경동 목사의 부인이신 양선숙 사모님(현 중문교회 수석부목사)이다. 나겸일 목사와 장경동 목사는 평소에 아주 가깝게 지내는 사이로 서로 교회를 오가면서 부흥회도 자주 하시는 그러한 친분이 있다. 때문에 내가 이 교회를 탐방하는데 도와주도록 하는 부탁을 양선숙 사모님이 그 교회 수석 부목사에게 얘기하여 탐방하게 되었다.

3월 2일 그 교회에 도착하여 사무국장의 안내를 받아서 교회의 일반적인 현황을 들은 후 담임목사실로 안내되어 나겸일 목사에게 인사를 드리고 잠시 환담을 나누었다.

담임목사를 뵙고 문밖으로 나오니「장로실」이란 간판이 쓰여진 방이 있어서 들어가 보니 담임목사 방 보다 몇 배나 큰 규모의 회의실 급의 장로 전용 방이 있었다. 나는 이번 교회까지 한국교회에서 대표성을 인정받고 있는 4개 교회를 탐방 했지만 주안장로교회와 같이 장로 전용 거주 방이 있는 교회는 처음 보았다.

물론 다른 교회도 대부분 장로가 각종 위원장을 겸하여 교회를 섬기고 있지만 나겸일 목사는 철저하게 장로에게 책임을 부여하고 그에 상당하는 권한을 부여함으로써, 장로 스스로는 "내가 이 교회의 주인이다."라는 자부심과 책임감을 갖고 일을 하게하고 있다.

그러므로 장로는 아침부터 교회 와서 자기 분야의 부여된 업무를 잘 수행 할 수 있도록 그들에게 독립된 방을 만들어서 장로들이 사용할 수 있는 옷장과 의자, 회의용 탁자, 컴퓨터 등 집기와 냉장고에는 이들이 교회 일을 하면서 먹을 수 있게 음료수와 간식 등을 준비 해 주고 있었다.

교회의 크기와 규모에 대해서는 본 성전에 도착 한 즉시 느꼈지만 정말로 부럽기가 그지없었다. 건물 외부 모양은 성경에 나오는 "노아의 방주"를 닮았는데 그 방주 안에서는 각 부서에서 무슨 일이 쉴 새 없이 일어나고 있음을 느꼈다. 이교회와 규모가 비슷한 서울 온누리 교회는 보이지 않는 조용한 가운데 많은 일 들이 진행되고 있다면 이 교회는 그 방주 안에서 분주히 움직이는 모습이 보였다 는 것이 특징으로 꼽을 수 있었다.

나는 이 교회에서 감명 깊게 보았던 것은 **"아버지 학교"**이다. 아버지 학교는 1년에 2개 기수를 배출하는데 강의시간은 매주 토요일 오후 5시부터 자정까지 실시하며 교육기간은 5주간 실시한다.

1개기는 70~80명으로 편성되며, 아버지 학교를 개설한 목적은 한국의 남성 문화를 소개하고 남편과 아버지의 역할, 그리고 실추된 위치 회복 등, 건강한 가정을 만들기 위한 아버지로서 꼭 해야 할 덕목을 갖게 하기 위해서 이다.

교육대상은 원칙적으로는 주안 장로교회 교인을 대상으로 하지만 예외로 다른 교회의 교인도 일부 받아주고 있었다. 강의는 가정 사역국 담당목사와 외부 유명초빙강사가 하고 있으며, 주요교육 내용은
- 기도, 찬양, 영성훈련, 설교 말씀 듣기
- 부모, 자녀 및 아내에게 편지 쓰기
- 자기가 지은 죄를 고백하고 글로 써서 하나님 앞에서 낭독하고 소각하기
- 아내의 발을 씻어주는 세족식
- 죽음을 가상한 관 속에 들어가는 체험 경험
- 지금 까지 자기 고집대로만 살아온 아버지와 남편의 역할을 반성하고 거듭 태어난 가장이 되는 방법 등이며,

특이한 내용은 강의실 준비, 식사준비, 다과 시중 등의 모든 일들은 앞에 졸업한 기수의 신도들이 도우미로 자청하여 진행하고 있다. 또한 그 진행하는 자체가 매우 엄숙하며, 요즘 많은 문제를 안고 살아가는 우리들의 가정에 좋은 규범이 되고 행복하고 건강한 가정을 만드는 유익한 프로그램이라고 보았다.

주안 장로교회는 해외 선교사 파견 전도활동을 활발하게 하고 있었는데 현재 파송된 인원은 170여명으로서 이들 대부분은 자기나라 국민들이다. 선교사로 가능한 인원을 교회에서 선발하여 교육시킨 후 출신 국가로 파송하고 있는 것이 좋은 사례로 꼽을 수 있었다.

아무래도 언어가 잘 통하는 선교사가 전도 효과를 많이 거둘 수 있기 때문인 것이다.

평소 교회 안에서 함께 예배를 드리는 외국인은 미국, 중국, 러시아, 네팔, 베트남, 기타 300여명이 되며, 외국인을 위한 "통역 레시버"(통역기)를 준비해 놓았다. 주일날 예배에 참가한 외국인은 목사님의 설교를 통역 레시버를 이용하여 동시에 자기나라 언어로 시청이 가능토록 하고 있었다.

나겸일 목사는 모든 면에서 열정이 넘쳐 있음을 느꼈다. 앞에서도 기록된 대표적인 사업이 몇 개 있었지만, 실업인선교회를 조직하여 매주 금요일 06:30분에 교회에 모여서 담임목사를 모시고 예배를 드린 후 조찬 및 교제를 하고 있다.

이들의 주요 활동은 담임목사의 선교 사역을 지원하며, 국내외 선교 및 구제 활동을 활발히 전개하며 또한 회원 상호간의 친목과 교회에서 하는 행사를 지원하는 것이다. 그리고 회원 상호간의 공동이익과 발전을 위한 정보를 교환하는 등의 활동을 하고 있는 점이 특이하였다.

또한 교회 안에서 개별적으로 성령 충만 및 개인 능력 개발을 위한 다양한 프로그램을 많이 개설 운영하고 있었다.

나는 이렇게 하여 뉴질랜드에서 귀국하여 2004년 2월 7일부터 3월

7일까지 1개월에 걸쳐서 우리나라에서 교회 목회를 대표적으로 잘 하고 있다는 4개 교회에 대한 탐방을 마쳤다.

한 달 동안 우리나라에서 대표성을 가지고 있는 이들 교회에 대해 결론적으로 느낀 특징과 공통점은 첫째, 담임목사가 교직원과 신도의 신상에 대하여 적극 챙겨주므로 오너에 대한 무한한 신뢰를 받고 있었으며 둘째, 지역사회를 교회와 함께 발전시키기 위해 노력함으로써 지역 주민의 호응을 받았으며 셋째, 끊임없이 전도에 열정을 가지고 교회의 온 역량을 집중 하였으며 마지막으로, 새벽기도를 포함하여 기도의 줄을 놓지 않고 전 교인들이 기도를 하고 있는 것 등 이였다.

요약하면 이들 교회를 담임하는 목사들은 교회 규모가 대형이지만 현실에 안주하지 않고 끊임없이 연구하고 발전시키려고 하는 강한 의지를 볼 수가 있었다.

역시 모범적이고 큰 교회를 만들어 나가는 교회는 뭔가 다르다고 생각하게 됐다. 나는 교회가 어떻게 운영이 되어 가는지에 대해 전혀 무지했었는데 이번기회를 통하여 비록 짧은 기간이었지만 많은 것을 배우게 되어 아주 유익한 시간이 되었다.

나는 주안 장로교회에서는 3월 7일 오후 2시에 실시하는 4부 예배를 마치고 대전으로 내려왔다. 승용차로 인천에서 대전으로 내려오는 고속도로는 아직까지 제설 작업이 덜 되어 있어서 빙판길에 운전하기가 아주 위험했다. 고속도로 좌우에는 아직까지 며칠 전에 내린 폭설로 인하여 눈 속에 박혀 뒤엉켜져 있는 차량들이 여기 저기 무더기로 보였다.

많은 차들이 눈 때문에 견인도 할 수 없어서 그대로 방치되어 있는 것이었다.

나는 이렇게 1개월간의 탐방을 끝내고 2004년 3월 초에 다른 직원 몇 명과 함께 정식으로 인사발령을 받고, 주일날 대예배 시간에 목사님의 인도에 따라 강단에 올라가서 전 교인에게 인사를 하는 것으로 교회 **사무국장의 업무를 시작**하였다.

나는 교회 사무국장으로 부임 하면서 나는 다시 육군 소위로 임관하여 최전방으로 부임 하는 그러한 자세와 마음으로 이 직무를 수행해야 하겠다는 각오를 가졌다.

왜냐하면 담임목사인 장경동 목사님은 나보다 나이가 많이 아래이기 때문에 내가 잘 하지 못하면 혹여나 나이가 좀 많다고 저렇게 대충 일을 하는가. 하는 오해도 받을 수 있기 때문이다. 더구나 이민 가서 살고 있는 나를 불러서 교회의 중요한 일을 맡겼는데, 실망을 드리지 않도록 열심히 해서 목사님을 보좌해 드려야 하겠다고 마음을 다잡아먹었다.

그러나 교회일은 그리 쉽지가 않았다. 얽히고설킨 인간관계 속에서 예기치 못하는 일들이 발생하고 있었다. 헌법이나 육군 규정같이 법으로 만들어진 책자를 기준으로 시행되는 것이 아니라, 그때그때 상황에 따라서 일을 해 나가야 한다는 것을 알게 되었다.

나름대로 나는 상식적인 면에서 교회정관에 있는 내용을 기준으로 업무를 해나가기로 하고, 원칙과 관례에 의해 하나씩 업무를 처리해 나갔다.

사무국장은 교회 안에서 대표적으로 인적, 물적자원을 담임목사의 위임된 범위 내에서 교회 업무를 수행하고 있다.

교회 안에서 인적관리는 크게 두 부류로 나눌 수 있다. 하나는 사무국장이 직접 관리하는 목사, 전도사가 아닌 일반 직원이고, 또 하나는 목사와 전도사인 목회자이다. 일반직원에 대한 관리는 사무국장이 직접하고 있지만 목회자에 대해서는 이들을 채용하거나 출결 및 복지관계, 교회의 큰 행사시의 협조관계에서만 관여를 하고 있다.

사무국장이 관리하는 부서는 행정실, 재무실, 방송실, 휴게실, 교회식당, 시설 및 차량관리, 운전기사 등이 있으며 인원은 대략 20여 명이다. 식당요원이나 특별히 출타한 사람을 제외하고는 매일 아침 예배(조회)로 일과가 시작되고 있으며, 일과 종료는 각 부서별로 업무를 결산하고 퇴근하는 것이 하루 일과이다.
부임 후 1개월이 채 못 된 어느 날은 아침 예배시간에는 교회 관리 직원 한 명이 참가하지 않아서 확인을 해보니 새벽 일찍이 목포까지 교회 식당 교인들과 시장을 보러 갔다는 것이다.

그래서 나는 그 직원에게 왜 보고도 하지 않고 네 맘대로 목포까지 갔느냐고 추궁을 했다. 그러니 그는 본인이 사무국장에게 보고를 하지 않고 출타를 한 점에 대해서 잘못에 대한 용서를 구하기는커녕 오히려 "내가 꼭 국장님에게 보고를 하여 허락을 맡고 행동을 해야 됩니까?"라고 하여 나는 어이가 없었다.

지금까지 사무국장 자리가 1년 동안 공석으로 있었던 점을 감안해 본다면 어느 정도 이해는 가지만 한마디로 교회 전체의 체계가 잡혀 있지 않았기 때문이라고 볼 수 있었다.

또한 교회 목회자들의 사고에도 문제가 있었다. 언젠가 주일 아침에 눈이 많이 왔었다. 빨리 눈을 치워야만 예배시 교인들이 타고 오는 차량이 원만하게 주차를 할 수 있다. 그럼에도 불구하고 제설작업은 교회 일반직원만 해야 되는 것으로 제쳐놓고 목회자들은 한명도 참여를 하지 않고 있음을 보았다.

우리는 어느 조직이나 단체를 막론하고 업무를 수행 할 때 업무의 우선순위가 무엇인가를 판단하여 그 우선순위가 맨 앞에 있는 것부터 처리해야 하는 것이 기본적인 상식이다. 그러면 현 시점에서 우리 교회의 최우선 업무가 무엇인가? 그것은 제설작업이다. 빨리 쌓인 눈부터 치워야 한다.

그런데 지난밤에 내린 눈으로 교회주차장과 진입로에 엄청나게 쌓였는데도 몇 명 안 되는 교회 일반 직원만 재설작업을 하고 있었다.

나는 목회자실로 올라가서 부목사 가운데 대표목사에게 재설작업의 시급함을 얘기해서 목회자 전원이 함께 참여하여 예배가 시작되기 전에 재설작업을 마칠 수 있게 했었다. 그래서 신도들이 안전하게 차량을 운전하여 주차를 할 수 있도록 하여 아무 탈 없이 예배를 드릴 수 있었다.

나는 앞에서도 언급했지만 지금으로부터 44년 전 강원도 양구 펀치볼 근방에서 중대장(대위)으로 근무할 때, 재설작업 통제를 잘 못 했다고 인접 중대장 3명과 함께 홍은표 연대장(대령)으로부터 따귀를 한 대씩 맞았던 기억이 떠올랐다. 재설작업이 되지 않으면 최전방에 있는 우리 장병이 굶게 되므로 그 당시 재설작업은 우리 연대장님의 제일 우선되는 업무였을 것이다.

그 후부터는 교회의 큰 일이 있을 때에는 일반직원과 목회자 구분 없이 교회 전 직원이 합심해서 일을 처리 하게 되었다.

그래도 지금 까지는 교인으로 생활 하면서 또는 뉴질랜드에서 문봉주 대사를 만난 뒤 더욱 낮은 자세로 살아야 하겠다고 다짐은 했지만 나도 내 자신을 억제하지 못할 경우 나의 욱하는 성격에 과연 사무국장직을 수행 할 수 있을까가 의문시 되었다.

그런데 언젠가 목사님은 나에게 "집사님은 지금 까지 남을 다스려 왔지만 지금부터는 남을 섬기려고 오지 않았느냐?"라고 하였다. 나는 목사님이 말씀 하신 그 한마디 때문에 아직까지 내 안에 내재되어 있는 교만과 자만심을 버리지 못했다는 부끄러운 점을 회개하고, 그 자리에서 무려 11년간을 사무국장으로 대과 없이 맡겨진 일을 마칠 수 있게 되었다.

교회는 군이나 공무원과 같이 주어진 계급과 권한이나, 교파별로 규정을 만들어놓고 법규대로 업무를 하는 단체가 아니다. 교회는 하나님의 가족이며, 그리스도의 몸이며, 하나님의 집이다. 그러므로 교회의 주인은 하나님이다. 그리고 우리침례교회는 회중정체이다. 즉 성경적인 정치 체제라고 할 수 있다.

특히 우리교회와 같은 침례교회는 회중위주의 교회로 개인 신앙의 자유를 인정한다. 침례교회는 직분은 있어도 직급은 없다. 직분의 종류는 있어도 직분에 대한 우열은 없다. 교회 직분은 목사와 집사만 있으며 장로는 없다. 다만 요즈음에 와서 안수집사를 '호칭장로'로 인정하는 교회가 일부 있는 실정이다.

그리고 침례교회는 교회의 회중들이 모든 의사결정의 주체임으로 사무처리 회를 통하여 모든 의사결정을 하고 있다. 당회나 안수집사회나 제직회는 원칙적으로 없으나 일부교회에서는 안수집사들로 하는 제직회를 갖고 있는 교회도 더러 있긴 하다.

또한 침례교회는 개교회주의 이기 때문에 개 교회별로 정관을 가지고 있으며 교회의 모든 일은 그 정관에 의해 시행되고 있으며, 그러므로 교단 총회나 지방회는 교회의 상급 기관이 아니고 협조기구일 뿐이다.

결론적으로 침례교회는 교인 전인원이 제사장이며 목회자이다. 모든 신자들이 직접 목회를 분담하는 직접정치를 하는 회중 공동체이다. 장로나 안수집사들에 의하여 하는 대의 민주주의인 간접 정치가 아니다. 그러므로 각 교인은 각자가 교회의 주인인 만큼 교회의 제사장과 목회자로서 권리와 의무를 충실하게 해야 한다.

내가 먼저 한국으로 들어온 다음에 아내는 혼자서 우리가 살던 집을 매매하고 그 많은 살림살이를 컨테이너로 실어 보낸 뒤 딸 자겸이만 뉴질랜드에 남겨 두고 2004년 5월경에 한국으로 들어 왔다.

그사이 인겸이는 군대에서 제대를 하여 서울 시청 옆에 있는 '한화그룹' 본부에 취직을 하여 직장 생활을 하고 있었으며, 우리 네 식구는 자겸이만 홀로 뉴질랜드에 떨어져 살게 되었다.

이삿짐이 도착하기 전에 우리 부부는 한국에서 살 집을 마련하는데 개인 주택은 뉴질랜드에 있을 때보면 정원관리에서부터 여러 가지로 손을 봐야할 일이 너무 많아서 아파트를 생각했다. 그래서 아파트를 찾고 있던 중 내가 잘 알고 친하게 지냈던 친구가 공무원으로 퇴직한 후에 월세도 받을 수 있는 '원룸'을 하고 있어서 그와 의논을 한 끝에 원룸을 사기로 결심을 했다.

원룸은 그 당시 공무원으로 퇴직을 한 사람들에게는 가장 선호하는 집이였고 사업이였다. 큰 힘 들이지 않고 연금 외에 고정적인 수입원이 될 수 있기 때문이다.

그래서 나는 교회가 가까운 서구 갈마동에 방이 20여개 되는 4층짜리 원룸을 구입에서 며칠 뒤에 도착한 이삿짐을 풀고 본격적인 역이민 생활을 시작하였다.

원룸에서 두어 달 생활하다 보니 하나 둘씩 문제점이 발생했다. 당초 생각했던 것 이외로 신경 쓸 일이 생기기 시작하기 시작했다. 우선 문제가 되는 것은 주차장이 턱 없이 부족해서 주인인 우리부부도 늦게 들어오면 차를 주차할 자리가 없어서 우리 집이 아닌 도로가에 주차할 때도 많았다.

그래서 입주자 간에도 주차 때문에 다툼이 발생하였으며, 이는 최초 설계시에는 의무적으로 방 1개당 1대씩 주차를 하지 않아도 건축허가가 났던 것 같았다.
두 번째로는 월세를 밀리는 입주자가 예상보다 많이 생기기 시작하여 나와 입주자간에 신경전이 발생하여 만날 때마다 서로가 불편하였으며 다음으로는 월세를 3~4개월씩 밀렸는데도 출입문을 잠가 둔 채 전화조차 받지 않고 있는 세입자도 있었다.

나는 집을 사서 세만 주면 매달 월세가 꼬박 꼬박 들어 올 것이란 순진한 마음에서 원룸을 사서 나도 거주하면서 월세로 수입이 생긴다는 단순한 생각이 잘못된 판단이었음을 느끼게 되었다.

사회생활을 갓 시작한 공무원의 순수한 마음에서 세상을 살아가는 것이 만만치 않다는 것을 공부한 것이다. 그래서 나는 다행히 이 집을 손해는 보지 않고 매도한 다음 우리가 살기가 편한 아파트를 사서 이사하여 지금까지 불편 없이 잘 살고 있다.

좀 적게 벌고 마음이 편한 것이 낫다는 것을 다시 한 번 깨닫는 계기가 되었다.

나는 한국에 오자마자 탐방하였던 교회의 장점을 '벤치마킹' 하여 우리교회에 접목시켜 좋은 교회를 만들기 위해 교회 발전 계획을 만들었다. 그리고 점진적으로 현재 상태의 우리교회를 진단하고 탐방한 교회의 장점을 우선적으로 하나씩 보완해 나가기 시작했다.

예를 들면 본당 천정의 전구를 교환하는 방법을 개선하였다. 지금까지 우리교회는 천정이 높아서 전구를 교체 하려면 "소형 크레인"을 랜트하여 교회 안에 있는 장의자를 한곳으로 치우고 그 크레인을 교회 안으로 끌고 들어왔다. 그리고 천정까지 사다리로 높이를 맞춘 다음 사다리로 올라가서 전구를 교체하곤 했었다. 이렇게 함으로 랜트 비용과 많은 인력과 시간이 낭비되고 있었다.

그런데 이번에 방문했던 수원중앙침례교회는 직원 1명만 천정 위로 올라가서 천정에서 수시로 꺼진 전구를 교체하고 있었다. 이러한 방법을 시행함으로써 시간과 인력과 돈을 절감하게 하는 이 시스템을 우리교회에도 즉각 적용하였다.

다음으로는 온누리 교회에서 보았던 "이동식 전기 히터"도 즉시 2대를 구입하여 한 대는 교회 현관에 비치했다. 그래서 안내하시는 분들이 춥지 않도록 하였으며, 다른 한 대는 지하 커피점 앞에 비치하여 난방이 되게 하였다.

이 외에도 여러 분야에서 우선 조치 할 수 있는 것부터 해 나갔다. 나는 뉴질랜드로 이민을 가기 전에 이 교회에 예배를 참가 할 때 항상 눈에 거슬리는 게 하나 있었다. 그것은 교회 천정에 물이 새어서 강아지가 오줌을 싸 놓은 것처럼 누렇게 얼룩이 몇 군데 져 있어서 참으로 보기 싫었었다. 그런데 내가 4년 뒤에 귀국하여 교회 사무국장으로 부임해서 보니 아직까지 천정이 누수되어 얼룩진 상태로 그대로 있었다.

그래서 나는 교회 건물 관리 직원을 시켜 세밀하게 지붕의 누수 원인을 파악하게 한 뒤 합당한 처방을 하여 조치를 함으로 교회 내부 환경을 개선하였다.

나는 나의 업무수행 방법을 전문적인 기술 분야를 제외하고는 교회직원을 시키기보다는 내가 솔선해서 하는 것으로 마음을 정했고 나는 솔선하는 그 방법을 사무국장직을 마칠 때까지 지속하였다.

그것은 청소하는 것일 수도 있고, 재설작업을 하는 것일 수도 있고, 출결 하는 것, 심지어 새벽기도 하는 것에서부터 에덴동산에서 풀 뽑는 것까지도 그들을 지시하기보다는 나부터 했었다.

교회사무국장을 그만 둔지 6년이 지난 지금까지도 만나는 직원들이 내가 국장을 하면서 같이 일하던 그 때가 가장 보람있고 재미있게 사역을 했다는 말을 들을 때 참으로 보람을 느꼈다.

20여 년 전 아들 인겸이가 동부전선 최전방에서 소대장을 마치고 제대를 했을 때 나는 남에게 싫은 소리를 하지 못하는 성격을 가진 네가 어떻게 40여명의 소대원을 지휘했느냐? 라고 물었다. 그때 아들이 나에게 "제가 솔선해서 다했지요."라고 했던 그 말을 듣고 나는 감동을 받았다. 솔직히 연대장까지 하고 군 생활을 마친 나보다 더 나은 통솔법임을 인정하였다.

그래서 나는 많은 직원은 아니지만 나도 인겸이와 같이 솔선수범 하는 관리자가 되어야 하겠다고 결심을 했고, 교회에서 11년을 재임 하는 동안 그대로 했던 것이다.

교회에서 함께 사역했던 그때 그 직원들이 다시금 그립고 보고 싶다.

인겸이와 자겸이의 결혼

나는 한국에 와서 아들 인겸이와 딸 자겸이를 결혼시켰다. 자겸이 는 우리 내외가 한국으로 이사를 온 후에 뉴질랜드에 혼자 남아서 직 장에 다니고 있었다. 결혼 날짜가 정해지고 신랑 신부는 외국에 있었 지만 양가 부모들이 한국에 거주 하고 있기 때문에 결혼식은 한국에 서 하기로 했다.

자겸이는 2006년 3월에 서울 「리버사이드 호텔」 예식장에서 장경 동 목사 주례로 결혼식을 올렸다. 우리가 한국으로 다시 이사를 온지 만 2년 후에 몇 년 전 우리 부부가 어린 학생이라고 반대를 했던 그 학생 '이상민'이를 사위로 맞아들었다.

상민이는 그때 내가 매우 어리게 보았었는데 3년 정도가 지난 지금에 보니 아주 훌륭한 청년으로 잘 성장해 주었다. 어린 나이에 혼자서 유학 생활을 하면서도 삐뚤어짐이 없이 바르게 신앙생활을 하는 가운데 열심히 공부해서 뉴질랜드 내에서 제일가는 '오클랜드대학'을 졸업하고 키위(뉴질랜드사람을 통칭 하는 말) 회사에 당당하게 취업까지 하였다.

젊은 청년은 나중에 봐야 안다고 하는데 나는 그때 상민이의 잠재역량을 제대로 보지 못했던 것 같았다. 자겸이만 혼자 떼어 놓고 한국으로 왔었는데 그래도 상민이가 있어서 외롭지 않게 견딜 수 있었다고 생각하니 나는 상민이에게 고맙게 생각하였다.

결혼식 날은 대전에서 서울로 대형버스 2대를 랜트해서 많은 교인들이 서울로 올라갔다. 그리고 서울에 있는 친구들과 영주에 있는 형제자매와 친척 분들, 그리고 고향에서 함께 자랐던 께복대기 친구들까지 많이 와서 축하를 해주었다. 특별히 구례에 계시는 자겸이 외할머니와 외삼촌, 이모들도 다 참석하여서 자겸이의 결혼을 축하해 주었다.

자겸이와 상민이는 결혼한 지 5년만에 한나를 낳았고, 한나를 낳은 후 4년 뒤에 귀여운 라혜를 낳아서 키우며 지금도 뉴질랜드에 있는 오클랜드 순복음교회에서 신앙생활을 잘하고 있다.

인겸이는 2011년 6월에 대전에 있는 「계룡스파텔」에서 딸 자겸이와 같이 장경동 목사의 주례로 결혼식을 올렸다. 며느리는 천안 은혜

침례교회 오지수 목사님의 무남독녀 외동딸이다.

일반 회사를 사직한 아들은 신학을 공부하고 이제 유학을 간다는 것을 당연시하고, 유학 준비를 하고 있는 과정에서 교회 목회실습을 하였는데, 나는 내가 사무국장으로 있는 중문교회에서 실습을 하기를 원했다.

그러나 아들은 아버지가 사역하지 않는 다른 교회에 가서 실습을 하기를 희망했고, 그래서 본인이 지원을 한 '천안 은혜침례교회'로 결정이 되어 그 교회에서 실습을 하게 되었다.

그 교회가 지금 나의 사돈되시는 목사님이 담임을 하고 계시는 은혜침례교회이다. 아들은 그 교회의 담임 목사의 목회 철학이 본인의 목회 방향과 맞아 떨어졌는지 그 교회에서 목회실습을 하면서 퍽이나 행복해 보였다.

대학원 졸업을 몇 개월 앞둔 어느 날 나에게 "미국 유학을 가지 않겠다"라고 하며, 그 교회에서 전도사로 사역을 하겠다고 했다. 나는 담임 목사님이 도대체 어떤 분이길래 아들이 그 어려운 토플 시험 까지 합격해 놓은 것을 포기하고 그분 교회에서 사역을 한다고 했을까? 하고 무척 궁금해 했다. 나중에 목사님을 뵙고 보니 인품도 훌륭하시고, 겸손하시며 목회자로서 철학이 뚜렷하신 분이셨다.

그래서 인겸이는 그 목사님의 목회 철학에 감동을 받아 유학까지 포기한 것 같았다.

아들의 성격으로 보아 오직 목사님이 존경스러웠기 때문에 유학까지 포기하고 그 교회 담임 목사 밑으로 가지 않았는가 라고 나는 생각한다. 그 후 몇 년 뒤에 어떻게 인연이 되어 나는 그 목사님과 사돈이 되기에 이르게 되었다.

그래서 나는 사돈 목사님과 아들 인겸이 우리 세 명은 침례신학 대학교 동문이 되는 인연도 가지게 되었다. 나중에 들은 바에 의하면 며느리는 자기의 결혼관에서 목사는 안 되고, 키가 큰 사람, 그리고 평범한 직장인을 원했다고 했다.

그런데 며느리는 모든 조건이 자기에게 맞지 않는 사람과 결혼을 하게 되었다고 들은바 있다. 아들은 목사인 데다가 키도 별로 크지 않는 편이다. 그러나 아들은 남이 갖지 않는 좋은 점을 많이 가지고 있다.

그것은 아들 자랑 같지만 겸손하고, 사랑이 많으며, 근면하며, 남을 배려하는, 그러한 착한 성품을 갖고 있는 사람이다. 지금껏 45년을 살아오면서 부모에게 한 번도 불순종 한 적이 없으며, 형제와 이웃 간에도 다투었다는 얘기를 들어본 적이 없는 인물이다.

결정적으로 아들과 며느리가 결혼을 하게 된 동기는 아내가 아들에게 필요한 물건을 갖다 주려고 사역하고 있는 교회를 방문 한 적이 있다. 그때 지금의 며느리가 된 정현이를 만나게 되었고 며느리 감으로 맘에 들어 하여 목사님과 얘기를 하게 되었으며, 얼마 후 둘 사이의 혼인이 결정되었던 것이다.

다행히 아들이 그 교회에서 사역을 하는 동안 담임 목사님께서 잘 봐주셨기 때문에 사위로 맞아주신 거라고 생각한다. 아들 인겸이는 그 교회에서 목사안수를 받고 지금은 다른 곳에서 고등학교 교사로 일하고 있다.

아들 내외도 딸 자겸이처럼 애기가 빨리 생기지 않아 기도를 하던 중에 결혼한 지 거의 5년이 다되어가는 때에 며느리가 임신의 기쁜 소식을 전해 와서 온 가족에 경사가 났다고 기뻐했었다. 며느리는 시험관을 통해 어렵게 얻었기에 더욱 귀할 수밖에 없었다. 그리고 애기는 그 다음해에 건강하게 태어났다

그래서 지금은 다섯 살 된 예쁜 손녀 '라임'이와 세 식구가 천안에서 알콩달콩 행복하게 잘 살고 있다.

사무국장 주요업무

교회에서 사무국장이 하는 일은 예배시간에 하는 설교와 성가대 운영에 관한 것과 교회신자들을 심방하고 그들에 관한 목양활동을 제외하고는 거의 다한다고 보면 되겠다. 즉 담임목사님 비롯하여 부목사와 전도사들이 목회를 잘 하도록 보좌해주고 도와주는 교회의 재정 및 시설관리, 인사관리와 복지에 관한 모든 업무라고 보면 되겠다.

재임기간 기억에 남았던 일

나는 중문교회에서 햇수로 11년간을 사역 한 후 사무국장을 사임하고 침례신학 대학교 음악과에 학부로 입학 하였다.

내가 교회에서 사역하면서 길다면 긴 시간을 아무런 불협화음 없이 사무국장직을 마칠 수 있었던 것은 장경동 담임목사님과 양선숙 수석부목사님의 크신 배려의 덕분이라 생각한다.

나는 재임기간 가장 감명 깊게 느꼈던 점은 장경동 목사님의 학구열이다. 목사님께서는 살고 계시는 아파트가 온통 책으로 빈틈없이 채워져 있을 정도로 온 집안이 책 밖에 없다. 장경동 목사님은 적어도 매일 한권 이상의 책을 읽으신다. 그리고 뭔가 새로운 지식을 배워서 신자들에게 알려 주시기 위해 진력을 다 하시고 계신다.

그리고 대형 교회를 하면서도 거기서 만족하지 않고 수시로 부사역자들과 직원들을 잘하는 교회에 보내어 배워오게(벤치마킹) 하였다. 그리고 본인 역시 부흥회를 하는 중에도 그 교회가 특별히 잘하고 있는 분야가 있으면 기록해 와서 우리교회 목회에 적용했다. 나는 자랑 같지만 중문교회가 지금하고 있는 이러한 예배진행은 우리나라에서 찾아보기 어려울 정도로 아주 잘 하고 있다고 자부할 수 있다.

장경동 목사께서는 항상 배우려고 하는 집요한 의지 때문에 오늘날 대형교회를 이루었다고 생각한다.

또 한 가지, 장경동 목사께서 제안한 성경통독은 시작한지 5년이 지난 지금까지도 이어오고 있다. 이것이 전 교인에 대한 행사가 되어서 정말로 하루하루를 하나님의 은혜 가운데 살아갈 수 있게 하는 영적인 큰 교육이 되고 있음은 가히 교회 역사에 크게 기록될 업적이라 생각된다.

교회 사무국장 재임 기간 중 기억에 남았던 일은 여러 가지 많지만 기억나는 대로 열거한다면 다음과 같이 기록할 수 있다.

교회의 업무편람을 각 개인별로 만들게 해서 사역자는 사역자대로 일반직원은 일반직원대로 각자 자기가 하고 있는 업무를 편람을 만들도록 했다.

그래서 모든 교직원은 그 편람을 기준하여 업무를 수행하게 함으로써 업무의 차질을 방지하여 체계적으로 업무를 하도록 하였으며 또한 사직 및 신입 보직으로 인한 업무의 공백이 없도록 함으로 교회 전체의 업무체계를 바르게 세웠다.

담임목사의 중국집회시 비자 미발급 응급조치건은 정말로 나에게 오래 동안 기억에 남는 일이었다. 나는 여느 때와 같이 장경동 목사님의 중국 집회출장차 인천공항까지 수행을 해 갔었다. 그런데 비서 전도사가 '티케팅'을 하려고 했는데 중국으로 출국하는데 필요한 중요한 '비자'를 받지 않고 공항으로 왔음이 발견되었다.

따라서 장경동 목사님은 비자가 없어서 중국으로 출국을 할 수 없게 되었다. 이 시간에 서울에 있는 중국대사관으로 가서 비자를 받아 올 수 도 없는 상황이다.

지금 중국에서는 집회를 주관 하는 장로의 말에 따르면 장경동 목사가 중국에 도착하는 시간에 맞추어 전 중국에 있는 교인들이 어떤 한곳으로 모이고 있다고 했다. 그래서 집회를 연기 할 수 도 없는 입장이니 어떻게 하냐고 안달이였다. 정말 어떻게 해야 할지 대책이 없었다.

사건의 발단은 우리교회 비서실 실무자와 우리교회가 거래하는 서울 여행사 간의 업무 착오에서 발생 되었다. 우리 교회 비서실에서는 여행사에서 비행기 표랑 비자를 당연히 한 대 묶어서 발급했을 것이라고 믿었고, 여행사 측에서는 항공표는 자기들이 책임지고 예약하지만 비자는 해당 교회에서 발급할 것이라고 생각했다는 것이다.

어찌됐든 목사님이 오늘 중국으로 출국을 못하면 보통 문제가 아니었다. 담임목사의 외국 출장에 따른 일정 수립과 항공표 예약이나 비자 발급문제는 비서실의 고유 업무임으로 나는 전혀 모르는 일이다.

다만 목사님을 공항에서 배웅하고 귀국시에 공항에서 영접하는 의전만 하는 입장이다 보니 나로서도 어떻게 할 방법이 없었다.

정말 1~2초가 급한 시간이었다. 비서 전도사도 어떤 방도가 없기 때문에 넋 놓고 앉아 있었고, 대전교회 비서실 담당자에게 전화를 해 보아도 별로 뾰족한 방법을 찾을 수 없는 상태에 있었다. 목사님은 말씀은 하시지 않고 계시지만 비자가 없는 상태에서는 낙담하기는 나와 마찬 가지였다.

나는 지금 중국에서 기다릴 집회를 주관 하는 장로와 이 집회를 참석하기 위해 며칠을 온갖 교통수단을 이용하여 머나먼 길을 달려온 교인들을 생각하니 정말로 난처하기가 그지없었다.

그렇다고 중국비자는 오늘 신청하면 내일에 나온다는 보장이 없다. 정말 진퇴양난이었다. 그래서 나는 밑져야 본전 이라는 생각을 하고 티케팅을 담당하는 대한항공 아가씨에게 매달리다시피 하여 통사정을 했다. 그러나 돌아오는 대답은 마찬가지였다. 중국은 비자가 없으면 갈 수가 없다는 것이다.

한참을 대한항공 직원과 실랑이를 하고 있었는데 어떤 여행객 한 사람이 나와 그 항공사 직원간의 대화를 다 들었는지 그 분은 나에게 비자가 없어도 응급하게 중국을 들어갈 수 있는 방법이 있다고 하면서 그 방법을 나에게 알려 주었다.

일면식도 없는 그 분이 나에게 알려 주었던 그 방법으로 목사님은 무사하게 예정된 항공기를 타고 출국을 할 수가 있었고, 교회와 중국 교민의 집회도 두루두루 무사하게 잘 끝낼 수가 있었다.

그래서 나는 그 방법을 사용하여 목사님께서 집회를 마치고 귀국을 할 수 있도록 조치한 것이 지금까지도 잊을 수가 없는 일이다. 내가 공항까지 배웅하기 위해 모시고 갔었기에 큰 숙제를 해결했던 것이다.

이와 비슷한 일이 내가 전역을 하기 전 육군본부 계룡대에서 근무할 때 우리 집에서도 일어났었다. 아침 일찍이 아내가 뉴질랜드에 유학하고 있는 딸 자겸이에게 가기 위해서 인천 공항으로 갈 때 나는 마침 방학기간이라 아들 인겸이를 딸려 보냈었다. 그런데 내가 집에 퇴근해서 몇 분 되지 않았을 때 뉴질랜드에 가야할 아내와 인겸이가 짐을 가득 안고 집으로 들어왔다.

이유인즉 아내가 여권을 집에다 놓고 공항까지 갔던 것이다. 그래서 집으로 되돌아와서 3일 후에 다시 출국한 적이 있어서 어쩌면 이렇게 비슷한 상황이 발생 할 수 있었는지…….

나중에 생각하니 웃음이 나왔다. 마치 "장가가는 사람이 무엇을 떼놓고 갔다"라는 속담에도 있듯이 말이다. 어쨌든 하나님의 은혜덕분에 일이 잘 해결되어 참으로 보람을 느낄 수 있었다.

다음에는 **이스라엘 성지순례 크루즈여행**을 잊을 수 없다. 아내는 몇 년 전에 교회 신자들과 여러 명이서 이스라엘을 중심으로 그 주변 일대에 대한 성지순례를 다녀왔다. 그러나 나는 아직 한 번도 가보지 못해서 기회를 보고 있던 차에 마침 장경동 목사님과 연세 중앙교회 담임 목사이신 윤석전 목사 두 분이서 쌍두마차 격으로 성경적인 해

설을 담당하여 인솔하는 크루즈 성지순례 계획이 있어서 성지순례를 가게 되었다.

크루즈 성지순례는 이스라엘 성지를 육지에서도 하지만 육로로 못가는 지역은 지중해에서 호화스런 '크루즈여행'으로 하는 것이다. 호화 여객선을 타고 밤에는 이동하고 낮에는 순례지역에 정박을 한 후 성지순례를 하는 것이다.

대표적으로 예수님의 제자 '요한'이 지금으로부터 약 2천 년 전 포악한 도미티안(A.D. 81-96)황제의 치하에서 종교적인 박해로 지중해 바다 가운데 있는 "밧모섬"에 유배되어 "요한계시록"을 기록했다는 그곳은, 배를 타지 않고서는 도저히 가 볼 수 없는 곳이다. 그래서 호화 유람선을 이용한 이번 '크루즈성지순례'는 의미가 크다고 볼 수 있었다.

이번 행사는 CBS 방송국이 주관을 했는데 개인적으로 많은 경비가 부담이 되어 모집 인원이 차질 않아 광고한지 2개월 만에 겨우 성원이 되어 가게 되었다. 우리교회에서는 장경동 목사님 부부와 우리 부부, 그리고 어떤 집사 한 분, 이렇게 하여 5명이 다녀왔다. 인천공항에 모인 인원은 전국에서 온 인원으로 4~5백 명은 족히 되어 보였다.

계절은 10월경으로 기억되는데 이스라엘에서는 퍽이나 더웠던 것 같았다. 순례팀은 2개 팀으로 편성하여 1개 팀은 장경동 목사가 인솔하고, 1개 팀은 윤석전 목사가 인솔하여 질서 있게 순례하면서 순례

하는 지역마다 그곳에 얽힌 성경적인 내용을 얘기해 주고 견학에 참여하도록 계획되었다.

두 분 모두가 한국교계에서는 박식하고 말씀 잘 하시기로 소문이 나 있는 분이심으로 우리들은 첫날부터 무척이나 기대에 차 있었다. 우리 부부와 함께 간 집사는 윤석전 목사 팀으로 편성되었다. 그래서 성지순례 기간 중에 장경동 목사님은 팀이 틀리므로 오다가다가 가끔씩 마주치기도 하였으며 식사시간에는 자주 만나 함께 식사를 하였다.

첫날 우리는 인천공항에서 비행기를 타고 '터키'에 있는 국제공항까지 가서 '요르단'으로 가는 비행기를 환승하도록 되어 있었다. 다음 비행기를 타기까지는 족히 4시간을 기다려야 함으로 우리는 공항 근처에 있는 시내를 2시간 구경 할 수 있었다. 시장에 걸려있는 대부분의 물건들은 손으로 뜬 '숄'이나 '카펫' 종류들이 많았던 것으로 생각된다.

정해진 시간에 터키 공항에서 요르단 행 비행기에 탑승하니, 우리가 한국에서 타고 온 대한 항공에 비하면 옛날 5~60여 년 전 내 고향 영주에서 단산으로 비포장도로를 오가던 시골 버스에 버금가는 수준의 항공기였다. 좁고 불편하고 중동사람 특유의 냄새를 맡으면서 요르단에 무사히 도착 하는 것으로 여행이 시작 되었다.

다음날은 '느보산'으로 이동하여 '모세'의 흔적을 답사하고 차량으로 '요단강'을 건너서 '이스라엘'로 입국하였다. 몇 천 년 전의 요단강은 얼마나 넓고 깊어서 '강'이라고 표현 했는지는 모르지만 지금의 요단강은 신발을 벗지 않고서도 건널 수 있는 '강'이라기보다는 물이 다 말라버린 얕은 개울 같았다.

요르단과 이스라엘의 국경에는 보초만 2명이 근무하며 여행객을 통과시켰다. 이 나라에서 저 나라로 국경을 통과하는 절차가 이렇게도 간단 한 줄은 미처 몰랐다.

그로부터 2~3일간은 베드로가 낚시를 했던 갈릴리 바다 근방을 답사했고, 근처 식당에서는 '베드로물고기'라고 이름이 붙여진 생선도 맛보았다.

또한 호텔을 기준으로 하여 베드로교회 및 팔복교회, 사해답사, 그리고 감람산에서 '다윗성'으로 내려가서 골고다 언덕을 십자가를 지시고 올라가셨던 예수님의 발자취를 따라 언덕을 올라갔다. 나는 아내가 무릎 관절이 안 좋아서 계속 부축해 다니자니 날씨는 유난히 더운데 퍽이나 힘이 들었다.

통곡의 벽에서는 유대인들이 기도하는 모습을 감명 깊게 보았고 예수님의 무덤과 다락방 교회도 견학을 하였다. 이외에도 주기도문교회라든가 여러 유적들을 답사 했는데 일일이 다 기억하여 기록할 수가 없다.

이스라엘은 참 특이했다 '예루살렘' 시가지에 '유대인과 팔레스타인'이 혼재해서 살고 있다는 것이다. 적과 이웃으로 하여 살고 있는 것이다. 그들의 구분은 지붕위에 올려놓은 급수통의 색깔로 유대인과 팔레스타인을 구별 한다는 것이다. 예를 들면 물통 색깔이 흰색이면 유대인이고 검은색이면 팔레스타인이라는 것이다.

이스라엘 국민들에 대해 재삼 그들의 끈질긴 국민성에 대해 감탄을 하지 않을 수가 없었다. 자기 나라를 잃고 전 세계에 흩어져 살면서도 언젠가는 나라를 찾아야겠다는 그 애국심이 결국엔 나라를 잃은 지 거의 2천년 후에 자기 나라를 다시 되찾은 것이다. 그래서 온 세계 사람들은 그 민족에게 찬사를 보내고 있는 것이다.

우리는 순례기간 중 여러 지역을 구경하였는데 그중에서 '에게'해안의 동편에 위치한 '에베소 교회'에 갔을 때는 정말 인간들의 무상함을 느끼지 않을 수가 없었다. 지금으로부터 약 2천 년 전 교회를 기점으로 해서 그 융성했던 '에베소'라고 불리던 그 도시가 지금은 크게 세워진 몇 개의 돌기둥만이 흔적으로 남아있다. 대표적으로 셀수스 도서관과 원형 극장 등은 정말로 불가사이 한 풍경 이였다.

또한 고린도 교회입구에 있는 역대 목회자의 이름이 새겨져 있는데 1대 목회자가 그 유명한 사도 '바울'이라고 적혀있다.

나는 궁금했던 것이 에베소 같은 도시를 왜 2천년 동안 폐허로 방치 해 놓고 있는지가 아직도 의심이 풀리지 않고 있다.

우리 순례단은 육지에서도 유명한 유적지를 답사하였고, 지중해에서 즐긴 '크루즈탐방'은 정말로 환상적이었다. 호텔급의 침실과 선상에서의 뷔페식은 매 끼니마다 여러 가지 맛있는 요리가 나와서 늘 식사시간이 기다려지곤 했었다.

　우리가 타고 간 럭셔리한 여객선은 밤에는 침실에서 자면서 이동하고 낮에는 선상에서 목사님 설교와 전교인들의 찬양으로 늘 은혜가 충만했다. 마침 우리나라 CCM 가수의 대표격인 박종호 집사가 함께 동행 찬양을 인도하여 더욱 성령이 충만 하였다.

　나는 이번 여행 전에는 '크루즈선'을 사진과 영상으로만 보았는데 가까이서 타고 내리다 보니 참으로 어마어마했다. 옛날 50여 년 전 육군 중위 시절 베트남으로 파병을 갈 당시 타고 간 수송선(바랫트호)은 이 배에 비하면 나룻배에 지나지 않을 정도로 웅장하고 아름다운 배였다. 배는 예배와 찬양을 하는 가운데 지중해 어디에서 정박하면 또 내려서 그 일대를 순례하는 일정으로 진행 되었다.

　크루즈를 하면서 기억에 남는 곳은 밧모섬과 에베소, 고린도와 터키에 있는 오스만제국 당시의 보물이 보관되어 있는 보물 박물관 등이었다. 터키 박물관에 보관되어 있는 보물을 팔면 터키의 온 국민들이 5백년은 먹고 살 수 있는 가치가 있다고 박물관 안내자가 말 했었다.

　그곳에 보관되어 있는 보물은 워낙 희귀하고 값이 비싼 것이라 아무도 훔쳐가지 못하도록 단단하게 잠금장치가 되어서 관람객은 눈으로만 감상하도록 되어 있었다.

　크루즈 여행은 어쩌면 아주 퍼팩트한 여행으로 자타가 품위를 높이기를 좋아하는 행사라고 인정하려는 자부심을 갖게 했다. 그래서 모든 승객에게 정장을 지참하라는 주문에 우리 부부도 선내의 마지막 예배를 겸한 행사에 정장을 하였다. 그리고 행사에 참여한 뒤 장경동 목사님 내외분과 우리 부부는 정식으로 기념 촬영도 하였다.

목사님 부부와 우리부부가 정장으로 기념촬영을 한 것은 우리가 이민을 가기 전 배수호 집사 가 경영하는 스튜디오에서 한 뒤로는 처음 이였다.

나는 중문교회에서 사무국장으로 재임하는 기간 중에 많이 신경을 기울였던 것은 어떻게 하면 교회에 근무하는 교직원(목사, 전도사, 일반직원)들이 행복하고 즐거운 마음으로 교회 일을 충성스럽게 할 수 있게 하는 가였다.

복지문제의 큰 틀에서는 담임목사께서 결정하고 해결해 주지만 나는 한 달에 한 번씩 하는 교회 체육활동을 재미있게 했다. **재미있는 교회사역**을 하기 위해서 내가 이전에 뉴질랜드에서 구역장을 할 때의 경험을 토대로 어떻게 하면 교회 사역을 재미있게 할 것인가를 연구했다. 그래서 정말 하루라도 추억에 남길만한 아이디어를 모아서 체육행사와 힘들지 않고 재미있게 교회 일을 하는 날이 되도록 노력 하였다.

예를 들면 체육행사도 계절에 맞게 단풍철인 가을에는 아름다운 단풍을 구경 할 수 있는 대전 주변의 아름다운 산을 선정하여 등산을 하였다. 그리고 여름철에는 시원한 바다로 나가서 해변의 바람을 맞

으며 맛있는 회도 맛보았고,

때로는 옥천 에덴동산에 가서 제초작업을 한 뒤에 드럼통으로 만든 바비큐 통에 숯불구이를 했다. 드럼통 위에 모래를 걸러내는 철망을 놓고 손바닥만 하게 토막 낸 돼지고기를 그 위에 올려놓은 다음 왕소금을 뿌려 가위로 잘라 익은 고기를 배부르게 먹도록 하였다.
우리는 그 맛있는 고기를 먹는 재미에 작업의 힘들었던 것도 다 잊어버리고 노동 후에 먹는 음식의 진 맛의 기쁨을 느낄 수 있었다.

지금도 그 시절에 함께 근무했던 교직원을 만나면 그때가 참 재미있었고 행복했었다고 말들을 하며 그 때를 회상하며 기억을 새롭게 하고 있다.

스리랑카 단기선교는 내가 꼭 한번은 가봐야 하겠다고 벼르던 일이였다. 사무국장으로 일을 하면서 말로만 듣고 선교의 실체를 모르고 선교위원회에의 활동을 지원했다. 그리고 해외 선교사들의 노고와 고충을 제대로 알 수 없는 상태에서 교회의 사무를 한다는 게 늘 궁금한 분야였다.

그래서 마침 기회가 와서 스리랑카 단기선교 팀에 합류하여 해외 선교의 실체를 경험하기로 하였다. 2007년 6월말 쯤, 그때 함께 갔던 사람 중 남자는 한국아시아 복음회 소속의 조장연 목사, 전창희 집사, 이한구 집사, 최선봉 집사, 그리고 나, 이렇게 6명이였다. 그리고 여자는 손동수 권사와 정영자 권사를 비롯하여 7~8명 정도 되어 총 15명 정도 된 것 같았다.

인천공항에서 스리랑카로 가는 직행 항공로선이 없어서 우리는 일단 인천공항에서 '싱가포르'까지 항공기를 타고 갔다. 그리고 밤늦은 시간(밤9시경)에 싱가포르 공항에 내려서 어느 한인교회에 들어갔다. 저녁은 기내에서 먹었기 때문에 잠만 자고 내일 '스리랑카'로 가는 비행기를 타기로 했다.

우리들은 이른 아침부터 일찍이 서둘러 이곳까지 왔기 때문에 피곤들 하여 대충 씻고 금방 잠이 들었다. 이튿날 아침에는 교회에서 라면으로 대충 식사를 해결하고 공항으로 이동하여 탑승수속을 한 뒤 몇 시간을 비행하여 드디어 스리랑카 국제공항에 도착하였다.

스리랑카에 도착하니 우리 선교 팀을 안내하는 스리랑카인 목사 부부가 미니버스 한 대를 준비하여 우리를 기다렸다. 그리고 그 목사의 교회겸 집으로 안내를 하여 점심식사를 하게 되었다. 스리랑카에서 처음으로 먹는 음식이었다.

식당은 별도로 없으며 식탁도 없다. 그냥 방바닥에 앉아서 뷔페식으로 쟁반에 담은 음식을 수저도 없이, 손으로 밥과 반찬을 버무려서 먹었다. 우리는 스리랑카로 선교를 오기 전에 이 나라 문화와 풍습에 대해 공부는 했지만 막상 맨손으로 음식을 먹으려니 왠지 불결한 것 같았다.

어쨌든 께름칙했지만 이 나라 사람과 빨리 친해지고 그들의 마음을 얻기 위해서는 먹고 자는 모든 일들을 그들의 풍습과 문화에 맞추어야 함으로 첫날의 음식은 그들과 동화되는 의미에서 참고 먹었다.

　스리랑카는 인도양에 있는 인도의 남동해안과 마주보고 있는 조그마한 섬나라로서 인구는 약 2천 만 명이 살고 있다. 종교는 불교가 70% 가까이 되고 이슬람이 약 10%정도 된다. 국가체제는 사회주의 국가로 되어 있으며 국민들 생활수준은 내가 어릴 때 살던 우리 동네와 비교를 해보면 내가 보기에 지금으로부터 60년 전의 우리 마을 형편과 비슷하다고 볼 수 있었다.

　동네 아낙네들이 하루 종일 '찻잎'을 따서 버는 임금은 고작 라면 두 개 값이었다. 그 당시 한국 돈으로 친다면 라면 한 개 값이 5백 원 정도라면 일당이 천원 쯤 되는 것이니 그들의 국민 생활수준을 알 수 있다. 다시 말하면 내가 살던 우리 마을의 1960년대의 수준이라고 보면 된다.

　우리는 이러한 개발도상에 있는 국가이며 또한 종교가 다른 이 나라에 하나님의 진리를 전하려고 그 먼 한국에서 비행기를 두 번 씩이나 갈아타고 온 것이다.
　그때 스리랑카의 모습은 우리나라에 비해 훨씬 후진 모습이었지만 나는 어떤 면에서는 더 친숙한 감정을 느꼈다. 왜냐하면 내가 어릴 때 내 고향으로 되돌아온 느낌을 받았기 때문이다.

　우리는 일정에 따라 그 나라 목사님의 안내로 선교 기간 중 6~7개 교회를 순회하며 말씀을 전하고 같이 놀아주고 이발이나 미용을 해주면서 그들과 친해지려고 노력했다. 밥도 그들과 같이 손으로 집어

먹으면서 학교에 가서는 학생들과 함께 춤을 추고 노래하며 찬양하는 등, 정말로 시간 가는 줄 모르게 일정을 보냈다.

시골 교회는 작은 곳은 약 20여명이 앉을 수 있는 넓이에 집만 덩그러니 지어져 있었고, 심지어 교회 방바닥이 옛날 우리나라에서 방바닥에 깔았던 멍석으로 깔려져 있는 곳도 있었다. 스리랑카 사람들은 정말 순진하고 착한 것 같았다. 우리가 그들에게 베푼 작은 호의에도 그들은 감사를 표했다.

우리는 교회에서 선교활동을 할 때나 또 차량으로 다른 선교지로 가기위해 이동 할 때는 늘 찬양으로 피곤을 달래고, 장경동 목사의 말씀테이프를 들으면서 은혜에 은혜를 더하여 정말로 성령을 충만하게 받았다. 같이 갔던 어떤 권사는 스리랑카에다 개인적으로 교회를 한 개 지어주기로 약속 까지 하고 왔다.

스리랑카 언어는 영어, 타미어, 신할리어를 사용하고 있기 때문에 우리와 함께 간 조장연 목사가 영어로 설교하면 그 나라 목사가 그 지방에서 사용하는 언어로 통역을 하여 의사를 소통하였다. 또한 스리랑카인 들의 하는 말들은 또 그 나라목사가 영어로 통역을 해 주었다.

선교기간 중 숙소는 선교 코스에 따라 다양하였다. 어떤 날은 특급 호텔에서, 어떤 날은 교회 방바닥에서, 어떤 날은 비좁은 모텔에서 자기도 하였으며 식사는 호텔식을 제외하고는 대부분 그 나라 음식을 먹었다. 손으로 쟁반의 음식을 먹는 것도 시간이 지나면서 점차

익숙해졌다.

나는 이번 선교활동을 통하여 더욱더 선교의 중요성을 깨달았다. 선교를 하고 보니 하나님을 모르는 사람에게 하나님의 존재를 알게 해 주는 것이 얼마나 큰일이며, 선교가 나 자신의 신앙을 한 번 더 돌아보게 하는 좋은 계기가 되었다.

또한 지금으로부터 약 130년 전에 한국에 와서 30년 이상을 선교에 바친 「언더우드」 선교사의 그 위대한 업적에 대해 다시 한번 경의를 표하지 않을 수가 없었다.

그때 함께 선교를 갔던 남자들은 조장연 목사 외에 우리교회 교인 4명중 3명(최선봉, 전창희, 김영록)이 신학 공부를 하였고, 그중 2명(최선봉 목사, 전창희 목사)이 현재 선교사로 나가 선교활동에 힘쓰고 있다. 남은 이한구 집사도 현재 신학을 준비 하고 있다. 우리 선교팀 일행은 모든 일정을 잘 마치고 무사히 귀국을 하였다.

나는 내 일생에 마지막이길 원하는 교통사고를 나의 의도와 관계없이 당하였다. 아마 2012년 11월 쯤 된 것으로 기억된다. 그해 가을에 자겸이가 손녀 한나를 데리고 친정인 한국에 왔다가 뉴질랜드로 출국을 하는 날이었다.

그날따라 안개가 끼고 간간히 비가 와서 나는 서행으로 조심하여 비행기 시간에 맞추어 아내와 딸과 손녀를 내 승용차에 태우고 고속도로를 주행하여 인천공항으로 운행해 가던 중이었는데 평택 부근에서 차량사고가 났다.

앞에서 가던 차들이 연쇄적으로 충돌 사고가 일어난 것이다. 갑자기 앞에서 가던 차가 앞차를 충돌하는 바람에 뒤 따라서 운행해 가던 나도 어쩔 수 없이 앞차를 들이받는 어처구니없는 사고가 발생한 것이다.

내가 앞차의 충돌 장면을 발견 했을 때는 내가 급부레이크를 밟았는데도 이미 늦었다. 제동 거리도 문제였지만 빗길로 인해서 제동이 잡히지 않고 미끄러짐으로 나도 앞차의 뒷부분에 충돌하고 말았다. 차량이 부딪칠 때의 충격으로 정말 차 안은 비명으로 아수라장이었으며, 특히 손녀의 울음소리는 내 가슴을 도려내는 듯 아픔으로 무엇을 어떻게 해야 하는지 내 스스로 평정을 잃을 정도였다.

차에서 내려 보니 비는 오는데 앞차들에서 나는 비명소리와 어디서 알고 달려 왔는지 소형 구난차들이 사고가 난 차들을 서로 자기들이 끌고 갈려고 다툼을 하고 있었다. 마치 아프리카 밀림지역에서 사냥한 동물을 서로 많이 먹으려고 물어뜯는 들개 떼를 연상케 하였다.

내 차량은 맨 앞차로부터 여섯 번째인가 일곱 번째의 차량이었다. 그나마 내 차량 뒤에서는 부딪친 차량이 없어서 큰 다행이었다. 나는 정신을 바짝 차리고 우선에 천안에 있는 아들 인겸이에게 현재의 사고 상태를 연락을 했다. 마침 인겸이도 자겸이가 출국하는 것을 배웅해 주기 위해 공항으로 가는 길이라 하여 조금만 있으면 현장에 도착할 수 있다고 했다.

인겸이는 그 당시 정현이 와 결혼 한지 1년이 조금 더 지나서 아직 애기도 없이 신혼살림을 천안에서 꾸리고 살고 있을 때 이다.

나는 부서진 내 차량에서 자겸이네 짐을 내리고 급히 달려온 엠브란스에 아내와 자겸이, 그리고 한나를 싣고 근처 병원으로 가기 위해 준비를 하고 있자니 인겸이와 며느리인 정현이가 사고 현장에 도착했다. 우리 식구들은 짐을 인겸이 차량에 싣고 평택에 새로 지은 어느 큰 병원 응급실로 가서 밤새 검사하고 응급조치를 했다.

응급실에서 밤새 처치를 한 결과 손녀는 차가 부딪칠 때 타박상은 조금 입었지만 다른 데는 크게 다치지 않았다. 그런데 아내와 자겸이는 차량이 부딪칠 때 충격으로 척추를 다쳐서 수술을 하거나 아니면 침대에 반듯이 누워서 3개월 정도 있어야 나을 수 있다고 했다. 수술을 하지 않아도 척추 뼈가 아물어 붙을 수가 있다는 희망 섞인 의사 선생님의 말씀을 들었다.

그래서 나는 수술을 하지 않고 치료하는 쪽으로 마음을 정하고 그 다음날 천안에 있는 순천향대학교 병원으로 와서 입원을 하고 수술을 하지 않는 방법으로 치료를 시작하였다. 다행스럽게 아들과 며느리가 천안에서 살고 있기 때문에 천안에서 입원해 있으면 아무래도 아들 집에서 병원에 다니기가 수월하기 때문에서였다.

그래서 아내와 딸은 '순천향대학병원'에 입원을 하고 손녀는 별 이상이 없어서 애기를 길러본 경험이 없는 며느리가 데리고 있게 되었다. 나는 교회에서 근무를 해야 함으로 일과가 끝나면 천안병원에 가서 호전 상태를 보고 의사를 만나보는 정도였다. 다행히 나는 다치지 않아서 사고 후속 처리를 하면서 교회 근무도 하고 병원에도 다닐 수 있었다.

그리고 며느리가 손녀를 돌보아 줄 수 있어서 얼마나 감사 한지 모른다. 불행 중에도 하나님께서 아들 부부를 미리 예비해 주셨으므로 이렇게 어려운 과정을 잘 이겨 낼 수가 있었다. 교통사고 때문에 항공표는 취소하였고, 사위는 사고를 당한지 이틀만에 한국에 나와서 출입국에 따른 필요한 조치를 하고 뉴질랜드로 돌아갔다.

2개월 동안 순천향대학병원에서 치료를 한 후에는 상태가 많이 호전되어 우리 집이 있는 대전 병원으로 옮겨서 치료를 계속 이어갔다. 대전의 여러 병원을 알아본 결과 집에서 가까운 '선병원'에 마침 평소에 잘 알고 있는 교회 집사님의 소개로 선병원으로 이동하여 그해 겨울 한 달간을 치료하고 퇴원하였다.

아내와 딸이 병원에 입원을 해 있는 3개월 동안 손녀는 며느리와 생활을 하다 보니 퇴원 무렵에는 며느리를 엄마인줄 아는 것 같다고 해서 나는 얼마나 마음이 아프던지 몰랐다. 아내와 자겸이가 퇴원 했을 때 손녀는 자기엄마를 보고도 한참동안 서먹해 하는 모습을 보고는 더욱 마음이 짠했다.

그 뒤로 완벽 하지는 않지만 그런대로 생활을 잘 하고 있어서 다행으로 생각하고 있다. 수술을 하지 않고 반듯하게 누워있기만 하는 치료 방법으로 했던 것이다.

 밥도 누워서 먹었고, 대소변도 누워서 보았으니 3개월이지만 그 고생은 말로 다할 수 없을 정도였다. 심지어 장경동 목사님의 딸 '은혜' 양은 병문안을 올 때 물 없이 머리를 감는 샴푸를 사 갖고 올 정도였다.

 나는 이 지면을 통하여 그때 아내와 딸의 쾌유를 위해 어떤 분은 전복죽까지 써다 주었으며 기도와 물질로 많은 위문을 해주신 모든 분들께 깊은 감사의 말을 전한다. 특히 쉽지 않는 사정이었는데도 불구하고 선병원 입원과 치료에 도움을 준 '유광진 집사'에게 특별히 감사를 드린다.

 나는 그 사고가 있은 후 부터는 고속도로에서 앞차와의 거리는 최소한 50m 이상의 간격을 유지 하는 것이 나의 신념이 되었다. 그리고 나는 이 사고가 마지막으로 기록하고 앞으로는 어떤 경우라도 교통법규를 준수하여 남은 내 생애에서는 절대로 교통사고가 나지 않도록 하는 것이 나의 인생 목표가 되었다. 그러므로 나는 매일매일 운전을 할 때 기도하면서 조심 또 조심을 하고 있다.

 2013년 8월 3일에는 모처럼 우리가문의 영적지주가 되시는 김종호 할아버지(원주 문막 영광침례교회 담임목사) 댁에서 가까운 친척 50여 명이 모여서 모임을 가졌다.

 우리 가문은 김종호 목사님의 영향으로 대부분이 하나님을 믿는 가정이 되었다. 할아버지는 80세가 넘으셨는데도 목회를 잘 하시고 계신다. 내가 초등학교에 다닐 무렵에 할아버지는 교회 집사로 시골교회를 섬기셨으며 우리 형제들은 할아버지 댁에 드나들면서 차츰 하나님을 믿게 되었다.

할아버지와 할머니(사모님)는 내가 어렸을 때 느낀 그 모습을 지금까지 가지고 계신다. 너무 자상하시고 겸손하신 모습은 예나 지금이나 변한 게 없으셨다. 우리 친척들은 할아버지를 구심점으로 해서 모여서 하루 종일 정말로 피붙이의 끈끈한 정을 많이 느끼면서 친교를 가졌었다. 이런 것이 가문의 내력으로 느끼는 감정인가 보았었다. 우리들은 앞으로도 자주 이런 모임을 갖기로 하였다.

뉴질랜드에서 한국으로 역이민을 온지 만 10년이 되는 해에 우리 부부는 유럽지역의 역사와 문화를 체험하기 위해 **서유럽 여행**을 다녀왔다.

우리가 여행을 출발한 때는 2014년 4월초 쯤 되는 것으로 기억되며, 여행대상 나라는 영국, 프랑스, 스위스, 로마, 이탈리아, 오스트리아, 독일 등 7개국 10박 11일 코스였다. 우리여행 팀은 전국 각 여행사에서 예약을 통하여 모인 낯모르는 사람들이지만 한 팀으로 구성되어 약 10여 일 동안 함께 동고동락을 하게 되었다.

우리는 인천공항의 정해진 장소에 모여 각 여행사 직원에 의해서 명단을 확인하고 목걸이 명찰과 개인 수화물 이름표를 수령했다. 그리고 최종적으로 팀원을 호명함으로 이 시간부터는 실질적인 공동체가 되어 인솔하는 가이드의 안내에 따라 여행이 시작되었다.

　나는 이번 여행기간 중에 아주 좋은 친구를 알게 되어 여행을 재미있고 보람있게 할 수 있었다. 그는 포항에서 왔으며 그 당시는 포항에 있는 어느 농협 지점장으로 근무하는 김경택 지점장이었다. 그분은 직업이 서비스 및 관리 분야에 종사해서 그런지 참으로 매너가 좋고 친절하여 여행 내내 아주 좋은 관계를 유지 했다. 지금은 은퇴를 했겠지만 가끔씩 전화를 주고 있어서 언제 기회를 내어서 포항으로 가서 한번 만나 볼 계획으로 있다.

　우리는 여행 첫날 인천공항에서 **영국**행 비행기에 탑승하여 첫 도착지인 영국에 도착하였다. 나는 생전 처음으로 그곳 사람들의 생활상을 볼 수 있었다.

　영국의 국회의사당은 사진으로는 많이 보아 왔지만 그 정교하고 아름다운 건축 모양을 직접 보게 되니 무척 감명 깊었다. 그 옛날에 어떻게 저토록 아름답게 집을 지을 수가 있을까? 그리고 질서정연하게 설계된 도로와 주택들은 미국처럼 높지는 않지만 고대의 작품을 보는 듯이 그 건축방법의 오묘한 미술적인 조화를 느낄 수 있었다.

　우리는 영국여왕이 있는 '버킹엄궁'에서 근위병 교대식을 보기 위해 갔었지만 시간이 지나서 교대식은 보지 못하고 그 일대를 구경만 하고 돌아왔다. 교대시간이 오전 11시부터 30분간 열린다고 되어 있는데 운전기사가 신호등이나 길머리를 잘 모르는 통에 현장에 도착해서 보니 방금 다 끝나버려서 보지 못했다. 우리는 그것이 두고두고 아쉬움으로 남았다.

다음 코스로 우리는 세계3대 박물관 중에 하나인 '영국박물관'을 방문하였는데 한국관에 가보니 한국사의 연표 외에는 별로 전시된 것이 없어서 다른 전시물만 둘러보고 나왔다.

영국의 '영국박물관'은 누군가가 말하기를 "세계최대의 약탈 문화재 창고" 또는 "세계최대의 장물 보관소" 등으로 부르긴 하지만 어찌됐든 사실상 세계3대 박물관 중에 하나인 것은 틀림없는 사실이다.

우리는 다음 목적지인 프랑스로 가기 위하여 바다 밑으로 가는 해저열차를 타고 프랑스로 이동하였다.

프랑스에서는 구경하는 시간을 충분하게 주는 바람에 여러 유명한 곳을 구경 할 수 있었다.

뭐니 해도 프랑스라고 하면 하늘높이 치솟아 오른 '에펠탑'이다. 에펠탑의 웅장한 건축물에 대해서도 놀랐지만 어떻게 이런 위대한 작품을 만들기로 생각을 했을까. 벽돌이나 콘크리트로 쌓는 것도 아니고, 그 무거운 쇳덩이를 용접하여 만들었다는 그 자체가 또한 불가사이한 일이다.

에펠탑은 주간에 탑 위로 올라가서 파리를 내려다보는 재미도 있었지만 야간에 센 강 위로 유람선을 타고 가면서 탑이 빙글빙글 돌아가면서 비추는 탑의 조명은 거의 환상적이었다.

'루브르박물관' 역시 프랑스를 대표하는 상징적인 명소이다. 루브르박물관의 대표적인 상징물은 자타가 공인하는 '모나리자'이다. 그리고 렘프란트가 그린 '목욕하는 밧세바'도 성경에 있는 인물이라 기억에 남아있다. 이외에도 225개의 전시실에 그리스, 이집트, 유럽의 유물, 왕실보물, 조각, 회화 등 무릇 40여만 점의 예술품이 전시되어 있다고 한다.

그런데 우리들이 알 수 없는 그 많은 예술품들은 누가 하나하나씩 설명 해주는 사람도 없고, 그것을 일일이 다 보고 감상 하려면 수개월이 걸려도 다 볼 수가 없을 정도였다. 그냥 앞사람이 가면 뒤따라가면서 남들이 많이 몰려 있는 곳에서 조금씩 관람할 정도였다.

입구로 들어가서 출구로 빠져 나오는 데만 꽤 많은 시간이 걸렸는데도 막상 박물관 건물을 나오고 보니 딱히 무엇을 봤는지 기억이 별로 나지 않아 아쉬울 뿐이었다.

그리고 파리 시내에서 가장 높은 지대에 있어 파리 시내전경을 한눈에 볼 수 있는 '몽마르트 언덕' 위에 있는 사크레쾨르 성당은 정말로 프랑스의 역사적 가치를 지닌 건축물로 웅장하였다.

다음으로 기억에 남는 명소는 '베르사이유 궁전'이다. 궁전내부의 화려한 방들이나 집기 등은 이제 황홀하다는 표현자체가 거의 무디어진 상태로 그냥 스쳐 지나갈 뿐 이었다. 한두 군데가 호화롭고 아름다워야 감탄도 나오지 원체 많은 전시물에 이제 감탄이 나오는 것조차 눈의 감각이 둔해졌을 정도였다.

궁전 안에서 내가 보기에 그중 제일 기록에 남겨 둘만하다고 생각하는 것 몇 곳을 사진으로 찍고 밖으로 나와서 아내와 궁전을 배경으로 하여 한 컷을 찍을 정도였다. 프랑스에서 쫓기듯이 관람을 한 뒤, 이제 우리는 스위스로 향했다.

스위스로 넘어간 우리들은 무엇보다 '알프스'의 "융프라우"를 올라가 보는 것이다. 열차를 타고 산 중간 역까지 간 뒤, 거기에서 '융프라우 전망대'까지는 대부분 암벽 속으로 뚫어서 만든 기찻길로 톱니바퀴 같은 바퀴가 달린 열차를 타고 4,158m 높이의 전망대까지 올라가서 눈 덮인 알프스를 구경 할 수 있었다.

융프라우는 알프스에서 아이거, 묀히산 과 함께 스위스 알프스 3대 명산으로 꼽히는 곳으로 4월 초인데도 불구하고 온 천지가 눈으로 덮여 있었다. 융프라우로 올라가는 좌우에는 온통 스키를 타는 사람들로 붐비고 있었다.

스위스에서는 원래계획은 시계공장을 견학하기로 되어 있었는데 다음 여행지인 이탈리아와 로마교황청의 시간을 맞추려다보니 시계공장은 볼 수가 없었다.

우리가 탄 리무진버스는 스위스를 통과하여 **이탈리아**로 접어들었다. 잘 닦아진 도로는 한국의 고속도로와 비슷했으며, 도로좌우에는 거의 '올리브'과수원으로 되어 있어 우리나라보다 훨씬 실리적으로 보였다. 가로수로도 손색이 없고, 올리브 열매는 아주 귀한 올리브유를 생산하므로 경제적인 수익도 대단하게 올릴 수 있기 때문이다.

　또한 우리가 가고 있는 고속도로에서 멀리 보이는 산 능선을 연하여 대머리 같이 보이는 희끗희끗한 것은 모두가 '이태리석'이라고 하여 우리 모두는 놀란 나머지 함성까지 울렸다. 그 당시 한국 사람들은 '이태리' 산(産)이라고 하면 무조건 좋아할 때였으니 놀랄 만도 하였다.
　부잣집현관 바닥에 깔린 돌은 거의 이태리석이라 하였으며, 식탁, 옷, 가방, 지갑 , 벨트, 구두 등 이태리제라고 하면 알아주었을 때였다.

　이탈리아에 도착한 우리들은 시내 몇 곳을 둘러보고 숙소에서 여장을 풀었다. 다음날은 **바티칸**을 들어가기 위하여 아침 일찍이 나갔는데도 각국에서 온 여행객들로 늘어선 줄이 벌써 200m 이상이나 되었다. 들어가는 입구에서 줄을 따라 거꾸로 가면 골목골목이 몇 번이나 꺾어져 있는지 모른다.

　그 나라는 우리나라 같은 가로수도 없는 것 같았으며 무척이나 뜨거운 태양아래에서 참고 자기 자리를 고수하며 긴 줄을 서 있었다. 서있던 줄에서 이탈했다가 다시 내 자리라고 중간에 다시 끼어들 수도 없어서 소변을 보러 가기도 힘들었다.
　우리는 이른 아침에 식사는 간단히 하고 이곳으로 왔다. 우리가 가려고 하는 바티칸 박물관은 세계3대 박물관 중의 하나로 많은 유적을 관람한다고 생각하니 많은 관광객들이 마음들이 들떠 있었다. 바티칸 박물관은 옛날에는 궁전이었다고 한다. 그런데 지금은 박물관 ,

미술관, 회화관 으로 많은 이들에게 공개되어 그 유명한 작품들을 구경 할 수 있도록 하였다.

이 박물관에서는 워낙 유명한 작품들이 많아서 일일이 다 기억도 할 수 없었다. 특별히 기억나는 것은 '시스티나 소성당'에 들어서면 '미켈란젤로의 최후의 심판'을 볼 수 있다. 이 작품은 중앙에 예수님과 마리아를 중심으로 위쪽은 천당, 아래쪽은 지옥으로 표현되어 있다. 그리고 처음에 그린 그림은 그림속의 인물을 모두 나체로 표현되었다고 했다.

그래서 그 그림은 너무나 보기에 경악스러워서 트렌티노 공의회에서 미켈란젤로가 숨지기 전에 그림의 나체에 가리개를 씌울 것을 결정하고 그 제자들에게 첨작을 하게하여 극히 적은 부분만 수정을 하였다고 했다.

또 하나는 미켈란젤로의 최고의 걸 작품인 '천지창조'이다. 미켈란젤로는 천정에 이 작품을 그리다가 척추가 휘고 한 쪽 시력이 심하게 손상되었다고 하였다. 이 작품은 천지가 창조되는 순간부터 노아에 이르기까지의 창세기 아홉 장면을 묘사하고 있는 것으로 유명하다. 우리는 박물관을 관람하고 난 뒤에 어렵사리 많은 시간이 지나서 지금의 교황이 있는 그 유명한 베드로 성당 안에 들어갔다.

베드로성당 안에서도 여러 가지 유물을 구경 할 수 있었다. 교황청 안에서 특별히 기억나는 것은 교황이 미사를 인도한다는 '창문'과 '면죄부'를 가지고 지었다는 지붕의 기왓장 같은 것을 볼 수 있었다는 것이다.

로마교황청의 관람을 마치고 본격적인 **이탈리아 관광**에 나섰다. 첫 관문은 '피사의 사탑'부터 시작되었다. 탑이 넘어가고 있는 것을 일부러 그냥 놔두는 것인지? 아니면 바로 세울 능력이 없어서 그런지? 어찌됐든 불안한 것은 틀림이 없었다. 많은 관광객들이 그 탑을 배경으로 하여 사진을 찍고 의문을 갖고 즐기는 사이에 완전히 넘어져 버리면 그 뒤에 온 사람들은 넘어져 가는 탑의 모습을 보지 못할 수도 있지 않을까 하고 의심을 해 보았다.

그 다음에는 로마 시내 관광으로 로마의 대표적인 상징인 '콜로세움'에 도착했다. 지금까지 사진으로만 보았던 그 옛날 원형 경기장을 직접 눈앞에서 보게 된 것이다. 과연 옛날 로마인 들은 어떻게 이토록 웅장한 경기장을 만들어 경기하는 장면을 즐겼을까? 하는 생각에 감탄을 하지 않을 수가 없었다.

또한 '오드리 헵번'이 주연하여 촬영했던 '로마의 휴일'의 계단이 있는 건물 앞에서 여자들은 자기가 무슨 '오드리 헵번'이나 된 양 기념 촬영을 하느라고 우리는 앉아볼 틈이 없었다. 그리고 '진실의입' 앞에서는 거짓말을 하는 사람이 손을 넣으면 잘못하면 손이 잘린 다는 가이드 말에 일행 중에는 실제로 손을 넣지 않는 사람도 있었다. 나도 손을 넣지 않았던 것 같았다.

밀라노 대성당은 정말로 불가사의한 걸작품이다. 이 성당은 바티칸의 성베드로성당 다음으로 크다고 한다. 어떻게 돌을 다듬어서 저런 작품을 인간이 만들 수 있었겠느냐 하는 의심이 들 정도로 정교하고 웅장하기가 그지없었다.

　남쪽으로 계속 내려오면 AD 79년에 베우비오 화산 폭발로 소멸한 도시 '폼페이'를 볼 수 있었다. 폼페이는 선사시대의 용암이 흘러나온 자리에 건설되어 불규칙한 형태를 이루었는데 별것이 다 있었다.

　화산재로 덮인 도시를 수천 년이 지난 뒤에 누군가에 의해 발견되어 화산재를 걷어내어 보니 이곳이 거대한 도시였음으로 확인하여 발굴된 것이다. 그 당시 로마시대의 좀 있다하는 권세 있는 사람들이 얼마나 호화스럽게 살았는가? 또 서민들은 어떻게 살았는가? 에 대해서도 우리는 짐작할 수가 있었다.
　아름다운 정원, 분수와 청동, 대리석 조각들이 그대로 용암으로 흘러내린 그 뜨거움으로 그대로 보존 되어 있었다. 특히 성(性)을 매매하는 사창가 같은 집 벽에는 남녀가 성교를 하는 자세까지 상세하게 그려져 있었다.

　많은 생활상이 보존되어 있었는데 특별히 목욕에 관계되는 것들이 많았다. 심지어 목욕하던 그 모습으로 석회가 되었고, 목욕탕구조 및 목욕탕을 건축 하다가 참변을 당해 중단된 모습 등이 그때의 목욕문화를 잘 보여 주고 있었다. 그리고 상점이나 극장, 공회당 등을 많이 볼 수가 있었다.

　다음은 세계4대 미항이라는 '나폴리'를 우리는 배를 타고 입성할 수 있었다. '나폴리항'은 옛날에는 그렇게 쳐주었는지는 모르지만,

아니면 기대가 너무 커서 그런지 그렇게 까지 불릴 정도의 미항은 아닌 것 같았다.

항구에서 다시 차량으로 로마 쪽으로 이동하다가 항구를 배경을 하고 있는 아파트와 주택을 보니 많이 후진 것을 보았다. 나는 그때 생각하기를 이탈리아 사람들이 자기 조상들이 만들어 놓은 유적들의 관광수입만 믿고 너무 나태해져서 저렇게 된 것이 아닌가 하고 생각 하게 되었다.

이제 우리는 로마를 지나 물의 도시 베네치아로 갔다. 베네치아는 S자 라인의 대운하를 연하여 만들어진 도시이다. 모든 교통수단이 '배'다. 배를 타고 옆 마을을 가고, 배를 타고 시장가며 배를 타고 학교에 등교도 하는 정말 물위에 있는 도시이다. 하루 중에 물이 좀 빠질 때는 일부 지역은 광장 같은 곳을 걸어갈 수가 있으나 물이 차면 대부분 배를 이용해야 무슨 볼일이라도 볼 수 있다.

물위에 세워진 집이라 집값도 굉장히 비쌌다. 우리가 여행을 갔을 당시에 한국형으로 약 10여 평 정도 되는 집값이 한국 돈으로 약 10억 원이 된다고 하였다. 2021년 지금의 강남의 집값에 버금가는 가격이다. 한국 강남의 집값이 최근에 정책이 엎치락뒤치락 하다 보니 올라서 그렇지 우리가 여행 갔을 6년 전에 비하면 베네치아 집값의 25% 수준밖에 안 되었다.

다시 말하면 지금 한국에서 10억 원 하는 집이 그때는 2억5천만 원 정도 되었을 것이라는 뜻이다. 그런데 요즈음 전해지는 뉴스에 의

하면 베네치아의 수위가 점차로 높아지고 있어서 베네치아 사람들이 생활하기가 너무 어려워 져 가고 있다고 해서 마음이 아프다.

베네치아를 뒤로하고 우리는 다음 여행지인 **오스트리아**로 향했다. 이동하는 차창 밖으로 멀리보이는 알프스의 눈 덮인 산봉우리 들이 구비 구비차량이 돌아 갈 때마다 다른 풍경이 나타나서 이전에 스위스에서 보았던 알프스의 또 다른 모습을 즐길 수가 있었다.

도로 좌우에는 포도밭이 질서 정연하게 마치 군대에서 열병식을 하는 것처럼 지나가고 또 지나가는 것처럼 보였다.

오스트리아는 우리나라의 영남(경상 남, 북도와 부산, 대구) 정도 밖에 되지 않는 작은 국가임에도 불구하고 자존감이 대단히 높은 것 같았다. 선물가게에서 파는 티셔츠에 새겨놓은 로고가 재미있었다.

그것은 "I'm not Australian"이었다. 나는 호주 사람이 아니고, 오스트리아 사람이란 것이다. 그것이 뜻하는 것은 우리를 호주 사람과 같이 보지 말아달라는 뜻인 것 같았다. 아마 자기들은 호주사람에 비해서 역사와 전통을 가진 나라로서 호주사람보다 더 우수하다는 것을 나타내는 무언의 표시라고도 생각 할 수 있다.

오스트리아는 작은 나라임에도 불구하고 많은 수의 노벨상 수상자를 배출하였고, 세계적인 음악가가 많은 나라이며 예술적인 소질이 풍부한 나라라고 한다.

우리는 이 나라는 짧게 지나가는 코스였기 때문에 유명 하다는 곳은 방문하지 않았으며, 다만 시내 중심가에 있는 '크리스털' 공예품 공장에 들러서 만드는 과정부터 완제품으로 만들어진 여러 작품을 구경하였다.

독일에서는 그냥 하루 종일 버스만 타고 이동하다가 휴게소에 들렀는데 그래도 그냥 지나치기가 서운하여 모자랑 기념품을 몇 개 샀는데도 화장실에 가면서 돈을 내고 입장을 했던 것이 못내 아쉬웠다.

독일에 도착한 우리들은 한국으로 가는 비행기를 타기 전에 시간이 좀 남아서 공항근처에 있는 도시에서 쇼핑과 휴식을 취하였다. 독일 또한 유럽 국가이므로 교회 건물이 도시 가운데 가장 중심이 되는 위치에 있었으며, 다녀온 지가 오래되어 학교이름은 잘 기억나지 않는데 우리가 잠시 머물렀던 대학교가 한국에 비해 특이했다.

대학 캠퍼스가 한국처럼 한울타리를 형성하여 한 곳에 모여 있지 않고 예를 들면 유성 시가지같이 시가지 내의 도로를 연하여 건물이 하나씩 있었으며, 건물하나는 '자연과학대학', 다른 하나는 '인문대학', 또 다른 건물은 '공과대학' 등 이런 식으로 학교 캠퍼스가 되어 있는 것을 보았다.

물론 독일의 전 대학을 다 가보지 않아서 모두가 다 이런 식으로 되어있다고는 보진 않지만 어찌 됐든 특이 했다. 시내관광을 마친 우리는 공항에서 귀국길에 올랐다.

나는 이 글을 쓰면서 과거의 내가 했던 일들을 기록하는데 "기행

문"도 아닌 것을 억지로 기억을 해 내려고 하다 보니 날짜나 지명 등을 기억 하는데 한계점에 이르고 있음을 발견하였다. 그래서 앞으로는 그러한 구체적인 기억을 억지로 찾아내기 보다는 기억나면 기억나는 대로, 아니면 대략적인 추억의 형식으로 작성을 하기로 했다.

내가 중문교회에서 사무국장으로 근무하는 동안 많은 부목사들과 함께 근무를 하였지만 그중에서도 가장 기억이 나는 목사로는 김억래 목사, 김용원 목사, 박정훈 목사다. 내가 처음 이 교회로 부임을 했을 때 목사 명부를 확인해보니 부목사가 두 분이 있었는데, 이름이 특이했다.

한 명은 보통 평범한 이름이었고, 한 명은 김억래 여서 이름에서 풍기는 뉘앙스가 우락부락하고 억척스럽게 생겼을 것이라고 생각했었는데 막상 만나보니 이름과는 반대로 아주 온화하고 지극히 얌전해 보였다. 김억래 목사는 설교도 잘했고 인상이 좋아서 많은 교인들로부터 사랑을 받았다.

또한 김용원 목사(당시 전도사)는 당시 교회의 기획국장으로 업무처리가 깔끔하였고, 성격이 모나지 않고 둥글둥글 하여 교역자와 일반직원 간의 교량 역할을 잘해주어 교회에서 중요한 역할을 해주었다.

또 다른 한명인 박정훈 목사는 내가 이교회에 부임 했을 무렵에는 일반 사업자로 교회에서는 평신도였다. 그 무렵 우리교회에서 우수한 인원을 선발하여 그들에게 신학을 공부 하게하여 좋은 목사를 만드는 "중문사관학교"라는 제도를 도입했다. 그때 박정훈 목사와 현재 베트남 선교사로 가있는 전창희 목사 두 명이 1기로 선발되어 신학공부를 하게 되었다.

그래서 박정훈 목사는 3년 동안 신학공부를 하고 교회에서 전도사를 거쳐 목사로 안수를 받았다. 그 뒤 미국 유학까지 다녀와서 한동안 교회 사무와 기획 분야를 담당 했었는데 업무처리가 아주 명쾌하게 잘 하였으며, 지금은 세종시에서 교회를 개척하여 사역을 잘 하고 있다.

특별히 박정훈 목사는 대학에서 음악을 전공하여 한동안 우리 교회에서 '색소폰 동호회'를 결성하여 교회에 근무하는 목사와 직원들에게 색소폰을 배우게 하였다. 나도 그때 배운 색소폰 실력으로 사무국장을 사임한 후 침례신학대학교 음악과 색소폰 전공으로 입학하여 공부를 하게 된 동기가 되었었다.

김용원 목사는 지금은 은퇴를 하였으며 김억래 목사는 몇 년 전에 천안으로 가서 교회를 개척했는데 지금은 그 교회를 그만두고 어디에 가서 무얼 하는지 소식을 알 수가 없다. 너무 보고 싶은 목사다.

교회 사무국장으로 부임하여 사무국 행정 직원을 채용했는데 2년도 채 근무하지 않고 퇴직을 하였다. 나는 그 후임자를 뽑기 위해 대전의 신문과 교회의 알림판을 통하여 교직원 채용공고를 내었다.

그래서 행정직원 1명 선발에 꽤 여러 명의 지원서가 들어왔는데 그중에 처제의 아들이 지원서를 내었다. 나는 부담이 되었다. 나중에 처제의 아들이 선발되면 이모부가 사무국장이라서 뽑았다는 얘기가 나 돌까봐 나는 담임목사님에게 다른 핑계를 대고 직원 선발 심사에 참가하지 않았다.

목사님 실에서 여러 명을 심사한 결과 행인지 불행인지는 모르지만 처제의 아들이 선발되었다. 그 직원이 유진선이였다. 다행히 진선이는 워낙 능력이 뛰어나서 그가 근무했던 기간 동안 모든 교인과 사역자들로부터 신뢰를 받았으며, 교회의 행정부분의 업무를 충실히 처리 하였다.

그리고 교회에서 만난 김한나 전도사 와 결혼하여 지금은 가구공예 학교를 세워 정부의 지원을 받고 공부 시키는 직업 훈련원을 운영하고 있다.

진선이가 중문교회에 와서 얻은 것 중에 제일 큰 축복은 아내를 잘 만난 것이다. 한나는 아주 총명하고 예쁘며 생활력이 강한 사람인 것 같았다.

나는 진선이와 같은 사무실에서 근무하는 동안 아무에게도 진선이가 내 조카란 얘기를 하지 않았으며 나또한 진선이에게 의식적으로 특별한 혜택도 주지 않았다. 어쩌면 진선이가 나에게 많이 섭섭한 면도 없잖아 있었으리라 생각한다. 혹시라도 서운한 점이 있었더라면 이모부가 군인출신이라 원칙과 정의를 워낙 따지는 사람이라서 그렇겠지 라고 생각 해 주고 이해해주길 바란다.

또한 재임 중에 내가 예뻐하는 뉴질랜드 글라라 처제의 둘째 딸인 '안젤라'가 한국에 원어민 교사로 와서 1년 동안 충북 옥천의 한 시골 초등학교에서 교사를 했다. 그 덕분에 나도 오지의 아주 시골학교를 구경할 수 있는 기회를 가졌었다. 안젤라는 학교 측에서 마련해 준 옥천 읍내에 있는 다가구 주택에서 거주하며 버스를 이용하여 시골에 있는 학교에 출퇴근 하며 생활을 했었다.

나는 외국에 와서 혼자 생활하는 안젤라가 불안하여 신경을 많이 쓰지 않을 수가 없어서 염려를 했었는데 안젤라는 오히려 나보다 더 씩씩하게 생활을 하는 것 같았다. 뉴질랜드에 있는 처제는 어렸을 때부터 아이들에게 독립심을 갖게끔 키웠기 때문에 나보고 걱정을 하지 않아도 된다고 했다.

안젤라는 한국에서 태어나 한국인의 피를 가진 자인데 외국의 원어민 자격으로 한국으로 파송되어 원어민 교사를 한 것이다. 한국인이 원어민교사를 하는 것을 보니 사람이 살다보면 이럴 수 도 있구나 하는 생각이 들었다.

안젤라는 성격도 명랑하고 모든 게 긍정적이다. 오클랜드 공대를 졸업하고 건축사(architect)면허증을 가진 유능한 인재이다. 약 1년간의 교사 생활을 마치고 귀국하였고 지금은 유럽에서 프리랜서 로 일하고 있다. 한국에 있는 동안 그가 맛있게 먹었다고 한 음식은 우리 아파트 4층에 있는 'J뷔페'와 옥천읍에서 먹었던 한우 불고기 맛을 잊을 수 없다고 가끔씩 말하곤 한다.

2014년 6월 21일 에는 **중문교회에 장로직분**을 받았다. 그때 함께 임명 받은 사람은 권태웅, 김정기, 김학규, 김형중, 방덕규, 신경식, 이왕호, 정화진, 주식만, 최호관, 한덕근 등 총 12명이었다. 아내는 다른 사람 80명과 함께 권사로 임명이 되어 명실 공히 우리부부는 중문교회의 중직이 되었다.

그때 장로와 권사로 임명을 받은 사람은 지난 1년 동안 교회의 중직이 되는 지식과 소양을 배우고 쌓았으며, 모두들 이전보다 더 하나님과 교회에 충성하는 자들이 되기로 마음을 다짐 했다.

이외에도 재임기간 중에 여러 가지 생각나는 일들 중에는 '옥천에 덴동산'을 공원으로 만드는 것이었다. 양선숙 수석부목사를 중심으로 익산에서 교회를 담임하고 있는 '문병윤 목사'와 함께 수개월간 산을 깎아내고 나무와 꽃을 옮겨다 심고 물주고, 잡초를 뽑느라 교인들을 동원하고 수시로 교직원들이 가서 관리를 했었다.

그리고 금산 서대산에 교회 납골당을 매입하여 교인 복지에 기여토록 하였다. 또한 시간만 나면 교회 성전 부지를 구하기 위해 대전 일대를 온통 뒤지며 다니기도 했었다.

그리고 단기 여행이었지만 **일본, 태국, 발리, 사이판** 등 가까운 외국에도 다녀와서 교회업무의 추진 활력을 재충전하기도 하였다.

또한 나와 인연으로 인하여 내가 뉴질랜드에서 구역장을 할 때 구역식구 들인 'OREWA' 구역팀이 20년이 지난 지금까지 여름방학과 겨울방학을 이용하여 해마다 모임을 지속해 오고 있다. 내가 뉴질랜드에서 귀국을 한 후 10년째 되는 2014년 1월경에는 16명의 인원들이 대전에서 모임을 가졌다.

숙소는 대전에 있는 '계룡스파텔'에 정하고 밤새도록 옛날에 뉴질랜드에서의 추억을 회상하며 재미있는 시간을 가졌다. 그리고 다음날 일요일에는 내가 사무국장으로 근무하고 있는 대전중문교회에서 예배를 드린 후 장경동 목사님과 식사를 함께 했으며, 다음날은 강경에 위치한 우리나라 최초 침례교회인 강경교회로 가서 역사적인 교회 탐방을 하였다.

강경교회는 얼마 전에 우리 중문교회가 인수하여 예배를 드리고 있는 지교회 중에 한곳이다. 나는 강경교회 중직으로 재직하는 장로님의 젓갈 가게에서 꼴뚜기 젓갈이랑 창란젓 등을 사서 사랑하는 우리 구역식구들에게 선물하였다. 그리고 대전에서의 즐거웠던 시간은 강경에서 직접 서울행 직행버스를 타고 가는 것으로 다음에 만날 날을 기약하며 헤어졌다.

나는 또한 중문교회에서 오래된 친구들이 있다. 이들은 **옥토팀**이다. 지금까지 거의 10여년 이상을 유지해 오는 모임이다. 이 모임은 10여 년 전에 교회에서 전교인을 대상으로 성경공부를 하였는데 그때 맺어진 소그룹 모임이며 소그룹이름은 '옥토팀'이라고 지었다.

최초 소그룹을 결성 할 때는 8명으로 시작 하였으나 그 후 2~3년이 지나면서 3명이 탈퇴하고 그 남은 인원은 지금까지 모임을 지속해 오면서 친교를 다지고 있다. 그 멤버는 강장호 집사, 주식만 장로, 방덕규 장로, 이환재 집사 그리고 나 이렇게 5명이다.

우리는 매월 한 번씩 모이는데 유사는 한 달에 한명씩 순서에 따라 하고 있다. 그러나 지난 2월부터 지금까지는 '코로나 바이러스19' 때문에 모이질 못하고 있다. 마치 친형제처럼 지내고 있는데 몇 달간을 만나지 못하고 있으니 많이 보고 싶다.

그때 성경공부 소그룹은 나이를 기준으로 하여 결성했다. 그 당시는 모두 60세 이쪽저쪽이었는데 지금은 모두 70세를 넘어가고 있다. 나는 이 '옥토팀'이 앞으로도 오래 동안 건강하게 만나지길 진심으로 바란다.

세월호 사건이 발생하던 날은 양선숙 목사님과 나는 옥천 에덴동산의 공원작업 소요 인력 및 경비를 판단하기 위해 대전을 출발하여 옥천 군북면으로 가기위해 고속도로를 운전해 갔다. 그런데 옥천시내를 통과할 무렵에 뉴스에 나오는 세월호의 침몰 소식을 들었다.

우리는 직접적인 관계는 없었지만 이것이 국가적인 비상사태임을 인식하고 곧바로 차를 돌려 교회로 들어왔다. 그리고 그 큰 여객선이 서서히 물에 잠겨가는 모습을 안타깝게 TV로 시청을 했다. 나는 군에서 전역한지 15년이 지났지만 그 모습을 보고만 있노라니 너무나 안타까웠다. 나는 그때 내가 지휘해도 충분히 구조해 낼 수 있었으리라 자신을 했다.

구조를 할 수 있는 시간이 충분 했음에도 불구하고 책임자는 그 많은 시간을 아무런 조치도 못했다. 정부안에 고관대작들이 같이 앉아서 우리들처럼 학생들이 탄 배가 물속으로 완전히 빠져 들어갈 때까지 마치 영화구경을 하듯이 보고만 있었을 것으로 생각하니 정말로 한심해서 말이 나오지 않아 허망하기만 했다.

우리같이 민간인도 개인적인 볼일을 보러가다가 사안의 중대함을 느끼고 가던 차를 되돌려 다시 있던 곳으로 왔다. 그리고 상황 조치를 관심있게 보고 있었는데 도대체 그들은 무엇을 했는지 알 수가 없다.

내가 군대생활을 할 때는 선 조치, 후 보고가 몸에 배여 있었다. 나중에 국회청문회에서 책임자에게 질문을 한 것에 대한 답변은 "대통령에게 보고했다"는 것이다. 그러면 대통령이 구조하라고 하면 구조를 하고 아무 말이 없으면 구조를 안해도 되는 것이냐? 라고 묻고 싶다.

나의 정답은 이런 것이다. "대통령님 세월호가 운항 중에 좌초위기에 있어 물속으로 가라앉게 되어 제가 직접 현장으로 가서 육·해·공군 총장과 협조하여 헬기와 군함을 동원하여 학생들을 전원 다 구출 하였습니다."라고 선 조치를 하고 뒤에 이렇게 보고를 하는 것이 그때의 책임자가 했을 임무인 것이다.

군대에서는 이등병도 선 조치를 한 후 보고를 하라고 알고 있다. 내가 알고 있기로는 1975년대 쯤 되는 것으로 기억되는데 임진강으로 고무보트를 타고 해안으로 침투하는 무장공비를 병장과 이등병이 사살 했던 적이 있다. 그 당시 두 명의 병사는 적의 접근을 발견하고 상부에 전화로 보고하면 적이 눈치를 챌까봐 숨을 죽이고 기다리다 적이 유효사정 안으로 들어왔을 때 '크레모아'를 누르고 수류탄으로 공격한 뒤 소총사격으로 침투한 무장공비를 사살한 적이 있었다.

그들은 상황의 긴급성을 확인하여 선 조치부터 했던 것이다. 참으로 한심한 일이 아닐 수 없었다. 그 건으로 인하여 아까운 많은 생명이 목숨을 잃었으며, 우리나라가 얼마나 많은 정쟁에 휘말려 고통을 당하게 되는 결과를 초래 하였는지 우리 모두는 알고 있다. 그리고 그 사건은 지금까지 끌어 오고 있다.

11년간의 사무국장직을 마무리하다

나는 11년간 사무국장을 하는 동안 여러 가지 창의하고, 개발하고, 수행하고, 조치했던 수많은 얘기들이 있다. 하지만 그 모든 것을 다 기억 할 수 도 없고, 또는 기록에 남길 만한 가치도 없는 것들이기 때문에 교회에서의 나의 직분인 사무국장직에 관한 일들은 여기서 줄이기로 한다.

2014년 7월 30일 부로 사무국장직을 사임하고 그동안 동호회를 통하여 틈틈이 익혀왔던 색소폰을 전문적으로 공부하기로 했다. 그래서 음악공부를 위해 대학에 진학하기로 하고 입학에 필요한 부분에 대해 여러모로 알아보았다.

우선 대전지역에 있는 음악대학에 색소폰을 전공하는 곳이 있는가 하고 알아보니 침례신학대학 교회음악과와 목원대학교 음악과에 색소폰을 전공하는 학과가 개설되어 있음을 확인했다. 그래서 나는 침례교 교인이므로 침례신학대학교에 입학하기로 결정하고 입학에 필요한 전형분야에 대해 학교관계자에게 문의한 다음 입학시험 준비를 하였다.

제일 중요한 것은 실기 시험이다. 그래서 나는 대전지역에서제일 유명한 교수를 소개 받아 밤낮으로 열심히 연습하여 그해 10월말에 있는 수시 모집에 응시하여 합격증을 받고 "15학번"으로 입학 하게 되었다.

나는 오랜만에 교회 중직을 내려놓고 이제 내년에 다닐 대학에 까지 합격해 놓고 보니 정말 행복했다. 이제는 몇 달간은 휴가이다. 아무 부담 없이 마음 편하게 지낼 수 있다. 이미 금년 말에 둘째를 해산할 예정으로 있는 딸 자겸이를 만나러 가기 위해 11월 말에 뉴질랜드행 항공편을 예약해 놓았다.

11월 22일에는 아들 인겸이의 목사 안수식에 참가하였다. 안수식은 인겸이가 전도사로 사역을 하던 천안 은혜침례교회에서 거행 되었으며, 이날은 우리 OREWA구역 식구들이 함께 와서 축하를 해 주었다.

인겸이의 목사 안수식을 끝내고 그달 말일께 우리부부는 뉴질랜드로 출발하였다. 한국에서의 홀가분한 마음으로 딸과 사위, 그리고 사랑하는 손녀 '한나'를 만나니 너무 행복했다. 이제 며칠 뒤에는 둘째 손녀를 볼 생각을 하니 모든 시간이 즐겁기만 했다.

뉴질랜드에 도착한지 일주일 뒤 2014년 12월 6일 오후 1시경(NZ 시간 오후 5시)에 자겸이는 감사하게도 둘째딸을 순산하였다. 우리 모두는 새로운 식구가 생기게 됨에 기뻐하며 하루하루 다르게 자라는 애기를 보며 시간 가는 줄 모르게 지냈다. 둘째 손녀의 이름은 미리 지어놓은 '라혜'라고 했다.

손녀 한나는 자기 동생을 얼마나 귀여워하는지 아무도 가까이 오지 못하게 하고 자기만 독차지하려고 해서 그 모습이 우리에게는 웃음을 가져 오게 했다.

그해 '크리스마스'는 옆집에 살고 있는 다섯째 처제인 '클라라'네 집에서 지냈다. 식구가 하나 더 불어서 이전보다 더욱 의미 있는 성탄절이 되었다. 라혜는 생일이 늦어서 25일 빨리 출생하는 바람에 한 살을 더 먹게 되었다. 클라라 처제 식구들은 3년 전에 '크라이스트처치'에서 '오클랜드'로 이사를 와서 딸 자겸이집과 가까이 살고 있다.

하긴 딸 자겸이는 같은 달 27일이 생일이므로 4일 먼저 태어나서 한 살을 더 먹은데 비하면 그래도 다행인 편이다. 우리나라는 태어나면서 한 살을 먹는 것으로 되어 있지만 뉴질랜드나 서구 유럽의 각 나라는 나이를 '만'으로 계산하기 때문에 별 의미는 없는 것이다. 다만 한 생명이 이 땅에 태어나서 건강하고 행복하게 살아가는 것이 중요한 것이니 만큼 우리는 늘 하나님의 가호 아래서 살아가야 할 것이다.

나는 이번 뉴질랜드 방문 시에는 **호주**를 관광하기로 마음먹고 일정을 잡았다. 나는 뉴질랜드에서 사는 동안은 뉴질랜드를 알아 가는 데 온 시간을 다 보냈기 때문에 바로 이웃나라인 호주는 가볼 생각도 하지 않았다.

또한 호주는 뉴질랜드에 비해 날씨도 덥고 뭐, 이런 저런 이유로 인하여 호주여행은 뒤로 미루다가 한국으로 다시 이사를 오는 바람에 갈 기회가 없었다. 그런데 이번에는 마음먹고 가 보기로 하고 여행사에 신청을 하여 가게 되었다.

호주라고 하면 호주의 랜드마크라고 하는 시드니가 대표성을 띠고 있으며 그중에서도 호주의 상징물인 '시드니 오페라하우스'를 빼놓을 수 없다. 오페라하우스는 가까이서 보는 것 보다는 하버브리지를 통과하여 쾌속정을 타고 시내를 가로지르는 강 위에서 보는 것이 더 멋있었다. 그리고 밤에 비추는 오색찬란한 야간 조명은 거의 환상적이었다. 그다음에는 바다생명 시드니 수족관을 빼놓을 수 없는 곳이다. 나는 지금까지 이렇게 희귀한 물고기는 구경을 해본 적이 없었다.

우리는 3일간을 호주에서 머무는 동안 자연 동물원에서 '캥거루와 코알라' 등 희귀한 동물들의 생태를 관광하였다. 또한 '포트스태판' 사막투어에서는 모래 사막썰매를 즐겼는데 이곳은 바다와 모래사막이 어우러진 시드니 북부의 휴양지다.

마치 뉴질랜드에 있는 '나인티(Ninety)마일비치' 해변과 같이 바닷가로 이어져 있다. 퇴적현상에 의해 형성된 모래사막으로 이루어진 곳으로 우리는 이곳에서 어른 아이 할 것 없이 모래스키장에서 모래썰매를 타면서 동심으로 돌아가기도 했었다.

그리고 또 유명한 곳인 '블루마운틴'은 호주의 그랜드캐년이라 불리 우며 이곳은 호주의 국립공원으로 지정 되어 호주에서는 빼놓을 수 없는 명소이다. 1000m높이의 구릉이 이어지는 계곡과 폭포, 기암 등이 장관을 이룬다. 산을 오를 때는 케이블카로 자연의 아름다움을 감상하지만 내려 올 때는 수직으로 내리꽂는 협괘 열차는 마치 롤러코스터를 타고 내려오는 기분으로 무서울 만큼 짜릿함을 느낄 수가 있었다. 그 외에도 여러 곳을 많이 구경했다.

나는 이번 여행기간 중에 '워킹홀리데이' 비자로 와서 함께 여행한 한국여학생 두 명을 만났다. 얘기를 하다 보니 그중 한 여학생이 대전에서 왔다고 해서 가깝게 지냈었다. 그런데 그 여학생이 숙식하는 곳이 대전에서 온 목사님 댁이라고 했다.

그래서 마침 내가 교회 장로직분을 가지고 있다 보니 먼 나라에 와서 목사로 있는 분을 만나서 식사라도 대접을 하고 싶었다. 그래서 그 여학생에게 연락해 만나자고 하여 식사를 대접하였다. 그분은 최규관 목사님인데 대전 둔산동에 있는 중앙교회에서 사역하다가 호주로 와서 목회를 하고 있는 젊으신 분이다. 아주 긍정적인 마인드를 갖고 있어서 내가 귀국한 뒤에도 여러 번 연락을 주고받았다.

우리부부는 뉴질랜드 자겸이네 집에서 칠순잔치를 대접받고 2019년 1월 21에 귀국하였다. 한국에 와서는 천안에 있는 아들 인겸이네 식구들과 집에서 간단하게 칠순잔치라는 이름으로 생일을 보냈다.

그리고 한 달 뒤에는 동생들이 대전으로 방문하여 칠순잔치를 하였다. 나는 칠순잔치는 무슨 칠순잔치냐고 했지만 그래도 집안에서 제일 큰 형의 칠순은 그냥 보낼 수가 없다고 하여 오랜만에 형제들이 모여서 좋은 시간을 가졌다.

제3장

침례신학대학에서 학부생활

교회음악과 색소폰 전공으로 입학

나는 2015년 3월에 대전에 있는 침례신학대학교 교회음악과 색소폰 전공으로 입학했다. 내가 색소폰을 배우고 싶어 했던 이유는 옛날 계룡대 육군본부에서 작전 참모부 예비군 훈련과장으로 근무할 때 인사참모부에서 근무하던 박진성 대령 때문이다. 박대령은 가끔 육본 교회에서 예배시간에 전투복을 입고 앞에 나가서 색소폰으로 찬송가를 연주했다. 나는 그 모습을 보고 아주 부러워했었다.

그래서 나도 언젠가는 색소폰을 배워야 하겠다고 작심을 하고 있었다. 이러한 나의 마음에 불을 붙였던 계기는 같은 교회에 출석하여 지금은 목사가 된 한전에 다니던 정일석 집사와 같이 배우기로 했다. 그런데 내가 뉴질랜드로 이민을 가는 바람에 나는 색소폰을 배우지 못하고 말았다.

내가 이민간지 4년 만에 다시 한국으로 역이민을 와보니 정일석 집사는 내가 이민을 간 그 사이에 색소폰을 배워서 연주를 아주 잘하고 있었다. 더욱이 나를 배우게 한 이유는 나의 동기생 가운데 문경수 대령, 김성근 대령, 임환복 장군 등 벌써 여러 명이 전역을 한 후에 색소폰 동호회를 만들어 재미있게 연주를 하는 모습을 '삼일광장' 카페에서 볼 수 있었다.

그래서 이제 나도 배워야 하겠다고 마음을 먹었었는데 마침 우리 교회에서 2008년도부터 색소폰 동호회가 결성되었다. 자연스럽게 나는 그 모임에 입문하여 배우게 되었던 것이다.

그런데 지금부터는 교회 일을 하면서 색소폰을 배우는 것이 아니라 오직 색소폰이란 악기만을 가지고 4년 동안 전문으로 공부를 하게 된 것이다.

나는 입학 할 때는 매일 악기만 공부를 하는 줄 알았는데 내가 생각하고 있는 교과 과정에서 악기 연주는 아마 내가 공부해야 할 수업의 20분의 1에만 해당되었다. 나머지는 음악 이론과 신약과 구약을 망라한 신학공부와 영어, 교회역사, 전도학 등 교회 중직으로서 갖추어야 할 소양과목이 더 많았다.

나는 음악에 대한 이론을 배운 기억은 거의 없었다. 겨우 초등학교에서 고등학교까지 다니는 동안 음악 계명 정도만 배웠지 뭐하나 제대로 배우질 않았다. 그런데 같이 음악과에 입학한 동급생들은 대부분은 중·고등학교에서 전공을 했거나, 아니면 예술계통의 학교를 졸업하고 입학한 학생들이다.

나처럼 무턱대고 동호회에서 악기만 배우고 입학한 학생은 아마 나 밖에는 없는 것 같았다. 그러니까 나는 기초부터 배워야 했다. 음악 이론시간에 교수님이 강의한 내용은 무슨 말인지 도무지 알 수가 없어서 휴식시간에 옆에 있는 학생들에게 아까 배운 내용에 대해 다시 물어봐서 겨우 이해를 하곤 했었다.

나와 같이 입학한 학생들은 대부분 손자나 손녀 뻘 되는 아이들이다. 입학을 하고보니 학교 전체에서 교수님과 학생 전체를 통 틀어서 내가 나이가 제일 많았다. 나는 너무 늦게 배움의 길로 들어선 게 아닐까 하고 생각도 해 보았다.

나는 수업 중 교수님의 강의내용이 잘 이해가 되지 않아서 옆에 있는 학생들에게 내가 자꾸만 물어보면 대부분 잘 알려주었다. 그러나 때로는 귀찮아하는 학생들도 있었으며 심지어 내가 무슨 말을 붙이려고 하면 다른 핑계를 대고 자리를 피하는 아이들도 있었다.

그렇지만 나는 모르는 것을 그냥 지나쳐 가는 성격이 아니기에 이를 보충하기 위해서 1학년 때는 거의 1년을 매주 토요일과 일요일 오후에는 가방을 들고 학교 도서관에 가서 모르는 문제는 반드시 해결하고 집으로 왔다. 심지어 음대를 졸업한 며느리에게 참고서와 공부하는 방법을 배우기도 하였다.

어찌됐든 그렇게 노력한 결과 그해 1학기 중간고사 결과 반에서 제일 우수한 점수를 획득한 때도 있었다. 나이가 다른 젊은 학생들보다 많이 먹었기 때문에 이해하는 속도는 느리지만 나이를 더 먹은 만큼 지혜가 많기 때문에 공부하는 요령은 어떤 면에서 더 많은 장점도 있었다.

내가 대학에 입학하여 공부를 하는 과정에서 제일 힘들었던 점은 컴퓨터를 사용해서 교수님이 부과하는 과제를 알아야 했고, 또 그 과제에 대한 답안도 컴퓨터로 제출해야 하는 것이다. 그런데 나는 컴퓨터 실력이 거의 컴맹 수준이었다. 그래서 평소 교수님의 강의내용도 제대로 이해하기 어려운데 컴퓨터사용 능력까지 어려우니 50여 년 전에 손 글씨로 모든 것을 하던 그 방법으로는 수업을 따라가기가 참으로 힘들었다.

내가 군에 있던 20년 전에만 컴퓨터가 국방부에 보급이 되었더라면 나도 이렇게까지 컴퓨터 때문에 힘들어 하지 않았을 터이다. 컴퓨터가 우리 사회에 보급되고 군대에도 일상화 되었을 때는 나는 이미 컴퓨터를 할지 몰라도 되는 직급에 있었다. 그때의 나는 결재만 하면 되는 위치에 있었기 때문이다.

당시 계급체계로 보면 중령 까지는 실무자이므로 컴퓨터를 가지고 기안문을 작성해야 되기 때문에 어쩔 수 없이 컴퓨터를 배우지 않으면 업무 자체를 할 수가 없으므로 며칠 아니 몇 달을 밤을 꼬박 새더라도 배워야만 했었다. 그런데 나는 실무 장교가 컴퓨터로 작성해 온 기안문을 결재만 하면 되었다. 그 때문에 컴퓨터사용에 대한 필요성을 느끼지 못했으므로 컴퓨터를 배우지 않았던 것이다.

교회에서 사무국장을 할 그때도 나는 결재만 하면 되었으므로 내가 꼭 컴퓨터를 배워야 된다는 의무는 없었다. 그러나 중직들이 하는 대표기도문은 내손으로 작성을 해야 한다는 생각에 억지로 '독수리 타법'으로 조금은 배우게 되었다. 칸을 그린다거나 줄을 긋는, 등의 사무적인 문서는 작성하지 못하지만 기도문 정도만 작성할 수 있도록 사무직원에게 배워두었던 것이 그나마 다행이었다.

왜냐하면 글자만 작성하는 독후감이나 기타 숙제는 할 수 있었기 때문이다. 그러니 숙제를 하자면 컴퓨터를 배워야 했으므로 나는 다른 학생들보다 더 수업을 이해하기가 더 힘들었던 것이다.

내가 교회음악과에서 수업을 하는 동안 일반적인 교양과목과 이론은 침례신학대학교에 정식으로 임용된 교수들에 의해 강의를 들었지만 나의 전공인 색소폰은 외부 강사에 의해 수업을 받았다. 음악과 내에서 색소폰 전공을 하는 학생은 나 혼자 밖에 없었으므로 개인교수나 다름없이 가까이 접촉하며 공부를 하였다. 그 강사는 외국에서 유학을 오래하고 온 분으로 대전지역에서는 유명한 분이었다.

교회음악과는 일과시간에 이론 및 교양과목을 공부하고 과외시간을 이용하여 자기 전공 악기를 연습한다. 그러니까 별도의 수업종료를 하는 시간이 없다고 봐야 한다. 교회음악과 중에서도 작곡과를 제외하고는 전부 방음장치가 된 연습실을 사용해야 하는데 연습실이 학생소요에 비해 턱없이 부족하였다.

그래서 어떤 학생은 자리를 먼저 잡아 놓기 위해 자기 악기나 옷가지 같은 사물을 미리 연습실에 갖다놓고 다른 학생들이 사용하지 못하게 하는 일이 빈번히 발생하고 있었다. 나도 수업이 끝난 다음에 연습을 해야 하는데 내가 연습장에 도착해서 보면 연습장은 대부분 기의 만원이라 연습을 할 수가 없었다.

그렇다고 나이 칠십이 다된 나까지 다른 학생들과 똑같은 행동으로 연습장을 확보하기 위해 사물을 미리 갖다놓는 등의 아이들과 똑같이 쟁탈전은 할 수 없는 일이다.

그때마다 나는 그냥 되돌아 나와서 내가 다니는 교회의 빈방으로 가서 연습을 하곤 했었다. 어떤 때는 야외 한적한 곳으로 자가용을 타고 가서 아무도 없는 곳에 차를 세워 놓고 그 차 안에서 연습을 했던 적도 많았다.

나는 교수님에게 왜 연습장을 충분하게 지어서 각자가 마음 놓고 연습을 많이 할 수 있게 하지 않느냐고 질문을 했더니 학교 예산이 부족해서 그렇다고 해서 사립학교의 재정 형편이 너무 열악함을 알게 되었다.

학생들에게 자기가 연습을 충분히 할 수 있는 여건을 만들어 주어도 좋은 음악가가 만들어 진다는 보장이 없다. 하물며 연습장까지 부족한 여건에서 어떻게 유명한 음악가를 만들어 낼 수 있을까를 생각하니 참으로 안타깝기가 그지없었다.

나는 이 어려운 여건 하에서 교회음악과를 1년간 마치고 신학과로 전과를 하기로 하였다.

　신학과로 전과를 하게 된 이유는 몇 가지를 들 수 있다. 그중 하나는 내가 음악과에서 색소폰 전공으로 공부를 하다 보니 지금 내 나이에 색소폰만 배우기는 시간이 너무 아깝다는 것을 느끼게 되었다. 또 하나는 아들과 여동생이 목사로 사역하고 있기 때문에 내가 그들을 이해하고 그들의 목회 일을 도울 수 있는 것이 무엇인가를 알기 위해서이다. 마지막으로 지금까지 4~50년간을 예수를 믿어 왔지만 아직도 예수님에 대해서 모르는 것이 너무 많아서 예수님을 더 알기 위해서였다.

　교회 음악과에서 공부할 때 참으로 많은 감명을 받은 교수는 김남수 교수님과 지금 중문교회에서 3부 지휘자로 모든 성가대원들로부터 존경과 신뢰를 받고 지휘를 하는 송민호 교수님이다. 김남수 교수님의 저서인 삶으로 증명한 서진들의 고백인 "은혜의 찬송이야기"와 은혜로운 "숨겨진 찬송 이야기"는 내가 수시로 꺼내보는 귀한 소장도서이다.

　또한 송민호 교수님은 교수라는 어떤 권위를 떠나서 학생들에게 무엇이라도 유익한 음악의 역사와 전설에 대하여 하나라도 더 알려주고 싶어 하는 마음이 많으신 분이다. 그래서 유명한 음악가의 진솔한 삶에 대하여 연구한 것을 음악과 영상으로 재편집하여 일반적인 강의의 지루함을 떨쳐버리고, 학생들이 그 상황에 몰입하게 했다. 그렇게 함으로 함께 느끼고 즐거워하는 수업으로 진행함으로써 학생들에게 많은 호감을 받았다.

신학과로 전과를 하다

나는 2학년 1학기부터 교회음악과에서 신학과로 전과를 하여 새로운 학생들과 수업을 함께 하였다. 그래도 신학과에 와보니 나이가 좀 많은 학생들이 있어서 말동무를 할 수 있어서 좋았다.

그중에서는 졸업할 3년간을 함께 토의하고 밥도 먹는 친구가 되었던 띠 동갑인 김용순 집사와 임헌구 집사 두 분이 있어서 외롭지 않는 학교생활을 재미있게 할 수가 있었다. 그러니 나보다 12살 아래의 동기생 이다.

나는 음악과에서 공부할 때는 점심식사 시간이 제일 불편했다. 대부분의 학생들은 자기들끼리 미리 점심 식사 약속을 해놓고 점심시간이 되면 우르르 몰려가 버린다거나 학교식당 내에서도 자기내끼리 모여서 식사를 한다. 그런데 나는 혼자서 밥을 먹기도 그렇고, 어찌됐든 점심시간이 다른 학생들은 친구들끼리 수다도 떨 수 있는 재미있는 시간인 반면에 나에게는 외로운 시간이 되었다.

그래서 나는 어쩌다가 교수님과 식사를 하는 것을 빼놓고는 대부분의 식사를 집에 와서 먹고 갔다. 다행히 내가 살고 있는 아파트가 학교에서 가까이 있기 때문에 가능했다. 우리 아파트에서 학교까지 가는데 걸리는 시간은 7~10분 정도 밖에 걸리지 않기 때문에 충분히 가능했다.

그런데 신학과에 와보니 띠동갑 친구와 더러는 늦은 나이로 입학한 학생이 있어서 식사 친구도 생겼고 공부친구도 생겼다. 그리고 커피도 같이 먹을 친구가 생겨서 매일 지루하지 않게 학교생활을 할 수 있었다.

신학과 학생들은 거의 다 목회를 하거나 또는 선교사로 활동하기 위해 공부를 하는데 비하여 나는 그러한 두 가지의 목적이 없이 그냥 학문을 깨우치기 위해 공부를 하였다. 나는 혹시 내가 목사가 되기 위해 신학을 한다고 알려 질 까봐 내가 다니는 교회나 심지어 내 가족들에게까지 신학과로 전과를 했다는 사실을 알리지 않았다.

혹시 나를 잘 아는 사람들이 네가 무슨 목사가 되려고 하느냐?라고 할까봐 에서이기도 하다. 나는 내 스스로 거룩해야하고 다른 사람보다 모범이 되어야 하며, 흠이 없어야 하는 목사의 자격이 있다고 생각을 하지 않고 있기 때문이다.

그래서 신학과에 다닌다는 얘기를 하지 않았던 것이다. 그래서 그 후 3년이 지난 뒤 졸업을 할 무렵에야 교회서나 우리 가족들도 자연스럽게 알게 되었던 것이다.

나의 띠동갑인 김용순 집사와 임헌구집사도 그동안의 세월이 흘러 노인 반열에 진입을 했겠지만 당시 우리들은 공부도 열심히 하여 어린 학생에 별로 뒤지지 않고 수업을 따라갔었다. 모르고 이해가 되지 않는 것은 항상 세 명이 함께 모여서 해결해 나갔다.

신학 과에서 공부를 하면서 제일 어려웠던 과목은 최현서 교수의

'전도학'과 장동수 교수의 '헬라어'와 김정봉 교수의 '히브리어'였었다.

최현서 교수님의 전도학 시험은 '모범적인 전도법의 대지'인데 무려 A-4지 7페이지에 해당하는 분량을 토씨 하나 틀리지 않고 암기하여 전부 기록해야 하는 것이다. 이것은 어떤 문제를 이해하여 쓰는 것이 아니고 그대로 써야 했다. 왜냐하면 그 7페이지 가운데는 성경 문구도 20여 구절이 포함되어 있기 때문에 성경구절을 대충 기록 할 수는 없는 일이니 참으로 스트레스를 많이 받았다.

나는 중간고사를 앞두고 이것을 책상 앞에 길게 써 붙여놓고 외워 보려고 시도를 했지만 일주일에 1페이지도 외울 수가 없었다. 도대체 이것이 머리에 들어가질 않는 것이다. 그러나 어쩔 것인가. 다 외워야만 시험을 칠 수 있으니…… 그야말로 나는 공부에 대한 '임계점'에 이르게 되었다.

그래도 나는 정말로 지금까지의 나의 지혜를 총동원하여 글씨가 뚫어지도록 보고 또 보고, 외우고 또 외우기를 수도 없이 반복하였다. 심지어는 40여 년 전에 육군대학에서 공부했던 요령을 다 동원해서 공부한 결과 결국엔 시험 전에 과제를 다 외울 수가 있었다. 정말 이런 시험은 두 번 다시 치를 수 없을 것 같았다.

장경동 목사님이 가끔 설교시간에 말씀 하셨듯이 "둔한 머리는 기억시키기는 힘들지만 한번 기억시키면 오래 간다"는 원리인지는 몰라도 최현서 교수의 이 시험 문제는 내 머릿속에 오래 동안 남아 있었다.

장동수 교수의 헬라어 역시 처음 접하는 언어라서 처음에는 무척 긴장 했었는데 영어와 비슷해서 정신을 바짝 차리고 공부하니 그래도 할만 했다. 나는 헬라어 과목을 생각보다 빨리 이해했다.

그래서 하루는 장동수 교수님이 나보고 강단에 나가 학생들에게 어떻게 공부하면 이해를 잘 할 수 있는가에 대하여 강의를 좀 해달라는 즉석 요청을 했다. 나는 얼떨결에 오랜만에 강단에 서서 내가 공부한 나름대로의 비법을 강의를 한 적이 있었다.

교수님은 중간고사 때 내가 답을 다 맞게 써낸 것을 보고 그러 하였거나, 아니면 나이가 많은 노인네도 열심히 하는데 젊은 학생들에게 본을 받게 하려는 의미에서 그렇게 한 것이었을 거라고 나는 생각했다. 아들 인겸이도 10여 년 전에 신학대학원에서 공부할 때 장동수 교수에게 헬라어를 배웠다고 했다.

김정봉 교수의 '히브리어' 또한 아주 새로운 과목이다. 그래도 이 과목은 헬라어를 공부했던 경험이 있었기에 공부하는 요령을 터득하여 이해하기가 다소 수월 하였다. 특히 이런 과목들은 내가 신학과에서 3년을 공부하는 동안 줄 곳 '띠동갑 3인방'인 세 명이서 도서관에 함께 모여 문제를 토의하고 공부방법을 서로 공유하여 시험에 대비 하였으므로 서로에게 많은 도움을 주고 받았었다.

나는 대학에서 4년간 공부를 하는 동안 이것은 내가 꼭 지켜야 하겠다고 내 스스로에게 약속을 한 것이 있는데 나는 그 약속을 지켜 내었다.

그 약속은 첫째, 나이를 많이 먹고 공부를 하러 왔지만 나는 중문교회의 장로이기 때문에 태만히 하여 내 자신은 물론 중문교회의 명예에 손상을 끼치지 않는다. 둘째, 나는 육군 대령출신으로 지휘관이고 지도자이었기 때문에 모든 학생들에게 모범을 보여야 한다. 셋째, 나는 학생들은 물론이며 교수, 학교 교직원에 이르기까지 그들에게 좋은 인상을 주는 사람으로 남게 한다는 것이었다.

그래서 나는 4년 동안에 한번도 지각이나 결석을 하지 않았고, 일과시간에 수업을 빼먹은 일이 없었다. 그리고 매시간마다 최소한 수업시작 10분전에는 강단 맨 앞자리에 앉아서 수업 준비를 하였다. 과제 또한 한 번도 밀린 적이 없었다.

학교생활 4년간 특별히 기억에 남는 일

나는 늦은 나이에 대학에 다니면서 지난 4년을 되돌아보면 정말로 주마등같이 지나갔다고 할 수 있다. 처음에 색소폰을 전공하겠다고 입학시험을 위해 개인 레슨을 받던 일, 그리고 음대 강당에서 심사위원 4명 앞에서 악기로 실기 시험을 보았던 일, 생전 처음으로 접하는 음악이론을 이해하기 위해 1학년 1년 동안은 매주 토요일과 일요일에 놀지 않고 학교에 와서 하루 종일 책과 씨름했던 일은 정말 잊을 수가 없다.

기간 중 기억에 남는 교수는 '신약학'을 가르쳤던 지금 현재(2022. 6) 총장으로 계시는 김선배 교수를 들 수 있다. 교수님은 학사장교 중위 출신이시며, 군 복무기간 중에는 국제적인 군 선교 행사에 참여 하신 경력도 있으시며, 가끔씩 대화를 하시는 가운데 투철한 국가관을 엿볼 수가 있었다.

최현서 교수 또한 잊을 수 없는 분이다. 교수님은 '전도학' 시험에서 내가 대학 4년을 통틀어 힘들었던 시험을 치게 하신 분이라서 한편으로는 미운 교수님이라고도 할 수 있는 분이다. 하지만 교수님의 수업은 정말로 우리 신학도 들이 꼭 갖추어야 할 인품 됨을 강조하시며 하나라도 더 알려주시려고 애쓰셨던 모습이 잊혀 지지 않고 있다. 교수님은 사범대학 출신이며 또한 학군장교 중위 출신이라 정의롭고 올바른 목회자를 양성시키기 위해 애쓰시는 모습을 볼 수 있었다.

이명희 교수는 내가 4학년 때 '목회실습'을 가르쳤으며 과목의 대미였던 "Life Mapping"은 정말로 유익한 작품이라 할 정도로 장차 목회자가 될 학생들에게 많은 도움이 되는 수업이었다. 교수님 또한 학군장교 중위 출신이었으며, 내가 4학년 말께 정년으로 은퇴식을 하였는데 그 당시 교수님은 기천만원을 학교 발전기금으로 기부하여 후학 양성에 기여토록 하셨다.

배국원 총장역시 학군장교 중위 출신이시며 그분은 미국에서 제일가는 학교에서 공부하고 학위를 받으신 분이였다. 그리고 본인이 대한민국의 장교로 전방에서 군복무를 했다는 것에 대하여 대단한 자부심을 갖고 계셨다고 나는 보았다. 그분은 항상 왼손 손가락에는 장교출신을 표시하는 반지를 자랑스럽게 끼고 다녔었다. 그리고 가끔씩 학생들의 수업하는 곳을 방문하였는데 어떻게 내가 연대장출신이라는 것을 알았는지 나에게 거수경례를 하면서 내가 장교 임관 선배임을 말씀으로 표시하여 주시곤 했었다.

그 후 면담을 통하여 학교운영에 관한 것을 건의 하였을 적이 있었는데 총장님은 내가 이해를 잘 할 수 있도록 조근 조근 답변을 해 주신 적이 있었다.

나는 존경하고 기억나는 교수님에 대해 이야기를 하다 보니 어떻게 장교 출신 교수님에 대해서만 말한 것 같아서 편견이 있는 것 같지만 꼭 그런 것만은 아니다. 아마도 우리 군인이었던 사람들은 아무래도 남다른 국가사랑이 몸에 배어있기 때문에 생각하는 사고가 비슷한 것 같다. 겉으로 보이지는 않지만 장교생활을 하다 보니 서로 간에 사고방식이 비슷해서 그럴 것이라 생각된다.

나는 이분들 외에도 존경하고 애정을 갖게 한 교수님들이 많이 계시지만 장동수 교수와 교회음악과 김남수 교수, 송민호 교수, 그리고 현직으로 목회를 하시면서 출강을 하셨던 배진민 교수님이 계셨다. 그리고 내가 학교에서 직접 배우지는 않았지만 노은석 교수님은 내가 중문교회 사무국장으로 재임할 때 우리교회의 협동목사로 계셨다. 그 당시 내가 보았던 목사님은 인품도 훌륭하셨으며, 설교도 은혜롭게 한 기억이 있는데 내가 대학 생활을 하는 동안 나의 진로에 관해서 많은 상담을 해주셨다.

나는 지금도 그분들이 학교를 사랑하고 학생들에게 진정어린 애정을 가지고 가르치셨던 그 모습들이 잊혀지지 않고 있다.

그리고 재학 기간 중 내가 특별히 기억나거나 또 나에게 도움을 준 학생들은 여러 명이 있지만, 그중에서 띠동갑인 김용순 집사를 들 수 있다. 김용순 집사는 컴퓨터사용에 관해서 나에게 많은 도움을 주었다. 시험공부 때도 제일 많은 시간을 함께 토의하고 연구하여 서로 간의 실력향상을 도모하였다.

또 한명은 김주송이란 여학생인데 아주 영리하고 붙임성이 많은 학생이다. 주송이는 교역자를 부모님으로 두고 있었으며 모든 수업 시간에 아주 탁월한 실력을 보였다. 나는 2학년 초에 신학과로 전과를 했기 때문에 신학과의 1학년 필수과목인 '신학입문'은 꼭 수강해야 하는 입장이었다. 그래서 2016년 2학기에 수강 신청을 하고, 2학년이었지만 1학년들과 같이 수업을 들었다. 그때는 너무 공부하는 분량이 여러 과목 이였기 때문에 정리하기에 어려움이 많았다.

그래서 기말고사를 얼마 앞두고 시험공부를 하던 중에 나는 평소 모범생인 주송이에게 자기가 1학년 때 배웠던 내용과 출제 경향에 대해서 질문을 했었다. 나의 요청에 주송이는 아주 친절하게 자기의 경험을 가르쳐 주었다. 덕분에

기말고사를 잘 치를 수 있었으며, 그 외에도 수업에 관한 의문사항이 있을 때마다 많은 도움을 주었다.

그의 장래 희망은 선교 사역분야에서 사역을 하고 싶다고 했는데

지금은 무엇을 하고 있는지 궁금하다.

다른 한명은 나보다 2년 후배가 되는 이상욱이다. 상욱이는 경남 거제 쪽에 고향을 둔 학생으로 자기 동기들보다 10여년 늦게 늦깎이 학생으로 입학하여 신학을 공부하는 학생이다. 상욱이는 공부 욕심이 많아서 그가 할 수 있는 능력의 최대한의 과목을 수강신청하여 공부를 하였으며, 심지어는 수강신청이 불가한 과목을 듣기 위해서는 청강까지 하면서 공부를 했었다.

대부분의 학생들은 필수 학점을 따기 위해 필수과목만 가지고도 공부하기를 힘들어 하는데 상욱이는 남들이 하지 않는 과목까지 신청하여 공부를 하는 공부 벌레였다. 어떤 때는 자기가 사역하는 교회에서 설교를 할 설교문을 만들어 가지고 와서 나보고 평가를 해 달라고 한 적도 있다. 그는 학교 공부는 물론 장차 교회에서 설교하는 목사의 입장에서 준비를 하고 있는 학생이었다.

내가 목사도 아닌데 나보고 평가를 해달라고 하는 그의 행동은 겸손과 배우려고 하는 학구열이 남다르게 충만하기 때문인가 싶다. 또한 그는 내가 취약한 컴퓨터 사용에 관해서도 많은 도움을 주었다.

대학 4년 중 학교수업 외 있었던 일

나는 교회 사무국장을 사임하고 학교에 입학한 즉시 교회 성가대에 가입하였다. 3부성가대에 가입하였는데 실제는 신입대원으로 가입 했다는 것보다는 복귀했다는 표현이 맞다. 나는 2000년도에 뉴질랜드로 이민을 가면서 성가대를 떠난 후 만15년 만에 제자리로 돌아온 것이다.

그것도 3부 성가대였다 성가대에 들어가보니 전체 대원이 130여 명이나 되었는데 옛날에 나와 같이 봉사했던 대원은 박종원 목사, 이제명 장로, 이한구 집사, 이렇게 3명뿐이었다. 그래도 나는 마치 고향에 온 듯한 기분에 매주 즐거운 **성가대 생활**을 하였다.

지휘자도 내가 학교에서 수업을 받는 존경하는 교수님 중의 한분인 송민호 교수님이 지휘를 하므로 매주 재미있고 은혜가 넘치는 찬양을 하였다.

나는 성가대 활동을 하는 가운데 가장 기쁘고 추억에 남을 일을 한 것은 교회 사무국 직원으로 일하고 있던 박소윤과 같은 성가대원으로 봉사했던 김영선 해군 상사와 중매를 하여 이 두 사람을 결혼에 이르게 한 일이었다. 박소윤 간사는 내가 교회 사무국장을 하는 동안 거의 10여년 이상을 옆에서 지켜보아 왔는데 너무나 착하고 성실하며 예쁜 아가씨였다.

그래서 나는 교회에서 국장으로 재임할 때도 좋은 신랑감이 있으면 결혼을 시켜 주려고 오랫동안 생각을 하여 왔었다. 그러나 내가 교회 직원으로 재임하는 기간 동안에는 마땅한 사람을 만나지 못하여 그 뜻을 이루지 못했다.

그런데 내가 교회 직원을 끝내고 대학에 입학한 뒤 교회성가대로 봉사할 때 성가대에서 김영선 해군 상사를 만나게 된 것이다. 김상사와는 내가 얼마간의 시간을 같이 하면서 겪어보니 참으로 성실하고 착한 사람이라서 박소윤과 만나게 해주었다. 나는 그들의 결혼이 성사될 때까지는 아무도 모르게 두 사람이 결혼에 성공하도록 비밀을 유지 하였다.

교회는 다른 집단도 마찬가지겠지만 참으로 말이 많은 곳이다. 그러므로 이러한 중대사에 대해 미리 소문이 나면 좋지 않는 세력이 틈을 탈 수 있는 위험이 있다. 그래서 내가 제일 신임하는 재무실장인 김선희 권사에게까지도 비밀로 했다. 김선희 권사는 나중에 이 두 사람의 결혼발표가 난 뒤에 이들의 혼인내용을 알았으며, 혹시 나에게 서운한 감정을 가졌을지도 모르지만 나는 김선희 권사를 못 믿어서 그랬던 것이 아니었다.

나는 다만 좋은 내용도 좋은 일이므로 얼떨결에 자랑삼아 할 수도 있다는 염려에서였다. 나는 이 자리를 통해 김선희 권사에게 서운한 마음이 없었으면 하는 게 나의 진심임을 얘기한다. **김영선 상사와 박소윤의 결혼**은 내 평생 처음으로 중매하여 맺어진 부부로서 지금도 행복하게 살고 있다. 나는 이 부부를 보면 참으로 기쁘기도 하고 이들을 부부가 되게 했던 그 과정을 기억해 보면 정말로 감회가 새롭다.

2016년 여름에는 방학을 이용하여 **베트남**을 다녀왔다. 베트남에는 지난 2007년 여름에 스리랑카에 함께 단기 선교를 갔었던 교우 한분이 신학 공부를 한 뒤에 지금은 베트남에서 살고 있어서 교우 몇 명과 함께 동행 하였다.

나는 벌써부터 베트남을 한번 다녀오고 싶었는데 이번에 좋은 기회가 되었다. 내가 베트남에 가 보고 싶어 했던 이유는 내가 지난 1971년도에 백마부대로 베트남 전투에 참가했었고, 그 치열했던 베트남 전투가 내가 귀국을 한 뒤 1년만에 휴전이 되었다. 휴전과 동시에 에서 **미군이 베트남에서 철수**했으며 몇 개월 뒤에는 월맹 (공산당)에 의해서 공산화로 되어 자유 베트남은 역사 속으로 사라졌다.

나는 그렇게 자유스러웠던 베트남이 공산화가 되어 50여년이 지난 지금은 그들이 어떻게 살고 있는지? 자유민주주의가 아닌 공산주의 체제가 그 나라 사람들에게 어떠한 삶을 제공하고 있는지를 내 눈으로 확인 하고 싶었던 것이다.

베트남에 도착해서 눈으로 본 베트남은 내가 전투에 참가 했던 그 때와 별로 달라진 게 없었다. 그러나 학교에 가보니 교실마다 호찌민의 사진이 크게 붙어 있었으며, 우리가 알지 못하는 붉은 글씨로 써진 구호들이 군데군데 붙여져 있음을 보았다. 주택 구조도 50년 전과 비슷하게 일률적으로 지어져 있었다.

내가 느낀바 피부에 와 닿는 기온은 온 나라가 자유롭게 자기 능력껏 무엇을 한다는 물결이 별로 보이지 않는다는 것을 느꼈다. 우리 여행팀들은 우리 마음대로 아무 곳에나 갈 수가 없었고, 미리 신고하여 허가가 된 곳만을 여행하는 체제였다. 나는 전쟁시기였지만 자유롭게 활동하던 그때의 베트남 사람들의 살던 모습이 눈에 선하게 떠올랐다.

우리가 공기의 고마움을 모르듯이 혹여나 자유민주주의의 고마움을 모르고 지내지는 않는지에 대해 내 스스로가 깨달을 수 있는 계기가 각 국민마다 한번 씩은 있었으면 하고 생각해 본다.
- 자유가 얼마나 소중한가를.
- 나에게 국가가 있다는 게 얼마나 감사 한 것인지를.
- 우리는 이 소중한 자유 민주주의인 나라를 자손만대까지 이어 나갈 수 있도록 잘 지켜 나가야 한다.
- 나라가 없어지면 그 때는 아무리 후회를 해도 소용이 없는 일이다.

패망한 베트남 국민들은 권력이 많고 돈이 많은 사람부터 박해를 당했다. 작금에 벌어지고 있는 우리나라 주택 정책과 그 정책에서 어떻게 하면 피해서 돈을 더 벌어볼까 하고 정부와 숨바꼭질 하는 불쌍한 군상들을 볼 때면 정말 한심하기가 그지없다. 거기에다 더해서 고양이에게 생선가게를 맡긴 거나 다름없는 어떤 회사 직원들의 행태를 보면 참으로 말로서 표현 할 수 없는 망국의 길로 접어든다는 표현이 어울린다.

이 또한 내 나라가 없으면 나의 모든 재산은 내 것이 아니다. 은행에 저금되어 있는 돈도 내 것이 아니다. 그리고 목숨도 내 것이 아니다. 소위 권세 있는 자들이나 돈 많은 부자가 숙청대상에 우선순위 1번 이었으니 말이다.

그때 그들은 영원히 자기 나라는 있어줄 줄로 알았을 것이다. 하지만 그들에게 자기를 지켜줄 울타리인 나라가 없어진 것이다.

그래서 권력자였고 돈 많은 부자였던 그들은 목숨을 부지하기 위해서 비싼 아파트나 건물을 팔아서 보트를 사서 정들었던 자기 나라를 버리고 다른 나라도 도망치려고 발버둥을 쳤다. 그러나 그 고가의 아파트(주택)나 건물은 팔수도 없었다. 왜냐하면 그들의 재산은 이미 정복자들에 의해 착취를 당해 버렸기 때문에 자기 재산이 되지 못했던 것이다.

그래도 살기 위해서는 해외로 도망을 가기 위해 몇몇 가정이 합쳐서 가지고 있던 돈을 모아서 조그마한 배를 샀다. 어렵사리 시가의 수백 배 돈을 주고 구했지만 금방 뒤집어질 정도로 많은 인원이 타고 무조건 다른 나라로 도망치게 된 것이 그 유명한 "보트피플"이다.

다들 알고 있는 사실이지만 그 "보트피플"은 넓은 바다에 떠다니다가 높은 파도를 견디지 못하여 침몰되는 바람에 많은 인원들이 바다 속으로 수장이 되었다. 간혹 천신만고 끝에 어느 나라에 상륙을 하려고 시도를 했지만 그나마도 그 나라에서는 베트남 난민이 자기 나라에 상륙을 하지 못하게 했다. 해안에서 경계를 하는 군인들이 위협사격을 하거나 더러는 상륙을 허용한 나라도 있었다. 그러나 이들 나라에서도 이들 난민을 한곳에 수용하여 자유로운 생활을 할 수 없게 하였다.

성경에도 있다. "호세아 제9장14절에 나라가 망하면 어린이들도 살육 당할 것이기에 차라리 아이를 갖지 않는 편이 낫다고 기도할 것이다"라는 성경구절이 있다.

오죽하면 성경에도 이런 말씀이 있을까? 내 나라가 없으면 이러한 비유처럼 비참하다는 표현이다. 그러므로 우리 모든 국민은 평소에도 내 나라의 소중함을 깊이 명심하고 국가안보에 최선을 다해야 할 것으로 생각한다.

나는 뉴질랜드로 이민을 간지 2년 뒤인 "2002년 월드컵"을 그곳 외국에서 맞이했다. 교민회에서는 오클랜드 시내에 있는 사람들이 가장 많이 모이는 '카페' 몇 곳에다가 대형 TV를 설치 해놓고, 지역별로 한인들이 모여서 응원하며 맥주도 한잔씩 하도록 하는 기회가 있었다. 우리 한국팀이 4강에 오르는 순간은 카페가 온통 다 떠나갈 정도로 흥분의 도가니였었다.

이때는 한국교민은 물론 뉴질랜드 사람들까지 한국선수를 응원하며 한인과 함께 어깨동무를 하면서 춤을 추고 정말 난리였다. 나는 그때 내가 한국인이라는 것에 대해 얼마나 뿌듯한 자부심을 가졌는지 몰랐다. 정말 자랑스러웠다.

그만큼 한국인의 위상이 온 세계위에 우뚝 섰기 때문인 것이다. 지금도 B.T.S라든가 손흥민 등이 그나마 국내의 여러 가지 많은 일들이 사람들의 속을 뒤집어 놓고 있는 가운데 이런 청년들이 한국인의 위상을 세워주고 있다. 정말 감사한 일이다.

그 당시 한국월드컵 대표팀의 감독은 히딩크였다. 그러나 그의 명성에 다소 가려지기는 했지만 정말로 대표팀을 잘 훈련시켰던 사람은 지금 베트남에서 활약하고 있는 '박항서' 코치였다.

외국인이 감독으로 있는 팀에서 감독과 선수들 사이에 있는 코치로서, 언어문제나 국민정서 문제를 잘 조화 시켜 팀을 추슬러 가기란 그리 쉬운 일은 아니었을 것이다. 그 당시 우리 팀이 4강에 올라 갈 수 있도록 중간 역할을 잘 해준 그의 능력이 큰 몫을 했으리라고 생각된다.

그 뒤 박항서 코치는 '베트남 축구대표팀'의 감독으로 발탁되어 한국인의 명성을 세계축구계에 유감없이 나타냈다. 박감독은 베트남 축구대표팀의 감독으로 임명된 뒤로부터 여러 번에 걸쳐 우승을 했다. 그는 선수들을 자식같이 돌봄으로써 선수들로부터는 한국아버지란 닉네임까지 얻었다.

어떤 해는 아시안 게임에서 4강까지 올라왔었는데 한국에 패 함으로 우승은 하지 못하였지만 역사적으로 대단한 성과를 이끌어냈다. 그는 또한 2019년에는 동남아시아경기에서 '베트남(u-22)축구팀의 감독'으로서 베트남에게 60년 만에 금메달을 안겨주었다. 결승전에서 퇴장을 당한 그는 베트남의 영웅이면서 또한 한국의 영웅이었다.

나는 박감독이 이렇게 자기의 능력을 발휘 할 수 있는 것도 대한민국이란 울타리가 그를 튼튼하게 보호해주고, 한국이라는 나라가 경제적이나 문화적으로 세계위에 우뚝 서 있음으로 인하여 가능했다고 보았다.

또한 지금도 미국과 유럽에서 국위를 선양하고 있는 B.T.S나 '토트넘'의 손흥민 선수를 보면 그들이 한국 사람이라는 것이 얼마나 자랑스러운지 모른다. 우리는 이들이 있기 때문에, 우리 국민은 큰 위로를 받고 있다.

우리나라는 무슨 일이 있더라도 괜찮겠지? 하는 안일한 생각은 금물이다. 우리 스스로가 나라를 지키는데 앞장서지 않으면 우리도 베트남과 같은 비극을 가져오지 않는다는 보장은 없다. 내 집에 튼튼한 울타리가 없으면 내 재산을 훔쳐가는 도둑을 막을 수 없는 것이다.

지금 「아프가니스탄」이 제2의 베트남의 길로 가고 있다. 지난 20년간 미군이 주둔하여 탈레반의 공세로부터 보호를 해 주었으나 아프간의 정부는 미국의 고마움을 모르고 과거 남베트남과 같이 미군을 적대시 하고 자국의 안보보다는 사욕에 빠져 더 이상 미국으로부터 보호를 받을 가치를 갖지 못하게 하는 경지에 이르게 되었다.
그래서 미군은 아프간에 주둔한지 만 20년 만에 2021년 5월에 철수하기 시작했다. 미군이 철수하자 곧바로 이슬람 무장조직인 탈레반이 공세를 취하여 아프간의 주요도시를 점령했으며 미군이 철수한 지 정확히 3개월만인 오늘(8.15) 수도 카불까지 함락되어 아프간 정부가 붕괴되었다. 결국 제2의 베트남이 된 것이다.
우리는 베트남과 아프간의 패망을 교훈으로 하여 이를 반면교사로 삼아 국민의 생명과 재산을 보호할 수 있도록 미국과의 유대관계를 더욱 공고히 해야 할 것이다. 미국이 광복으로부터 6.25전쟁에서 까지 우리나라에 많은 도움을 주었다. 은혜를 모르는 것은 금수나 다름없다.

 탈레반의 공격이 시작되자 대통령은 자기 혼자만 살려고 다른 나라로 도망을 갔으며, 정부군과 보안군, 경찰 등은 적을 물리칠 생각은 하지 않고 상당수가 탈영을 하거나 일부는 탈레반으로 소속을 바꾸는 쓰레기 같은 짓을 했다고 했다.
 작금에 우리나라 일부 정치인이나 학생들이 아무것도 모르고 미군을 철수 하라고 외치는 행위는 곧 나라의 멸망을 초래 한다는 것을 정말로 모르는 처사이다.

 그 다음해 여름 방학 때는 그동안 미뤄왔던 아내의 무릎을 수술하였다. 원래 여름방학 계획은 '말레시아 단기선교'를 가도록 계획을 했었는데 아내의 무릎 상태가 도저히 선교팀과 함께 활동을 할 수 없을 것 같아서 선교 가는 것을 취소하고 무릎을 수술하게 되었다. 아내가 무릎이 아픈지는 거의 10여년이 다되었다. 그 동안은 억지로 참을 수가 있었는데 작년에 베트남여행 때도 무척 힘들어 했었다.

 그래서 이번 여름방학을 이용하여 아내의 무릎 인공관절 수술을 하였다. 아내와 나는 한국에서 제일 잘 한다고 하는 병원을 찾느라 거의 한 달을 알아본 뒤에 분당에 있는 '서울나우병원'에서 수술을 하였다.

 우리가 찾은 이 병원은 원장님이 서울대학교 전문 과장을 오래하여 수술을 잘 한다고 소문이 나 있는 병원이다. 우리가 수술을 위해 병원에 입원 했을 당시 병원에는 수술을 하고 재활단계에 있는 환자들이 많이 있었다. 인공관절 수술은 수술 뒤에 하는 재활운동이 너무 아파서 모든 환자들이 너무 힘들어 했다. 나는 아내의 재활운동이 너무 아파서 옆에서 지켜보기가 어려울 지경이었다.

어찌됐든 수술 뒤에 지속적인 재활운동과 치료로서 지금은 아프지 않고 생활을 잘 하고 있다. 물론 인공으로 한 수술이라 자기 원래의 무릎 같지는 않지만 그런대로 수술하기 이전에 비해 아프지도 않아서 감사한 일이다. 얼마나 아팠으면 아내는 태어나서 생전 처음으로 이렇게 아파보긴 처음이라고 하면서 많은 고생을 하였다.

나는 또 그해 가을에는 볼링위원회 위원장과 4부 성가대장으로 봉사하는 김병남 집사가 1978년도에 옛날 내가 전방 강원도 양구에서 근무를 했으며 특히 나를 많이 아껴주셨던 서종근 중령께서 대대장을 할 때 운전병을 했다는 얘기를 들었다.

나는 그 얘기를 듣고 얼마나 반가웠던지 서대령님께 금방 전화를 드렸더니 너무 반가워 하셨다. 그래서 나는 김집사와 함께 그분이 계시는 광주로 가서 서대령님 댁을 방문 하였다. 정말 오랜만에 나의 직속상관이시자 형님으로 모시는 서대령님과 사모님을 만나 뵙고 올라왔었다. 그분은 나의 생명의 은인이라 할 만큼 내게 잘해주신 분이다.

그 뒤로는 자주 연락도 드리고 작년에는 대전에서 김병남 집사의 아들 결혼식이 있었는데 광주에서 올라오셨을 때 만나 뵈었다. 서 대령님은 거의 팔십 이 삼세가 되셨는데도 본인이 살고 계시는 아파트

부근에 있는 노인회관에서 나이가 적다는 이유로 총무를 하고 있다고 하였으며 아주 건강해 보이셨다. 그런데 애석하게도 지난2021년에 숙환으로 별세하셔서 대전 현충원에 안장되셨다.

그리고 생각나는 김에 나와 아내는 내가 43년 전에 중대장을 하던 강원도 양구 동면 지역에 있는 대암산과 펀치볼이 지금은 어떻게 변하였는지 보기 위해 한번 다녀왔다. 대전 집에서 떠날 때는 옛날 방산에서 막국수를 잘 하는 집이 있어서 그곳에서 막국수도 먹을 겸 해서 점심때를 맞추어 양구 방산에 도착 했다. 그러나 애석하게도 그 맛있게 하던 막국수 집은 온데간데없고 마땅히 밥한 그릇 먹을 만한 식당도 없었다.

왜냐하면 옛날에는 연대본부가 있던 방산면 소재지는 양구에서 아주 멀리 떨어져 있는 산골이었으며, 도로 마저 비포장으로 되어 있어서 '양구'읍과 '방산'면은 아주 통행하기가 어려웠다. 그러기 때문에 산골인 방산면 소재지에도 특색있는 먹을거리가 있었던 것이다.

그러나 지금은 그 전방에도 도로가 확장되고 포장이 잘되어 있어서 방산면 소재지에서 10분이면 양구읍으로 나갈 수가 있다. 그래서 모든 사람들이 밥을 먹으려면 전부 양구읍으로 나가기 때문에 방산면 소재지는 장사가 되지 않으므로 식당이 하나도 없다는 것이었다.

그래서 할 수 없이 연대본부 앞 간이식당에서 라면을 한 그릇 시켜 먹고 옛날 서대령님이 대대장을 하던 포병대대를 지나서 내가 가고 싶어 하던 동면 임당리에 갔다. 옛날 내가 중대장을 하던 대암산은 안개가 조금 끼었지만 어렴풋이 멀리서 옛날 중대본부 자리를 바라보았으며, 펀치볼은 대전으로 다시 귀가할 시간을 계산해 보니 시간이 빡빡해서 가기를 생략했다.

나는 대암산에서 중대장을 할 때는 역사소설을 참 많이 읽으면서 군인들의 지략과 무용에 나의 마음을 온통전쟁 전략에 빠져버릴 때가 많았다. 그때 내가 주로 읽었던 책은 대부분 장편소설이었는데 당시 유행했던 '야망'이라든지 '불모지대' 등은 밤을 새면서 읽은 적이 있었다. 대암산에서 중대장을 할 때는 멀리 내 가족이 살고 있는 임당리 헌병초소 옆에 우리 집이 보이는데도 선점중대의 임무를 띠고 산 정상에 올라가 있었기 때문에 갈 수 없었다. 눈으로는 빤히 보이는 거리지만 겨우 한 달에 한번 외박 때만 집에 올 수가 있었다.

옛날에 나는 버스종점이고 헌병초소가 있던 그곳에서 조그만 방을 얻어서 월세를 살았었는데 그 옛날 집들은 다 없어지고 커다란 이정표만 세워져 있었다.

다행스럽게도 내가 살았던 쌀가게를 하던 딸 부잣집(딸만 10명)만 빈집으로 남아있어서 그 옛날의 추억을 더듬어 볼 수 있었다. 혹시나 해서 나는 사람이 있는 집에 가서 우리가 살던 집에 대해서 물어보니 그때 할머니랑 쌀가게 사장님이랑 모두들 다 돌아가셨다는 얘기를 들었다. 참으로 유수와 같은 세월은 어쩔 수 없는 것인가 보다.

그 시절에는 군부대나 간부들이 세를 얻어 사는 집들은 겨울에는 월동준비로 땔감을 준비 해 놓는 것이 제일 큰 일 이었다. 우선 군부대 는 대부분 '페치카'로 난방을 하였기 때문에 가루로 된 연탄을 연대 군수과에서 대대와 중대단위로 트럭으로 실어다 주었으며, 각 중대는 불쏘시개 감만 확보 해 두면 되었다.

그러나 나같이 남의 집에서 세를 얻어 사는 영외거주 간부들은 초가을부터 충분하게 전방에서 말라 넘어져 있는 나무를 주워다가 벽 높이만큼이나 쌓아놓고 겨우내 군불을 떼고 밥을 해먹었다. 일단 땔감이 확보되면 부자가 된 기분이었다. 왜 그때 전방에는 구공탄 부엌이 없었는지?

2018년도 초에는 우리 가문의 가장 어른이시고 나의 신앙에 많은 영향을 주셨던 원주 영광침례교회를 담임하셨던 김종호 할아버지(목사님)께서 소천하셨다. 할아버지의 영향으로 우리 형제들은 어릴 때부터 하나님을 가까이 모시는 신앙심의 초석이 되었다. 그래서 그 어른의 진실하고 인자하신 모습을 보고 성장한 우리 형제자매들은 지금 교회의 목사와 중직으로 사역을 하고 있다. 참으로 우리 가문의 구심점이 되셨던 어른이셨는데 모두들 안타까이 생각을 하고 있다.

그리고 며칠 후 에는 **영주제일고등학교 졸업 50주년 기념식**에 다녀왔다. 내가 다닐 무렵에는 실업계 고등학교였는데 지금은 인문계 학교로 변경되어 경북 북부 지역에서는 아주 좋은 학교로 이름을 날리고 있었다. 전국에 있는 일류대학에 해마다 많은 인원이 합격을 하고 있으며 최근에는 졸업생들이 중앙행정부서와 대기업에도 많이 포진되어 있다. 70년의 전통을 잘 이어오고 있어서 마음이 뿌듯하였다.

학교는 현대식으로 다 개축 또는 신축이 되어 옛날 모습은 찾아 볼 수 없었지만 학교 주변 동네는 별반 달라지지 않고 있어서 그 시절에 자취하던 기억은 되살려볼 수 있었다. 우리는 학교주변에서 대부분 마음에 맞는 친구들끼리 방 한 칸에 두 명씩 짝을 지어 밥을 해 먹으면서 공부를 했었다.

어떤 때 연탄불이 꺼질 때는 물에 씻은 쌀 냄비를 들고 윗집 아랫집으로 다니면서 남의 집 연탄불로 밥을 해 먹고 학교에 늦지 않으려고 허둥지둥 거릴 때도 있었다.

그 시절에 그 동네에 어울려 자취를 했던 친구들은 김영술, 김영준, 김순경, 유용하, 장성덕, 이명호, 김병옥, 우병근, 박진달 등이 기억난다. 그리고 1년 선배로는 전화봉, 김형묵, 권혁수 형들이 고향인 부석중학교 선배라서 이웃하며 밥을 같이 해 먹으며 공부를 하였다.

어찌됐든 학교 옆에서 자취를 하며 공부를 했던 그 마을을 보니 그 때 그들이 다시금 보고 싶어 졌다.

우리는 학교를 들러보고 교장 선생님으로부터 학교의 발전과 변천사를 소개 받았다. 그리고 지정된 회의장에서 옛날 빡빡이 머리에 교복을 입고 학교에 다녔던 그 어린 시절에 함께 공부했던 동창생들을 만나보니 정말로 감회가 새로웠다. 그 때는 내가 꼭 무엇을 해야 한다는 뚜렷한 목표는 없었지만 나름대로 사회 각 분야에서 열심히 일하다가 이제는 대부분 은퇴를 하여 노인으로 만나게 되니 너무나 반가웠다.

명찰을 확인 하지 않고는 누군지 알아볼 수가 없었지만 동창회가 시작 되면서 조금씩 바라보니 마치 안개가 걷히는 듯 옛날 그 모습들을 알아볼 수가 있었다. 옛날의 윤곽은 그대로 있기 때문이다.

참으로 오랜만에 만남의 시간이었지만 우리는 그 옛날에 있었던 얘기를 하느라 시간이 너무 짧았다. 그 후부터 우리 동창생들은 카톡방을 만들어서 매일 안부를 주고받고 있다.

대학 졸업식

2019년 2월 4일 나는 2개 세대의 어린 학생들과 함께 4년 동안 대학 공부를 마치고 졸업을 하였다. 손으로 글씨를 쓰고, 숙제를 하던 세대에 태어나서 70세 가까이 된 늦은 나이로 학교에 입학하여 거의 컴맹 수준인 내가 컴퓨터를 밥 먹는 것과 같이 생활화된 손자 손녀 뻘 되는 학생들과 같은 여건에서 그래도 잘 버티어 졸업을 했다.

나는 대학 4년을 다니면서 제일 힘들었던 것은 컴퓨터를 사용하는 것이었다. 대부분 교수님은 컴퓨터로 숙제를 내고 학생은 교수님이 컴퓨터로 낸 숙제에 대한 과제를 컴퓨터로 작성하여 교수님에게 제출하는 시스템이었다.

나 같은 컴맹은 우선 숙제가 뭔지 알려고 하면 인접 학생에게 컴퓨터로 교수님이 낸 과제를 배워서 알아야 했다.

그래서 또 그것을 수기로 숙제를 한 다음 다시 컴퓨터로 교수님에게 숙제를 제출했었다. 학생들은 밥 먹기보다 쉬운 것을 나는 마치 아주 고차원적인 문제를 푸는 것 같이 힘들었다. 어린 학생들은 자기들은 생활화 되어 있는 것을 내가 자꾸만 물으니까 귀찮아하는 학생들도 있었다. 어찌됐든 부여된 학점을 취득하여 졸업을 하였으니 감사한 일이다.

나는 이전에 육군대학이나 국방대학원, 동국대학원에서 공부 할 때는 손으로 다 했기 때문에 수업 외에 컴퓨터 때문에 추가로 신경을 쓰지 않아서 여유 있게 공부를 할 수 있었다.

졸업식장에서는 내가 가장 나이가 많은 학생이었으며, 나는 늦은 나이에 공부하고 졸업하는 것이 뭐 그렇게 자랑할게 못될 것 같아서 교회나 고향 형제들에게는 알리지 않았다. 그래서 축하객으로 집안에서는 아내와 아들, 며느리, 손녀 그리고 사돈 목사님과 사모님이 오셔서 축하를 해주었다.

또한 중문교회에서는 양선숙 목사님을 비롯하여 내가 봉사하고 있는 3부 성가대인 '에벤에셀 찬양대원'과 장로 몇 분이 오셨으며, 20년 이상 인연을 유지하여 오고 있는 'OREWA 구역' 식구인 박형식, 최창애 권사 부부와 '뉴질랜드'에서 오신 강정애 권사도 멀리서 방문하여 축하를 해주었다.

나는 처음에 침례신학대학교에 입학 했던 목적은 내가 즐기고 좋아하던 '색소폰 연주'를 배우기 위해서였지만 2학년에 올라와서는 악기 연주보다 신학에 대해서 공부를 하기 위해 신학과로 전과를 하여 신학과로 졸업을 한 것이다.

원래 신학과를 졸업하면 대부분의 학생들은 교회 목사를 하는데 나는 나이도 많고 또 내 자신이 목사의 자질을 갖추지 못하고 있다고 스스로 생각하고 있기 때문에 다른 분야에서 주의 일을 하기로 했다.

그것은 진흥원격평생교육원에서 한국어 교원 2급 자격증을 취득하여 외국 선교사로 파송하여 외국인에게 한국어를 가르치며 선교를 하거나 한국에온 외국인을 대상으로 한국어를 가르치며 선교를 하기로 마음을 먹었다.

그래서 온라인 강의를 듣기로 결심하고 1학기 강의료를 150만원을 납부하고 필요한 교재를 준비하여 3월 첫 주부터 2019학기 제7기로 등록하고 강의를 수강 하였다. 나는 대학을 졸업한지 만 한 달 후부터 또 다른 목표를 이루기 위해서 공부를 시작한 것이다. 수료기준은 총 16개 과목이며 과목당 평가결과 총점 60점 이상을 받아야 한다. 그리고 출석률은 80% 이상을 해야하며 교생실습을 포함하여 2년간 강의를 듣도록 되어있다.

2년간 총 48학점을 이수하고 규정되어 있는 소정의 점수를 획득하면 한국어교원 2급 자격증을 획득하게 되는 것이다. 나는 성격이 무엇을 하더라도 완벽하게 해야지 대충대충 넘어가는 성격이 아니기 때문에 거의 매일 책상 앞에 앉아서 컴퓨터와 씨름을 하였다.

나는 한국인이기 때문에 한국어는 대충해도 되는 줄 알았는데 각 과목별로 세부적으로 들어가 보니 이 또한 만만치 않았다. 그러니 한국인이라도 한국어를 전문적으로 연구하고 배우기 위하여 각 대학교에 국문과가 기본으로 개설 되어 있는가 보다. 각 과목별로 온라인 강의를 하는 교수들도 전원 해당과목의 박사학위를 가진 분이다.

나는 새로운 수업에 매진하고 있으므로 매일매일을 시간 가는 줄 모르게 지내고 있었다. 이러한 나에게 아내는 이젠 대학교도 졸업을 했으니 외출도 함께 하고 여행도 좀 다니자고 했지만 나는 새로 시작한 공부가 부담되어 아내의 말에 별로 관심을 갖지 않았다.

그래서 나는 아내에게 당신은 대전이 고향이고 대전에서 학교를 다녔으니 나만 바라보지 말고 나가서 친구들이나 동생들도 만나서 맛있는 것도 먹고 놀다가 오지 그러냐고 하기도 했었다. 아니면 주민센터 같은 곳에 가서 합창을 한다거나 스포츠 댄스를 배운다거나 컴퓨터를 배우는 등 취미생활을 해보라고 권유를 해보기도 했다.

나의 그런 말에 돌아온 아내의 말은 "그 사람들은 다 부부끼리 어디든 다니지 요새 누가 친구들과 노느냐?"라고 하였다. 그러한 아내의 말에 나는 한편으로는 미안한 생각도 들었다.

군대생활 하느라 많이 떨어져 살다가 이민 가서 한 4년간만 휴가 같이 생활을 했지만 다시 한국으로 와서 11년간을 교회사무국장을 하느라고 매일 출근을 했다. 그리고 교회사무국장직을 사임 한 후 곧바로 대학에 입학하여 4년간을 또 매일 학교에 갔다. 남들은 노년에 부부가 함께 여행도 다니고 외출도 함께하는데 또다시 교원 자격증을 딴답시고 혼자서 시간을 보내고 있는 것이다. 그러니 아내가 불만을 토로할 만도 하다.

시도 때도 없이 울려대는 카톡방의 친구들은 하나같이 노인에 관한 내용들을 퍼 나르고 있다. 사관학교 동기들이나 중·고등학교 동창생들이나 이젠 모두가 칠순을 훨씬 넘긴 나이들이다. 그래서 노인은 어떻게 해야 하고 노인은 무엇을 해야 된다는 것, 대부분 그러한 내용들이다.

하루 종일 TV 앞에만 앉아있는 아내를 보다 보니 언젠가 내게 깨달음이 왔다. 그것은 다름 아닌 나의 욕심에 대한 것이다. 나는 지금까지 70평생을 살아오면서 오직 나만의 목표달성을 위해 노력하고 나만의 명예를 위하여만 열정을 바친 것이 아닌가에 대하여 부정을 할 수 없음을 깨닫게 되었다. 아내에 대한 미안한 마음이 생긴 것이다.

그래서 나는 특별한 결심을 하게 되었다. 그것은 이제 남은 인생은 아내와 함께 하는 것이다. 지금까지의 살아온 나의 개인의 성취에 대한 욕망은 접어두고 이제부터라도 아내와 함께 하는 삶을 가져야 하겠다고 마음의 결정을 하였다. 그래서 중간고사까지 시험을 보았으나 5월말에 수강하던 강의를 중단하였다. 나는 지금까지 나만을 위해 출근하고, 나만을 위해 공부하며 살아가던 인생을 지금 부터는 아내와 함께 나머지 인생을 살아가기로 했다.

내 자신이 무엇을 해서 하나님의 일을 한다거나 하기 보다는 지금까지 20년 이상을 열심히 하나님의 일을 한 아내를 위하여 아내와 함께 신앙생활을 잘 하는 것 또한 하나님이 기뻐하시는 일이 아닌가 생각한다.

제4부

건강하고 아름다운 노년생활 유지

제1장 겸손하고 정의로우며 사회에
도움이 되는 노년이 되자

제2장 부지런히 좋은 책을 읽고 글을 쓰자

제 1 장

겸손하고 정의로우며
사회에 도움이 되는 노년이 되자

정말 부담 없는 인생여행

노년으로 아름답게 진입을 하기 위해서 이제 부터는 생활패턴을 새로 짜야 한다. 우선 지금까지 내가 갖고 있던 모든 잘난 체 했던 것들 또는 조그마한 것이라도 내가 가졌던 욕심들을 다 내다버리고 오직 현실에 감사하는 쪽으로 살기로 했다.

그래서 이제는 원칙주의도, 나의 주장도, 심지어 저 위에서 하고 있는 되지도 않는 정책들로 사람들의 마음을 아프게 하는 모든 것들도 이제는 모르는 척하고 살기로 했다. 세월이 지나가면 제자리로 돌아오겠지 하고 편안한 마음으로 사는 게 지혜가 아닌가 생각한다.

이기는 것 보다 적당히 저 주는 쪽으로, 한걸음 물러서서 양보하는 쪽으로 살면서 보고 싶은 많은 이들과 만나서 이야기를 나누면서 살아가기로 한다. 이러한 생각과 생활양식이 잘 바뀔지는 모르지만 그렇게 되도록 최대한 노력을 하려고 한다.

그래서 지금부터는 아내와 내가 따로 생활 하는 게 아니라 같이 생활 하는 것이다. 이제는 아내와 나는 똑같이 자연인이 된 것이다. 내가 군인이므로 부대에 출근을 하는 것도 아니고, 교회의 사무국장이라서 새벽부터 하루 종일 교회에 있어야 되는 것도 아니며, 학생이라 매일 학교에 가지 않아도 되고, 어디 직장에 출근해야 하는 매인 몸이 아닌 아내와 똑 같은 자유인이다.

그래서 아내와 같이 생활을 하기 위해서는 우선 아내의 승용차부터 팔기로 했다. 지금까지는 내가 직장에 다니거나 학교에 다니는 등의 이유로 아내가 볼일을 보려면 승용차가 별도로 있어야 했는데 지금은 내가 집에 함께 있기 때문에 아내의 차가 별도로 있을 필요가 없기 때문이다.

아내는 아내의 차를 팔고 내차 한 대만 사용하자는 나의 권유에 지금까지 40년 이상을 개인 승용차로 생활 하였는데 갑자기 발이 묶이는 기분이라 서운 한 감이 왜 없었을까? 그러나 아내는 내 생각에 동의를 해주었다. 그래서 새로 구입한지 1년도 채 안 되는 G-80 승용차를 중고시장에 내다 팔았다.

나는 겉으로는 표현은 안했지만 서운해 하는 아내의 마음을 읽을 수 있었으며 아내에게 개인 승용차가 없는 대신 내가 더 아내가 불편하지 않게 해주어야 하겠다고 다짐했다. 어떤 남자들은 자가용을 자기 아내보다 더 사랑한다고 하는데 여자인들 별반 다르겠는가.

이제는 대학도 졸업하고 한국어 교원 자격증을 따기 위한 온라인 강의마저 중간에 중단했으니 나는 정말로 인생의 숙제가 없는 몇 십 년만의 휴가를 낸 셈이었다. 오로지 아내와 함께 신앙생활을 잘 하고 건강한 노년을 보내기로 하니 그야말로 모든 일상이 땅 짚고 헤엄치기다.

다시 한 번 지금까지의 내 인생을 주관해주신 하나님께 감사를 드린다. 이제는 얽매임에서 해방되어 남은 인생을 아름답게, 그리고 곱고 추하지 않는 노인으로, 사회에 덕이 되는 노인으로 행복하게 늙어가기 위해 모든 지혜를 모으기로 했다. 그리고 늘 일상에 감사하며 살기로 했다. 그리고 그 감사함에 기쁨을 느끼는 행복이라는 단어와 함께 살기로 했다.

그래서 우선 여행부터 가기로 했다. 그동안 아내가 무릎이 아픈 바람에 못 가본 남들은 다 다녀왔던 중국의 **장가계**부터 가보기로 하고 여행사에 신청을 했다. 여행 일정은 2019년 6월 30일부터 7월 5일까지 4박6일 일정으로 첫날은 인천 공항에 오후 6시에 집결하여 각 지방에서 모인 여행객들과 함께 행동하는 것이다.

아내와 나는 지난 1월에 뉴질랜드 딸 자겸이네 집에 다녀온 지 6개월 만의 여행이었다. 중국 관광을 위해서 며칠 전부터 여행에 필요한 짐을 꾸리고 준비하는 과정에서 실제의 여행보다 더 행복한 시간을 가지게 되었다.

첫날 우리 부부는 인천 공항에서 집결하는 시간을 맞추기 위해 미리 예매한 공항버스를 타고 오후에 출발하였다. 대전에서 인천 공항까지는 직행버스로 약 3시간이 소요되지만 우리는 시간을 넉넉하게 가지기 위해 1시간 일찍 출발했더니 인천공항에는 여유있게 도착을 하였다.

인천공항은 우리가 뉴질랜드에 다녀온 6개월 사이에 터미널에 변동이 있었다. 그것은 제2터미널이 생긴 것이다. 대한항공은 제2 터미널에서 이착륙을 한다는 것이다. 그래서 대전에서 버스를 탈 때에도 버스화물칸의 앞쪽은 제1터미널로 가는 승객의 짐을 싣고, 뒤쪽은 제2터미널로 가는 승객의 짐을 구분하여 싣고 갔다. 나는 지금까지 외국여행을 하면서 제1터미널이 눈에 익었었는데 제2터미널에 오니까 마치 외국의 어느 공항에 온 듯 한기분이 들었다.

아내와 나는 함께 여행을 하는 팀과 만나서 서로 간단한 인사를 나누었다. 그리고 여행사 직원으로부터 여행 일정에 대한 안내와 탑승수속을 끝내고 밤 9시에 인천공항을 출발하여 다음날 새벽에 중국무안 공항에 도착하였다. 새벽에 도착한 우리 일행은 공항에서 피켓을 들고 있는 가이드를 만나 전용버스를 타고 정해진 호텔로 가서 늦은 잠을 달게 잤다.

다음날 가야 하는 무안에서 장가계까지는 8시간 이상이 걸린다고 하여 우리 는 새벽 일찍 기상하여 호텔에서 간단한 아침식사를 한 후 버스에 승차하여 고속도로로 계속하여 달렸다. 점심은 중간 휴게소에서 한식으로 하였으며 목적지인 장가계는 오후 3시경에 도착하였다.

대부분 여름의 장가계는 1년 365일중 약 200일이 비가내리는 날씨라고 했다. 그런데 우기철이라 비와 안개로 인하여 천문산을 한 눈에 관광하기가 어렵다는데도 우리 팀은 다행스럽게도 날씨가 맑아서 멀리 산 어깨에 구멍이 뚫린 천문산을 한 눈에 바라볼 수 있었다. 그래서 가이드는 우리 팀이 매우 운이 좋은 팀이라고 너스레를 떨었다.

영화 '아바타'의 촬영지 모티브로 알려진 중국 장가계는 "사람이 태어나서 장가계에 가보지 않았다면 100세가 되어도 어찌 늙었다고 할 수 있겠는가?"라는 말이 있을 정도로 수려한 풍경으로 유명하다고 한 곳이다. 특히 원가계와 천자산은 정말로 여행의 하이라이트라고 하는 가이드의 소개와 함께 관광의 첫 일정인 천문산 등정에 들어갔다.

천문산은 직접 등반하는 게 아니라 해발 1500m의 정상까지 세계에서 가장 길다고 하는 케이블카를 타고 올라가는 것이었다. 우리는 마침내 케이블카를 타고 천문산 정상으로 올라갔다. 올라가면서 펼쳐지는 천문산의 경치는 정말로 말로 표현을 할 수 없을 정도로 환상적이었다.

멀리서 보였던 천문산의 구멍을 바로 옆으로 지나면서 가까이서 거대한 구멍을 보니 정말로 장관이었다.

또한 다른 한쪽에는 천문산 정상으로 올라가는 버스길을 보고 있노라니 마치 뱀이 기어가는 듯한 형상으로 모든 관광객들의 입에서는 탄성이 쏟아져 나왔다. 천문산 정상에서는 '귀곡잔로'를 발로 밟으면서 정상의 둘레를 이동 하였는데 정말로 신기하였다. 어떻게 바위절벽에 구멍을 뚫어서 거기에다 강한 철제 빔을 넣고 콘크리트로 타설 한 다음 그 위에 유리로 길바닥을 만들어서 사람이 그 위를 지나가게 했는지 불가사의한 일이 아닐 수 없었다.

나이가 좀 드신 노인네 들은 길 아래를 내려다보지 못하고 앞에 가는 사람의 뒤통수나 먼 산을 바라보면서 이동을 하기도 하였다. 높은 산에서 내려다보이는 장가계의 웅장함과 발아래로 내려다보이는 아찔한 공포증은 가히 잊지 못할 경험이었다.

하산 할 때에는 12칸 에스컬레이터를 타고 쉼 없이 내려와 보니 순식간에 천문산 하늘 구멍 앞 광장 이었다. 그래서 나와 아내는 천문산 구멍을 배경으로 하여 기념 촬영을 할 수 있었다. 가이드 말에 의하면 천문산 구멍으로 비행기가 통과 할 수 있다고 했다.

주간 관광이 끝난 우리 팀은 야간에 펼쳐지는 '천문산 호선쇼'를 관람했다. 천문산 호선쇼는 천문산 전체가 무대이다. 관람석에 앉은 모든 관람객은 어디서 어떤 모양의 무대가 펼쳐지는가에 대해 궁금한 가운데 일분도 다른 곳에 눈을 팔지 않고 무대만 주시 하였다.

무대는 천문산 각 곳에서 뿜어대는 조명 라이트가 온통 불꽃놀이를 하는 가운데 공연을 펼치는 것이다. 특히 500여명이 출연하는 '여우와 마을 청년의 사랑 이야기'는 대규모의 사람 숫자와 휘황찬란한 조명이 말 그대로 웅장의 극치를 보여주었다.

나는 26년 전 국방대학원에 재학 중 중국 시찰을 갔었다. 그때도 만리장성이라든가, 시안 병마용, 그리고 자금성, 계림 등을 방문 했었는데 지금과 같은 느낌을 가졌었다. 그것은 모든 것이 크고 웅장하다는 것이었다.

다음날은 모노레일을 타고 5km의 협곡을 따라 펼쳐지는 '십리화랑'의 경치는 보는 것마다 기이한 봉우리들의 향연이었다. 특히 삼형제 봉을 극치로 하여 정점을 찍었다.
연이어 이어지는 여행은 비가 와도 전혀 지장이 없는 황룡동굴로 갔다. 황룡동굴에서는 동굴 내부에서 배를 타고 이동이 가능할 정도로 그 규모가 어마어마했다.

동굴 안에서 기암괴석을 구경하고 나오니 물레방아들이 연결되어 돌아가고 있었다. 이 광경을 보니 어릴 때 나와 우리 친구 몇 명이서 방앗간에 주인 몰래 들어가서 벨트를 타고 이동하는 도정이 덜 된 쌀을 한 움큼씩 집고나와 호주머니에 넣고 먹으면서 다니던 때가 생각났다.

오늘은 물과 관계되는 곳에서 주로 관광을 하였다. 우리 일행은 산 위에다 인공으로 댐을 막아서 만든 '보봉호수'를 유람선을 타고 대협곡에서 뱃놀이를 하였다. 이 호수는 동양의 아름다움을 한껏 담은 인공호수로서 이동도중 군데군데 만들어놓은 정자에서 '토가족'이 들려주는 노래는 정말로 인상적이었다. 보봉호는 대략 길이는 2.5km이며 수심은 평균 70m 정도나 되며 최대 수심은 120m라고 하였다.

3일차는 '천자산'과 '공중정원'으로 올라갔다. 산의 밑바닥에서 보면 기암괴석으로 이루어진 뾰족한 바위의 끝인데 막상 그 위에 올라와보니 사람이 살고 있었다. 집도 있고 논밭도 있으며 우리나라의 평야같이 논을 만들어서 논에다 물을 대어 벼를 심어 농사를 짓고 사는 모습이 보였다. 나는 도무지 이해가 가질 않았다. 장가계가 지금처럼 개발되지 않았던 그 시절에 이들은 아프거나 비상사태가 발생하면 어떻게 병원이나 상가가 있는 시내로 내려 왔을까? 하는 것이 지금까지도 수수께끼로 남아있다.

　아마 이들은 별개의 세상에서 토착민으로 살아 왔을 것으로 생각된다. 관광객이 마을에 도착하면 우르르 몰려와서 무엇을 사라고 하였으며 긴 대나무로 가마를 만들어서 산꼭대기로 이동하기가 힘든 사람을 태워주고 그 삯을 받기도 하였다. 마침 아내는 무릎을 수술한 뒤였기 때문에 2인용 가마를 타고 이동 하였다.

　장가계는 관람객의 이동과 관람을 용이하게 하기 위해 곳곳에 엘리베이터를 설치하여 이동을 도왔다. 아주 긴 것은 한국의 30층 이상 높이 이상의 것도 있었다.

　또한 큰 협곡을 연결한 세계에서 가장 길다고 하는 '장가계 유리다리'는 정말로 하늘을 나는 것 같이 아찔하면서 모든 관광객에게 스릴을 맛보게 하였다. 아내는 내가 사진을 찍어준다고 했으나 겁이 나서 엉금엉금 기다시피 하여 건너가기에 바빠서 제일 기념이 되는 중간 지점에서는 찍지 못하고 거의 다 건너가서 겨우 한 컷을 찍었다.

이렇게 하여 한번은 가 봐야겠다고 마음먹었던 자연이 만들어 놓은 최고의 작품인 아찔한 협곡과 골짜기, 장엄한 폭포, 기암괴석으로 어우러진 장가계와 원가계를 구경했다. 관광을 마치고 7월 5일 새벽에 인천공항에 도착하여 대전행 직행버스를 타고 집에 무사히 도착했다. 아내의 무릎 수술 때문에 많이 걱정을 했었는데 별 탈 없이 무사히 잘 다녀와서 감사한 마음이다.

아내와 함께 밀접하여 며칠간의 시간을 보내고 오니 "나는 나에게 참 잘 했다"라고 말해 주고 싶었다.

나와 아내는 중국 장가계 여행을 마치고 며칠간의 휴식 시간을 가진 뒤 7월 10일~12일까지 일정으로 **OREWA구역 식구 제주여행**을 가기로 하였다. 우리 구역 팀은 앞에서도 소개한 바 있지만 내가 뉴질랜드로 이민가던 해부터 결성된 팀이다. 아내와 나는 이민을 가자마자 전도에 열정을 가지고 활동한 결과 한 때는 우리 구역 식구수가 어른 아이 합쳐서 거의 50명이 넘을 때도 있었다.

구역 식구 대다수는 우리가 전도한 사람들이다. 그러니 형제자매나 다름없는 그러한 한식구 같은 관계이다. 이민간지 4년 만에 우리가 한국으로 귀국 하는 바람에 일부는 흩어지고 지금까지 구역 식구관계를 유지해 오고 있는 인원은 11명이다. 이 11명은 20여년이 지나도록 찰떡같이 달라붙어서 뗄래야 뗄 수 없는 한 몸같이 되어 여름에 한번 겨울에 한번 이렇게 1년에 두 번 씩 모임을 지속해 오고 있다.

그런데 올해 모임은 '코로나19' 때문에 자동적으로 연기가 되었다. 아마 백신이나 치료약이 나와서 코로나19가 종식되면 올해에 하지 못한 분을 보태어 이전보다 더욱 근사하게 행사를 해야 되겠다.

구역식구가 50여명이었는데 왜 지금은 11명만 모임을 유지하고 있는가 하면 우리가 살던 그 당시 식구 대부분은 아직 뉴질랜드에서 살고 있기 때문이다. 지금 한국에서 만나고 있는 멤버는 거의가 유학생 엄마로 형성된 식구들이다. 유학생 엄마 가운데서 모임에 나오지 않는 몇 명은 있지만 지금까지 15년 이상 꾸준히 모임을 유지하고 있는 인원은 11명이다.

모임에 참여하는 구역식구 중 거의는 귀국하여 한국에서 살고 있지만 아직까지 뉴질랜드에서 살고 있으면서 모임에 참여하는 사람은 강정애 권사, 임국근 장로부부가 있다. 한국에는 안산 동산교회에서 열심히 봉사하는 강미숙 권사, 경기도 이천에서 주택 건설사업을 하는 오세진, 이승미 집사 부부, 일산에서 거룩한 빛광성교회의 일꾼으로 봉사하는 박형식, 최창애 권사 부부, 또한 구역의 총무를 맡고 있는 신주연 집사, 그리고 내가 뉴질랜드 구역장으로 있을 때 초등학교 저학년으로 다니던 민정이 종화 남매를 공부 시켰던 황윤희 집사 등이 있다.

그때 내 기억으로 그 나라 초등학교에 같이 다니면서 공부를 했던 어린아이들이 많았었는데 20여년이 흘러간 지금은 그 아이들이 다 장성하여 청년이 되었다. 그 아이들 중에는 지난해에는 최창애 권사가 딸을 결혼시켰으며 올해 2월에는 '코로나 바이러스 19'의 와중에도 황윤희 집사는 딸 민정이를 결혼시켰다. 우리들 모두는 흡사 전쟁터에라도 가듯 모두 마스크를 쓴 채로 결혼식에 참가 했었다.

 2019년 12월경에 발생한 신종 코로나 바이러스는 전 세계로 확산되어 2020년 7월 31일을 기준으로 단 7개월 만에 확진자 1,100만 명, 사망자 54만 명이 발생하여 온 인류의 대재앙으로 치닫고 있다. 그중에 세계에서 가장 선진국이라고 하는 미국에서 확진자가 500여만 명, 사망자가 20만 여명으로 확진자 사망자 모두 전 세계의 25%를 차지하고 있으며 지금은 그 수가 몇 배로 불어났다.

 얼마 전부터 백신이 개발되어 각국에서 접종을 하고 있지만 그것도 부작용이 일부 나타나서 마음을 놓지 못하고 있는 실정이고 보면 정말로 자연의 힘이 얼마나 광대하며 거기에 비하면 인간은 정말로 벌레만도 못하다는 표현이 딱 알맞은 것 같다.

 우리 인간들은 눈에 보이지도 않고 만져지지도 않는 이 괴물 '온역'으로 인해 가고 싶은 곳도 마음대로 가지 못하고 먹고 싶은 음식점도 가지 못하며 먹고살기 위한 생활 터전도 사라져 가는 희귀한 세상에 직면해 있다.

 오로지 살기위해서 숨이 막힐 정도로 답답한 마스크를 써야 하고 옆 사람과 재잘거리며 하고 싶은 말도 마스크와 타인과의 밀접접촉을 멀리하라는 방역 수칙으로 인해 하지 못하고 있는 현실이다. 보고 싶고 만나고 싶은 친구나 형제자매들 간의 모임도 자꾸만 뒤로 미루어지고 있다.

정말로 어느 누가 말했듯이 한 번도 경험해 보지 못한 세상을 만난 것이다. 그러나 어쩔 것인가? 이 순간의 위기는 넘겨야만 할 게 아닌가? 어찌됐든 이 고비를 슬기롭게 잘 넘겨서 먼 훗날 우리가 옛날애기를 할 때가 있을 그때를 기다려 보도록 해야 할 것이다.

그러나 지금은 백신이라도 나왔으니 희망을 가지게 되었다. 하루라도 빨리 백신을 접종하여 악한 온역이 완전히 소멸되어 온 세상 사람들이 자유롭게 사회생활을 할 수 있기를 기원해본다.

이러한 재앙 앞에서는 힘으로도 안 되고, 돈으로도 해결이 되지 않는 무력함의 극치를 경험하였다. 다행히 우리나라는 그나마 방역 관계자들과 의료진들의 헌신적인 노력이 있었으며, 그리고 성숙한 시민의식으로 인하여 이러한 극한 위기를 잘 대처해 나가고 있는 편이다.

이제부터는 20년 전의 그 어린 아이들이 청년이 되어 차례차례로 결혼식을 지속해 나갈 것이다.

그런데 이번 모임은 제주에서 갖기로 한 것이다. 벌써부터 외국으로 여행을 가자고 하는 의견은 많았지만 이번에 제주 여행은 좀 색다른 의미가 있다고 해서 제주로 정한 것이다. 그것은 우리구역 식구와 깊은 관계를 가진 분의 초청 형식으로 계획되었다고 한다.

나와 아내는 내일 아침 일찍이 김포공항에서 제주행 비행기를 타려면 대전에서 출발하는 버스로는 시간을 맞출 수 없기 때문에 하루 전날 안산에 사는 강미숙 권사네 집으로 가서 자고 다음 날 안산에서 김포공항으로 가기로 했다. 그래서 우리 부부는 대전에서 이른 저녁 식사를 하고 시외버스를 타고 안산으로 갔다.

안산 강미숙 권사 아파트에서 1박을 하고 아침 일찍 강 권사와 셋이서 택시를 타고 김포공항으로 갔다. 공항에 도착하니 보고 싶었던 얼굴들이 하나둘씩 나타나 너무나 반가웠으며, 우리 일행은 계획된 비행기에 탑승하여 몇 시간 후에 제주공항에 도착 했다.

제주공항에 도착하여 보니 몇 억 간다는 고급승합차 2대와 건장한 체구의 안내요원이 우리를 맞이하였다. 이들은 어느 여행사에서 나온 사람들이 아니고 이번에 우리일행을 초청한 엄태웅 회장이 보낸 사람이었다. 엄회장은 지금도 뉴질랜드에서 거주하며 여름과 겨울에 구역 식구 모임 때만 한국에 오는 강정애 권사와 임국근 장로부부와 친분이 가까운 분의 남편이다.

엄회장은 제주 태생으로 목사님의 자제분이며 개인적으로 금융자문회사를 설립하여 운영하고 있으며 제주에서 유망한 젊은 사업가로 이름이 나있는 분이라고 했다. 이분이 이번의 우리 팀의 여행을 후원해 주기로 해서 우리 팀은 호텔요금이나 차량 비용 등의 경비를 일체 쓰지 않는 말 그대로 행복한 공짜여행이었다.

우리가 이번에 초청을 받아서 호강을 하게 된 데는 끈끈한 인간적인 사랑이 맺어놓은 인연의 결과로 이루어진 것이다. 그 이유는 우리를 초청해준 분의 아내와 강정애 권사와의 인간관계 때문이다. 지금의 엄 회장 부인이 몇 년 전 처녀시절 학생 신분으로 뉴질랜드로 유학을 왔을 때 강권사와 친 딸처럼 지나면서 외로운 유학생활을 하였단다.

그리고 그 학생이 한국으로 귀국을 한 뒤에도 그들 사이는 마치 부모와 딸과 같은 관계를 유지하여 왔다고 했다. 세월이 흐른 뒤 그때의 유학생은 지금의 남편을 만나서 결혼을 하였고, 그들 부부는 지금 한국에서 성공한 사업가로 살고 있는 것이다. 그래서 엄회장의 아내와 남편이 강권사를 포함한 우리 팀을 초청하게 된 것이다.

나는 내 평생 이렇게 좋은 호텔과 고급차량과 친절한 안내원의 서비스를 받으며 여행을 해 보기는 이번이 처음이었다.

나는 이번에 있어지는 이러한 일을 보고 아직까지 우리들 인간 관계 가운데는 악함보다는 선한 쪽이 더 많다는 것을 느꼈다. 요즘 인간사를 보면 이 세상을 살아가는데 있어서 많은 악한 사람 때문에 고통을 당하거나 인간적인 손해를 보는 일이 많이 일어나고 있다.

TV만 켜면 나오는 뉴스의 대부분이 나쁜 사건으로 도배를 하고 있음을 우리는 일상생활에서 보고 있으며 또한 그러한 사회적인 문제를 안고 살아가고 있는 게 요즘의 현실이다.

그러나 나는 이번여행에서 강정애 권사와 엄회장 부인의 그러한 신의와 사랑으로 맺어진 그 인연의 결과를 보면서 아직 우리에게는 살아갈만한 가치가 있구나 하는 것을 생각해보는 계기가 되었다.

우리가 투숙한 호텔은 너무 넓고 고급스러워서 마치 우리가 임금이나 왕비가 된 기분으로 편하게 지낼 수 있었다. 그리고 차량 또한 최고급 승합차를 제공해 주고 거기에다 안내와 운전을 제주 지리에 밝은 분까지 붙여주어서 우리는 이번 여행을 아주 알짜배기만 골라서 하였다.

게다가 호텔요금과 차량 랜트 비용도 들지 않고 대접 받는 차원에서 관광을 하게 되니 정말 우리 구역 팀들은 행복해 하였다. 우리 구역 팀의 성격이 교회에서 만난 교인으로 만들어진 팀이고 또한 우리를 초청해주신 분도 목사님의 자제분이다 보니 여행의 많은 부분이 교회 탐방 쪽으로 많이 치중되어 더욱 뜻깊은 여행이 되었다.

일반 관광처럼 가이드를 따라다닌다든지 랜트카를 빌려서 여행객들이 잘 가는 일반적으로 많이 알려진 곳을 찍어서 다니는 것이 아니고 보니 우리는 우리가 가질 수 있는 충분한 시간을 많이 가졌다. 그리고 제주에서 교회의 역사가가 되는 지역을 탐방하고 그 인근에서 맛있는 특산 음식을 먹기도 하면서 우리들의 살아가는 문제와 특별히 우리자식들에 관한 이야기를 많이 나누었다.

또한 20여 년 전 뉴질랜드에서 한 식구처럼 지내던 일 들이며 지금 우리가 살아가고 있는 사업 등 얘기를 하면서 이동하다보니 시간 가는 줄 모르게 즐거운 추억 거리를 만들었다.

회고해 보면 모든 가정들이 다 그때보다 성공을 하였고 그 당시 유치원과 초등학교에 다녔던 그 아이들이 모두 잘 되었다. 어릴 때 유학을 온 아이들은 거기서 영어를 배우며 자란 후에 대부분 미국이나 유럽에 유학을 가서 유명한 대학을 졸업하였으며 남자아이들은 이제 모두가 군복무를 마쳤거나 군복무를 하고 있는 성인으로 성장을 했다. 이런 아이들을 공부시키기 위해 기러기 엄마나 아빠 생활을 한 성과로 나타난 것을 보면 그때는 어려움도 있었지만 지금은 얼마나 자기 스스로들을 대견하게 생각하는지 모른다. 모든 가정이 행복해 하고 있다.

우리는 이 모임을 자랑스럽게 생각하고 이 모임의 일원임에 대해 은혜롭게 생각하고 감사하게 생각한다. 우리는 이 모임을 영원히 이어갈 것이다. 우리 모임의 특성은 운영 체계상 중간에 정지한다거나 해체를 할 수 없는 시스템으로 되어 있기 때문이다. 왜냐하면 어떤 모임이든지 다 회비가 있는데 우리 모임은 회비의 특이한 점이다. 우리는 회비를 모일 때 내는 것이 아니라 매월 얼마씩 정해진 회비를 총무가 관리하는 구역이름으로 된 예금 통장으로 자동이체를 걸어 놓고 이체를 하기 때문이다.

그래서 우리가 모일 때는 별도로 회비를 거출 하지 않도록 되어있다. 그러므로 모임이 있는 날은 한명도 빠지지 않고 다 모인다. 물론 모임 날짜를 잡기 전에 대략적인 일정을 카톡방에 올려서 공지를 하게 되면 각자의 가용한 날짜를 올려 개인의 의견을 조율하여 정하게 된다. 이렇게 하기 때문에 지금까지 한 번도 모임에 결원이 발생 치 않았다.

또한 다른 면에서 역설적으로 말한다면 자기가 낸 회비가 아까워서라도 빠지지 않는다 라고 할 수도 있다. 무엇보다 우리가 모이기를 원하는 가장 결정적 이유는 너무들 보고 싶어 하는 구역 식구이기 때문이다.

나는 제주여행이 통틀어 네 번째이지만 이번처럼 꼭 봐야 할 곳과 끼니마다 특색있는 맛집을 찾아다니며 맛있는 음식을 맛보고 또한 알려지지 않는 숨은 명소를 다녀 보기는 이번이 처음이었다.

특별히 나는 이번 제주여행을 통하여 지금까지 내가 알지 못하고 살아왔던 참으로 많은 것을 발견했다. 지금까지 내가 살아왔던 길. 그리고 앞으로는 어떻게 살아가야 좋은지? 등에 대해서~~.

그리고 노년을 어떻게 하면 아름답고 보람 있게 보낼 것인가에 대해서도 젊은이들과의 대화 속에서 다시 한 번 인생 설계를 점검하는 계기가 되었다. 별도로 시간을 함께 가진 이번에 우리일행을 초청해 준 젊은 사업가의 인생 성공담은 참으로 평범 속에서 진리를 찾았다고 했다. 그리고 사업은 자기와 관계되는 모든 사람에게 골고루 이익을 주어야 한다는 철칙을 가지고 한다는 것이다.

자기와 관계있는 사람이란 가깝게는 자기와 함께하는 직원이 될 수도 있고 또한 자기를 믿고 함께 운용에 참여하는 손님일 수도 있나는 것이다. 말하자면 남을 이용해 먹는 그러한 사람이 아니라 남의 이익을 위해서 노력하는 사람이 되어야 한다는 아주 기초적인 상식을 가진 자가 되는 것이라고 말했다.

엄태웅 회장의 부친은 제주 '비량도'란 작은 섬에 10여명 남짓 들어가 앉을 정도로 작은 교회에서 담임 목사를 하시며 엄회장을 키우셨다고 했다. 거기서 엄회장은 비량도 둘레길을 돌면서 성경의 가르침에 따라 인생의 삶의 목표를 세웠다고 했다. 그래서 그는 사업가로 성공하여 예수님이 추구하시는 진리를 전하고 구제와 사업에 기여를 하겠다는 장래의 포부를 목표로 삼았다는 것이다.

우리가 그때 타고 이동했던 차량은 벤츠10인용 승합차로서 아주 승차감이 좋았다. 나는 뉴질랜드에 이민을 갔을 때 벤츠차량 신형을 구입 했었다. 당시에는 흔히 말하기로 벤츠는 10년을 타야만 길이 든다고 했다. 그래서 나는 이번에 산 차를 최소한 20년 이상을 타고 그 다음에 새로 나온 차를 한 번 더 사서 쓰면 거의 100세까지 탈 수 있지 않을까 하고 생각해 보기도 했었다.

그런데 나는 이민생활 4년 만에 한국으로 다시 나오는 바람에 엔진 오일을 한번만 교환하고 새 차와 다름없는 그 차를 팔고 귀국하게 되었다. 그 차량은 1만5천km에 엔진오일을 교환 하면 되기 때문이었다. 결국 그 차는 4년 동안 3만km도 타지 못하고 팔았다.

내가 뉴질랜드에 이민을 간지 2개월 만에 마침 장경동 목사께서 호주에 집회를 참석하는 길에 뉴질랜드 우리 집을 방문 했었다. 그때 냄새조차 가시지 않았던 새 차로 모실 수 있어서 감사하게 생각했었다. 새 차를 구입한지 한 달쯤 지난 때에 목사님을 모시고 여러 곳을 구경 시켜 드리게 되어 나는 기분이 참 좋았던 것이 지금까지 잊혀지지 않는다.

지금은 한국에도 벤츠차량이 흔하지만 지금으로부터 20년 전 그 당시만 해도 한국에서는 벤츠 차량이 귀한 때라서 나는 그 차를 팔기가 아까워서 내가 귀국을 할 때 운송비가 좀 들더라도 한국으로 갖고 오려고 했다. 그런데 운송비 보다는 또 다른 문제가 있었다. 그것은 차량의 운전석이 뉴질랜드 차량과 한국에서 운행하는 차량이 서로 반대로 되어 있기 때문이다.

현재 있는 그 상태로 한국에서 운행을 하자면 '고속도로 톨게이트' 입출이 큰 문제가 되었다. 왜냐하면 한국의 톨게이트의 티켓을 뽑는 곳이 전부 왼쪽에 있기 때문에 운전석이 오른쪽에 있는 뉴질랜드의 내차를 탄 채로는 티켓을 뽑을 수가 없다. 티켓을 뽑기 위해서는 운전자가 차에서 하차한 다음 걸어가서 뽑아야만 되는 아주 불편한 시스템으로 되어 있는 것이다.

그래도 욕심을 부려서 한국에서 사용토록 하기 위해서는 다른 한 가지 방법은 있다. 그것은 운전석의 모든 것을 지금의 오른쪽에 있는 것을 한국차량과 같이 왼쪽으로 바꾸면 된다. 그렇게 차량을 개조할 수 는 있지만 비용이 만만치 않게 나오는 문제가 또 발생 된다.

그래서 차량을 한국으로 갖고 와서 운전석을 개조하게 되면 차량 운송비와 운전석 개조비용을 합치면 신차의 50%의 가까운 비용이 들어가기 때문에 굳이 뉴질랜드에서 타던 차량을 한국으로 가져올 필요가 없어서 싼 가격에 매매하고 한국으로 왔었다.

우리 구역 팀 들은 정말 좋은 여건에서 여행을 하게 됨으로 차를 타고 이동을 할 때나 구경할 때나 음식을 먹을 때나 언제나 기분이 좋아서 정말 친 자매나 형제처럼 많은 이야기들을 나누고 의미 있는 여정을 가졌었다.

이번의 제주여행은 좋다고 하는 여러 곳을 다녔지만 먹는 것은 제외하고 그래도 가장 기억에 남는 곳은 비량도에 있는 미니교회인 '비량도 교회' 방문과 비량도 둘레길 산책이었다. 비량도 산책길은 조그마한 섬 정상을 기준으로 계속 하여 섬의 외곽도로를 연하여 걷는 것이다. 우리는 그 둘레길을 우리 팀 과 엄회장 부부와 귀염둥이 아들까지 푸른 바다를 감상하며 걸었다.

우리는 이 둘레길을 함께 걷기도 하였고 또는 삼삼오오로 걸으면서 정말로 아주 옛적의 동무로 돌아가서 깔깔거리며 웃기도하고 작금에 일어나고 있는 어떤 사안에 대해서는 또 아주심각하게 토론도 하면서 아무 거리낌 없이 많은 얘기를 나누면서 행복해 했었다.

또한 비량도의 맛 집으로 소문난 '보말이야기'라는 이름의 식당에서 먹었던 보말칼국수와 각종 싱싱한 바다고기를 썰어 넣어 만든 물회 맛은 지금도 그 맛을 잊지 못할 정도로 맛있게 먹었다. 그러나 제주의 다른 맛 집에서 먹었던 '회'라든지 다른 제주의 별미집에서 먹었던 음식들은 '보말이야기'의 메뉴에 비해 별로 기억에 나지 않고 있다.

먹는 것 외에 이번 여행에서 감명 깊게 본 것은 제주 성산읍에 설치된 **'빛의 벙커'**에서 세계적으로 유명한 화가 **'구스타프 클림트'**의 작품을 갖가지 형형색색으로 표현해 관람객을 매료시킨 작품전이었다. 남녀가 황금빛 옷과 장식에 둘러싸여 입맞춤을 하는 모습을 그린 그의 대표작인 "키스"를 비롯하여 아델레 불로흐 등, 많은 대작들을 감상하였다.

작품 '키스'는 클림트의 그림중 가장 유명한 작품이라고 하는데 그 그림은 크림트가 사랑하는 연인 '에밀리에'를 꼭 안고 볼에 입맞춤을 하고 있는 모습을 그렸다고 한다. 지금 이 두 사람은 다 이 세상에 남아있지 않지만 1세기전의 이들 두 사람의 그 애틋한 사랑은 앞으로도 두고두고 많은 이들에게 전해질 것이다.

아델레 블로흐-바우어의 초상화는 지금 으로부터 110년 전에 그린 그림으로 그 값은 지금 한국 돈으로 환산하면 1,416억 원에 이른다고 한다. 말하자면 그의 그림 한 장이 한국의 중견기업의 총 자산에 해당 되는 어마어마한 가치라고 할 수 있다. 나는 10년 전 서울 예술의 전당 에서 '구스타프크림트'의 실제 그림 전시회를 하였을 때 직접 방문하여 관람한 적이 있었다. 10년이 지난 지금에 말 그대로 빛의 조화 로 비춰지는 그의 그림을 다시 보게 되니 정말 감개무량 하였다.

어떤 이들은 누워서도 감상하고 벽에 기대어 서도 감상하는 등 실내가 어두웠기 때문에 누구의 눈치도 보지 않고 자유롭게 감상 하였다. 나도 갖고 간 가방을 베개 삼아 태반은 누워서 감상했었다.

'빛의 벙커'라고 하는 이 전시장은 프랑스 몰입형 미디어 아트로서 관람객에게 독특한 예술적 경험을 선사하는 전시이다. 관람객은 수십대의 빔프로젝트와 스피커에 둘러싸여 거장의 작품과 음악에 완벽 하게 몰입하게 된다.

또한 전시장 곳곳을 자유롭게 돌며 작품과 내가 하나가 되는 경험을 하는 것이 몰입형 미디어아트의 특징이라 할 수 있었다. 이것은 2018년 11월에 프랑스 이외에 최초로 제주 성산 '숨겨진 통신벙커'에서 그 유명한 작품들을 경험할 수 있도록 했다고 한다.

빛의 벙커 에서는 해마다 다른 유명 화가들의 작품을 준비하여 많은 사람들에게 즐거움을 선사 한다고 한다. 참고로 2020년 8월 그때는 "반 고흐"의 작품을 전시 하고 있다고 했다.

우리는 아주 의미 있고 즐거웠으며 행복했던 시간을 마무리 했다. 마지막으로 제주의 대표적인 동문시장에서 여러 가지 먹거리와 기념품을 사가지고 주전부리를 한 다음 제주공항으로 와서 비행기를 탑승하여 김포공항에 도착 했다. 그리고 우리는 이다음에 또 만나기로 하고 아쉬운 작별을 하였다.

신앙을 바탕으로 한 사회활동

내가 대학교를 졸업한 이후부터 관심을 가지고 활동한 단체가 있다. 그 단체는 **대한민국 무공수훈자회**이다. 활동주체는 서울에 '대한민국 무공수훈자회'가 있으며 대전에는 '대전광역시 지부'가 있고 내가 살고 있는 유성에는 '유성구지회'가 있다.

우리 무공수훈자회원 대상은 대한민국 육·해·공군, 해병대의 예비역 군인 및 군무원 그리고 일반 공무원이나 민간인중 훈, 포장 수상자로 되어있다. 현재 유성 지회에 가입된 인원은 약 2백여 명으로 연령 분포는 65세부터 96세로 구성되어 있다. 이들 대부분은 은 6.25전투와 베트남 전투를 참전하였거나 아니면 각 분야에서 혁혁한 유공자로 훈, 포장을 수상한 이들이다.

대한민국 무공수훈자회는 국가로부터 무공훈장 및 보국훈장을 수상한 호국전투 영웅이며 또한 한국의 보릿고개를 이겨내고 세계경제 10위권의 경제발전에 기여한 역군들이다. 그리고 이들은 이웃의 아픔을 같이하는 따뜻한 노인으로서 지역 발전에 선봉에서서 국가의 존망을 누구보다 걱정을 하는 사람들이라는 정체성을 가지고 있다.

그리고 이들이 참여하고 있는 단체는 우리 조국을 지키고 나라의 경제 번영을 이룩하고 자유 민주주의를 수호하는 호국안보 단체이다. 또한 무공수훈자와 가족들의 장례의전을 선양하고 호국문화를 창조 및 확산시키는 뜻깊은 사업을 하고 있다.

일례로 장진호 전투영웅의 추모행사 등을 통하여 민간외교로서 국위를 선양시키며, 국민을 섬기고 봉사하는 국민에게 베풀어주는 국가와 사회 발전에 기여하고 있다.

무공수훈자회는 국고보조금과 지방비보조금, 그리고 회원 개인의 정기회비로 운영되고 있다. 주요활동으로는 무공수훈자 공적비 정화활동, 전적지 순례, 장진호전투영웅 추모행사 참가, 6.25 전투 기념 관견학과 안보견학 등을 하고 있다. 그리고 무공수훈자 선양활동(관포, 태극기봉헌, 유골함전달, 의전행사 등)으로 국위선양자의 공로를 선양하는 활동을 하고 있다.

또한 개인적으로 고령자 및 입원회원의 위로활동으로 「무공수훈자」의 공로를 기리고 그 유지를 우리 후손에게 이어지게 함으로 애국심을 고취시켜 주기 위해 많은 노력을 하고 있다.

우리 유성지회는 파악된 등록 회원은 2백여 명 가까이 되지만 그 중에서 정기적으로 참여하는 회원은 약 1백여 명에 이르고 있으며, 나는 자문지도위원으로 다른 20여 명과 같이 활동을 하고 있다.

회원 중에는 현재 유성구지회장인 이재춘 대령은 내가 군에서 전역하기 직전에 같은 부서에서 근무했던 후배로서 지휘와 통솔력이 훌륭한 장교이며, 또 한 분은 내가 1976년 최전방 '펀치 볼' 대암산에서 '대위'로 중대장을 할 때 연대 인사주임이던 선배장교인 김영광 소령이 있다. 그리고 양구, 방산에서 내가 연대인사주임을 할 당시 중대장이던 표영현 대령을 만나서 함께 활동을 하게 되어 과거 전우애를 다시 확인 할 수 있어서 아주 보람이 있다.

이외에도 새롭게 만나서 친교를 이어가고 있는 6.25 및 베트남 전투의 노병과 몇 명은 되지 않지만 후배가 되는 이들과도 새로운 전우로 만나고 있다. 모르는 사람으로 만나서 서로가 서로를 알아가면서 같은 배를 함께 타고 남은 생애를 국가의 안위를 위해 함께하기로 하고 의로운 길로 가고 있다.

2019년 10월에는 우리 회원 중 희망자를 대상으로 부부동반으로 40명이 관광버스를 이용하여 낙동강 대책이라고 일컫는 다부동/왜관전투기념관과 박정희 대통령 생가, 칠곡호국기념관, 그리고 삼성전자 구미공장에 '**안보견학**'을 다녀왔다.

박정희 전 대통령의 업적은 내가 여기서 굳이 거론을 하지 않더라도 대한민국의 60대 이상인 사람은 대부분 잘 알고 있으리라고 생각된다. 나같이 시골에서 어렵게 자란 70대 이상은 그분의 업적을 직접 눈앞에서 경험한 세대이므로 나는 내 후손들에게 이를 알리기 위해서 여기에 기록하기로 한다.

나는 **박대통령의 가장 큰 업적**이라고 하면 우리 민족에게 **배고픔에서 해결**해 준 것이다.

빵은 총보다 강하다. 옛날 소련이 엄청난 군사력을 가지고도 무너진 것은 결국 빵 문제 때문이었다. 박정희 대통령은 먹을 것에 갈급해 하던 우리들에게 그 빵 문제를 해결해 주신 분이다.

요즘에 뜨고 있는 가수 '진성'의 노래 중에 "아이야 뛰지 말라 배꺼질라"라고 하는 가사로 된 노래 "보릿고개"는 정말로 그 노래가 우리들의 어렸을 때 노래이다. 그때는 어머니들은 밥이나 고기를 정말로 싫어하는 줄 알았다. 자식에게 먹이려고 거짓말을 하신 거다. 뭐라도 먹을 게 있으면 자식부터 먹이셨던 그 시절 어머니들은 부엌에서 대충 끼니를 때우시었다.

진성의 노랫말처럼 "주린 배 잡고 물 한바가지 배 채우시던 그 세월 어찌 사셨소"라는 가사를 '진성'은 그 의미를 알고 있을까?

나도 어릴 때 우리 어머니가 겨울철에 가끔 "얘들아 아침은 늦게 먹고 저녁은 빨리 먹자"라고 하셨던 말씀이 기억난다. 왜냐하면 겨울은 해가 짧으니 아침을 늦게 먹고 저녁을 빨리 먹으면 점심 한 끼라도 절약을 할 수 있었으니 그렇게 하신 것 같았다.

정말 우리세대는 참 힘든 일이 많았다. 그러나 모든 국민이 그 힘든 일들을 다 이겨내고 이 나라를 굳건히 세웠다. 지금의 젊은 세대들은 보릿고개라는 뜻조차 잘 알지 못하고 있다. 그때 우리들은 정말 먹는 게 제일 급선무였다.

빵 문제가 해결되고 나니 그 굶주림의 어려움을 알지 못하고 자란 세대들은 법을 가지고 제 멋대로 온갖 해괴한 짓들을 자행하고 있다. 입에 올릴 수 있는 법권이 있다고 마음 놓고 떠들어 대고 있다.

지금 우리나라는 빵 문제는 해결되었지만 더욱 불행한 것은 영적인 빵에 문제가 생겼다는 것이다.

나도 어릴 때 고등학교를 졸업한 후 잠깐 집에서 있을 때 수해 복구현장에 가서 일주일을 작업하고 밀가루 한 포대를 받아온 적이 있었다. 그것이 내 일생중 제일 먼저 내가 노력하여 돈을 번 것으로 기록된 것이다.

박정희 대통령의 업적으로 말하자면 A4 용지로 쓰면 수백 수만 장에 이르지만 나는 내가 기억하는 몇 가지만 순서 없이 기록하기로 한다. 그중에 세계적으로 잘 하고 있는 것이 **의료보험제도**이다.

나는 20년 전에 선진국이라고 하는 뉴질랜드로 이민을 갔었다. 당시 뉴질랜드는 우리나라보다 국민소득이 높다고 했다. 사회복지 면에서 만 60세가 넘으면 국가에서 연금으로 노후를 보장해 주고, 교육도 고등학교까지는 국가에서 무료로 보내주고 대학 학비는 국가에서 대출해준 다음 회수는 학생이 학교를 졸업한 후에 벌어서 평생 갚도록 하는 사실상 무료교육이었다.

또한 의료비도 국가에서 담당해주는 말 그대로 천국 같은 나라였다. 그러나 실제 내용을 따져보면 천국 같은 나라는 아니었다. 의료비는 출산이라든가 응급 시에 국가에서 무료로 해 주는 것이지 내가 원하고 내가 필요할 때 검진을 위해 병원 방문 진료를 받기 위해서는 엄청난 금액의 진료비를 지불해야 한다. 아니면 별도의 개인 의료보험에 가입하여 많은 보험금을 부담해야 한다. 나는 지금 뉴질랜드에 다시 가서 살고 싶지만 의료체계 때문에 선뜻 내키지 않고 있다.

이러한 의료제도는 미국도 마찬가지다. 오죽하면 미국 '오마바대통령'이 우리나라의 의료보험제도를 도입해서 전 국민에게 혜택을 주려고 노력했었지만 일부 부자 기득권세력들의 저항 때문에 성사를 시키지 못하였다고 한다.

내가 알고 있기로는 대한민국의 의료보험 제도의 특이한 점은 고액이 들어가는 진료비나 약값은 거의 무료에 가까우며 심지어 한 달에 수 백 만원의 의료비가 들어가는 에이즈환자의 진료비도 국가에서 전부다 부담해 주는 것으로 알고 있다. 그리고 정기적인 국가검진과 저렴한 의료비로 전 국민이 의료혜택을 받음으로 최근에는 수명이 길어져서 조사에 참여한 169개국 가운데 세계17위로 미국 35위보다 이름이 앞에 올려 져 있다.

다음은 산림보호(산림녹화)이다. 내가 어린 시절 초등학교 5~6학년쯤은 산이라고 생긴 것들은 큰 산을 제외하고 마을 앞뒤에 있는 산들은 거의 붉은색을 띤 황토색깔의 산이었다. 나는 중학교에 들어가서 한자를 깨우칠 때 우리가 살고 있는 면(面)의 이름이 못마땅하게 생각했다.

우리 면의 이름이 단산면(丹山面)이다. 왜 하필 나무가 없는 뜻을 내포하는 '붉은 산'이냐는 거였기 때문이다.
당시는 모든 가정이 대부분 밥을 해 먹거나 방에 군불을 때려면 전부다 산에 가서 나무를 베다가 땔감으로 사용했기 때문에 온 산이 다 '민둥산'이 된 것이었다.

그래서 해마다 여름철에 비만 오면 산사태가 났고 개천에는 홍수가 범람하여 농작물이 피해를 입었고 수해로 인하여 많은 인명의 손실을 가져 오는 게 연례행사였다.

그런데 어느 땐가 부터는 일절 산에 가서 나무를 하지 못하게 했다. 주로 금한 것은 소나무 종류이고 기타 잡나무는 문제를 삼지 않았던 것 같았다. 수시로 산간수(삼림청직원)들이 개인 집을 돌며 벌목한 것을 발견한다거나 산으로 돌아다니며 벌목현장을 발견해서 벌금을 부과하곤 했었다. 그리고 매년 4월 5일이면 식목일을 만들어 학생들을 비롯해 온 국민이 나무를 심었다.

그때 주로 많이 심었던 나무는 '소나무'와 '오리나무'였던 것 같다. 그 이후 오랫동안 삼림녹화를 한 결과 반세기 이상 세월이 지난 지금은 나무가 너무 울창하여 등산길이 아니면 산에 들어갈 수가 없다. 그 정도로 전국이 치산녹화가 잘되어 있다.

나는 30여 년 전 전방에서 연대장을 할 무렵 훈련을 위하여 이산 저산을 다녀보고 이런 생각을 했었다. 이렇게 삼림이 울창해서 만약 전쟁이 발발했을 때 저 울창한 숲속에 적군이 숨어 있으면 어떻게 적을 잡아낼 수 있을까? 하는 걱정을 했었다. 이러한 중요한 산림보호 때문에 학생 때는 해마다 내야했던 수재 의연금도 이제는 이름자체가 사라진 것 같다. 그런데 요사이 염려스러운 것은 이 울창한 숲과 나무를 파내고 거기다가 '태양광'을 설치한다고 하여 온 나라 산들을 파헤치고 있으니 참으로 염려스러운 일이 아닐 수 없다.

또한 전 세계 미개발국이 부러워하는 **새마을운동**이다. 새마을운동은 우리의 배고픔을 직접적으로 해결해 준 원동력이다. 새마을 운동으로 모든 국민에게 "우리도 할 수 있다"라는 자신감을 주었다. 그중 하나는 통일벼를 재배하여 식량 자급자족을 해결시켜 주었다.

그리고 농지 정리로 농사에 기계를 투입하여 농촌 일손을 절약 하게 하고 그 남은 일손으로 특용작물을 경작케 하여 농가의 부를 축척케 하였다. 또한 해마다 큰 일거리였던 초가지붕 이엉 잇던 것을 기와나 스레트로 개량하는 지붕 개량사업으로 잉여 된 짚으로 가축 사료로 사용 하게했다. 그래서 비우 및 육우 사업으로 농가 부업을 하게 하여 집집마다 잘 살게 하였다. 심지어 친환경 농작물 재배를 위해 논밭을 기름지게 하기 위하여 퇴비증산운동 역시 국토를 가꾸는 일환으로 빼 놓을 수 없는 사업 중에 하나였다.

다음으로 자랑스러운 역사는 **고속도로건설 프로젝트**로 전국을 일일 생활권화 한 것이다. 1968년도 경인고속도로 개통을 시발점으로 해서 같은 해 2월 1일에 첫 삽을 뜬 경부고속도로는 총 길이 428km로서 만 2년 만인 1970년 7월 7일에 완공하여 명실 공히 전국을 일일 생활권 으로 만들었다. 부산에서 아침 먹고 서울 가서 점심 먹고 볼일을 본 다음 부산으로 돌아오는 시대가 열린 것이다. 그 후 우리나라는 종횡으로 거미줄같이 고속도로를 추가로 개설 및 연결함으로써 세계적인 교통망을 가진 우수한 국가가 된 것이다.

지금까지 승객은 물론 화물은 거의 열차로 실어 날랐는데 고속도로가 개통되면서부터 모든 것이 빨라졌다. 한마디로 말하자면 국가의 발전 속도도 사람이나 물류수송이 빠른 만큼 한국경제의 발전 속도도 그만큼 빨라졌다는 것이다.

나는 지금부터 약 30년 전에 서울 상계동에 살았었다. 그때는 지금의 지하철 7호선이 있기 전이라서 상계동에서 강남 영동에 있는 호텔에 모임이 있어서 차를 타고 태릉을 거쳐 오자면 최소한 1시간에서 1시간 30분은 족히 보내야만 약속 장소에 도착할 수 있었다.

그런데 대전에서 강남으로 고속도로를 타고 중부선으로 좀 빠르게 가면 1시간 30분이면 충분하게 강남까지 갈 수 있다. 그러니 고속도로의 위용이 얼마나 위대한 사업인지 우리는 알 수가 있다. 그러나 그 당시 일부 인사들이 고속도로 건설을 반대하기 위하여 공사하는 포클레인 앞에 들어 누었다는 일화는 참으로 아이러니한 일이 아닐 수 없다.

내가 일일이 거론하지 않았지만 주민등록제 시행, 국가유공자 포상제도, '88올림픽유치, 4대강 다목적댐준공, 철강 산업, 자동차산업, 조선 산업, 경공업 및 중화학공업, 반도체 산업, 서울 및 대도시 지하철건설, 자주국방 또한 건전한 생활윤리와 가치관을 위해「국민교육헌장제정」그리고 자주적인 외교를 통해 한국의 존재를 세계에 각인시켜 동반자로서 입지를 구축 하는 등 수많은 그의 업적은 이루다 적을 수가 없을 정도이다.

무엇보다 내가 피부로 느낄 수 있는 것은 외국에 여행을 할 때라든지 한국에서 외국인들을 만나서 얘기를 하다보면 정말로 내가 한국인이라는 점에 대단한 자부심을 느낄 수 있다는 것이다. 어느 땐가부터 외국인들이 한국인을 부러워하고 있으며, 한국은 그들이 가서 살고 싶어 하는 나라가 된 것이다. 일 예로 동남아에 여행 갔을 때 그 나라 젊은이들의 로망은 한국에 가서 사는 것이 꿈이라고 했다.

옛날에는 made in U.S.A 나 made in JAPAN라면 무조건 좋아했던 사람들이 지금은 made in KOREA만 찾고 있다. 이제는 미국이나 일본의 물건들이 한국제품에 밀리고 있다는 것이다. 실제로 이젠 카메라를 사더라도 일제나 미제보다는 한국의 SAMSUNG 제품을 선호하고 있는 실정이다.

나는 정말 이렇게 세계에서 앞서가는 나라의 장교였다는 것과 또한 하나뿐인 내 아들 역시 대한민국의 장교의 일원 이였다는 점에 대단한 자부심을 가지고 있다. 그리고 이 모든 것이 박정희 대통령이 만들어 준 그 좋은 나라에 국민이기 때문인 것이다.

국민들의 소득수준 역시 이루 말로 표현 할 수 없을 정도로 높아졌다. 2020년도 대위 월급은 평균 300만원으로 내가 대위였던 46년 전 1974년도의 월급 3만원에 비하면 거의 100배가 올랐으며, 당시 병장 월급은 5~6백 원 했었는데 금년도 병장월급은 55만원으로 1000배나 올랐으니 천지가 개벽한 일이다.

그 당시 육군대위 때 나는 전남 구례대대에서 중대장을 하던 시절 삼천리 자전거를 한 대를 할부로 구입하여 타고 다닌 적이 있다. 자전거를 구입한 그때의 기분은 26년이 지난 후 내가 군에서 전역을 하고 뉴질랜드로 이민을 가서 처음으로 벤츠차량을 구입했을 때 보다 더 행복 했던 것 같았다.

다음 견학지는 '**다부동/왜관전투기념관**이었다. 다부동 전투는 한국전쟁당시 가장 치열했던 전투로 꼽힌다. 이 전투는 국군이 낙동강선 칠곡 다부동 일대에서 북괴군의 공세를 성공적으로 방어한 전투로서 1950년 8월 13일부터 8월 30일까지 이루어졌다.

당시 북괴군은 5개 사단을 대구 북방에 배치하여 총력전을 펴서 아군의 낙동강 방어선을 돌파하고 부산을 점령하기 위해서 치열하게 공격을 하였다. 그때 아군의 방어병력은 총 3개 사단(육군1사단, 6사단, 미국제1기병사단) 뿐이었고 그나마 인접 사단들이 서로 연결되지 못한 어려운 상태였다.

따라서 적군은 대구를 공격하기 위하여 우리사단 방어지역인 '다부동축선'에 집중 되었다. 그러나 우리사단은 유학산–다부동–가산선에서 북괴군 3개 사단의 집요한 공격을 끝까지 저지 격퇴함으로써 맥아더장군이 인천상륙작전을 성공시켜 아군이 반격을 할 수 있는 결정적인 역할을 하였다. 그 결과 1사단이 압록강 까지 선두에서 북진을 하는데 크게 기여했다는 공로가 있는 전투로 기록되어 있었다.

국군1사단은 내가 육군소위로 임관하여 부임했던 첫 부임지라 더욱 자랑스럽고 또한 나는 지금도 그 사단의 일원이라는 것에 대단한 자부심을 가지고 있다.

귀가 길에 들린 삼성전자 구미 공장의 어마어마한 규모에 감탄하지 않을 수가 없었다. 삼성전자는 다른 대기업과는 차별나게 대규모의 제품생산은 물론이며 많은 량의 수출로서 우리나라의 외화획득에 큰 기여를 하고 있다. 삼성전자는 회사의 이익창출은 물론 국가가 이루고 있는 부의 축적은 우리나라에 많은 부분을 차지하고 있는 국민 기업이다.

옛 전우와 친구들과의 유대 공유

2020년도에 접어들면서 제일 먼저 변화된 것은 지난 2014년에 중문교회 장로로 직분 받고 6년 동안 시무장로로 사역을 해 왔는데 2020년 1월 1일 부로 원로장로로 추대 되었다. 원로장로는 만 70세에 추대되는데 나는 출생신고가 1년 늦게 된 덕분에 작년에 원로장로가 되어야 했음에도 불구하고 시무장로를 한해 더 사역했던 것이다.

이번에 함께 원로장로로 추대된 장로는 김기일, 김순근, 이왕호, 정상현 장로이며 총 5명이 시무장로에서 원로장로가 된 것이다. 이들은 우리 중문교회와 기쁨과 슬픔을 함께 한 20년 지기들이다. 이제는 현역이 아닌 조언자로서 후원자로서 중문교회의 일꾼이 되어 신앙생활을 해 나가야 할 것이다. 우리들 대부분은 22년 전에 활동 하였던 삼남 선교회 회원들이기도 했다. 인생의 삼분의 일을 중문교회와 함께 해 온 것이다.

나에게는 지금 까지 살아오면서 어릴 때부터 성장기를 거쳐 오는 동안에 초등학교 동창생 모임을 비롯하여 중학교, 고등학교, 대학교,

대학원 모임과 군대 모임인 3사관학교, 육군대학, 국방대학원 모임 그리고 무공수훈자모임 등이 있다. 또한 교회 안으로는 장로모임, 교회사무국모임, 옥토팀모임, OREWA구역모임이 있다. 이외에도 단산모임, 기타 친인척 모임 등이 많이 있다.

나는 지금까지는 군 생활과 직장에 다닌다거나 학교에 다닌다는 이유 등으로 모임을 가려서 갔다거나 숫제 어느 모임은 아예 나가지 않고 있었다. 그래서 어떤 모임은 누가 어떻게 살고 있는지도 알지 못하고 지내왔었다.

그러나 나는 지금부터는 이 모든 모임에 적극적으로 찾아가기로 마음을 고쳐먹었다. 왜냐하면 지금까지 얼굴을 보지 못했던 이들과 만나서 그들과 얼굴을 마주보며 밥도 먹고 지난얘기들도 하면서 그들로 인해서 기쁘고 슬펐던 추억들을 하나씩 발견해 가면서 인생의 활력을 다시 찾으면서 살아가기로 했다.

또한 보고 싶은 친구에게는 나부터 먼저 전화를 걸어 안부도 물어보고 그들의 근황을 챙겨보는 그러한 사람이 되어야 하겠다. 그래서 오늘은 인천에 살고 있는 초등학교 동창인 '송창헌'에게 안부 전화를 했고, 대구에 사는 지병으로 투병하고 있는 초등학교부터 고등학교까지 동창생인 '박진달'에게 안부를 물었다. '박진달' 친구의 발병 소식을 듣고 지나 코로나19 전파전에 대구를 찾아 위문을 했을 때는 건강이 매우 호전되어간다고 했었다. 그런데 얼마 전에는 상태가 좀 나빠져서 서울에서 큰 병원에 입원하여 몇 개월 치료를 받고 퇴원하여 지금은 많이 좋아졌다고 하여 정말로 다행한 일이다.

그리고 고등학교 다닐 때 영주 영광고등학교 뒤에 있는 기와집에서 함께 자취를 했던 사랑하는 친구 '김세호'에게도 안부를 물었다. 이제는 수동적이 아닌 능동적인 인간관계를 유지하며 살기로 했다.

2020년 1월 17일에는 3사관학교 1기생의 **임관 50주년 기념식 및 정기총회**가 서울 세종문화회관에서 열렸다. 대전에서는 아침 일찍이 관광버스를 이용하여 동기생 20여명이 함께 서울로 올라갔다. 오전 11시경에 행사 장소인 세종문화회관 세종홀에 도착해보니 벌써 전국에서 많은 동기생들이 도착했거나 일부는 오고 있었다.

나는 같이 간 동기생들과 등록과 접수를 한 다음 중대별로 지정된 테이블로 가보니 낯익은 동기생들이 많이 와서 자리를 하고 있어서 한명씩 돌아가며 악수와 포옹으로 인사를 하였다. 젊었을 때는 동창회로 모여도 지금처럼 이렇게 크게 반갑다는 것을 별로 느끼지 못했었는데 이제 나이를 먹어가면서는 만날수록 더욱 기쁘고 즐거움은 배가 되어가는 것 같았다.

우리 동기생 중에는 일찍이 군을 떠나 사회의 각 분야에서 두각을 나타낸 사람도 많이 있다. 또는 출신 중대가 달라서 군대생활이 끝날 때까지 한 번도 만나보지 못했던 동기생도 있다.

임관한지 50년이 지난 후에 보니 군 생활 중에 몇 번 만났더라도 워낙 많이 변해서 알아보지 못하는 동기생들도 많았다. 그러나 명찰을 부착하고 내가 누구라고 말하고 찬찬히 들여다보면 옛날의 그 모습이 나타나서 금방 알아볼 수가 있었다. 그러면 반가워서 껴안고 몸을 흔들며 기뻐했다. 동기생들의 반가움은 초등학교 동창이나 사관학교 동창이나 별반 차이가 없었다.

초등학교 동창은 철이 없을 때 만나서 철이 들 때까지 6년을 함께 지냈기 때문이라면 사관학교 동창은 비록 짧은 기간이었지만 혹독한 훈련을 함께 이겨내면서 맺어진 전우애 때문에 더욱 우정이 깊어졌던 게 아닌가 싶다.

오늘 모임은 임관한 인원의 반수가 넘는 인원이 참가한 것 같다. 행사는 준비하는 주최부서의 주도면밀한 계획과 규모 있는 진행으로 성황리에 진행되었다. 1부 식전 행사인 '만남의 시간'이 끝나고 2부는 중식 및 정기총회인 '본 행사'로 호텔식으로 서브가 되는 점심을 먹고, 곧바로 국민의례를 시작으로 임원들에 의한 행사가 진행 되었다. 회장단의 경과보고와 축사 그리고 임원선출 등의 의례적인 총회가 끝나고 3부에서는 '50주년 기념행사'로 초청가수의 노래와 유흥, 그리고 동기생들이 틈틈이 연습해온 색소폰 연주라든가 가족의 재능을 기부하고 상품권을 추첨 하는 등 푸짐한 행사가 진행되었다.

그리고 마지막 폐회선언을 함으로 임관 50주년 기념행사를 모두 종료하고 또 다음에 건강한 모습으로 만나기로 하고 헤어졌다. 나는 동기생들이 있으므로 이러한 자리에 참가할 수가 있다는 점에 대하여 너무 감사하게 생각하였다.

우리 동기생은 지난 50년간 군생활을 해오면서 전, 후방은 물론 베트남 전투를 해오면서 88명의 동기생을 먼저 잃는 아픔도 겪었다. 우리 동기생들은 너무나 우직하기만 하다.

그러니 예나 지금이나 우리의 가슴속에는 오직 국가를 위한 충성심 하나만으로 뭉쳐진 그러한 장교 들이다. 그러므로 어느 장교양성기관보다 상상을 초월하는 혹독한 훈련과 기상천외한 훈련방법을 통해 비록 짧았던 교육기간이었으나 강인한 투지와 리더십을 겸비한 훌륭한 간성으로 양성 되었던 것이다.

그래서 3사관 1기생은 선배가 없는 기수로서 어디를 가든지 개척자의 길이었고 전인미답의 길을 걸어갔던 것이다. 이러한 개척자적 정신이 현재 후배들에 이르기 까지 수많은 (남자 4만7천 여 명, 여군 55명)호국의 간성을 배출하는 향도가 되었다. 또한 동기생 중에는 소대원을 살리기 위해 자기 몸을 던져 자신을 희생한 차성도 중위와 한명의 국회의원, 또한 군의 최고 계급인 육군대장까지 배출하였고 베트남 안케패스의 영웅인 태극무공훈장 수상자인 이무표 대령까지 배출하였다.

이러한 동창회의 지부인 중대 모임과 대전 지부모임이 있어서 지역별로 더욱 활발하게 활동하고 있으니 이 또한 얼마나 보람 있고 자랑스러운 일인가? 이제는 대전에서 살고 있으니 대전 지회 동기생들과 더욱 친하게 지내야 하겠다. 대전 지회는 이번 기회를 통하여 처음 만나는 친구도 있지만 너무 좋은 동기생들이다. 우리들은 매월 만난다. 그래서 늙어가면서 친목을 도모하며 살아간다. 우리들은 이러한 전우와 함께 살아감으로 외롭지 않다.

코로나바이러스 감염증19(COVID-19)와의 전쟁

코로나바이러스감염증19(COVID-19)란 이름으로 2019년 12월에 발생한 폐렴 "신종코로나바이러스감염증," 한글로는 '코로나 19'라고도 하는 질병이 온 세계를 마비시키고 있다. 이 고약한 신종코로나바이러스는 바이러스에 의한 유행성 질환으로 호흡기를 통해 감염되며 증상이 거의 없는 감염 초기에 전염성이 강한 특징을 보이고 있다.

또한 감염이 된 후에는 인후통, 고열, 기침, 호흡 곤란 등의 증세를 거쳐 폐렴으로 발전한다는 것이다. 이로 인해 2020년 3월에는 세계보건기구가 팬데믹을 선언 하였으며 일본에서는 2020년 도쿄올림픽이 연기되는 등 많은 국내외 행사가 취소되거나 연기가 되었다. 8월 현재 전 세계 누적 확진자가 수천만 명을 넘어 섰으며 누적 사망자는 백만 명이상을 기록하고 있다. 얼마 전에는 러시아에서 개발한 백신을 공식 승인했다는 발표는 했으나 임상실험 단계의 누락으로 부작용 발생의 우려가 제기되고 있는 실정이다.

현재 세계에서 가장 많이 발생한 나라는 미국으로 집계되고, 그다음은 브라질 그리고 유럽과 아프리카 인도는 말할 것도 없이 전 세계가 코로나19 앞에서는 속수무책이다. 우리나라도 확진환자와 사망자가 여러 명에 이르고 있다. 우리나라는 다른 나라에 비해 방역을 잘 하고 있다고 했는데 최근에 오면서 방역이 느슨해진 틈을 타서 또 다시 환자가 급등하고 있으므로 지금은 격리단계를 상향 조정하여 전 국민들의 활동을 통제하고 있는 실정이다.

이 고약한 전염병으로 인하여 한 때는 국, 내외 적으로 마스크 대란이 일어나기도 했었다. 그래서 동네 약국마다 마스크를 사기 위해 줄을 기다랗게 서서 몇 시간을 소비하기도 했었다. 어떤 경우는 줄을 서서 두세 시간을 기다렸는데 마스크를 구입하지 못하고 허탕을 칠 때도 있었다. 그 다음에는 출생년도를 기준하여 요일별로 1주일에 3장씩만 구입했던 적도 있었다. 마스크 대란이 일어났던 것이다. 지금은 많은 공장에서 마스크를 충분히 생산해 내기 때문에 마스크 구입에는 별 문제가 없이 자유롭게 사고 싶은 양을 구입할 수 있다. 그러나 집밖에 나갈 때는 의무적으로 마스크를 착용해야 하며 만약 마스크를 미착용하여 적발이 되면 벌금을 매기는 지자체도 생겨났다.

코로나19는 우리 인간들에게 많은 제제를 가했다. 만나고 싶은 사람도 마음대로 만나지 못하게 하고 또한 하고 싶은 얘기도 마음 놓고 할 수 없게 만들었다. 그래서 어떤 사람은 하나님이 인간이 얼마나 거짓과 막말을 많이 하였으면 입을 막고 살라고 하였으며, 얼마나 많은 죄를 지었기에 떨어져 살라(거리두기)고 하였으며, 얼마나 도둑질과 못된 짓을 많이 하였기에 물만 보면 손을 씻으라고 하였는가 하고 말했다. 거기에다 두 달이 넘도록 비와 홍수로 혹은 산불로, 인간들의 삶의 터전을 마구 흔들어 놓으셨습니까? 라는 속죄의 기도를 드렸다는 에세이를 볼 수 있었다.

이 괴질은 정확히 우리 국민들에겐 지난 2020년 1월 설명절 때부터 우리들의 행동을 통제하였다. 그래서 수개월이 지나는 현재까지 하나에서부터 열에 이르기까지 우리의 의지대로 무엇을 할 수 없게 하고 있다. 사람이 모이는 자체가 불안하고 위험함으로 추석이나 설에는 귀성을 꺼려하여 친척들을 한곳에 모이지 못하게 하였고 그 뒤로 동창회, 친척모임, 친구모임, 동호회 모임 등 줄줄이 연기나 취소하게 되었고 국내외 여행도 할 수 없게 되었다.

   그것은 그야 말로 당분간 인간들은 어디에도 가지 말고 자기 집에 들어박혀 기도와 반성을 하라고 한 것 같았다. 하물며 결혼식 모임과 장례식 조문까지도 인간의 행동을 막는 상황까지 벌어졌다.

   이 때문에 우리 부부는 뉴질랜드를 방문하기 위해 예매해 놓은 항공권을 취소하였으며 옛날 어릴 때 나를 많이 사랑해 주셨던 외숙부 내외분이 며칠 사이로 돌아가셨는데 장례식에도 외사촌형님의 코로나19로 인해 오지 말라는 간곡한 부탁으로 참석하지 못하는 어처구니없는 일이 발생하였다.

   그리고 연이어 세상을 떠난 바로 아래의 동서의 장례식에서는 마스크 착용 때문에 아내와 말다툼까지 했다. 그 후에도 나는 아내와 마스크 착용 때문에 가끔 언성을 높일 때가 있었다. 나는 아내에게 원칙대로 마스크를 착용하라고 하였고 아내는 마스크가 답답하고 오래 쓰면 불쾌감 때문에 마스크를 느슨하게 착용 할 때가 있기 때문이다.

지금 세계는 물론 우리나라의 경제가 말이 아니게 추락하고 있다. 우선 이동이 통제되고 사람과의 접촉이 제한되다 보니 자연스럽게 사람들은 밖에 나가길 꺼려하고 우리나라의 대표적인 음식문화인 "밥 한번 먹는 자리"가 자연스럽게 불요불급한 경우를 제외 하고는 거의 성사되지 않거나 취소되고 있다. 또한 생활용품과 의류 같은 것들도 아주 필요한 것 외에는 구매하려는 의욕이 감소함에 따라 국민 전체에 미치는 경제가 자꾸만 위축 되고 있다. 따라서 전 세계 경제가 하향 곡선을 긋고 있는 실정에 있다.

소규모 사업주들의 영업사정이 나빠지고 거기다가 최저임금 도입으로 사업주들이 알바나 청년들을 고용하는 대신 주인이 직접 판매 데스크에 나 앉다보니 청년들의 일자리가 자꾸만 줄어들고 있는 최악의 상태에 이르고 있다.

이로 인해 나빠진 경제흐름의 도미노 현상으로 온 나라의 경제가 말이 아니다. 더러운 질병으로 인해 국민들의 행동반경은 좁혀지고 청년들의 일자리가 축소됨에 따라 수입이 없어지니 원룸이라도 얻을 수 없고, 이들이 좋아하는 음식들도 맘껏 사서 먹을 수가 없다. 그러니 이들에게 세를 놓아서 벌어 먹고사는 원룸 업자의 수입이 적어지고, 이들이 좋아하는 음식을 팔아서 먹고 사는 음식점들의 수입이 적어지게 된 것이다.

나아가서는 이들 음식점에 원료를 조달해주는 업체까지 영향을 받는 말 그대로 경제가 몰락하는 쪽으로 가는 '도미노 현상'으로 나라의 희망의 끝이 보이지 않고 있다.

공부를 해야 할 학생들이 학교에 갈 수 없고 비대면(영상)으로 공부를 하고 있으니 교육성과는 물론이고 교육의 질은 끝없이 추락할 수밖에 없는 실정이다. 거기다가 정부와 의료인 간의 의대정원 문제로 의견이 좁혀지지 않고 일부 의료인들이 파업에 들어가서 하루가 다르게 증가하는 확진환자의 진료에 차질을 빚고 있다. 이러한 후폭풍으로 심지어는 일반 환자에까지 진료에 영향을 주고 있는 실정이다.

나는 전문가가 아니라서 그 속내는 잘 알지 못하고 있지만 우리 국민들이 중요하게 생각하는 것은 국민의 생명을 살리는 것이다. 의사들은 어린아이의 투정이라고 치더라도 어른의 입장에 있는 정부의 지도자는 이 시점에서 어린아이의 투정을 꼭 힘으로 꺾어야만 하는지 묻고 싶다. 뭐 다르게 어린아이를 달랠 방법은 없는지? 도대체 나는 이해를 할 수 없다. 내가 알고 있는 우리나라의 법은 상식을 기초로 하여 만들어진 걸로 알고 있다. 그러면 상식선에서 해결하면 되는 게 아닌가. 참으로 한심한 일이 아닐 수 없다.

우리나라의 옛말에 "형이 져주어라"라고 하는 말이 있다. 누구 말대로 나라가 지금 코로나와 전쟁을 하고 있다고 했다. 그리고 전쟁에서 싸워야 할 군인이 전장을 이탈한다고 표현 하였다. 그러면 전투를 해야 할 군인이 전장에서 이탈하지 않고 자기가 모시는 지휘관을 위해서 목숨을 버릴 각오로 전투에 임하게는 할 수 없는지? 부하가 상관을 위하여 목숨을 던질 각오가 있는 부대는 승리하게 되어 있는 것이다.

그러면 동생이 철없이 떼를 쓰더라도 못 이기는 척하고 져 줄 수는 없는 것인지? 그 동생에게 나는 기득권을 가지고 있다고 해서 무조건 수호해서 이겨야만 하는지? 왜 그들이 전장에서 이탈만 한다고 몰아세우는 건지 ~~~

그러저러한 이유로 금년도 의대생의 의사고시를 허락해 주지 않아서 대부분 의사고시를 치르지 못하여 의사가 되지 못한 사건이 발생하였다.

나는 지금으로부터 50년 전에 베트남 전투를 하고 왔다. 그것도 최말단 소대장으로 전투에 참가했다. 당시 베트남 전투의 대부분은 '게릴라작전'으로 소규모로 이루어졌다. 그것도 매복이나 수색작전으로. 적과의 전투는 주로 아군의 정찰조가 이동 중이 라든가 아군이 매복해 있을 때 베트콩의 전투부대가 이동을 할 때 발생하게 된다. 작전이 개시되어 아군지휘관이 적의 총탄에 쓰러지면 우리의 전우들은 자기 몸을 돌보지 않고 엄폐물도 없지만 적을 향해 돌진했다. 그러다가 자기도 적의 총탄에 맞고 쓰러질 경우가 허다하게 발생한다. 마치 영화에서 나오는 전투 장면처럼~~.

영화 "Platoon"이 그 '예'이다. 주 내용은 한 국가, 한부대 안에서의 선한 자와 악한 자의 구도가 만들어지고 진짜 전쟁은 사회악과의 싸움이어야 한다는 결말을 깨닫게 해주고 있다. 이 영화의 핵심은 이것이라고 할 수 있을 것이다.

대학을 중퇴하고 자원입대하여 베트남 전쟁에 투입한 주인공 '크리스'는 시체가 나뒹굴고, 군대는 군기가 빠진 살인 기계일 뿐이어서 그는 충격에 빠졌고, 총까지 맞고 전쟁의 참혹함을 느끼지만 그를 따스하게 챙겨주는 분대장이 있었기에 그는 전장의 한복판에 서서 베트콩과 싸웠던 것이다. 내 동기생들도 이 전쟁에서 30명 이상이 전사했다.

따라서 나는 이들이 정말로 이 어려운 작금의 상태에서 정부와 의료기관, 그리고 정치인과 언론의 볼모지가 되지 않는 사실상의 진영 논리를 가르지 않는 진실한 정의로움이 무엇인지를 알았으면 한다.

의료팀 쪽에서는 기득권을 무조건 깨뜨리려는 것이 정의는 아니다. 바르고 적절하다고 판단되는 기득권은 존중해 주어야 한다. 또한 잘못된 정책을 무조건 기득권이라는 벽을 높이 쌓아 그 벽을 불의하게 수호하려고 하면 안 된다. 그 벽에 진영과 권역을 오가는 문과 거룩한 소통 장치를 많이 두어야 할 것이다.

하나님의 부르심과 섭리를 확신할 때 인격관계는 물론 일 관계에서도 안정을 찾을 수 있다. 양이 목자를 따를 때도 나의 목자란 확신이 있어야 따른다. 언제 그런 확신이 생기는가? 목자가 양을 바르게 인도하려고 생명과 안전과 편안을 희생할 때다. '모세'는 하나님의 부르심을 받아 40년 동안 광야에서 리더십 훈련을 받았기에 온유와 인내로 자기를 희생하며 40년의 광야 생활에서 강력한 리더십을 발휘할 수 있었던 것이다.

지금 나라는 '코로나19'가 다시 창궐하여 매일 확진자의 수가 '네 자리 수'를 유지하고 있어 정부는 '최고 단계거리두기'를 선포하여 국민들의 경각심을 요구하고 있으며 서울을 비롯한 수도권은 지방보다 한 급을 올려서 '거리두기'를 시행하고 있다.

이러한 와중에 의료인들의 파업이 계속되고 있어서 방역에 어려움을 더 하고 있다. 이것은 정부의 의료시책에 반대하는 전임의와 전공의들의 힘겨루기 때문에 발생하고 있는 현실이다. 때문에 애꿎은 국민들만 피해를 보고 있다.

제때 수술도 못하고 응급환자가 아무병원에 가지도 못하여 응급실을 찾아 전국을 헤매고 있는 실정이다.
다행히 얼마 전에는 의료계와 정부가 서로 양보하여 합의서를 만들어 교환함으로써 어느 정도 해결이 되었다고 해서 의료 마찰의 절벽 까지 가는 사고는 막았다고 한다.

이 코로나19는 눈에 보이지도 않고, 소리도 나지 않으며 언제 어디서 왔다가 어디로 가는지도 알 수 없다. 안다면 하나님만 아실 것이라고 생각하며 이 또한 하나님이 주관하는 영역이라고 생각한다. 그러므로 이것의 종식은 우리 인간들이 확실하게 자기들의 죄를 속죄하고, 하나님의 말씀에 순종하여 의로운 길로 갈 때 하나님은 이 못된 바이러스를 종식시켜 주시리라고 생각한다.

정말로 어떤 인간이 말했듯이 우리는 지금까지 한 번도 경험해 보지 못한 세상을 만났다. 우리나라는 그래도 방역활동을 세계적으로 잘 한다고 했었는데 요즈음 와서 또 다시 해이해진 인간들 때문에 확진자수가 날마다 늘어가고 있는 추세에 있다. 이는 국가와 개인 모두가 방역 활동에 적극적으로 동참하여 방역에 힘써야 할 것인데 일부 몰지각한 인간들의 비협조적인 활동 때문에 언제 종식될지가 기약이 없는 상태이다.

교회도 못가서 유튜브(온라인)를 통해서 예배를 드리고 있다. 일부 교회에서 방역 규칙을 지키지 않아서 확진자가 많이 발생하고 있어서 교회의 자성이 촉구되고 있으며 교인들마저 사회인들로부터 신뢰가 무너지고 있는 실정이다. 나는 오래전부터 주일에는 집에서 동영상으로 예배를 드리고 있다.

교회에 가서 예배를 드린다고 믿음이 좋고, 집에서 동영상으로 예배를 드린다고 믿음이 약하다고 규정지을 수는 없는 것이다. 우리 모두가 지향하는 목표는 얼마나 충실하게 국가에서 규정한 방역 수칙에 잘 따라주어서 하루라도 빨리 창궐하는 전염병을 종식시키는 것이다.

급기야 정부에서는 코로나19 때문에 고향방문, 명절 모임을 자제해 달라는 주문까지 하고 있다. 가급적이면 '벌초'도 대행업체를 활용해서 하도록 하고 '성묘'는 온라인으로 하도록 권유하고 있는 실정이다. 그리고 해마다 명절이면 고속도로 통행료도 면제 해 주었었고 해안의 여객선 운임도 면제해 주었었는데 올해에는 이들 요금을 일부러 면제를 해주지 않았다.

나도 추석 전에 동생들과 벌초를 계획 했었는데 형제들이 보이는 것은 취소하고 고향을 지키는 바로 밑의 동생 에게 수고를 해 달라고 부탁했고 설 명절에도 우리 두 내외만 집에서 보냈다. 옛날처럼 이민을 가 있는 것도 아니고 같은 한국 내에 살면서 명절이라도 자식과 형제들이 모였으면 했는데 모일 수가 없었다.

이번 재앙은 국가를 떠나 전 세계적인 재앙이니 가족 간의 친교 보다는 생존을 위해 노력하는 정부의 방침대로 한 방향으로 감으로써 이 고약한 역병을 하루속히 종식시키는 것이 더 우선이라 생각했다. 그래서 서운한 마음은 이루 말로 표현 할 수 없지만 고향 방문을 자제하기로 하였다.

2020년 어느 주일날은 동영상으로 장경동 목사님의 설교에서 이런 말씀을 전했다. 우리는 지금 까지 살아오면서 어떤 단체나 조직에서 강조했던 가장 기본이 되는 구호라고 하면 대다수가 "뭉치면 살고 흩어지면 죽는다"였다. 그러나 지금은 "뭉치면 안 되고 흩어지면 산다라는 표현이 합당한 세상이 왔다"라고 비유로 하신 말씀이 구구절절이 합당하다고 생각한다.

이제야 전 세계적으로 백신이 개발되고 접종이 시작되어 이스라엘 같은 나라는 전 국민이 다 접종을 마쳐서 마스크를 쓰지 않고 생활을 할 수 있게 되었다.

우리나라도 백신을 수입하여 현재 접종 중에 있으며, 금년 말까지 목표로 백신이 100% 접종이 가능하다고 하니 지켜볼 일이다. 2021년 말에 들어와서는 오미크론 변이가 다시 득세를 하여 오늘 현재(2022.02)는 일일 확진자가 5만 6천명에 이르고 있다.

이제 정부에서도 거의 감당을 할 수 없는 지경에 이르고 있는 것 같다. 하나님의 처분만 바랄 뿐이다.

제 2 장

부지런히 좋은 책을 읽고 글을 쓰자

문학 작가로서 글쓰기에 열심을

이번에 자전 에세이를 쓰는 도중에 내가 어릴 적에 나를 무척이나 아끼고 사랑을 베풀어 주셨던 외삼촌과 외숙모님께서 별세하셨다. 그런데 금년 초 경북지역에 코로나19가 너무 많이 발생하여서 외사촌 형이 아무도 문상을 오지 못하게 간곡하게 애기하는 바람에 장례식장에 가지 않았더니 두고두고 후회가 되었다.

그래서 60여 년 전 어린 시절의 외가에서의 생각들이 너무나 새록새록 뇌리에 떠올라서 쓰고 있던 자서전의 내용 중 외갓집의 그리운 모습을 재구성하여 "그리운 외갓집"으로 '월간 순수문학지'에 수필 부분 신인작품응모를 하여 당선되었다. 그래서 지금부디는 작가로서 글쓰기를 많이 해야 되겠다. 많은 이들로부터 축하를 받고 보니 어떤 책임감 같은 것이 생긴다.

아직까지 창궐하고 있는 코로나19 때문에 모든 인류의 소원은 하루빨리 온 세계 사람들이 마음 놓고 생업에 종사하며, 마음 놓고 사회활동을 하게 하는 것이다.

12월에 들어서서 또다시 코로나 바이러스의 전파가 기승을 부리고 있다. 다행히 일부국가에서는 백신이 개발되어 접종에 들어갔다는 뉴스에 큰 희망을 가진다. 그럼에도 불구하고 어제뉴스에 의하면 미국에서 하루 사망자가 4천명에 이르고 있으며 우리나라도 연일 확진자가 수백 명에 이르고 있다.

급기야 정부에서는 진료인력이 부족함에 따라 불허했던 의대생들의 의사고시를 이제 와서야 다시 허락한다고 부산을 떨고 있다. 진작 허락해 주었으면 확진자 치료도 도움이 되었을 것 이고 젊은 인재들에게도 호감을 주었을 터인데

의료 인력의 부족에 따른 해소대책으로 허락 한다니 씁쓸한 마음이 든다. 늦은 감은 있지만 방역과 치료에 도움이 될 것이니 다행이 아닐 수 없다.

부가해서 빨리 백신을 구매한 다른 나라보다는 늦은 감은 있지만 우리나라도 백신의 구매를 종류별로 몇 천만 명분을 계약했으며 일부 인원에 대해 백신접종이 시작되었다고 하니 기대해보아야 할 것이다.

나는 백신을 2021.5.27.일에 1차로, 8월 27일에는 2차로 아스트라제네카를 유성구 보건소에서 접종을 했으며 3차는 12월 14일에 4차는

2022년 4월 28일에 유성 본병원에서 했다. 그래서 5월말 현재 우리나라 백신 접종률은 평균 70% 이상 완료되었다고 하며 내년부터는 많은 생활이 코로나 이전과 같이 돌아간다고 한다. 그러나 하루에도 5만 명 이상의 확진 자가 발생하고 있으니 이것 또한 지켜볼 일이다.

코로나 상황이 좀 잠잠해지면 우선적으로 뉴질랜드 자겸이네 집부터 방문해야겠다. 지난 2018년 겨울에 다녀 온 후 거의 3년이 넘었으니 딸 부부와 손녀인 한나와 라혜가 너무 많이 보고 싶다.

에필로그

　태어나서 20여 년간은 시골 좁은 시야 속에서 성장했고, 그 다음 30여 년은 내가 선정한 목표를 이루기 위해 정말로 눈코 뜰 새 없이 열심히 살았으며 인생의 아름다운 꿈도 이루었다. 결혼하여 가정을 꾸리고 자식을 기르면서 행복했던 시간도 있었다. 그 후 지금까지는 내가 섬기는 하나님의 사업을 위해 열심히 살아가고 있다.

　이제 70대 중반에 접어들어 지나온 날들을 회고해 보니 첨에는 남의 자식이 되었다가 그담엔 남의 부모가 되고 이제는 노인으로서 살아가야할 시점에 와 있다. 모쪼록 건강하고 아름다운 최선의 노년으로 살아가도록 노력하는 것이 지금의 나에게 제일 중요한 버킷리스트이다.

　인겸이와 자겸이가 가정을 꾸려 이제 애기도 낳고 작지만 자기들만의 집도 가지면서 직장생활도 안정적으로 자리를 잡았으니 감사한 일이다.

나는 말할 것도 없지만 내 아이들에겐 한창 공부하고 상급학교에 진학을 해야 할 중요한 시기에 엄마와 이별하고 또 새엄마를 맞이하여 새엄마와 마음을 맞추어 생활을 하기란 쉽지 않았음에도 불구하고 그 어려운 터널을 슬기롭게 잘 통과함에 더불어 감사하다.

새롭게 구성된 우리 네 식구들은 서로 간에 살아온 세월만큼 생활방식이나 사고하는 모든 것들이 서로 다른 상태에서 새로운 가정을 만들기에 많은 시행착오도 많았지만, 우리는 그 가정이란 탑을 쌓기 위해 조금씩 양보하고 이해를 해가면서 거의 30여년을 살아온 지금은 없었던 정(情)을 있는 정(情)으로 맞추기에 거의 자리를 잡은 것 같다.

아내의 억척스런 아이들에 대한 애정을 가진 결과도 있었지만 아이들 역시 새엄마에 향한 애정은 피는 섞이지 않았지만 후천적인 사랑으로 서로를 염려하고 아껴주며 살아가고 있게 되어 정말 다행스럽게 생각한다. 아내와 아이들에게 고맙게 생각한다.

사랑하는 아들 인겸이 부부, 딸 자겸이 부부, 손녀인 한나, 라혜, 라임이 모두가 나의 기쁨과 소망이다. 그리고 욕심이 있다면 손녀 세 명이 좋은 신랑 만나서 시집가는 모습을 볼 수 있었으면 하는 것이다. 그러면 내가 백수를 해야 하는데~~.
희망 사항이지만 나는 그 희망 사항이 꼭 이루어지도록 노력 할 것이다.

정말로 흔히 말하는 두메산골에서 태어나서 철없이 뛰어놀던 어린 시절과 초등학교에서부터 고등학교를 거치면서 목표 없이 그 아까운 시간을 보내었던 그때를 생각하면 정말 격세지감이 아닐 수 없다. 늦게나마 내가 가야할 나의 정체성을 찾아서 나름대로 열심히 노력하며 주어진 과제에 최선을 다함으로 내가 믿는 하나님 은혜로 아주 만족스럽진 못하지만 지금의 위치까지 와 있음을 볼 때 모든 게 감사할 따름이다.

나를 낳아주신 부모님과 끊임없이 나에게 용기를 주어 열정적으로 젊은 시절의 야망을 이루게 해준 지금 하늘나라에 있는 아내 현순, 그리고 어지럽고 혼란한 시기에 나에게 와서 가정을 세우는데 도움을 준 송권사, 그리고 인겸이와 자겸이 모두에게 고맙다는 말을 전한다.

나는 내 생애를 돌이켜 보면 잘못한 일이 너무도 많음을 깨달았다. 그로인해 남의가슴을 수도 없이 아프게 했음을 고백한다. 또한 아무도 모르게 한 아무에게도 토설치 못한, 차마 지면으로 나타낼 수 없는 잘못한 나의 소행들은 오직 하나님에게만 일일이 다 짚어가며 마치 고해성사를 하듯 아뢰고 잘못을 고했다. 용서해 주시라고 그리고 다시는 죄를 짓지 않겠다고.

그리고 나로 인하여 속상해 했거나 어떤 마음의 상처를 받은 이 들에게 진심으로 사과를 드리며 나를 속여 남과 같거나 남보다 좀 더 나아지려고 했던 나의 모든 것들은 나를 아는 모든 분들에게 용서를 구한다. 또한 내가 저지른 잘못에 대해 하나하나씩 목차로 내어 쓰지 못함에 부끄럽게 생각한다.

특히 내 인생의 거의 전부라고 할 군 생활을 하는 과정에서 많은 도움을 주신 이길서 중령님, 유영록 대령님, 서종근 대령님, 박종업 대령님, 홍은표 장군님께 다시 한 번 감사드린다. 그리고 부족한 글임에도 불구하고 적극 추천을 해주신 박경석 장군님과 장경동 목사님께 고마움을 올린다.

이젠 앞으로 살아갈 동안은 다시는 남에게 가슴 아픈 상처를 주지 않을 것이고 모든 일에 감사하며 살아갈 것이다. 이 글을 써오는 과정에서 제시된 내용과 일정이 지금과 다소 일치되지 않은 점은 글을 쓰다가 쉬었다가 하는 시간의 연속성의 차이에 기인된 점임에 양해를 부탁드린다.

끝으로 이런 글을 세상에 남기게 해주신 하나님께 감사함을 드립니다.

2022. 07

김영록 자전에세이

어느 육군대령의 이야기

초판 인쇄 2022년 7월 05일
초판 발행 2022년 7월 10일

지은이 김영록
펴낸이 강신용
펴낸곳 문경출판사
주 소 34623 대전광역시 동구 태전로 70-9 (삼성동)
전 화 (042) 221-9668~9, 254-9668
팩 스 (042) 256-6096
E-mail mun9668@hanmail.net
등록번호 제 사 113

ⓒ 김영록, 2022

ISBN 978-89-7846-784-1 03810

값 25,000원

* 무단 복제 복사를 금함
* 잘못된 책은 교환해드립니다.